《中国电子信息工程科技发展研究 2017》总体组名单

指　导　组

组长：陈左宁　卢锡城　邬江兴　吴曼青

成员（以姓氏笔画为序）：

丁文华　马远良　王天然　王恩东　韦　钰　方家熊　方滨兴
邓中翰　吕跃广　邬贺铨　刘尚合　刘泽金　安耀辉　许祖彦
杨德森　李天初　李乐民　李伯虎　吴　澄　余少华　沈昌祥
张广军　陈志杰　陈良惠　陈　纯　陈　杰　范滇元　金国藩
赵沁平　段宝岩　姜会林　费爱国　柴天佑　倪光南　龚惠兴
谭久彬　戴　浩

工　作　组

成员（以姓氏笔画为序）：

王庆国　王　坤　王雪飞　王　鹏　卢　玥　付　强　丛瑛瑛
朱　敏　乔　钢　刘　壮　安　达　许守任　许志远　李少晖
李　论　李　明　李梦男　李睿深　束宇翔　吴晓凡　何　炜
张陆游　张春城　张新全　张　睿　陆　燕　陈　亮　邵秀梅
武　莹　周　兰　周　峰　赵　楠　胡小锋　党梅梅　陶　利
黄　骞　龚振炜　商志刚　梁智昊　曾倬颖　谢　玮　缐珊珊
戴　飞　戴方芳

国家高端智库

中国信息与电子工程科技发展战略研究中心
CHINA ELECTRONICS AND INFORMATION STRATEGIES

中国信息与电子工程科技发展战略研究中心简介

中国工程院是中国工程科学技术界的最高荣誉性、咨询性学术机构，是首批国家高端智库试点建设单位，致力于研究国家经济社会发展和工程科技发展中的重大战略问题，建设在工程科技领域对国家战略决策具有重要影响力的科技智库。当今世界，以数字化、网络化、智能化为特征的信息化浪潮方兴未艾，信息技术日新月异，全面融入社会生产生活，深刻改变着全球经济格局、利益格局、安全格局，信息与电子工程科技已成为全球最活跃、应用最广泛、辐射带动作用最大的科技领域之一。为做好电子信息领域工程科技类发展战略研究工作，创新体制机制，整合优势资源，中国工程院、中央网信办、工业和信息化部、中国电子科技集团加强合作，于 2015 年 11 月联合成立了中国信息与电子工程科技发展战略研究中心。

中国信息与电子工程科技发展战略研究中心秉持高层次、开放式、前瞻性的发展导向，围绕电子信息技术发展中的全局性、综合性、战略性重大课题开展理论研究、应用研究与政策咨询工作，充分发挥中国工程院院士、国家部委和中央企业中各层面专家学者的智力优势，积极推动自然科学与社会科学相结合，努力在信息与电子工程科技领域建设一流的战略思想库，为国家有关决策提供科学、前瞻、及时的建议。

中国电子信息工程科技发展研究 2017

中国信息与电子工程科技发展战略研究中心

科 学 出 版 社

北 京

内 容 简 介

本书是电子信息领域“蓝皮书”系列，每年一册公开出版，旨在通过对世界信息与电子领域年度科技发展现状及趋势研究，突出展现年度重要科技突破、重要产业成果以及发展动态，准确把握信息与电子领域综合发展态势，为国家和社会科技创新发展提供助力。“蓝皮书”2017 延续了“蓝皮书”2016 研究内容和撰写风格，全书分“总论”和 13 个“专题”两大部分，并首次尝试在专题部分中新增领域年度热词，内容包含热词的基本定义和应用(影响)水平。本书全面分析了信息与电子领域近期至 2018 年度的科技发展情况，综合阐述了世界信息与电子领域科技重要突破及标志性成果，为我国科技人员准确把握世界科技大势提供参考。

本书的工作成果同时包含了科技前沿研究成果、部分产业发展现状及其趋势研究，对国家不同层面和不同领域的各界专家学者、工程科技管理人才、科研工作者、在校相关专业学生的工作和学习具有较高的参考价值。

图书在版编目(CIP)数据

中国电子信息工程科技发展研究. 2017 / 中国信息与电子工程科技发展战略研究中心编. —北京：科学出版社，2018. 12

ISBN 978-7-03-059920-9

Ⅰ. ①中…　Ⅱ. ①中…　Ⅲ. ①电子信息-信息工程-科技发展-研究-中国　Ⅳ. ①G203

中国版本图书馆 CIP 数据核字(2018)269998 号

责任编辑：赵敬伟 / 责任校对：邹慧卿
责任印制：肖　兴 / 封面设计：耕者工作室

科学出版社 出版
北京东黄城根北街 16 号
邮政编码：100717
http://www.sciencep.com

中国科学院印刷厂 印刷

科学出版社发行　各地新华书店经销

*

2018 年 12 月第　一　版　开本：720×1000 1/16
2018 年 12 月第一次印刷　印张：26 1/4
字数：504 000

定价：268.00 元

(如有印装质量问题，我社负责调换)

《中国电子信息工程科技发展研究 2017》编写说明

过去半个多世纪全球科技发展步伐不断加快，尤其以“摩尔速度”发展的电子信息技术，与其他领域技术的交叉融合，使其更成为科技创新发展的密集区。十八大以来，在习近平新时代中国特色社会主义思想的指引下，经过科技系统和全社会的共同努力，我国科技事业取得了一批举世瞩目的科技创新成果。“创新是引领发展的第一动力，是建设现代化经济体系的战略支撑”。十九大以来，党中央、国务院对我国科技事业做出了新部署，也对电子信息领域创新发展提出了新要求，指明了新方向。

电子信息领域作为当前全球研发投入最集中、创新最活跃、应用最广泛、辐射带动作用最强的科技创新领域，不仅是全球科技创新的竞争高地，更是世界各科技大国推动经济发展、谋求国家竞争优势的重要战略方向。当前电子信息领域的数字化、网络化、智能化特征愈发明显，其广泛渗透性正加速推动其他领域的创新发展，电子信息工程科技水平已成为一个国家现代科学技术发展水平的重要标志。

2018 年 5 月 28 日，习近平总书记在两院院士大会上发表了重要讲话，全面总结了十八大以来我国科技事业发生的历史性变革、取得的历史性成就，深刻分析了全球科技发展的基本态势，客观指出了我国科技领域面临的突出问题，全面部署了新时代科技事业的路线图和任务书，为实施创新驱动发展战略、建设创新型国家和科技强国明确了前进方向提供了根本遵循，具有重大而深远的意义。

当前，新一轮科技革命和产业革命的孕育兴起，使电子信息工程科技也得到了快速发展，对国家经济社会、国防军事等发展产生了深远影响。如纳米技术、量子技术、石墨烯等各种新材料、新工艺、新原理、新效应的应用，极大地拓展了应用领域，为科技的发展带来颠覆性变革；以移动互联网、物联网、智能制造、大数据、云计算为代表的新一代信息技术，正在重塑信息产业生态链，推动信息化与工业化深度融合，拉开新产业革命的序幕；光传送网、移动通信网、数据通信网、固定宽带接入等核心技术快速创新，新一代光网络、新一代移动通信、未来网络等新领域快速发展，高速宽带、智能融合、天地一体的新型网络通信基础设施加速构建，一场以开放融合、代际跃迁为特征的网络技术革命加速孕育；光学和光电子技术为主，未来量子新技术初露端倪，并与信息科学、能源科学、空间科学、材料科学、生命科学、精密机械与制造、计算机科学及微电子等技术更加紧密交叉和相互渗透，在通信、遥感、工业制造和国家安全等方面正在影响和改变各国科技、工业和军事力量对比的格局；从大至宇宙、小到基本粒子的物质世界奥秘的探寻，从信息、材料、生物、环境、能源到多学科交叉等领域的科技前沿，对测试测量技术与仪器提出了越来越高的发展需求；随着水声科学技术的不断进步与发展，水声工程所涉及的范围也在不断延伸和扩展，最先是以单纯军用为目的、以声呐设备为主体，后来逐渐扩大到军用、民用多个领域等。

“科学技术是世界性、时代性的，发展科学技术必须具有全球视野、把握时代脉搏。”《中国电子信息工程科技发展研究 2017》（简称“蓝皮书”）是中国工程院发挥学术引领作用的重要举措，是贯彻落实习总书记在十九大、两院院士大会上的重要讲话精神，落实把握电子信息领域世界与我国科技发展大势、研判科技革命新方向、展现我国电子信息科技发展热点与亮点，为国家科技决策和战略布局提供准确、前瞻、及时的支撑依据。

“蓝皮书”系列图书旨在分析电子信息领域年度科技情况，综合阐述国内外科技重要突破及标志性成果，为我国科技人员准确把握领域发展趋势提供参考，也为我国制定电子信息科技顶层规划及相关发展战略提供支撑。《中国电子信息工程科技发展研究（综合篇）》（“蓝皮书”2016）以“总论”和 13 个“专题”部分相结合的编写形式受到了国内外学者的欢迎，“蓝皮书”2017 延续上一年度成书模式，重点展现电子信息工程科技领域 2017 年度增量，并尝试在 13 个“专题”部分中新增“领域年度热词”，内容包括 “基本定义”和“应用水平”，希望本书的新工作成果可以对国家不同层面和不同领域的各界专家学者、工程科技管理人才、科研工作者以及在校相关专业学生的工作和学习提供帮助。

编撰“蓝皮书”系列图书仍在尝试阶段，难免存在疏漏和错误，敬请批评指正。

中国信息与电子工程科技发展战略研究中心

2018 年 7 月 1 日

目　　录

总　　论

专 题

总　　论

第一部分　全球发展态势

一、宏 观 态 势

(一) 电子信息工程科技驱动新一轮技术革命,重塑全球竞争新格局

当前,人类社会正经历着农业革命、工业革命之后的第三次技术革命。20 世纪后半期,以电子计算机和互联网为代表的电子信息科技领域技术变革推动人类进入信息技术革命时代;21 世纪以来,电子信息科技加速与各技术领域和产业融合,成为新一轮科技革命和产业变革的主要驱动力,推进全球技术、产业和分工格局深刻调整,正在重塑世界各国的创新能力和竞争实力。因此,世界各国纷纷把电子信息科技领域作为技术研究和产业发展重点,予以大力推动发展,力图抢占未来竞争制高点。

电子信息工程科技成为重塑国家创新能力和竞争实力的关键要素。电子信息工程科技领域的创新能力已经成为国家和地区创新能力的重要标志;电子信息工程科技领域的研发和应用水平一定程度上决定了国家和地区在国际产业分工中所处的地位;电子信息工程科技领域相关产业的发展正成为国家和地区经济增长的重要驱动。因此,世界各国、地区纷纷强化电子信息工程科技的顶层设计和战略部署,力图在新一轮科技和产业竞争中占据优势。**美国**着力保持其在全球电子信息工程科技领域的绝对优势地位,政府不断通过发布相关发展计划或战略,及时引导电子信息工程科技发展方向,大力支持相关的重点发展领域。美国政府提出的"网络和信息技术研发计划(NITRD)"持续支持技术创新,2017 年将高容量计算系统的研发(EHCS)、高容量计算系统基础设施与应用(HCSIA)、大规模数据管理与分析(LSDMA)、机器人技术与智能系统(RIS)、网络安全与信息保障(CSIA)、软件设计与生产(SDP)等领域作为研发重点予以支持。《21 世纪国家安全科技与创新战略》中重点围绕电子信息工程科技领域中的多个方向对国防科技的研发和组织提出了指导意见;2016 年至 2017 年,接连发布《国家机器人计划 2.0》《美国国家人工智能研究与发展策略规划》《人工智能、自动化及经济》等多项政策文件,提出了先进机器人、人工智能等领域的重点发展方向。**欧盟**为保持欧洲在国际上科技和产业的竞争优势,积极布局大力推动电子信息工程科技领域创新发展。欧盟实施的"地平线 2020(Horizon 2020)"科研计划,提出自 2014 年至 2020 年,强化信息技

术的创新与应用，其中信息技术领域投资占到总投资的 46%，关注重点包括下一代计算技术、未来互联网技术和服务、内容的技术和信息管理、先进机器人以及机器人智能空间、信息与传播技术和关键使能技术。同时，欧盟还对量子信息等前沿科技领域进行了专门重点支持，欧盟委员会发布了《量子宣言》，提出 2018 年启动总额 10 亿欧元的“量子技术旗舰计划”。**日本**试图将其在电子信息工程科技领域的单点技术优势扩大到整个领域，发布《科学技术创新综合战略 2016》聚焦超智能社会建设，综合部署人工智能技术、设备系统、应用的研发与产业化。首次提出“社会 5.0”，以“产业互联”代替“工厂互联”，推进以电子信息制造业为核心的产业升级换代。

电子信息工程科技领域对当前社会经济发展具有重要引领带动和基础支撑作用。电子信息工程科技的快速发展，带动了航空航天、新材料、智能制造、生物技术等技术领域的加速演进，以信息网络和互联网为代表的技术发展和应用不断催生出新模式和新业态，全面促进了数字经济和信息消费的快速增长；电子信息工程科技与传统产业深度融合，为传统产业提质增效、转型升级带来了新机遇新空间；信息网络技术的广泛应用已成为推进城市治理能力现代化和实现公共服务均等化的有力手段，这些都对当前的社会经济发展起到了重要的引领带动作用。同时，电子信息技术也对现代社会的发展起到了基础支撑作用，光纤通信网络的建设、4G 及 5G 技术的应用为现代社会提供了基础的信息高速公路，以工业互联网和物联网为代表的技术应用，推进基础设施智能化改造，形成万物互联、人机交互、天地一体的网络空间，为新技术、新产业的不断涌现提供了必要的基础。

电子信息工程科技领域技术发展和应用对保障国家战略安全具有重要意义。电子信息工程技术是关乎国家安全和经济命脉的基础性和先导性技术，是各国安全防御和主权博弈的重要决定因素之一。近年来，国际上利用电子信息、雷达、电磁等技术进行信息获取、利用、渗透和控制的争夺愈发激烈，各国对网络空间和电磁空间的重视达到空前高度。美国、日本、英国、俄罗斯等国纷纷出台国家网络空间安全战略，不断加大网络安全技术研发投入，发展网络安全软硬实力，将保障国家网络空间安全上升到保障国家战略安全的重要地位。“没有网络安全就没有国家安全”，当前网络空间已成为继海、陆、空、天之后的国家第五疆域。保障国家网络空间安全的关键有赖于电子信息工程科技领域的技术自主创新和发展，建设自主、可控、安全的信息通信网络，构建信息网络自主产业体系和产业生态，对保障国家战略安全具有重要的意义。

(二) 电子信息工程科技孕育创新突破点，加速迭代推进技术新发展

当今世界，电子信息工程科技是发展最迅速、创新最活跃、渗透最广泛的科技领域，各主要技术领域加速创新迭代，技术发展路线深刻调整，新技术新应用不断

出现，在创新中孕育突破。**基础制造方面**，以石墨烯、III-V/锗硅等化合物等为代表的新型信息功能材料加速发展，将对电子器件制造产生重大影响；集成电路技术进入10纳米时代，将开启超摩尔时代的技术发展和探索；**应用软件方面**，“Wintel”平台逐步瓦解，以ARM＋Android为代表的多开放体系架构和以开源社区为代表的技术产业新格局加速形成，虚容器、数据库与数据仓库、数据分析与深度挖掘等基础软件的重大创新，推动了以大数据为核心的信息技术开发与服务提供方式；**信息网络方面**，全球信息基础设施加速向高速率、全覆盖、广普及、智能化发展，传输网络向400Gb/s光传送网(OTN)演进，移动通信即将步入5G时代，卫星通信、平流层通信等技术的发展将带来空天一体化的网络覆盖，软件定义网络(SDN)、网络功能虚拟化(NFV)技术的应用将加快网络智能化重构，量子保密通信网络的应用将极大提升网络安全性；**先进计算方面**，高性能计算处于由P级向E级(1000P)演进的重要阶段，大规模并行体系结构、高能效处理器、新型存储系统技术与器件、高速低功耗互联网络、大规模并行算法和编程模型等技术难点有望突破，而量子计算在基础研究领域的不断进步，也为今后的发展和应用奠定基础；以NB-IoT为代表的低功率广域网(LPWAN)技术的发展，推动**物联网**向规模化、智能化和协同化发展；**数据处理方面**，云计算提供了海量计算能力，并推进了网络架构的重组和变革，多层次云连接塑造扁平化网络架，边缘计算技术的推进进一步提升了网络的数据处理能力；**人工智能**成为技术和应用发展的热点，随着计算能力和数据处理能力的不断突破，未来1—3年人工智能将进入认知智能的发展阶段，将催生出大量的新模式和新应用。所有这一切都表明，电子信息工程科技领域诸多主要技术正普遍在创新中孕育着突破，当前技术发展处于颠覆性变革的重大机遇期。

(三) 电子信息工程科技深度融入各行业，拓展经济社会发展新空间

当前，世界经济发展结构性问题依然突出，主要经济体增长乏力，以信息网络为核心的电子信息技术与各行业深度融合，推动实体经济向数据驱动型创新体系和发展模式转变，重塑产业发展方式，推进社会治理和公共服务均等化，不断拓展经济社会发展新空间。

电子信息工程科技与传统产业深度融合加速传统产业转型升级。将电子信息工程科技应用于农产品生产、加工、流通、消费各个环节，将推动农业发展的规模化、集约化、产业化、智能化，极大提升农业生产效率，改变农业发展模式。电子信息工程科技与工业制造深度融合，生产设备智能化、生产方式柔性化、生产组织灵巧化重构制造业价值链，使得产业附加值的知识和信息含量不断提升，加速了传统制造业向高端制造业转变。金融、能源、物流等传统产业通过与信息通信技术的全面融合，实现了要素数字化、流程网络化、决策智能化，极大地提升了产业效率和效能，实现了产业优化升级。

电子信息工程科技的创新发展应用催生新模式、新应用、新业态。世界经济加速向以电子信息产业为重要内容的经济活动转变，电子信息工程科技的创新和发展，与社会生产和生活不断融合，推动着新模式、新应用、新业态的不断涌现。网络技术、大数据、云计算、人工智能、虚拟现实等新一代电子信息工程科技与工业制造创新融合，催生出的智能制造及工业互联网已成为国际制造业提质增效、创新发展的重要方向；电子信息技术与中高端消费领域融合发展，绿色低碳、共享经济、现代供应链等新的增长点和业务模式不断出现，电子商务、现代物流、软件和服务外包为代表的新型生产性服务业态迅猛发展。新模式、新应用、新业态的不断涌现和广泛应用，带来了新的生产和生活方式，拓展了全球社会经济发展新空间。

（四）电子信息工程科技加快社会现代化，推动人类文明进步新进程

回顾人类发展历史上的科技革命，无不带来生产效率的提升和生活方式的改变，从而极大地推动了人类文明的发展。当前处于信息时代的人类社会，随着电子信息工程科技的不断进步和在生产生活等领域的广泛应用，极大拓展了人类认识世界、改造世界的能力，加速了人类社会现代化进程，推动人类文明不断发展。

电子信息工程科技的广泛深入应用，从根本上改变了人类生产生活方式。电子信息工程科技的发展进步，改变了人们的沟通、表达和生活方式，而最新技术的发展应用，为人类提供了丰富、高效的工具与平台，将全方位改变人类的生产生活，推动人类生产方式、商业模式、生活方式、学习方式和思维方式等发生深刻变革。例如人工智能丰富了人类认识世界、改造世界的方式和手段；无人驾驶、智能机器人、机器翻译、自然语言理解、智慧医疗等极大扩展了人的智力、感观、体力的能力和范畴。“人类增强”技术将试图通过电子信息工程科技带领人类突破身体极限，放大和强化了人的基本能力，推动人类文明进入加速发展的新阶段。

电子信息技术加速推动社会服务和国家治理能力的现代化。一方面，电子信息技术深刻改变了社会公共服务提供方式，大幅提升了公共服务效率，促进了教育、医疗、养老、卫生等公共社会资源的优化配置，催生了远程教育、智慧医疗等服务新模式。通过建设基于信息网络的教育资源公共服务平台，为全社会提供了平等享受优质教育资源的重要途径；通过远程医疗系统的广泛应用，可在基层医疗机构实现对患者的诊断和救治服务；利用信息网络技术构建全国联网的信息系统，可使社会保障系统实现充分对接，做到社会保障体系的共享协同；而通过宽带及互联网技术应用，将推动创新型社会化养老信息服务的发展，做到居家、社区、机构三位一体。另一方面，电子信息技术驱动国家治理体系与治理能力发生根本性改变，推动部门间、政府与民众之间信息互联，加速消除信息孤岛现象。借助大数据实现智慧治理、风险预警、智慧城市、智慧公安、舆情监测等，政府可以实现宏观调控科学化、政府治理精准化。

二、相关态势

（一）新兴应用加速微电子技术创新，大容量高速率技术引领光电子发展

创新应用驱动芯片技术加速创新，集成电路工艺技术同步快速升级。一方面，ICT 正由移动互联网进入万物互联与智能化时代，第五代移动通信（5G）、人工智能、物联网、工业互联网等新兴领域应用加速芯片技术创新。一是，人工智能、自动驾驶、虚拟现实等创新应用对计算提出了超过百倍的递增需求，不仅带动图形处理器（Graphics Processing Unit，GPU）及现场可编程门阵列（Field-Programmable Gate Array，FPGA）的快速发展，英特尔集成电子公司（简称英特尔）、英伟达公司（简称英伟达）、谷歌公司（简称谷歌）等也加快推动专用 ASIC 芯片设计创新和应用。二是，微电子学、物理、数学、化学、生物学、计算机等多学科交叉融合日益深入，半导体技术发展方向不断拓展，新型 MEMS、第三代半导体、脑认知与神经计算等创新技术不断涌现。**另一方面，芯片技术的持续创新推动工艺进一步升级，**台积电公司（简称台积电）与三星集团（简称三星）相继量产 10 纳米制程产品，并且加快 7 纳米研发步伐，5G 和物联网等新兴领域的应用发展需求驱动化合物半导体、锗硅、绝缘硅等特色工艺制造水平同步升级。

全球光电子产业发展迅速，大规模、大容量、高速率集成技术引领光电子发展。随着大容量、高速率信息传输技术的发展，以超宽带光纤通信网、天地一体化网络和泛在物联网等国家战略与任务的发展需求作为动力。**一方面，光子集成技术是全球市场规模 4.7 万亿美元的 IT/通讯产业的核心使能技术，未来 10—20 年，带宽需求预计为现量的 100 倍，目前尚无可实现这一技术的解决方案，光子集成是具有潜力的技术。**升级超 100G 光收发单元可成倍提升系统容量，具有较高性价比和可行性，在保持传输距离不变的同时提升光纤频谱资源的利用率和频谱效率，引入先进的调制编码和光电集成技术进一步降低单位比特成本。**另一方面，光电子技术在信息获取、传输、处理和显示以及光电对抗等方面将发挥巨大的作用，**光电子技术在现代高科技战争中掌握“看得清、打得准、反应快、能力强”的主动权和制胜权，具有重要地位、作用。光电子科学技术已经成为信息时代军事技术的一个重要支柱。

（二）激光的技术、产业及应用持续迅猛发展，光学工程多个方向发展前景广阔

激光技术一直是光学工程领域科研与产业化的主体，近年来激光器在功率、脉宽等性能上不断提高，另一方面也产生了多种诸如利用 CMOS 工艺制造的纳米激光器、分布反馈式激光器。激光的应用也在不断扩展，最典型的进步是在石墨烯制造工艺方面获得了多项新发现，为石墨烯的批量生产提供了多种技术途径。全球

激光行业技术、产业、应用等持续迅猛发展，全年市场销售额度比上一年度增长近 20%。

光子芯片研究 2017 年也取得了显著的成就，多款光子芯片被研制出来，在与普通 CPU 以及人脑的对比中显现出了极大的优势，未来改变计算与网络构架的趋势明显；太赫兹波段是介乎于远红外与毫米波之间，具有“光”的属性，因此太赫兹也是光学工程领域重要研究内容，太赫兹技术作为能“改变未来世界”的朝阳产业一直受各国科研人员的重视，在发射器、探测器(吸收器)、调制器等方面均取得重要成果，太赫兹雷达已经被研制出来、太赫兹安检仪已经得到应用，太赫兹通信已初见端倪，未来前景依旧被看好；新材料不断被发现与应用，推动着电子产品的进步，并一直在改变人们的日常生活与工作方式，未来机器人的“皮肤”和可自愈屏幕成为可能；先进光学制造继续向多极化发展，E-ELT(欧洲极大望远镜)的口径将达到 42m，高精度的衍射光栅口径也达到了米量级，最先进的 NA1.35 投影物镜面形误差已优于 0.3nm(RMS)，高频粗糙度可达到 0.1nm(RMS)；2017 年 8 月世界多国联合探测、跟踪、观测引力波，为引力波探测实验提供了重要的天文佐证，同时也标志着人类进入引力波天文学探索时代。

(三) 遥感体系与信息大数据更加紧密，应用定量化需求迫切

遥感技术以其快速、准确、客观和宽覆盖的观测能力成为当前世界各国关注的重点之一，国际上欧美等空间技术强国十分重视部署成体系的地球观测计划以支撑面向全球环境变化的系统性科学问题研究，重视遥感数据的定量化应用及遥感数据质量控制技术研究，持续推进遥感集成化应用及产业化发展，力求将遥感技术与遥感时空信息大数据结合，发展遥感信息服务技术。近年来随着计算机、互联网、大数据、人工智能等技术的发展加快了遥感技术发展，其应用领域也进一步拓宽。一是基于环境监测的美丽地球遥感体系，通过补网和更新得到完善。美国从 2016 年底到 2018 年初，气象卫星体系中先后发射了 GOES-R、JPSS-1 和 GOES-S，实现了气象观测系统的更新换代；在对地监视系统先后发射 SBIRS-GEO-3、SBIRS-HEO-4 和 SBIRS-GEO-4，完成了新一代天基红外监视系统的组网；欧洲的全球气候与环境监测的“哥白尼”(Copernicus)计划(即前期的 GMES 计划)也稳步推进。二是遥感市场趋于多元化发展。2017 年商业遥感在遥感卫星系统规模和应用领域上获得了稳步提升，新一代商业遥感技术正处于转型发展、技术创新阶段，市场进一步扩大。一方面传统的商业遥感市场开始进行业务、产品与市场布局等优化整合，例如加拿大 MDA 公司(简称加拿大 MDA)收购美国数字地球公司(简称美国 DigitalGlobe)、美国 Planet Lab 公司(简称美国 Planet Lab)收购谷歌公司旗下的 Terra Bella 卫星成像部门等优化整合，使企业做大做强，市场得到拓展。另一方面基于微小卫星和遥感数据应用的小规模新兴遥感公司如雨后春笋不断涌

现,寻找细分领域以获取市场红利的同时,通过开展遥感数据分析、多源信息融合应用等拓展业务市场,遥感数据销售方式以及遥感卫星的商业模式有待进一步发展完善。三是遥感定量化及遥感产品质量和精度提升,进入实质性推进阶段。国际对地观测卫星委员会(CEOS)的定标与真实性检验工作组(WGCV)与红外可见光工作组联合主导的全球自主辐射定标场网 RadCalNet 已于 2017 年转入常态化运行。星上辐射基准取得新进展,英国国家物理实验室(NPL)已研制出 TRUTHS 定标星太阳反射谱段辐射基准载荷的原型系统。四是以深度学习为代表的智能遥感信息处理技术成为研究热点。深度学习的人工智能方法冲击了多个传统领域后,在遥感影像的目标检索、变化检测、特征提取、影像分类等遥感信息处理个领域均取得了重要进展,通过信息挖掘扩大遥感应用领域,成为目前遥感学术界重点关注的研究方法。

(四)科技进步和市场需求持续驱动,传感器市场规模不断扩大

可见光固态图像传感器的传统关键参数不断提升,面向人工智能时代和认知时代的需求,3D 成像、智能传感等新功能得到关注,可见光固态图像传感器的市场规模持续扩大。据公司报告,2017 年 CCD 市场规模 16.3 亿美元,预计到 2023 年达到 23.1 亿美元,2018—2023 年复合年增长率为 6.02%。亚太地区占全球 CCD 市场的主导地位,尤其是中国和印度计划发展智慧城市需要高质量图像传感器,对 CCD 的需求持续增加。

工业、消费电子、汽车和医疗等领域需求推动紫外传感器的市场规模持续扩大。Technavio 公司《2017—2021 年全球紫外传感器市场》研究报告指出,2017 年全球紫外传感器市场规模 9 亿 8360 万美元,主要销售商有博通公司(简称 Broadcom)、意法半导体公司(简称 STMicroelectronics)等。预计到 2021 年将达到 27 亿 3650 万美元,复合年增长率 29.15%,紫外传感器应用于可穿戴设备中将是一大趋势。

MEMS 技术的进步,以及连接设备对压力传感器的加速采用,推动压力传感器的快速成长。汽车和医疗设备行业对压力传感器的需求不断增长,可穿戴设备对压力传感器的采用,高端压力传感器的销售受到国外政府管控,通过有机和无机增长战略,如产品开发、并购、合作和签订协议,压力传感器市场生态系统的发展进一步推动了该市场的成长。据麦姆斯咨询报道,2017 年,全球压力传感器市场规模为 83 亿美元,预计到 2023 年为 113 亿美元,2017—2023 年的复合年增长率为 5.27%。

(五)计量测试技术取得多方面进展,促进电子信息产业质量提升

电子信息产业质量的提升依赖于先进的计量测试技术,精密计量测试是提高

信息电子产业核心竞争力的关键支撑手段。目前在全球范围内，光电、传感、人工智能等信息技术的迅速发展带动了测试计量技术的进步。

一方面，光学精密测量技术、传感测试技术、惯性测量技术、软件测试技术等领域取得多方面进展。随着光学前沿技术取得关键突破，光学面形测量技术的发展已进入自由曲面时代，光频梳测距精度提升。在传感测试领域，MEMS 传感器已经在消费电子、智能手机、医疗系统、工业控制、能源勘探、航空航海、武器系统中扮演着越来越重要的位置，未来满足汽车电子需要的中端 MEMS 传感器和满足军用需求的高端 MEMS 传感器将是下一阶段 MEMS 传感器发展的主要方向。在惯性测量领域，已进入光电和微机电时代，光学陀螺(激光陀螺和光纤陀螺)技术已基本成熟，微机电惯性技术研究也初见成效，不但在商业领域内获得成功应用，而且逐渐进入了军事领域。软件测试在全球电子信息发展领域是一件非常重要的研究课题和工程实践，目前随着人工智能领域的突破发展，软件测试结合人工神经网络、遗传算法等技术，在测试优化上有了进一步的发展。

另一方面，惯性约束聚变(ICF)、自动光学检测、时频计量等相关测试技术面临巨大挑战和机遇。惯性约束聚变由于其重大的军事和新能源领域的前景备受世界的关注，目前世界上最大的 ICF 装置-美国国家点火装置(NIF)已经建成，然而 NIF 并没有实现既定的点火目标，并且在目前的框架下很难进行改进从而实现点火。在自动光学检测方面，目前有离线式自动光学检测生产能力的厂商较多，而具有在线自动光学检测生产能力的厂商较少，在线自动光学检测技术要求比离线技术高很多，需要在技术上实现新的突破。在时频计量方面，光频标具有优于微波频标的稳定性指标，且发展极为迅速，原子钟不断朝小型可搬运化、高稳定度指标以及新原理新方法方向发展。

(六) 战略需求牵引促进雷达发展，技术平台体制不断推陈出新

雷达技术历经八十多年发展，在体制、理论、方法、技术和应用方面取得长足进步。近十年间，雷达技术在目标、环境、任务以及支撑技术方面发生深刻变化，随着雷达技术高速发展和演变，衍生出许多新概念、体制、技术，积极适应未来全球竞争所提出的严峻挑战。**一是新作战样式和能力促进雷达技术发展**。世界军事强国为应对日益多样的空天和水下威胁，不断推出军事科技发展战略，提出“马赛克战争”“算法战”“分布式防御”“电磁频谱战”等新型作战概念。面对高超声速武器、无人蜂群、无人潜航器等新兴威胁和高威胁目标，美俄等国积极探索新型预警探测手段和技术，研发新装备，推进重大装备的试验和部署，提高复杂电磁环境下对隐身飞机、弹道导弹、低空无人机等目标的防御能力。**二是新概念、新体制、新技术不断涌现**。雷达技术不是单一的学科，它与应用数学、基础物理、神经科学等多学科密切相关。未来，通信技术、光电子技术、纳米技术、量子技术、现代仿生学等相关技术，

以及磁探测技术、重力场探测技术和其他基于新的物理机理的探测技术都可能成为雷达技术创新的来源。智能化探测和网格化探测的基础理论，将对智能雷达、网络化雷达的出现起到激励作用。**三是新平台、新器件推动雷达技术的创新**。工作平台是雷达赖以存在的几何空间，是决定雷达获取信息方式的基本要素。新平台的合理利用，使得雷达在探测方式、实现技术、探测效能等方面发生根本性变化，进而为雷达技术的发展提供新动力和新机遇，新型空基、天基甚至临近空间平台也将促进雷达在技术和体制上实现新飞跃。同时，与雷达相关的微波集成电路和数字处理等基础技术已取得一定成就，并孕育着宽禁带半导体等新材料的重大突破，也将为雷达技术的进一步发展提供新的、空间。

(七) 人网物三元万物互联飞速演进，大融合大连接新智能引领未来

当今世界正处于"网络信息世界与自然世界和人类社会"深度融合的数字化、网络化、智能化进程中，百年一遇，这是生产力又一次质的重大跨跃，像人类历史所经历过的农耕文明和工业文明一样影响深远、意义重大，这一进程正深刻改变着世界的竞争格局、安全格局、经济格局、社会格局、军事格局和文化格局，由此带来国家发展新机遇、百姓生活新空间、社会治理新领域、产业升级新动能和国际竞争新疆域。

网络通信领域的整体发展趋势呈现出十大技术特征。

一是网络特征，体现出人-网-物三元万物互联，大融合、大连接、大数据、新智能，逐步渗透至整个自然世界和人类社会，相当于在自然世界和人类社会之上叠加了一个神经层，这是人类有史以来的一次重大转变。

二是架构特征，体现出四大转变，即从复杂封闭体系向开放开源的新型 SDN/NFV 云网一体架构转变，从行政管理体制及传统组网思维向互联网思维转变，从被动适应向主动快速灵活应对转变，组成架构各要素单元的来源从传统买卖关系向建构产业链新生态系统转变。

三是连接特征，体现有线互连，无线互连，光纤互连，可见光互连，红外互连，太赫兹互连，水下互连，海洋互连，人与人、人与物、物与物互连，从消费领域互连向工业领域互连推进，新型连接不断涌现，向所有行业和区域延伸，体现出大带宽、广覆盖、高通量、绿色节能等特征。

四是空间特征，体现出网络互联从目前地面上的平面二维互联向陆海空三维互联、微观世界互联及外太空和星际互联不断延伸。

五是数量特征，体现出连接数量从目前的百亿级向千亿级和万亿级数量涌现，体现巨连接和泛在连接特性，网络价值会大幅提升至现在的百倍千倍万倍甚至更多。

六是数据特征，网络数据总量将从目前的 PB、EB 和 ZB 级快速向 ZB、YB 乃

至 BB 级陡增,网络流量、存储容量、处理速度等均呈指数型增长。

七是带宽特征,连接带宽将从 Gbps → Tbps → Pbps → Ebps → Zbps 是大趋势,呈指数型增长,呈现高带宽、大容量特征。

八是虚拟特征,自然世界和人类社会的很多重要功能(比如购物、远程教育、医疗、办公等)将不断向虚拟空间转移,网络(虚拟)空间已成为继陆、海、空、天之后人类第五疆域,其重要性与战略性会与日俱增,将成为争夺焦点。

九是数字特征,主要由模拟量刻画的物理世界将会逐步完成数字化,这是自然世界和人类社会与网络化并驾齐驱的一次重大转型,通过模数和数模转换打通数字和模拟两个世界。

十是微型特征,受摩尔定律的影响,网络通信的各类元器件普遍朝着微小型化方向发展,功能不断增加,能耗不断降低,重量不断减轻,尺寸不断缩小,价格不断降低。

(八) 网络安全技术创新迭代高度活跃,新兴领域网安防御技术全面推进

近年来,全球网络空间安全威胁形势日趋严峻,全球性、重大网络安全事件频频发生,加剧了网络空间风险指数。随着世界各国对网络空间的重视达到空前高度,各国不断加大网络安全技术研发投入,发展网络安全软硬实力,抢占国际主导权。

首先,拟态防御理论与技术体系创新取得重要突破。随着拟态防御理论的不断完善和应用技术的持续创新,拟态防御技术正在开启以构造效应为主的内生安全新局面,基于拟态防御原理的信息系统或控制装置不断为各应用领域注入新的安全防御能力。"改变网络空间游戏规则"的广义鲁棒控制构造及其内生安全机制可在信息系统软硬构件供应链可信性不能确保的全球化生态环境下,以创新的系统构造技术探索出一条破解软硬构件"自主可控、安全可信"难题的新途径,逆转网络空间"易攻难守"的战略格局。

其次,虚拟化、智能化、高交互性的网络安全技术创新迭代高速活跃。随着云安全、威胁情报等新兴安全产品和服务逐步落地,自适应安全、情境化智能安全等新的安全防护理念接连出现,为国际网络安全技术发展不断注入创新活力。国际网络安全技术在云安全、安全行为分析、攻防交互性技术、终端安全防护、安全智能等相关领域中聚焦解决实际安全问题,在云端安全能力发展、安全行为深度分析、主动防御技术发展等方面不断演进,安全架构的重心将从防护向持续普遍性的监测响应以及自动化、智能化的安全流程转移。

最后,工业互联网、数据安全等领域安全技术取得多方面进展。大型综合安全厂商对工业互联网安全的关注度不断攀升,从架构和配置上整体考量安全防护,陆续推出工业互联网安全防护最佳实践和测试床。在数据和大数据安全方面,数据

安全防护技术随着安全需求的提升不断演进，数据防泄漏技术正向着智能化的方向发展，密文计算、数字水印和数据血缘追踪溯源等技术逐步兴起。在个人信息保护方面，同态加密、安全多方计算等隐私保护算法的研究逐步深入。

（九）军事需求推动水声理论日趋成熟，信息技术加速声呐系统演进

在海洋科学、信号处理、工艺材料和人工智能等基础能力的推动下和深远海开发、水下信息透明、空天海一体化等需求的牵引下，水声工程近年来发展迅速、水声技术研究领域快速拓展、水声设备和系统的能力不断提高。

一方面，海洋声学理论在海洋观测数据的积累和验模下日趋成熟。在军事需求的推动和国家投入的支持下，水声技术的发展迅猛。水声传播理论是水声技术的基本课题，自然受到高度重视，传播模型、噪声模型等各种理论也日趋成熟。最初海洋环境参数为二维模型，与距离无关，较为简单，目前广泛研究的三维模型建模过程考虑了复杂海洋环境，与距离有关，贴近实际声传播环境。适合深海复杂海域的低频声场模型为抛物方程模型、射线声学模型和简正波模型。国内外已建立的海洋环境噪声模型，包括对均匀分布噪声源和不随距离变化的海洋环境，或随距离和方位简单变化的海洋环境，建立适合不同海域的海洋环境噪声特性简化模型。

另一方面，声呐系统在人工智能等信息技术的推动下，向多功能集成、多基地协同、智能认知等方向发展。一是声呐向标准化集成化发展，当前现代数字信号处理算法日新月异，性能优异的计算机技术也在声呐系统中得到应用，一些开放式、标准化和模块化设计理念加速了新装备的研发速度，声呐系统的性能及功能集成度不断提升。二是声呐向一体化发展，传统的声呐系统主要是分布于舰船等设备的某一特定区域，执行既定的任务，而现在的声呐系统将主/被动、拖曳、舷侧等声呐设计为一体，兼具水声探测、定位导航、水声通信等功能，大幅提升了舰船及潜艇的性能及功能域。三是声呐向分布式协同工作发展，多基地声呐系统由于其相较于单基地的灵活性、探测能力突出等特点，在美国及欧洲的众多高校、研究所得到深入研究。四是声呐向无人和智能化发展，在大数据、深度学习等的带动下，人工智能等信息技术快速发展，发展基于知识的智能认知声呐的成为可能，其在对环境的适应能力、目标探测能力、自适应控制能力、识别能力等方面的优异表现，都是常规声呐无法比拟的。

（十）全球制电磁权争夺激烈，新型电磁材料和器件高速发展

在信息技术突飞猛进和全球第四次工业革命浪潮的席卷之下，作为发展的原动力之一，电磁场和电磁环境效应技术迸发出勃勃生机，已成为制电磁权争夺的焦点领域。**一是电磁环境效应被提升为国家安全要素。**美国至今已颁布 8 部电磁环境效应的法规或战略规划，引导军民融合，每年在该领域投入研究费用达数十亿美

元，部分关键技术已陆续取得突破。美国发布的国防条令中把电磁环境效应与“核、生、化”防御一并考虑。2015 年 12 月 2 日，美国战略与预算评估中心提出以电磁频谱战夺取战场主动权。**二是与电磁效应关联的技术手段成为技术垄断的工具**。欧盟在“欧盟第七框架计划”内陆续启动多个项目，投入数千万欧元经费，一方面持续加强电磁及其效应基础研究，抢占技术制高点；另一方面研究电磁防御，保护计算机网络、银行/金融系统、能源电力系统、通信系统、交通系统等重大基础设施的安全。通过在标准化组织中发挥主导权，欧洲将最新成果和专利技术纳入标准，从基础到应用、从体系到接口均有覆盖，试图掌握电磁领域的话语权，形成技术垄断。**三是学科交叉趋势明显，新增长点持续涌现**。应对超宽带、小型化、无人化、低功耗、集成化、结构功能一体化与人-机融合化的信息化发展趋势，电磁场与微波技术所在的电子科学与技术一级学科与物理、材料、生物等学科深度交叉，持续涌现出电磁场量子化应用、新型电磁材料与应用、电磁防护生物仿生、涡旋电磁通信、新体制电路与器件等新的领域增长点，2020 年前有望在上述领域的关键性能上提升一个数量级，并实现产业化应用。

（十一）大数据驱动控制新高潮，信息物理系统加速控制系统智能化

纵观 2017 年全球控制领域技术发展态势，以人工智能、边缘计算、物联网、大数据、互联网等为代表的新一代信息通信技术对传统控制领域发展影响进一步加深，传统控制理论、技术和产业都发生了重要变化。

理论方面，边缘智能推动控制理论与人工智能深度融合，为经典控制理论发展注入新动能。随着边缘计算理论与技术不断发展，智能也在由云端向边缘下沉，由此产生了边缘智能的概念。通过边缘智能，数据、事件能够就近实时处理，满足控制系统对实时性、确定性的严格要求。因此，边缘智能更加符合控制系统对智能的需求。边缘智能的发展，为多智能体系统、分布式协同、动态实时优化等传统控制理论方法研究提供了全新的手段，推动控制系统向自主智能发展。

技术方面，控制系统技术体系向扁平化、开放化发展。首先，传统复杂的控制系统架构进一步简化，借助 Web 服务，不同层次之间可以采用相同技术标准交互，典型的工业控制系统从原来的五层系统模型转变成 2—3 层；其次，传统封闭的控制系统也在向开放化发展，以 OPC UA 为代表的开放互操作架构，使系统更加开放、信息共享更为简单。扁平、开放的技术体系，使得控制系统的交互更为简单、高效，上层管理系统可以直接调用传感器上的数值，而无需经过传统的实时数据库的方式。因此，大量传统复杂的跨层优化任务可以高效开展，系统优化能力显著提升。

产业方面，自动化系统的平台化已经成为重要发展趋势。2017 年成为各大工业自动化技术供应商推广其工业自动化平台的关键一年，如西门子股份公司（简称

西门子)的 Mindsphere、通用电气公司(简称 GE)的 Predix 等。自动化厂商将平台定位成企业操作系统,包括产品设计、生产制造、供应链、售后服务在内,都通过平台对外提供服务,即用平台定义企业的软件和硬件装备资源。并且,企业通过平台聚集大量用户开发软件,最终形成产业生态。因此,平台可以积累技术、定义标准、迭代产品、协同研发、共建生态。

(十二) 智能技术及应用呈现井喷爆发,社会进入"人工智能+"转型时代

人工智能与机器人技术、通信技术、控制技术进一步有机融合,已然拉开认知计算时代的大幕。产业变革、技术演进以及社会需求成为三大驱动因素。在产业变革的引领作用下,以智能制造为代表的新一轮产业革命浪潮席卷全球,数字化、智能化成为核心发展方向,制造业转型升级的迫切需求释放了强大的市场潜力,人工智能行业自身已经成为认知计算中最引人注目的领域,行业规模迅速扩张,对全球电子信息产业激励作用显著。在技术不断发展的加速度中,形成整体高质量的发展,具体来说,**一是技术能力呈现开源化**,通过技术平台的开源化,可以扩大技术规模,整合技术和应用,有效布局全产业链已经成为了行业发展的共识和共举;**二是专用智能向通用智能发展**,人工智能具备执行一般智慧行为的能力,通过连接人工智能与感知、知识、意识和直觉等人类的特征,减少对领域知识的依赖性、提高处理任务的普适性,建立起范围广、集成度高、适应能力强的通用智能;**三是增强可解释性成为未来人工智能发展的重要方向**,数据驱动的深度学习技术在可解释性上具有"先天不足",其决策的稳定性和可靠性难以在理论上进行证明,从而限制了其在工业控制等关键领域的应用,增强深度神经网络等人工智能算法的可解释性,构建可解释的人工智能,成为人工智能技术下一阶段的重要发展方向。

(十三) 融合创新推动计算能力不断提升,非传统计算技术持续发展

应用发展推动计算能力不断提升,融合创新成为趋势。各领域新兴应用的不断涌现以及数值模拟等传统高性能计算应用的持续完善对计算能力提出更高要求。美、中、日、欧向 E 级计算持续发起冲击,美国 Exascale Computing Project、中国高性能计算重点专项、日本 Flagship 2020 Project、欧洲 European Exascale Software Initiative 等 E 级计算计划正加速落地,多国 E 级系统技术路线基本明确,面向 E 级系统的计算芯片和原型系统处于研制阶段,2021 年前后有望涌现多台 E 级系统。同时,高性能计算与云计算、大数据、人工智能融合发展成为趋势,有望在可扩展性、可编程性、功耗、可用性、适应性等方面取得创新性突破。

非传统计算持续发展,前沿技术不断取得突破。当前,量子计算、生物计算、超导计算、分子计算等非传统计算技术研究持续发展,其中,量子计算近年来持续取得较大进展。IBM 国际商业机器公司(简称 IBM)、英特尔公司(简称 Intel)、中国

科学技术大学(简称中国科大)等企业和机构不断在量子比特数量上取得突破,构建量子计算芯片及量子原型计算机。生物计算领域,前沿技术研究较为活跃,DNA 计算机技术不断取得突破。2017 年,IG Matsoukas 等利用 CRISPR 基因编辑系统在活菌 DNA 中插入了一个 GIF 格式的图片。此外,微软与华盛顿大学的联合研究团队提出了一种可以大幅提升 DNA 分子运算的方法,并发表于 *Nature Nanotechnonology* 杂志上。

(十四) 计算机应用技术加速创新,为产业发展注入新动力

计算机应用技术加速融合创新、跨界创新,与产业发展需求的结合更加紧密,为传统产业转型升级和新兴产业发展注入新动力。一是,计算机应用技术快速发展,"新互联网""大数据""人工智能"等信息通信技术与产业技术深度融合,推动产业智慧化程度进一步提高,其中智能制造、智慧交通、智慧医疗等领域正成为发展热点,如世界各国尤其是发达国家,积极抢占智能制造发展制高点,继续加大在通用协作机器人、工业数字化、互联工业等关键战略领域创新力度,加强研究与产业合作;出台政策引导智慧交通产业发展,在道路交通、轨道交通等重点发展领域积极进行大规模应用;"智慧"医疗服务需求持续增长,大型医疗企业集团和科技公司等在竞争中开展合作,布局智慧医疗产业。二是,智能搜索、深度学习、自动驾驶、智能博弈等计算机应用新技术不断取得突破,促进原有技术框架和发展模式变革,正步入交叉融合和体系化创新的新阶段,如谷歌公司 DeepMind 团队采用人工智能、深度学习、智能博弈等技术研制的阿尔法元(AlphaGo Zero),能够自行探索和发现,仅用 3 天进行强化学习,以 100 比 0 的战绩击败了阿尔法狗(AlphaGo)。三是,计算机应用技术快速发展推动生产制造与服务相融合、实体经济与虚拟经济相融合,工业互联网、裸眼 3D、零售业智能化等新经济增长点不断涌现,在工业、经济、军事等领域的应用持续深入,成为国民经济、国计民生、国家安全发展的重要支撑,成为拉动全球经济发展的新动力。

第二部分　我国发展现状

一、发 展 环 境

(一) 深化改革、顶层设计，释放电子信息工程科技创新活力

近年来，党中央、国务院接连出台了《深化科技体制改革实施方案》、《关于深化中央财政科技计划(专项、基金等)管理改革的方案》《关于进一步完善中央财政科研项目资金管理等政策的若干意见》《关于实行以增加知识价值为导向分配政策的若干意见》《关于分类推进人才评价机制改革的指导意见》《关于深化科技奖励制度改革的方案》等关于深化我国科技体制机制改革的相关指导文件，这些顶层设计的实施落实，充分释放了包括电子信息工程科技在内的我国科技研究各领域的创新活力。通过发挥市场对技术研发方向、路线选择、要素价格、各类创新要素配置的导向作用，完善政策支持、要素投入、激励保障、服务监管等长效机制，加快创新成果转化应用，破解实现技术突破、产品制造、市场模式、产业发展“一条龙”转化的瓶颈，强化企业的技术创新主体地位，建立技术创新市场导向机制；通过深化科研院所分类改革和高等学校科研体制机制改革，构建符合创新规律、职能定位清晰的治理结构，完善科研组织方式和运行管理机制，加强分类管理和绩效考核，增强知识创造和供给，筑牢国家创新体系基础，构建更加高效的科研体系；通过改革和完善人才发展机制，加大创新型人才培养力度，对从事不同创新活动的科技人员实行分类评价，建立健全以创新能力、质量、贡献为导向的科技人才评价体系，制定和落实鼓励创新创造的激励政策，鼓励科研人员持续研究和长期积累，改革人才培养、评价和激励机制；通过完善科技成果使用、处置和收益管理制度，加大对科研人员转化科研成果的激励力度，构建服务支撑体系，打通成果转化通道，让成果应用体现创新价值，利用成果转化创造财富，健全促进科技成果转化的机制；通过加快政府职能转变，加强科技、经济、社会等方面政策的统筹协调和有效衔接，改革中央财政科技计划管理，完善科技管理基础制度，建立创新驱动导向的政绩考核机制，构建统筹协调的创新治理机制。近年来，通过推进科技体制改革，我国科技体制改革主体架构已经确立。2018 年 5 月，习近平总书记在两院院士大会开幕会上发表了重要讲话，对全面深化改革，充分激发创新活力，不断推动我国科技发展水平实现快速提升提出了要求，指明了方向。随着我国科技体制改革进展的不断深入，随着习

近平总书记重要讲话精神的不断贯彻落实，我国电子信息工程科技的创新活力也将得到充分释放，电子信息工程科技也将迎来新的发展高潮。

（二）战略引领、重点布局，塑造电子信息工程科技创新环境

以《十三五国家信息化规划》《国家信息化发展战略纲要》《国家创新驱动发展战略纲要》《关于积极推进“互联网＋”行动的指导意见》《新一代人工智能发展规划》等重大战略规划为引领，2017 年我国除继续完善顶层战略布局外，包括国家发改委、工业和信息化部等相关部委瞄准产业发展热点，推动出台《促进新一代人工智能产业发展三年行动计划（2018—2020 年）》《智能传感器产业三年行动指南（2017—2019 年）》《关于加快推进虚拟现实产业发展的指导意见》《智能光伏产业发展行动计划》《新型显示产业超越发展三年行动计划》等系列针对性政策措施，2017 年国家发改委组织实施人工智能创新发展重大工程，支持深度学习智能芯片、智能无人系统、智能机器人等产品和系统的研发应用，以及面向深度学习应用的开源平台、高准确度人脸识别系统、高灵敏度语音识别系统等开源平台和公共服务平台的建设；科技部也批准自动驾驶、城市大脑、医疗影像、智能语音等四个国家级人工智能开放创新平台的建设，上述重大规划、重大工程、试点示范、创新平台有力支持和推动重点行业的快速健康，助力国家战略的落地实施。以北京、上海、广东为引领的各级地方政府，积极落实国家相关部署、配套相关政策和行动，依据区域特色，因地制宜、优化地方发展环境，积极培育电子信息技术的科技创新与市场发展环境。总体来看，我国电子信息领域已形成从顶层规划到落地实施、从专项规划到全局发展、从试点示范到全面推广的创新政策环境体系，以战略为引领，加速我国电子信息领域健康发展，推动我国成为网络强国、科技强国提供了强大的支撑和保障。表 1 为 2017 年以来国家发布的涉及电子信息工程科技领域主要的相关发展政策、规划和指导意见。

表 1　国家发布的电子信息领域相关政策文件（2017.01—2018.04）

文件名称	发布机构	时间
《国务院办公厅关于促进“互联网＋医疗健康”发展的意见》	国务院办公厅	2018.4
《国务院关于印发积极牵头组织国际大科学计划和大科学工程方案的通知》	国务院	2018.3
《国务院关于全面加强基础科学研究的若干意见》	国务院	2018.1
《国务院办公厅关于推进农业高新技术产业示范区建设发展的指导意见》	国务院办公厅	2018.1
《国务院办公厅关于创建“中国制造 2025”国家级示范区的通知》	国务院办公厅	2017.11
《国务院关于深化“互联网＋先进制造业”发展工业互联网的指导意见》	国务院	2017.11
《推进互联网协议第六版（IPv6）规模部署行动计划》	中共中央办公厅 国务院办公厅	2017.11

续表

文件名称	发布机构	时间
《国务院关于进一步扩大和升级信息消费持续释放内需潜力的指导意见》	国务院	2017.8
《国务院关于印发新一代人工智能发展规划的通知》	国务院	2017.7
《关于促进移动互联网健康有序发展的意见》	中共中央办公厅 国务院办公厅	2017.1
《国务院办公厅关于印发"互联网＋政务服务"技术体系建设指南的通知》	国务院办公厅	2017.1

(三) 紧抓机遇、加大投入，打造电子信息工程科技创新格局

一是电子信息工程科技创新步伐不断加快，为我国实现技术赶超提供重要机遇。近年来，随着我国电子信息领域高新技术企业的迅速发展，国内部分领先企业也具备了较强的技术实力，在一定程度上能够与全球科技巨头进行竞争。在人工智能方面，我国已初步建成较为完善的人工智能生态体系，百度公司(简称百度)打造 PaddlePaddle 开源平台，提供并行分布式的深度学习功能，并具有较好的容错性和可扩展性；寒武纪科技公司(简称寒武纪)、深鉴科技公司(简称深鉴科技)、地平线公司(简称地平线)机器人、中星微电子有限公司(简称中星微)等芯片设计企业加大对人工智能专用计算加速芯片的研发布局并逐渐进入商用阶段；国内人工智能技术领域创新活跃，已经形成了龙头企业引领，大批企业不断涌现的格局，在计算机视觉、语音识别和语音交互等领域的人工智能应用达到较高水平。在高性能计算方面，ISC2017 国际高性能计算大会中，中国的"神威 · 太湖之光"超级计算机再次斩获世界超算冠军，它还和"天河二号"第三次携手夺得前两名。在量子通信方面，2017 年，我国"墨子号"量子卫星成功实现了千公里级星地双向量子纠缠分发及大尺度量子非定域性检验。在 5G 方面，我国正在稳步推进 5G 标准化、商用化进程，目前正在组织开展 5G 第三阶段系统验证，运营商、设备制造商、器件设计及制造商、科研院所等产业链上下游正积极推动系统设备商用及相关芯片和重点器件的研发和产业化。

二是科技投入不断加大，为我国科技创新提供基础支撑。我国科研经费投入总体呈现不断上升态势，先后超过英国、法国、德国和日本，成为仅次于美国的世界第二大科技经费投入大国。根据国家统计局、科技部 2017 年联合发布的最新数据，2016 年，全国投入研究与试验发展(R&D)经费 15676.7 亿元，比上年增长 10.6%。其中企业研发经费 10944.7 亿元，比上年增长 9.3%，研发经费最高的行业是计算机、通信和其他电子设备制造业，为 1811.0 亿元，占全部企业研发经费的 16.5%。我国已形成了企业、政府研究机构、高校三大研发活动主体，企业在科技创新的引领作用不断增强，2016 年，我国政府研究机构全年研发经费投入达 2260.2 亿元，增长 5.8%。高校研发经费 1072.24 亿元，比上年增长 7.4%，其中

高校基础研究经费 432.5 亿元，占全国基础研究经费的 52.6%。电子信息行业上市公司研发支出整体呈上升趋势，2017 年创历年新高，其中电子行业上市公司 2017 年合计研发投入达 465.21 亿元，研发投入占营收比达到 5.38%；计算机行业研发投入达 381.99 亿元，占营收比为 7.79%；通信行业研发投入 289 亿元，占营收比为 4.65%。

三是新型信息消费需求持续增长，产业发展新动能加快培育。集成电路产业投资基金等对国内电子信息产业的撬动作用逐渐显现，全行业投资持续稳步增长，预计 2018 年整体行业固定投资仍将维持在 20%以上的增速水平。其中西部地区增势明显，2017 年完成投资同比增长 46.1%，增速比 2016 年提高 26.3 个百分点，其中云南、贵州、四川投资增长较快，同比分别增长 338.9%、120.9%和 118.0%，预估 2018 年仍将持续保持高速发展。随着信息消费的环境改善、技术升级和模式出新，移动支付、共享单车、网络约车、线上线下服务、在线教育、数字家庭、人工智能等新型信息消费正在深刻改变着社会生活，我国信息消费规模持续快速增长，由 2013 年的 2.2 万亿元迅速增长至 2017 年的 4.5 万亿元，年均增幅高达 20%以上，为同期最终消费增长速度的 2 倍左右，成为消费的最大亮点和消费增长的重要引擎，对拉动消费和经济增长的贡献日益突显。

四是推动实施标准化战略，标准化水平和国际话语权逐步提升。技术标准是行业发展的基础，以主导国际标准为途径，获取竞争优势、制约竞争对手，已成为发达国家惯用的手段。电子信息领域的国际标准，一直都由美国、欧洲为主的发达国家主导，我国总体处于被动局面。在国际标准竞争日趋激烈的形势下，标准制定的重要性受到国内各界的充分重视。我国积极推动实施标准化战略，标准化体系建设稳步推进，并在一些领域逐步积累了创新优势。同时，我国积极参与电子信息领域国际标准和国际规则的制定，做强“中国标准”，加大力度实现国际标准的追赶和超越，已取得显著成果。面对 5G 发展的重大机遇，我国成立 IMT-2020(5G)推进组，全方位推进 5G 研发，在 5G 国际标准方面，中国提出的很多先导性概念获得了认可，中国人在标准组织担任关键职位的有 30 余个，牵头项目占比 40%，在无线系统设计、无线基础技术、新型网络架构和大规模天线等关键技术标准制定上均做出了重要贡献。2016 年由华为技术有限公司(简称华为)主推的极化码方案被国际无线标准化机构 3GPP 确定为 5G 增强移动宽带场景的控制信道编码方案。我国在 ITU-T 物联网和智慧城市上取得了系列成果，2017 年由我国企业主导的 Y. frame-scc 智慧城市平台高层需求和参考框架、Y. IoT-NCE 物联网网络能力开放参考架构等 6 个标准项目成功转化为 ITU-T SG20 国际标准。

(四) 创新发展、优化环境，营造电子信息工程科技创新生态

一是创新协同发展，形成集群效应。电子信息产业以“开放式创新”作为产业

发展思想，集成各类创新资源，全力扩大政产学研融协同创新效应，加速推动核心技术创新研发，有效推动科技成果产业化，进一步完善电子信息产业生态体系，显著提高产业链构建与掌控能力。同时，各地方加快建设电子信息相关产业创新中心、创新项目，引入培育创新人才，通过产学研结合、上中下游衔接、大中小企业协同等方式构建良好创新环境，形成电子信息产业集群效应。

二是优化市场环境，推动政产学研用深度融合。电子信息产业坚持以市场为主体的资源配置方式，充分发挥企业的市场主体作用，涌现出了一批具备世界竞争力的龙头企业。在坚持市场导向，坚持企业为主体的基础上，强调面向市场需求进行技术创新与商业模式创新，推动企业与政府、科研院所、高校、中介服务机构等各类组织间的横向合作，引导技术资源整合，在专项任务布局和项目组织实施过程中，重点开发满足产业和市场需求的新一代信息技术装备、工艺和产品，在打造促进产学研深度融合的良好制度环境方面不断改革创新。

三是需求牵引，打造创新创业支撑平台。新一轮电子信息创新技术作为新一轮产业变革的核心驱动力，对行业应用的渗透持续加速，不断催生新技术、新产品、新业态和新模式，为传统行业升级注入新活力，为经济发展注入新动能。以“互联网＋”等新技术新模式构建创新平台，以“大众创业、万众创新”为重要创新举措，形成了推动新一轮信息技术变革的有效途径。通过鼓励众创、众包、众扶、众筹，推动创新资源灵活配置、创新要素有效流动，以应用促产业，带动产业向中高端迈进。

二、技术现状

当前，以电子信息工程科技为基础的信息技术革命浪潮席卷全球，电子信息工程科技发展带来的技术创新及其推动的产业和行业变革正步入深度融合发展和动能加速释放的新阶段。从技术驱动的内部动因看，摩尔定律与超越摩尔定律的结合使产业发展保持了强大技术动力，并加速了产业内融合变革，以电子信息工程科技为基础的网络、计算、感知三大主线迭代创新并交叉融合，与数据的指数级增长和基础科学进步结合，推动了移动互联网、人工智能、区块链、物联网、边缘计算、VR/AR、量子信息等的快速兴起，重塑了全球社会经济发展图景和竞争格局。从全球发展的外部形态看，电子信息工程科技融合发展使其使能作用全面提升，倍增效应空前释放，连接、数据、智能成为当今经济社会各领域数字化智能化转型的基本要素，推动从生产管理、商业模式到产业组织的创新变革，支撑数字经济和实体经济发展的产业互联网正加速兴起，电子信息工程科技驱动的新技术革命成为各国的发展方向和竞争焦点。

在这个大背景下，我国电子信息工程科技的发展正处于一个重大机遇期，党的十九大提出的新时代中国特色社会主义战略部署和全球由电子信息工程科技驱动的信息革命浪潮形成历史性交汇，我国电子信息工程科技发展带来的技术创新和产业变革，使得我国有可能在经济社会各领域的数字化智能化转型中寻求到新的发展突破，从而为“两个一百年”发展目标实现和中国民族的伟大复兴提供强劲动力。经过长期积累，我国科技整体能力持续提升，部分重要领域方向跻身世界先进行列，5G 网络、下一代互联网、超高速大容量光传输技术、量子信息等技术研发和商用进程不断加快，移动互联网、云计算、大数据、工业互联网、人工智能等新一代网络信息技术加速推广应用。但当前我国电子信息工程科技发展也面临不少挑战，核心技术受制于人，基础技术研究亟待加强，网络安全面临较大挑战，关键核心技术创新能力同国际先进水平相比还有很大差距，同实现“两个一百年”奋斗目标的要求还很不适应。掌握我国电子信息工程科技发展主动权，需紧紧抓住核心技术自主创新这个关键环节，加速发展抢占事关长远和全局的科技竞争制高点。

（一）微电子技术产业发展稳步升级，光电子技术呈现出系统强、芯片弱的不均衡发展态势

我国围绕人工智能和 5G 等重点领域创新加速，集成电路技术产业稳步升级。人工智能方面，寒武纪、地平线、中星微等公司对人工智能加大布局力度，面向智能终端、自动驾驶、安防监控领域已发布多款芯片产品，成为国内人工智能芯片战场的主力军。5G 方面，国内华为海思半导体有限公司（简称海思）、紫光展锐等企业持续推进 5G 基带芯片产品研发，逐渐缩短与美国高通公司（简称高通）、英特尔、中国台湾联发科技股份有限公司（简称联发科）的差距；国内射频器件企业发展迅速，正在加快 5G 射频器件产品的研发布局。**集成电路技术取得阶段性进展**，中芯国际集成电路制造有限公司（简称中芯国际）计划于 2019 年实现 14 纳米制造工艺量产，长江存储研制出 32 层 3D NAND 闪存芯片，三安和海威华芯 GaAs、GaN 工艺产线正在逐渐走向成熟，封测技术部分领域水平与国际同步，国产关键装备、材料的产业化应用全面铺开。但整体而言，我国信息通信领域核心芯片和器件受制于人的现状仍然存在，高端 FPGA、AD/DA、高性能 GPU 等关键芯片和器件产品仍主要依赖进口，集成电路工艺制造技术差距在二代以上，关键装备、高端原材料等尚存较多空白。

我国光电子技术呈现出系统强、芯片弱的不均衡发展态势，部分技术实现由跟跑到并跑与部分领跑的突破，但与国际先进水平还是有一定差距，存在很大发展空间。**在光子集成技术领域**，我国光器件及芯片企业整体实力仍然偏弱，产品结构不够合理，大部分企业徘徊在中低端领域，同质化严重，主要依靠价格优势维持生存。在技术含量和附加值较高的如 10G 以上速率的有源光器件、100G 光模块等高速产品方面，核心技术缺失，商用化进程缓慢。上游材料和芯片的薄弱导致相应的光器件、组件及模块发展受到制约，不仅高端产品依赖进口，甚至部分中低端产品亦

无法实现完全国产化，采购渠道受日、美等控制。**在光信息获取、传输、处理与对抗领域**，国内各企业、院校、研究所对于新材料、新机理、新应用的光电器件也进行了大量的基础研究工作，“单光子探测”“超光谱单片集成”等概念的提出近一步拓展了军用光电子技术的发展方向，国内也涌现出了拥有国际领先水平的创新性研究成果，进一步摆脱了目前国内光电子领域“缺乏源头创新”的现状。

（二）基础研究与应用研究齐头并进，光学工程创新成果不断涌现

我国在强激光技术领域处于世界前沿，成功实现了 10PW 激光放大输出，“神光Ⅱ”飞秒拍瓦级激光装置研究也取得重要进展，多家科研院校已可制造万瓦级功率输出的光纤激光器，与世界领先水平的差距不断缩小，同时我国还研制出线宽最窄的调 Q 光纤激光脉冲，最短脉宽的过渡金属硫化物全光纤锁模激光器等。其他基础性重大科研项目同样获得重要进展：国内首台高重复频率高占空比的太赫兹谐振腔型自由电子激光器首次观测到太赫兹饱和出光，极紫外自由电子光源装置发出世界上最强的极紫外自由电子激光脉冲。

我国科研人员对太赫兹技术的研究几乎覆盖了太赫兹领域的方方面面，2017 年从基础研究、单个发射器、探测器、调制器到系统及整合应用都有重要进展，一些科研成果世界瞩目。太赫兹技术论文发布数量，我国已经达到世界较为领先的地位，国产太赫兹安检仪已用于重要会议，我国 16 家企业或单位联合成立了太赫兹产业标准联盟，形成了“产、学、研”的有机结合。

光学极端制造平台建设成果显著，完成了地基 2m 口径反射镜高精度制造技术突破与验证，“极大规模集成电路制造装备及成套工艺”国家科技重大专项取得了重大突破。显微镜领域同样出现多项重要研究成果。

（三）新技术应用推动遥感产业发展，商业遥感向全面信息服务方向发展

一方面，空间基础设施和高分专项的建设及新技术的应用快速推动我国遥感产业的发展。随着我国加快推进国家民用空间基础设施规划的实施以及高分专项多型卫星成功发射，数据源大幅增加，业务化应用服务能力进一步增强，我国卫星应用及战略性新兴产业规模年均增长率超过 20%。截至 2017 年底，我国民用遥感卫星数据分发量累计超过 1000 万景，标志着以高分遥感卫星为代表的我国自主遥感应用实现从小范围科研及应用向大规模业务服务的战略转型；同时通过与无人机、导航、通信等平台的深度融合，遥感技术正加快与大数据、云计算、物联网、机器学习等高技术融合，进一步降低遥感数据获取以及从遥感数据到地理时空信息的门槛，并通过应用创新开拓更多市场空间，遥感应用正开始从专业应用向规模化应用到大众应用的转变，进一步推动遥感产业服务于国计民生。**另一方面，微小卫星爆发式发展带来商业遥感的机遇与挑战**。尽管商业遥感项目市场规模相对较

小、成本回收周期长，但随着近年来航天市场的需求不断增加以及微小卫星遥感技术的发展，在商业航天蓬勃发展的国际大环境下，国内各类创新型企业成为这方面主角。基于微小卫星的商业遥感项目大量涌现，包括“吉林一号”“高景”“河北一号”“珠海一号”“丽水一号”等项目纷纷实施，仅 2017 年一年，我国就发射了包括吉林一号、珠海一号、天鲲一号、南理工一号等在内的 13 颗民用遥感微小卫星；另外相关研究机构、高校、企业和公司也制定了各自规模不等的微小卫星研制与发射计划。目前国内商业遥感卫星星座已初具规模，吉林一号在轨数量已达十颗，高景一号在轨四颗，北京二号也有三颗卫星，国产商业遥感小卫星的快速建设不仅对我国商业遥感市场结构和格局产生影响，还推动着我国商业遥感向全面信息服务方向发展，机遇与挑战并存。

（四）MEMS 规模制造技术取得突出进展，传感器研发和制造能力大幅提升

长期以来，国内 MEMS 传感器市场一直被境外产品主导，究其原因，主要是规模制造能力薄弱，使得国产产品性价比不高，缺乏市场竞争力。与集成电路主要制造晶体管这样的标准结构不同，MEMS **制造的核心是微机械结构，涉及三维加工、结构应力控制等技术**。

为了解决中国 MEMS 规模制造的瓶颈问题，在国家相关计划的支持下，中科院上海微系统所、北京大学、东南大学、江苏物联网研究发展中心等单位，依托无锡华润上华科技有限公司集成电路生产线，重点开展了集成电路与传感器集成制造技术研发，突破了基于集成电路生产线进行 MEMS 芯片加工、封装和在线测试等 MEMS 规模制造关键技术，建立了专业化的 MEMS 规模制造技术开放代工平台。2017 年，其 MEMS 产品代工客户数从起初的数家增加到 30 多家，代工的年出片量从起初的不足千片增加到 26000 片以上，产品平均成品率超过 95%，实现了规模生产，大幅提升了我国 MEMS 规模制造能力，带动了一批 MEMS 中小企业的成长，促进了我国 MEMS 的产业化。

与此同时，资本也在助力我国 MEMS 规模制造能力的提升。中国资本于 2015 年收购了全球最大的 MEMS 纯代工企业 Silex Microsystems 98%的股权，后被转让给上市公司北京耐威科技股份有限公司（以下简称“耐威科技”）。2017 年 12 月，耐威科技非公开发行 A 股股票的申请获得证监会发行审核委员会审核通过。国家集成电路产业投资基金拟合计投入 20 亿资金，与耐威科技在北京建设 3 万片年产能的 8 英寸 MEMS 生产线，通过引入耐威科技旗下 Silex 公司（简称 Silex）代表国际先进水平的 MEMS 晶圆制造能力，建设国内高水平的 MEMS 晶圆制造平台。

（五）计量领域技术突破多点开花，新技术、新仪器、新成果助推质量进步

在计量测试领域，随着我国电子信息基础设施的跨越式发展，光学领域计量测

试技术、自动视觉检测技术、时频计量技术、惯性测量技术、地磁测量技术、传感测试技术、软件测试技术、空间计量技术、纳米级长度计量技术等诸多计量测试技术实现突破，所研制的新技术、新仪器、新成果有助于推动我国向质量强国迈进。

我国光学测量技术发展迅速，特别是在光学面形测量技术、光频梳及测距应用技术、光学超分辨显微技术、惯性约束聚变(inertial confinement fusion，ICF)配套测试技术等方面均达到世界先进水平。国防科技大学突破了微米级刻线周期的CGH设计制造难题，实现自由曲面高精度测量并在衍射波前计量溯源研究上取得初步进展。天津大学研究组通过电光调制的方法产生了双光梳，并实现了长达1.2km的距离测量，精度可达百微米级。哈尔滨工业大学研制的靶场光电与测量控制系统经过多轮打靶实验磨合，实现了高精度、高效率的束靶耦合引导，光学元件微米级损伤在线监测，高效率频率转换和光束调整，以及光学元件高效洁净维护，稳定实现综合打靶精度优于30μm的指标。

我国计量测试技术和应用水平快速提升，在原子钟、重力比对、宽带场强校准等方面取得了突破性进展。北京大学和中国电子科技集团12所合作成功研制了国际上首套全密封管小型化钙原子束光钟，稳定度进入10^{-15}。2017年，中国计量科学研究院主办第十届全球绝对重力仪国际比对成为一大亮点。这次国际关键比对形成的关键比对参考值(KCRV)不确定度优于1微伽，使得中国计量科学研究院昌平院区成为全球重力基准点。北京无线电计量测试研究所研制了工作频率200MHz至40GHz的同心锥TEM室，攻克同心锥渐变阻抗匹配等关键技术，其电压驻波比和场均匀性等关键参数达到国际先进水平。同心锥TEM室与TEM室配合，能够满足场强探头的全频段、宽带扫频、大动态校准需求，打破了国外技术垄断。

(六) 雷达技术向多功能、数字化、网络化发展，部分领域达国际先进水平

相控阵雷达、合成孔径雷达、脉冲多普勒雷达已经形成了三大主流体制，并正在进一步演化，而协同探测、分布式、网络化雷达体制也将登上历史舞台。**雷达工作频段方面**，一是在高端频段的扩展，包括毫米波、太赫兹、红外和激光雷达方向发展，二是低端频段，向VHF、UHF和HF波段发展。承载平台将由天基扩展到临近空间等平台。与雷达相关的微波集成电路和数字处理等基础技术已取得很大成就，并正在孕育着宽禁带半导体等新新材料的重大突破。量子技术、大数据、人工智能在雷达应用中已露出端倪。雷达系统结构正在发生深刻的变化，雷达信号处理维度提高，处理日趋精细。**在雷达系统技术方面**，国内外的雷达技术均朝着多功能、数字化、软件化、网络化的方向发展，比较国外雷达系统装备及技术特征，可以看到，我国雷达系统技术的发展已到达国际先进水平。**在共性技术方面**，如认知雷达技术、自动目标识别技术、软件化雷达技术、相控阵雷达自适应资源管理技术、宽

带数字波束形成技术、空时自适应处理技术等方面，国内研究均达到了国际先进水平。**在前沿技术方面**，如微波光子雷达技术、智能雷达技术、太赫兹雷达技术、量子雷达技术等方面，国内外技术水平相当。

(七) 网络通信成为我国自主创新典范，大而不强缺芯少魂仍受制于人

我国网络大国地位已基本确立，网络通信产业规模和国际出口居全球第一，已建成规模最大、世界一流的网络通信基础设施，光纤宽带、第四代移动通信(4G)网络建设达到全球领先水平。我国网络空间综合实力与第一梯队的美国差距较大，与德英日韩等国同处全球第二梯队，但位置偏后，网络通信核心技术受制于人的局面没有根本改变。近年来，我国网络通信技术加速由跟跑向创新驱动转变，着力核心技术创新，多次冲击国际先进水平，取得了一系列成果，初步实现由跟跑与部分并跑到部分并跑与少量领跑的突破，网络通信领域已成为我国高技术创新的典范。**一是，移动通信领域**的技术研究与世界先进水平基本并驾齐驱，产业全球影响力显著增强，在 5G 新型网络架构研究方面取得重要成果，攻克一批 5G 无线传输核心关键技术，主导了诸多国际组织的 5G 需求与网络架构确定，并与全球同步启动新一代 5G 移动通信技术验证和测试；**二是，数据通信领域**紧跟全球未来互联网体系架构研究的最新进展，多次提出新的体系架构，并在 IPv4/IPv6 互通、网络安全、路由协议、SDN/NFV、试验网络基础设施等领域做出了自己的特色；**三是，光纤通信领域**逐步打破美日欧对基础原创技术的垄断，成为我国与世界先进水平最接近的高新技术领域之一，超高速超大容量超长距离光传输试验研究多次冲击并部分达到领先水平，量子密钥分发传输基础研究走在前列。虽然我国通信网络设备研发方面已整体步入国际先进行列，但大而不强，在高端芯片、关键材料、高端工艺装备和操作系统等方面仍然依赖发达国家，国家网络信息安全与信息产业安全受制于人的局面仍未得到根本性改变。

(八) 网络安全向"长板式"防御模式转变，5G 和工业互联网安全架构逐渐成形

随着我国网络安全战略目标的日益清晰，我国网络安全法律制度加快完善、产业实力持续增强。网络安全技术领域从跟随全球技术发展到抢占技术先机，在内生安全、主动防御、智能化与虚拟化安全、5G 安全等方面发展迅速，研发了大量自主程度深、创新性强、前沿性高的安全技术和产品。在拟态防御、可信计算等领域的自主创新不断深化，其他领域的通用安全技术也在加速向智能化、虚拟化方向演进发展。

一是提出网络内生安全创新理论，以广义鲁棒控制技术改变只重性能忽视安全的软硬件产品设计理念，拟态防御技术快速发展，正在多个行业、领域开展试点示范应用；基于主动免疫思想的可信计算 3.0 正逐步迈入规模化应用新阶段。近

年来，我国科学家致力于网络安全技术体系架构自主创新，深入研究和发展可信计算、拟态防御等改变网络安全游戏规则、扭转网络攻防不对称性的创新性防御技术，推动相关技术产品向实用化与产业化进程不断迈进。

二是借鉴国际相关领域新成果，探索网络空间安全防御新的技术能力。借助人工智能、深度学习等先进统计技术助力网络安全实现高度自动化；运用动态化、多样化、随机化等技术实现系统动态防御；通过去中心化的分布式账本和用户的群体性约束技术推动数据存储方式转型和信任机制重塑。

三是5G网络安全技术研发同步推进，工业互联网安全框架逐步成熟。一方面，为应对5G网络新业务、新架构和新技术对网络安全和用户隐私提出的新挑战，我国已同步启动5G网络安全技术研发，联合产研用各方力量，与国际标准化组织（如3GPP、ETSI）保持协同，加速推动5G安全需求、安全技术和安全标准等工作，确保5G安全与5G网络技术同步演进。另一方面，工业互联网安全框架从防护对象、防护措施及防护管理三个视角构建。针对不同的防护对象部署相应的安全防护措施，根据实时监测结果发现网络中存在的或即将发生的安全问题并及时做出响应。同时加强防护管理，明确基于安全目标持续改进的管理方针，保障工业互联网的持续安全。

（九）水声工程助力海洋开发，军民融合助推装备全谱性发展

习总书记指出，建设"海洋强国""21世纪海上丝绸之路"，是"中国梦"的重要组成部分。水声技术作为海洋开发、利用的重要工具责无旁贷，也迎来了重要发展期，逐渐成长为"军民两用"的技术。

一是水声技术与多学科交叉发展，助力我国蓝水海军建设。水声技术与光学、信息科学、控制科学、仪器科学、物理海洋学等关系密切，在认识海洋、开发海洋、保护海洋、利用海洋的过程中有重要应用。水声技术是各国海军和海洋开发利用必备高技术，其发展水平直接决定着我国蓝水海军和海洋强国的建设进程。

二是水声物理在浅海领域成果卓著，深海极复杂海洋领域研究有待加强。与美国等发达国家相比，我国在浅海水声环境的特性的理论和实验研究方面具有世界先进水平，但是对于深海复杂海域水声环境特性的研究力度相对薄弱。在复杂海域声传播、海洋环境噪声和海洋混响模型等研究方面，国内的研究工作有一定的积累，取得了较好的研究成果，但是与国外相比，研究广度、深度和针对性都有一定的差距。

三是水声装备全谱性、多样性发展。声呐是重要的水下探测装备，目前我国声呐装备不断演进，呈现全谱系、多样化发展。探测目标从大目标的潜艇，发展为包括鱼雷、水雷、蛙人等小目标在内的大/中/小全目标；探测方式从主动为主，发展为主被动相结合的方式；探测频率从中频发展为低/中/高全频；布阵方式从平面阵发

展为共形阵等形式;声呐载机多样化,不仅仅局限于舰载;突破单基地,发展为双基地、多基地等;分布式协同工作代替单独工作等。经过我国水声科技工作者的积极努力,未来我国必将实现水声装备的全谱发展与应用。

四是军民融合继续深度发展,研究机构数量快速增长。随着我国军民融合战略的逐步推广,"军转民"和"民参军"热情逐渐高涨。一大批民营企业取得涉密资质,承担军事装备的研制;同时,一些军工院所也开展民品的研究工作,并取得了不俗的研究成果。研发单位除了具有较强技术积累的中科院、中国船舶重工集团、中国船舶工业集团、哈尔滨工程大学、西北工业大学等科研单位外,还有中国电科、中国航天等新生力量。各家科研机构在不同技术领域分别发力,一大批科研项目陆续上马,涌现了一大批科研成果。

(十) 电磁兼容及防护技术创新突破,电磁制衡能力大幅提升

当前,我国的电磁场与电磁环境效应技术研究从跟跑向自主创新方向发展,技术水平和应用能力不断提升。**一是电磁干扰辨识与抑制技术取得新突破**。在国际上首次提出了电磁发射要素基本集理论,研制了一系列原创性电磁干扰识别和测试设备,包括综合电子信息系统内模块电磁传导发射检测装置、辐射发射检测电磁场探头以及电磁干扰要素快速自动检测识别装置等,为复杂系统电磁兼容性和电磁环境效应试验和设计提供了新方法。**二是电磁防护器件和材料国产化率大幅提升**。结合重点工程建设,防电磁信息泄漏技术、强电磁脉冲抗毁技术、目标电磁隐身技术、抗电磁干扰技术所需电磁功能器件和材料研制已有长足进步,自主化水平逐步提高。重视加强新材料新器件研究,尤其是石墨烯材料在电磁防护领域的应用研究飞速发展,大幅提升了电磁制衡能力。**三是高性能电磁计算水平不断提高**。我国在时域有限差分(FDTD)、有限元(FEM)、矩量法(MoM)和时域不连续性伽辽金(DGTD)等改进电磁数值算法研究中取得了一系列创新性成果。部分电磁算法大规模并行实现技术的研究水平达到国际先进,初步具备了千万亿次量级的电磁模拟能力。

虽然我国在电磁兼容及防护技术方面进步显著,但由于历史欠账多、技术基础弱,电磁环境效应基础数据积累不够,在电磁计算仿真预测软件、新材料开发、巨大系统及体系防护技术、标准体系、大型试验装置方面相比国外先进水平还有一定差距。

(十一) 新型控制技术广泛应用,控制系统智能化水平显著提升

2017 年,随着我国经济社会发展进入新时代,"实体经济""高质量发展"和"制造业"成为本年度焦点。控制领域紧密结合当前国家发展新形势,将重点聚焦于**"满足国家重大需求、解决关键领域问题的核心系统"**,全面提升控制领域服务于国家的能力。

在基础研究方面，2017 年上半年，对控制领域基础研究方向具有导向性影响的国家自然基金信息学部自动化学科申请代码进行了重要调整。为响应“新一代人工智能发展规划”等国家科技发展战略，新增“智能制造系统理论与技术”“人工智能驱动的自动化”和“交叉学科中的信息科学”方向，涉及智能制造、人工智能领域及交叉学科中的基础理论、基本方法和关键技术研究，明确了控制领域基础研究以国家任务目标为导向的思路，强化应用基础研究服务于国家战略的能力。

在学科发展规划方面，2017 年下半年，《自动化学科方向预测及技术路线图》完成编写，全面梳理了控制领域关键技术、核心系统和重大应用领域及产业的发展现状及未来发展重点。路线图首次从“系统”角度出发，梳理自动化学科各领域的发展，将传统自动化理论与技术上升到“系统”级高度，围绕制造过程自动化技术与系统和运动体自动化技术与系统两大领域，分别介绍各子领域发展特点、理论与技术挑战、重点发展内容和应用领域，并制定未来发展目标及路径。上述学科发展规划思路的调整，回归到了控制领域学科“系统性”的本质，充分体现出该领域交叉性、使能性、广泛性的特点。

（十二）认知计算能力快速发展，人工智能领域迎来黄金发展期

近年来，我国牢牢把握人工智能发展新机遇，经过几年持续积累，在科技研发、应用推广和产业发展等方面取得重要进展，影响力显著上升并跻身世界前列。**国家战略**从顶层进行整体推进，积极出台重要文件支持人工智能发展，构筑先发优势。**理论研究方面**，我国研究实力与日俱增，研究成果保持高速增长，在计算机视觉、自动驾驶、自然语言等前沿领域的应用研究走在国际前列，在基础理论和基础能力方面仍有较大的进步空间。**教育体系方面**，我国正在积极构建全方位的人工智能教育体系，实施全民智能教育项目，在中小学阶段设置人工智能相关课程，积极推动在高等学校设立人工智能一级学科，引导社会力量参与人工智能教育。**产业发展方面**，市场规模近两年高速增长，并不断向垂直领域纵向加深领域融合，投融资积极性性高、规模不断扩展，带动了融合领域的智能升级。**平台建设方面**，国家积极推动、产业界主动落实，启动了多项国家依托企业主体打造的开放平台建设计划，在自动驾驶、城市大脑、医疗影像等方面形成合力，创造中国人工智能发展力量。**创新应用方面**，中国研发正在成为改善广大民众生产生活的重要工具，从智能家居设备到智能安全系统，在人工智能领域的整体进步，正在为大众的生活带来智能、安全和便利。

总的说来，经过多年持续积累，中国在人工智能领域取得重要进展，在基础研究方面从跟跑逐步转向并跑，在技术创新上从并跑转向领跑，在工程应用上逐步开始国际领跑。国际科技论文发表量和发明专利授权量已居世界第二，部分领域核心关键技术实现重要突破。语音识别、视觉识别技术世界领先，自适应自主学习、

直觉感知、综合推理、混合智能和群体智能等初步具备跨越发展的能力，中文信息处理、智能监控、生物特征识别、工业机器人、服务机器人、无人驾驶逐步进入实际应用，人工智能创新创业日益活跃，一批龙头骨干企业加速成长，在国际上获得广泛关注和认可。加速积累的技术能力与海量的数据资源、巨大的应用需求、开放的市场环境有机结合，形成了中国人工智能发展的独特优势。总体来说，我国在认知计算和人工智能领域正在全力追赶，甚至在某些领域逐渐超过美国。尽管在基础理论研发、基础应用、融资规模上跟美国相比还有较大差距，但各大企业正逐渐追赶美国，并注重在理论研究和成果产品方面的比拼。

（十三）高性能计算以点带面全面突破，国产计算芯片迎来发展新机遇

我国高性能计算以点带面取得全面突破。高性能计算是解决国家经济建设、科学进步、国家安全等一系列重大挑战性问题的重要支撑。当前，我国在高性能计算机方面已取得一定成就。2017 年，我国持续保持全球高性能计算机 Top500 榜首位置并蝉联“戈登 · 贝尔”奖（高性能计算应用领域的诺贝尔奖）。值得关注的是，我国高性能计算机上榜数量首次超越美国跃升第一，以 202 套的数量超越美国 143 套，占据了约为 2/5 的全球榜单，由点及面全面突破。

国产计算芯片面临重要机遇期，部分领域应用有所突破。当前，互联网、物联网、云计算、大数据、虚拟现实、5G、区块链、人工智能等新业态的快速发展，对计算芯片产生了巨大需求，国产计算芯片发展正面临重要机遇期。近年来，国产计算芯片取得长足进步，在部分领域应用中有所突破。在高性能计算领域，采用申威处理器的“神威 · 太湖之光”超级计算机连续蝉联全球超级计算机 Top500 榜首；在智能手机领域，海思、紫光展讯通信有限公司（简称紫光展讯）、联芯公司（简称联芯）有量产产品，其中海思麒麟已形成规模销售，打破了国外厂商在手机芯片市场的垄断；在部分专用领域，龙芯公司（简称龙芯）应用于“北斗”卫星、网安通信、工控设备等产品，飞腾公司（简称飞腾）应用于军工等信息系统，可部分实现对国外芯片的替代。

（十四）计算机应用技术持续活跃，产业发展特征明显

在我国产业政策、金融资本和技术创新的三重驱动下，以智能搜索、深度学习等为代表的计算机应用技术呈现跨越式发展，计算机应用技术与经济社会各领域的结合程度愈加紧密，取得了若干具有较大影响力的成果，部分领域世界领先。**在基础技术方面**，深度学习技术快速发展推动人工智能算法实现突破、海量数据为算法提供源源不断的素材、GPU、FPGA 等人工智能专用芯片极大提升了运算力。百度、阿里巴巴网络技术有限公司（简称阿里巴巴）、小米科技有限责任公司（简称小米）、科大讯飞等公司在人工智能领域研究和商业化探索方面逐渐深入，部分成果世界领先。**在技术应用方面**，计算机应用技术在我国经济社会各个领域的应用

持续深化，智能制造、自动驾驶、移动支付、新零售快速发展，智能制造总体技术、智慧轨道交通等多项关键技术取得了突破，互联网普及率进一步提升，移动支付已达到国际先进水平，但在一些领域仍存在核心关键技术自主可控程度不高、关键器件和重要工业软件长期依赖进口等问题。**在产业发展方面**，经济社会各领域需求推动智能制造、智能交通、智慧医疗等新兴产业、新兴业态和新型模式不断涌现，移动支付、在线教育、智慧医疗、零售业智能化、互联网金融、社交应用已成规模，目前我国网民数量、电子商务交易额规模已居全球第一，一批信息技术企业和互联网企业进入世界前列，计算机应用发展整体水平持续提升。

三、产 业 现 状

(一) 出口回暖促进产业快速增长，细分领域形成区域聚集态势

一是全球经济回暖，我国电子信息制造业持续快速增长。2017 年，全球经济持续回暖，包括中国、美国、日本、欧洲等在内的世界主要国家和地区经济增长速度都呈现上升态势，带动全球电子信息产业发展向好回升。我国电子信息制造业出口形势明显好转，2017 年出口交货值同比增长 14.2%，快于全部规模以上工业出口交货值增速 3.5 个百分点①，其中手机、集成电路、液晶显示板等重点产品出口金额增速大幅提升，电子信息制造业整体收入保持双位数增长。与此同时，我国庞大的内需带动电子信息制造业规模不断扩张。2017 年，我国手机出货量约占全球总出货量的 27.2%，PC 和平板出货量约占全球 19.5%，通信设备市场规模约占全球总规模的 14%②，我国已经成为全球信息通信产品大国。图 1 为 2007—2017 年我国电子信息产业增长情况。

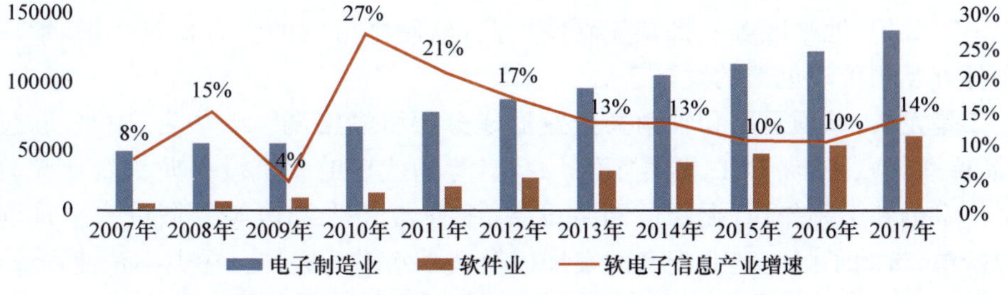

图 1　2007—2017 年我国电子信息产业增长情况
(数据来源：工信部)

① 数据来源：工信部运行监测协调局.
② 数据来源：Gartner.

二是东中西部产业梯次发展，细分领域区域聚集态势明显。广东、江苏、上海、北京、浙江等东部地区是我国对外开放的先导地区，地理位置优越，工业基础较好，在整个电子信息制造业发展中发挥着龙头作用。以四川、湖北、重庆等为典型的中西部省市紧抓产业转移承接机遇，发挥资源、环境生态等方面的优势，加速产业发展步伐，目前已逐步呈现出规模化发展态势。与此同时，我国电子信息产业细分领域聚集态势明显。其中显示面板呈现京津冀、长三角、珠三角、成渝鄂四大集聚区；集成电路产业以长三角地区为主，产能方面以上海、江苏为第一梯队，陕西、北京紧随其后，辽宁、四川、浙江等地位于第三梯队。存储领域，目前我国形成以福建晋华公司（简称福建晋华）、合肥长鑫公司（简称合肥长鑫）和武汉长江存储公司（简称武汉长江存储）为三驾马车的市场格局。

（二）软硬协同生态初具雏形，分层企业引领格局形成

一是整机企业向上游拓展，软硬件协同生态初具雏形。近年来，伴随着上游关键元器件缺失对我国下游整机厂商发展的制约作用愈加凸显，以及国家相关政策的大力推动与扶持，华为、中兴通讯股份有限公司（简称中兴）等龙头厂商通过自主研发等方式逐步进入上游元器件领域，以自下而上垂直整合的方式降低企业研发成本，缩短产品研发周期，提高企业整体竞争力。目前在部分关键元器件领域，我国已涌现出一批具有核心技术研发能力的企业，如华为海思、中兴光电子、光迅科技公司（简称光迅科技）等，带动了我国电子信息制造业上游元器件产业的整体发展。另一方面，当前我国软硬件协同发展态势明显。近年来，以人工智能为代表的应用软件和以操作系统为核心的基础软件发展迅速，百度、科大讯飞、旷视公司（简称旷视）、中标软件公司（简称中标）等企业凭借自身技术优势，在相关软件领域已具备一定领先地位。与此同时，软件和算法层面的突破对底层硬件提出更高要求，带动了我国包括人工智能专用芯片、CPU 等在内的底层芯片和硬件产业的发展，涌现出寒武纪、地平线等一批领先硬件厂商，软硬件协同的生态初具雏形，形成了生态各方互相带动创新的发展态势。

二是龙头、单项冠军和独角兽企业形成分层引领格局。以华为、中兴、联想集团（简称联想）、小米、TCL 集团（简称 TCL）等为代表的整机设备龙头企业充分发挥了技术创新引领作用，在通信网络设备、服务器、PC、彩电等领域进入全球前五厂商榜单，带动了国内产业配套的发展以及技术水平的提升。在中小企业领域，我国也逐步涌现出一批专注于产业链细分领域，市场、技术等方面全球领先的“单项冠军”企业，如手机摄像模组制造商舜宇光学科技公司（简称舜宇光学）、液晶显示模组制造商激智科技公司（简称激智科技）、视频监控产品供应商海康威视公司（简称海康威视）、光电子器件供应商光迅科技等。“单项冠军”企业的出现对提升我国电子信息制造业国际竞争力，促进我国产业整体迈向全球价值链中高端发挥了有

力推动作用。在创新小微企业领域，我国也涌现出一批成立时间短、发展潜力大、增长速度快、企业估值高的“独角兽”企业，如人工智能企业旷视科技、智能芯片厂商寒武纪、以及无人机厂商大疆创新科技公司（简称大疆创新）等。“独角兽”企业对引领社会创新、国家科技进步与产业升级具有积极的推动作用，同时也具有广阔的产业空间和巨大的商业价值，是我国大众创业万众创新战略有效实施的体现。电子信息产业分层次优秀企业引领的格局，对我国产业的健康创新发展奠定了坚实的基础。

三是新一代信息技术与实体经济加速融合，工业互联网发展迈入新阶段。随着我国制造强国、网络强国战略的深入推进，互联网、人工智能、大数据等新一代信息技术加速与实体经济融合，不断提升生产效率，重构产业逻辑，促进实体经济转型升级。当前，我国信息技术产业加快创新，互联网与实体经济融合迈上新台阶。一方面，我国新一代信息技术产业发展不断升级，对实体经济转型创新的支撑能力日益增强；另一方面，我国实体经济数字化网络化智能化水平持续提升，涌现出一批融合创新应用新业态新模式，为信息技术产业的深化发展奠定了良好基础。以工业互联网为典型代表的融合性应用领域迈入新阶段。工业互联网产业涉及工业网络、工业传感与控制、工业互联网平台、工业软件、工业安全、系统集成等重点领域。作为新一代信息技术与制造业深度融合的产物，工业互联网不仅能为制造业乃至整个实体经济数字化、网络化、智能化升级提供新型网络基础设施支撑，还催生了网络化协同、个性化定制、服务型制造等新模式新业态，有力促进了我国传统动能改造升级和新动能培育壮大。当前我国工业互联网产业规模快速稳步增长，支撑体系初步形成，应用场景不断丰富。据我国工业互联网产业联盟测算，2017年我国工业互联网直接产业规模约为 5700 亿元，预计 2017 年到 2019 年，产业规模将以 18％的年均增速高速增长，到 2020 年将达到万亿元规模。

第三部分　我国发展展望

一、发 展 思 路

电子信息技术是创新驱动发展的先导力量，是信息经济的基础。当前，我国正朝着网络强国、制造强国、科技强国的奋斗目标迈进。紧抓技术变革与社会变革发展的机遇，坚持创新引领，加快技术研究与突破，超前部署、集中攻关努力尽快在关键核心技术上取得新的重大突破，力争实现我国电子信息整体水平从跟跑向并行、领跑的战略性转变。

一是以关键共性技术、前沿引领技术、现代工程技术、颠覆性技术创新为突破口，加速推动电子信息领域核心技术突破。习总书记在中国科学院第十九次院士大会、中国工程院第十四次院士大会的讲话指出“以关键共性技术、前沿引领技术、现代工程技术、颠覆性技术创新为突破口，敢于走前人没走过的路，努力实现关键核心技术自主可控，把创新主动权、发展主动权牢牢掌握在自己手中。”在国家战略引领下，应大力推进重点领域的核心技术创新，构建产业竞争新优势。**坚决实现基础共性技术的战略性突破。**集中突破高性能集成电路、芯片等关键电子元器件，数据库和操作系统等基础软件，处理、计算、传感、通信和存储传输等通用核心关键技术。加快研发生物传感器、硅光子集成、光电显示，努力在关键核心技术上取得重大突破。**加快新型计算技术和网络技术等前沿引领技术的突破。**加快量子计算、高性能计算、认知计算等新型计算技术的研究，推动新一代移动通信、下一代互联网、移动互联网、云计算、物联网、北斗导航等领域技术突破，开展在未来网络、太空互联网等新型网络信息技术的创新研究。**重视设计工具、基础工艺、重要材料等现代工程技术方面的创新。**加紧布局超越摩尔相关领域，重视特色工艺、三代化合物半导体工艺的研发创新，着力推动模拟及数模混合、微机电系统（MEMS）、电力电子、高压电路、射频电路等特色专用工艺生产线和化合物集成电路生产线。加快系统级封装（SiP）发展，推动芯片级封装（CSP）、圆片级封装（WLP）、硅通孔（TSV）、三维封装技术的进一步升级和产业化。加快面向先进工艺的刻蚀机、离子注入机等关键设备及 12 寸硅片、靶材等核心材料的研发和产业化能力，布局石墨烯、碳纳米管等“后硅时代”的关键材料和工艺技术创新。**超前部署颠覆性技术的研究。**以人工智能、量子信息、区块链为代表的新一代信息技术加速突破应用，超前布局深度学习、类脑智能、神经网络芯片、量子芯片、量子编程、先进机器人等颠覆性技术，缩小我国与发达国家的差距。

二是加快培育龙头企业，打造具备国际竞争力的软硬互动、上下游联动的产业生态。高技术形成的壁垒使得信息通信领域细分市场集中度不断提升，不具竞争力的小企业逐步被龙头企业蚕食份额，因此，我国亟待**加快各领域龙头企业的培育**，协助企业建立产学研资协同的研发机构，鼓励企业采用自研、投资等方式建立前沿技术领域优势，加速龙头企业差异化竞争力的打造。鉴于我国当前硬件强而软件开发相对薄弱的情况，**需提升重点领域操作系统、APP、嵌入式算法、设计工具、数据库等软件类产品和服务的竞争力，与相应领域的硬件形成软硬协同创新的发展态势**，加强我国相关产业生态的竞争力。近期需重点加强面向万物智能时代的软件领域研发，包括物联网操作系统、工业 APP、人工智能算法和数据清洗等软件服务。在人工智能、智能硬件等新技术、新产品的推动下，ICT 产业链正在纵向拉长，增加了模块、平台等产业链环节，同时不同垂直行业的产业生态交织更加明显。基于我国已经形成的信息通信领域产业配套基础，需**鼓励企业向产业链更具增加值的元器件、平台等环节拓展**，重点拓展包括人工智能芯片、物联网专用领域芯片、下一代通信网芯片、物联网模块、工业互联网连接管理平台等环节，加强跨行业领域的应用解决方案研发，**打造具备新时代竞争力的信息通信产业生态**。

三是深化前沿信息技术应用，推动与实体经济的深度融合。推动互联网、大数据、人工智能等前沿技术在家居、安防、制造、教育、环境、交通、商业、农业、金融、教育、文化、旅游、健康医疗、社会治理等重要领域的集成应用，服务实体经济，拓展数字经济空间。集中优势资源突破大数据核心技术，加快构建自主可控的大数据产业链、价值链和生态系统链，不断突破大数据采集、存储、分析等技术；开发基于大数据的新应用、新产品、新业态和新模式，充分释放大数据的社会价值和经济效益。在政府治理和社会服务应用方面，以智慧城市与电子政务等为抓手，以数据集中共享为途径，打造高效的综合服务体系，提升政府决策科学化水平，推动国家治理体系和治理能力现代化，不断提升公共服务均等化、普惠化、便捷化水平。建立新一代人工智能基础理论体系，聚焦人工智能重大科学前沿问题，兼顾当前需求与长远发展，以突破人工智能应用基础理论瓶颈为重点，超前布局可能引发人工智能范式变革的基础研究。积极培育人工智能创新产品和服务，布局人工智能创新平台，促进人工智能技术的产业化。通过基础研究带动应用技术群体突破，利用新技术新应用对传统产业进行全方位、全角度、全链条的改造，提高全要素生产率，释放对经济发展的放大、叠加、倍增作用。

四是紧抓网络空间安全发展新局面，突破关键技术发展瓶颈。习总书记在 2018 年 4 月份全国网络安全和信息化工作会议上的讲话指出，“没有网络安全就没有国家安全，就没有经济社会稳定运行”“核心技术是国之重器。”当今世界，网络信息技术日新月异，全面融入社会生产生活，深刻改变着全球经济格局、利益格局和安全格局，网络空间已经成为继海洋、陆地、太空之外，各国和各种利益团体博弈的战场。移动互联网、大数据技术、云计算、人工智能的快速发展，给网络空间安全带来了新局面。因此要充分意识到网络安全的重要性，加速推动网络安全核心技术突破。首先是，突破计算机系统、云计算、大数据、工业控制以及其他重要领域信息系统所需关键安全软硬件技术研发和产品应用，加强关键信息基础设施领域核心安全防御能力建设，从被动防护转向积极防御；其次是加强网络安全基础理论和重大问题研究，加强网络安全标准化和认证认可工作，更多地利用标准规范网络空间行为；做好网络安全防护、等级保护、风险评估等基础性工作；第三是重视软件安全，加快安全可信产品的推广与应用，重点推动国产自主密码算法及相关产品在重要领域的应用；第四是加快构建积极主动、综合防范的网络安全保障体系，加强网络安全信息统筹机制、手段、平台建设，加强网络安全事件应急指挥能力建设，进一步提升网络空间态势感知能力。

二、发 展 重 点

(一) 加强集成电路创新和供给能力，推进光电子芯片及器件研发

强化基础攻关、聚焦热点创新，提升新兴应用芯片供给能力。一方面，强化基础通用技术和前沿颠覆性技术攻关，重点聚焦基于三维晶体管结构的先进制造工艺、化合物半导体等特色制造工艺、三维立体和异构模块的集成化封装等技术的自主突破，弥补我国集成电路领域重大短板，与此同时，前瞻布局量子、光子、类脑、仿生等芯片技术，推动微电子学与物理、生物等其他学科的交叉融合。**另一方面**，面向人工智能、5G 等新兴领域着力突破一批非对称技术和“杀手锏”技术，支持面向智能终端、自动驾驶、安防监控应用的人工智能芯片研发，加快 5G 中高频核心芯片和器件的自主供给。

我国光电子应采取保持优势、消除劣势、填补空白的发展策略。光子集成技术领域，在前沿基础研究和共性关键技术开发方面，我国要在 5—10 年内掌握面向光通信应用的核心光电子器件技术，包括仿真与设计技术、器件工艺制备技术、开放性制造平台建设等。在产业化推进方面，争取在 5 年内使 10Gb/s 速率以下的光电子芯片国产化率达到 60%、10Gb/s 速率以上的高端光电子芯片国产化率达到 20%，我国整体光电子器件的综合国产化率达到 40%。争取在 10 年内，使我国在光通信核心元器件方面的科研水平与世界先进水平持平，使我国的光器件企业在技术水平和生产规模上达到世界领先。**在光信息获取、传输、处理与对抗领域**，关键基础技术包括大阵列超宽带协同技术、小体积、轻重量、低功耗的空间一体化信息处理平台技术、宽光谱全波段探测技术等。

(二) 打造光学重大平台支持基础研究，加强引领技术研究促进产业发展

随着以强激光装置、太赫兹自由电子激光装置、极紫外自由电子光源装置等为代表的重大基础科研平台的依次建成与应用，以此类平台为手段的基础研究项目将取得进展；随着研究的深入，我国大口径光学制造、超精密光学技术、光刻技术、微纳光学制造，综合性精密极端激光全过程高效制造等领域将不断取得突破；在光子芯片技术方面，我国将紧跟甚至引领技术潮流，将来会逐渐摆脱对国外芯片的依赖，并推动计算机技术的快速发展；随着太赫兹光源、调制器、探测器等太赫兹核心器件的相继研发与不断成熟，我国将不断产生太赫兹雷达、太赫兹通信机等新技术、新设备，便利人们的生活、为我国国防提供新手段，为社会经济增长提供新的增长点；随着我国军民融合产业的不断发展，未来私营企业研制的空间光学载荷技术将进一步发展，在遥感领域占有一席之地，在防灾减灾、农林监测、国土资源等领域发挥重要的作用。

(三) 加强遥感市场顶层设计，谋划产业化格局推进定量化发展

随着我国空间基础设施统筹建设的推进以及对地观测应用技术的发展，围绕国家重大需求，我国通过体系化建设陆地、海洋、大气系列遥感卫星以及航空遥感系统，逐步形成高中低空间分辨率合理配置、多种观测手段优化组合的综合高效的全球观测能力①。在此过程中要**重视遥感技术全球化观测战略方面的顶层布局**，在发展高分辨观测的同时，兼顾遥感技术在大尺度、长周期地球系统演变和全球问题等科学研究方面的方向性导引；**重视遥感信息的社会化、大众化服务，促进遥感产业的商业化发展**，通过开展我国遥感技术社会化、产业化的新思路、新方法研究，制定适合我国国情的商业遥感数据政策，包括遥感数据源的产权以及引用和发布的法律法规。鼓励民间资本进入商业遥感市场，整合微小卫星、无人机航空遥感资源以避免盲目竞争，最大化的挖掘遥感数据的商业价值；**重视遥感数据质量控制顶层规划与系统性考虑**，加强遥感数据及信息产品质量控制基础设施建设和技术研究，提升多源遥感数据与产品的质量稳定性和一致性，满足国产遥感数据的定量化应用及全球信息共享需求；**重视遥感技术的军民融合**，在系统研制、系统应用和基础设施建设等方面统筹规划，以数据与系统资源为带动点，全面促进军民融合，发挥好我国遥感资源整体应用效益。

(四) 军民融合市场需求持续增长，大力发展中高端传感器技术

我国可见光图像传感器要围绕军民融合、航天航空、中国制造 2025、智慧城市

---

① 顾行发，余涛，田国良等. 40 年的跨越——中国航天遥感蓬勃发展中的“三大战役”[J]. 遥感学报，2016.

等计划，发展新一代高分辨率、高灵敏度、集成化的可见光图像传感器，加强国内自主可控的可见光图像传感器制造平台和产业化能力建设，在国内形成几个高性能CCD/CMOS可见光图像传感器的研发生产基地，提升可见光图像传感器研发的基础能力，通过技术创新在关键性、代表性产品上取得突破，使国产可见光图像传感器尽快达到国际先进水平。

军民融合推动红外传感器市场快速增长。美、英、法等国为军事用途发展的红外传感器产业已实现了军民融合。目前，包括夜视、侦察监视、搜索跟踪、目标识别、夜间瞄准、火力控制、预警探测、红外寻的/红外成像制导等军事市场，对中高端红外成像传感器提出迫切需求，现在中高端红外成像传感器进入民用市场，民用市场对非制冷红外传感器提出大量需求。智能照明、智慧建筑、移动设备、汽车电子和智能手机对红外传感器需求的增长。红外传感器的发展趋势是高灵敏度、大列阵、双/多色/波段、非制冷、低功耗、轻重量、小尺寸、集成化、数字化，发展中高端红外传感器，成为我国经济发展的一个新的增长板块。

（五）突破基础测试计量技术瓶颈，提升高端测试计量装备水平

在计量领域，为了应对国际计量单位制重大变革的新挑战，满足国家战略新兴产业发展和质量强国战略的需要，亟须突破目前存在的测试计量技术瓶颈，提升仪器水平。

在光学面形测量方面，需解决CGH补偿检验的计量溯源问题、共体自由曲面的形位误差测量问题，以及大动态范围面形测量问题。积极研制低噪声、高可靠的集成光频梳，降低光源成本，推动光频梳走向工业现场，在与国外商品光频梳的竞争中取得一席之地。在光频梳测距方面，需研究基于光频梳的可溯源测量方法，实现高精度几何量计量原理上的突破与创新，实现长度基准传递方法的创新。自动视觉检测必成为导引更高、更快、更稳定的自动化工业时代的“慧眼”。但是机器视觉技术在现代工业应用中也受到一定因素的制约，需要未来进行针对性的改进和提升，机器视觉算法的鲁棒性还需要进一步提高，其他重点研究方向有：三维机器视觉检测、测量、机器人导引、嵌入式机器视觉硬件系统，运算效率和智能化程度提升。

在时频计量领域，我国需要进一步发展高性能守时与星载光频原子钟、铯钟、氢钟以及各种微型原子钟的研究，进一步优化和改善现有制备技术和工艺，提高原子钟的性能指标。发展超窄线宽激光技术，以显著提高光频原子钟的稳定度，发展基于新原理的光频原子钟，以突破探测激光对原子钟稳定度的限制，研制小型化微型化原子钟以降低成本，满足原子钟的大量民用需求。北斗卫星导航应用领域将进一步扩大。高精度定位计量、室内外一体化定位、组合导航定位、GNSS鲁棒性检测等研究和应用也是未来卫星导航定位计量发展的热点和方向。在其他测试计

量领域,我国绝对重力测量技术将向原子干涉原理发展;相对重力测量技术将向基于超导原理和芯片式仪器发展。在工程技术上,空间原子钟在地球同步轨道上守时、空间用计量器具、太阳电池在轨标定、定量遥感在轨校准等技术为重点研究方向。此外,互联网、人工智能技术与软件测试相结合将带来新的“云测试”模式;智能传感器等测量装备的高精度、小型化、产业化的突破将极大助力我国智能制造、信息电子产业的创新发展和产品质量提升。

(六) 推动雷达多功能一体化、网络协同化发展,加强智能化雷达研究

微电子技术、计算机技术、数字技术、光电子技术、新材料技术、人工智能技术等高新技术的日新月异,大大催生了雷达技术吐故纳新,而雷达技术在各领域的应用更是发生了脱胎换骨的变化。当前,新威胁不断出现,对雷达的探测能力和目标识别能力提出了更高的要求,雷达技术仍需不断地谋求新的突破。**一是推进综合射频系统研发,实现多功能一体化**。宽带多功能综合射频孔径代替平台上数量众多的、各种功能的天线孔径,采用综合的、开放式的射频、信号处理、软件体系架构,进行灵活的资源调度和管理,实现雷达、电子战、通信、导航、识别等多种射频功能以及多源信息融合,以期利用一套硬件系统,通过不同的软件实现所有的电子功能。系统规模可伸缩、硬件平台统一、软件定义一切功能,满足不同平台的需求,实现侦、干、探、通等多种功能。**二是加强智能雷达技术研究,实现雷达能力的跃升**。当前,认知雷达已经形成了较为完善的技术和系统体系;大数据挖掘技术经过近几年的发展真正逐步成熟,在很多领域取得了突出成果;以深度学习为代表的人工智能技术取得突飞猛进式的发展。认知雷达概念基础上,结合大数据挖掘技术和人工智能技术的新体制智能雷达应运而生。在未来强对抗条件和复杂电磁环境下,加强智能雷达技术研究,既是雷达技术发展的必然发展趋势,更是提高雷达作战能力的关键。**三是构建网络协同化探测体系,形成协同作战能力**。在不断应用新技术、新体制,实现单部雷达性能提升和功能扩展的同时,开展分布式、网络协探测体系研究,采用多部雷达协同工作突破单部雷达在探测威力、精度、抗干扰能力方面的限制,综合利用分布式雷达的能量资源和长基线优势,开展对雷达合理配置、优化部署的系统性研究,实现有效组织系统的各种资源以实现探测效能的最大化。

(七) 探索建立可持续发展的网络通信技术体系,首要解决大而不强补短板问题

下一步,我国将立足于“网络强国”“宽带战略”和“制造强国”国家战略,以提升创新驱动力为发力点,向着 5G/6G 移动通信网、移动互联网、物联网、下一代互联网、未来网络、P 比特级超高速光传输网及量子保密通信网等新方向快速发展。探索建立可持续发展的网络通信技术体系,首要解决大而不强补“光电芯片”短板问题。进一步将网络信息的应用范围从目前的人—网通信拓展至人—网—物三元万

物互联、工业互联网、车联网等，形成万物互联、天地一体的网络空间。针对通信系统大而不强，首要解决光芯片电芯片补短板问题。例如，逐步解决（包括但不限于以下方面）：①基于 InP/GaAs 基的高速光芯片技术：25Gb/s 及以上 III-V 光芯片技术（DFB、EML、APD、VCSEL、PIN）、980nm、14xx nm 泵浦激光器芯技术片；②基于硅基的光集成芯片技术（100—400G 相干硅光收发芯片、100—400GbE 数通硅光收发芯片、25G/50G 硅光调制器芯片及阵列芯片、25G/50G 硅光探测器及阵列芯片）；③高端 DSP 信号处理芯片的色散补偿、频率相位估计和恢复及高性能的软判前向纠错关键算法；④大容量分布式交换套片的交换算法研究与实现技术；⑤超高速驱动及放大技术；⑥超高速高阶调制、滤波以及时钟和数据恢复技术；⑦宽带接入类技术，10G—50G OLT/ONU 的芯片，嵌入式技术；⑧通用类技术，包含接口、驱动芯片等；⑨宏基站产品及系列芯片；⑩毫米波、微基站及系列芯片；⑪车联网芯片等。逐步解决高端光电芯片依赖国外的问题。

探索可持续发展的网络通信技术体系，进一步需要解决：**一是，移动通信**不断探索新的无线通信理论和核心技术，着力探寻“后 5G 时代”革命性技术和网络架构，开发太赫兹、可见光等新的频谱资源和手段等；**二是，数据通信领域**强化未来网络技术、全维可定义网络体系架构和基线技术等创新，加快建立国家级未来网络大规模试验床，着力突破核心数据通信专用芯片；**三是，光纤通信领域**开展 P 比特级传输、硅基光电集成、III-V 材料光电集成、超高速超大容量超长距离光纤传输、空分/模分复用、陆海空天网络、微波光子、量子加密通信等新技术研究，探索制备大有效面积光纤和超低损光纤的光棒及工艺，突破光子集成等前沿关键技术。力争到 2020 年使我国在网络通信领域实现由理论和技术的跟跑到国际创新行列重要成员的转变，力争到 2030 年使我国网络通信领域成功跻身世界领先行列，助力我国进入全球创新型国家前列。

（八）突破核心技术，开创网络安全与信息化“一体两翼，双轮驱动”发展新局面

我国网络安全技术发展需立足全球网络安全发展态势和我国国情，结合安全技术发展演进规律，厘清技术发展重大方向问题、路线问题，遵循信息化与网络安全一体化发展原则，在网络安全领域采用统一部署、协同攻关、重点突破的模式，创新发展网络安全核心技术，开创网络空间安全新局面。

一是加快完善能有效抑制包括已知的未知风险或未知的未知威胁在内的广义不确定扰动之控制构造，并能获得不依赖（但能自然融合）任何附加式防御技术有效性的内生安全效应。基于“全球化、开放共享”数字经济生态环境，创新发展网络时代内生安全理论与方法，致力于软硬构件设计链、工具链、制作链、供应链、服务链可信性不能确保条件下，发展基于系统工程思想的颠覆性理论和技术，在信息系统构造层面瓦解针对软硬件代码问题的攻击理论与方法。在不依赖（并非排斥）附

加安全措施或手段的前提下，通过软硬件架构技术的创新，使得目标系统（也包括防御设施）自身具备内在的“安全可信”功能。

二是协同攻关和分类突破网络安全核心技术。包括加快推动密码算法国产化和国产密码国际化，发展能够抵抗量子计算攻击的后量子密码算法，以及适应开放互联环境下新应用需求的密码算法，如面向大数据的密码系统、云环境下的密码解决方案、密码算法与密钥融合的新型密码体制等新密码算法；发展漏洞挖掘、渗透测试等主动安全防护技术，发展对安全风险看得清、找得到的全方位态势感知能力，不断健全“监测预警、应急处置、追踪溯源”的安全技术手段体系；鼓励发展一批具有前瞻性、先导性和探索性前沿安全技术，探索构建以预测恶意软件防御、动态目标防御、拟态安全防御等前沿技术为基础的网络安全动态防御技术体系。

三是在工业互联网、5G、大数据等领域加快融合创新，从传统的事件响应式向持续智能响应式转变，旨在构建全面的预测、基础防护、响应和恢复能力，抵御不断演变的高级威胁。力争在对于工业互联网设备和网络的安全监测、内存保护、漏洞利用阻断等终端防护技术方面将取得创新突破，积极推进专业化大数据安全防护技术与产品的推广，继续加强 5G 安全关键技术的研究，包括设计灵活、可扩展的 5G 网络安全架构，实现对 5G 网络安全监测预警和管控。

（九）水声技术助力海洋强国战略实施，新技术应用拓展新领域开发

随着我国海洋强国战略的实施，海洋开发不断深入，水声也获得了广泛的应用，“智慧海洋”、极地声学、深远海勘探开发等将迎来发展。

一是大力开展“智慧海洋”建设。“智慧海洋”是“工业化＋信息化”在海洋领域的深度融合，也是军民深度融合，全面提升经略海洋能力的整体解决方案。“智慧海洋”以完善的海洋信息采集与传输体系为基础，以构建自主安全可控的海洋云环境为支撑，将海洋权益、管控、开发三大领域的装备和活动进行体系性整合，运用工业大数据和互联网大数据技术，实现海洋资源共享、海洋活动协同，挖掘新需求，创造新价值，达到智慧经略海洋的目的。水声技术是“智慧海洋”中“天地海一体化”、深海探测等方面的重要技术手段。

二是深入发展极地声学。水声学是一个既古老又年轻的学科，由于研究条件的限制，我国在中高纬度海域的水声学研究一直空白，而这一海域对于国民经济、社会发展和国家安全具有极高的战略价值。北极航道对我国海外贸易和国防安全的战略地位日益凸显。然而，极地航行安全是首要问题。复杂多变的海冰是影响极地舰船安全航行的主要海洋环境要素，我国舰船破冰能力十分有限，薄冰区则易受困。虽然我国在历次北极考察中积累了大量有价值的海洋环境数据，但与水声相关的信息少之又少。

三是水声技术应用于海洋渔业领域。水声工程在军事领域及海洋工程领域已

经得到了广泛的应用。随着经济活动的日益繁茂，水声技术在海洋渔业领域的研究成为未来新的方向。水声技术可以在海洋探鱼、高经济作物海洋养殖安防、海洋鱼类辐射噪声研究及海洋生物智能生态环境等领域均可以开辟新的研究方向。

四是人工智能等技术应用于水声工程领域。当前遥感大数据量处理对设备软、硬件计算能力提出巨大挑战，复杂海洋环境下，场景分析和动目标检测识别等技术存在时效性和精确性问题，研究实时处理技术、并行处理技术、深度学习理论、群智能优化理论等高新信息处理技术，来进行多源遥感影像处理和分析是解决关键技术问题的核心手段。

（十）电磁环境效应机理与体系化防护研究并重，推进大型基础平台研制

侧重新机理的突破和应用，在电磁波通信方向，以粒子轨道角动量为突破口，重点解决涡旋电磁波的轨道角动量产生机理及涡旋电磁波的传输特性等问题，为利用涡旋电磁波实现超大容量无线通信提供理论支撑；研究基于微波光子学、微电子学、集成光电子学构建新型微波光学宽带多通道接收机的关键技术，研制微波光学接收机。**在电磁场感知与探测方向**，在原理上实现了电磁场量子化测量，与国外差距逐步缩小基础上，需要进一步突破工程运用的限制，实现宽频带应用。**在电磁环境效应机理与应用方向**，我国率先提出电磁干扰要素的理论，需要继续突破电磁耦合与电磁敏感要素机理，并形成以要素为基础的电磁环境效应分析、预测和设计方法体系，研制高效的系统电磁环境效应设计工具和软件平台；进一步加大电磁环境效应试验方法的研究，突破基于响应等效的强场电磁环境效应试验方法和核心试验装置。**在电磁仿真分析方法与工程化方向**，突破千倍以上波长的电磁计算核心算法，开发可大规模并行运算的自主知识产权仿真平台。

从材料、器件到体系，全方位研究电磁防护技术。**在电磁材料方向**，需要拓展频带，实现宽带应用，研制兼具高透光率的高效电磁屏蔽材料，研制结构防护一体化的轻质电磁屏蔽材料。**在电磁防护器件方向**，需要研制快响应、高通流的电磁防护器件；并以自旋电子器件磁隧道结研究为突破口，重点解决垂直磁各向异性及磁性超薄膜和隧穿氧化物界面（薄膜）的调制机理。国内提出了电磁防护仿生原理的原始创新，但面向应用，仍需解决电磁损伤自修复电路的关键器件研制和电磁拓扑结构设计方法。面向大型基础设施的体系化防护需求，重点研究计算机网络、银行/金融系统、能源电力系统、通信系统、交通系统的防护设计和防护手段，研制针对基础设施电磁防护考核的大型试验装置。

（十一）促进信息技术与控制技术深度融合，实现全域“无缝智能”

未来控制领域将与信息物理系统、人工智能、智能制造、大数据等全面、深度融合发展。本部分围绕**“人与信息物理系统”“新技术下的信息物理系统”“人工智能**

驱动的自动化”以及“数据驱动的网络化和智能化管理与控制系统”等四个典型融合技术领域，展望我国控制领域未来发展方向。

夯实理论研究基础，解决控制领域基础理论问题。重点围绕人与物理过程、信息空间、复杂系统之间动态关系与演进规律等基础问题，研究**人与信息物理系统基础理论**。作为CPS系统的设计者、制造者、管理者和使用者，人与CPS系统是紧密结合在一起的，构成人机闭环的信息物理系统。深入地分析和理解人与信息物理系统行为的动态演化规律，掌握实现其安全可靠高效运行的有效预测和决策手段，能够提高复杂系统的感知、分析和调控能力，对我国复杂系统的基础前沿研究和重大应用领域实践都将产生深远影响。

把握新技术发展趋势，布局前瞻性技术研究。重点围绕新材料、新结构、跨介质等前沿技术发展新趋势，发展**新技术下的信息物理系统**。随着科技的发展，CPS将与传统的物理原理和存在形式有很大不同。基于量子效应的存储、计算和连接新技术，如微纳观尺度的量子控制技术，将使得CPS从存储模式、连接模式、交互模式等均产生质的飞跃；类生命技术使得CPS成为与生命系统高度融合的类生命智能体，同时集成生命体和非生命体的优势，为人类生活带来新的变革和更大的影响。

加强控制与相关领域交叉，促进多学科融合发展。重点结合人工智能领域发创新成果，发展**人工智能驱动的自动化**。未来，控制领域将与人工智能深度融合，以人工智能为方法和手段解决自动化科学中的建模、控制和优化等问题，即将人类的创造力和抽象能力与计算机超强的计算能力和记忆力相结合，借助人工智能技术与手段，让人与机器在未知环境中协同工作，共同决策来执行完成复杂过程建模、自动控制和优化决策目标。因此，人工智能驱动的自动化将成为控制领域未来重要发展方向。

突破核心关键技术，研制重大领域急需的关键系统。重点围绕制造业转型升级重大需求，结合智能制造技术新趋势，发展**数据驱动的网络化和智能化管理与控制系统**。未来，以互联网、大数据、云计算、5G、移动计算为代表的新一代信息通信技术快速发展，将会给传统工业管控系统带来巨大变革。“大数据驱动的网络化和智能化管理与控制系统”，有效解决当前工业控制系统面临的信息开放共享难、互联互通难和自主智能性不足的问题，是新一代信息通信技术在与传统工业管控系统融合过程中着重发展的方向。

（十二）持续推动人工智能纵深融合发展，全面实现感知到认知的升级

2017年，国家陆续颁布重要文件，将人工智能发展作为国家战略，按照科技引领、系统布局、市场主导、开源开放的基本原则，发布了我国人工智能产业三步走战略。企业作为参与主体积极开拓不断推陈出新，在新技术、新应用、新场景等方面

的研发持续加强也形成了丰富的成果，整体发展趋势极富潜力。当前，人工智能产业不断向更多领域融合演进，为行业变革带来机遇的同时，我们仍然需要强化根基、寻求新的突破。**一是建立新一代人工智能基础理论体系**，以突破人工智能应用基础理论瓶颈为重点，超前布局可能引发人工智能范式变革的基础研究，促进学科交叉融合，为人工智能持续发展与深度应用提供强大科学储备。**二是要进行关键共性技术攻关**，建立新一代人工智能关键共性技术体系。围绕提升我国人工智能国际竞争力的迫切需求，新一代人工智能关键共性技术的研发部署要以算法为核心，以数据和硬件为基础，以提升感知识别、知识计算、认知推理、运动执行、人机交互能力为重点，形成开放兼容、稳定成熟的技术体系。**三是要建设布局人工智能创新平台**，强化对人工智能研发应用的基础支撑。人工智能开源软硬件基础平台重点建设支持知识推理、概率统计、深度学习等人工智能范式的统一计算框架平台，形成促进人工智能软件、硬件和智能云之间相互协同的生态链。

（十三）加速突破计算领域关键技术，持续推进前沿产业应用创新

一是以 E 级计算为契机，实现高性能计算自主均衡发展。我国应抓住 E 级计算发展契机，继续保持在高性能计算领域的领先地位。一方面，持续发展和保持我国众核处理器及其配套系统软硬件等自主技术优势，同时，力争突破高速互连芯片、存储控制芯片等关键技术，进一步提升我国 E 级系统的自主程度。另一方面，在着力发展 E 级系统的同时，还应充分重视发展与 E 级系统相适应的高性能计算应用和环境等配套软硬件及基础设施，实现我国高性能计算系统、应用、环境的全面均衡发展。

二是以计算芯片为抓手，突破和掌控信息领域核心技术。面向计算市场对计算芯片的强劲需求，我国应抓住当前发展国产芯片的战略机遇期，以计算芯片为抓手，加大政策引导和资源投入，突破和掌控信息领域核心技术，摆脱当前受制于人的不利格局。引导形成合理的芯片设计、制造、封测等产业链布局，着力推进围绕国产计算芯片的生态环境建设，开辟政府和军工等专用市场领域，为国产计算芯片提供应用机会，通过迭代优化支持国产自主芯片的快速成长。

三是以技术融合为手段，促进泛智能终端创新和应用拓展。应抓住人工智能、专有芯片、云端计算、移动宽带通信等基础技术共同发展的契机，通过云端协同计算、终端芯片异构计算、第五代移动通信、低功耗广域网、智能感知、计算机视觉、自然语言处理等计算、通信、人工智能基础技术的全面融合，推动以新兴智能硬件为载体的泛终端设备的产品创新和应用拓展，拓展泛智能终端的新功能、新形态、新应用领域，促进泛智能终端设备从个人消费领域向生产领域的应用。

四是以量子计算为突破口，抢占未来计算技术先机。我国量子计算研究虽较世界发达国家起步稍晚，但近年来在量子计算诸多方面取得了重要研究成果并形

成了国际影响力。因此，面对国际快速发展的态势，我国应以量子计算为突破口，在光量子计算、量子安全通信、超导量子计算、拓扑量子计算理论、新型拓扑量子材料等相关领域加大投入，坚持前沿探索，形成持续突破，以抢占未来计算技术先机。

（十四）推动计算机应用关键技术突破，促进产业升级跨入新阶段

在技术发展方面，面向计算机应用产业发展需求，坚持创新驱动，突出关键共性技术、前沿引领技术、颠覆性技术创新。在基础研究领域，加强基础研究和原始创新，实现前瞻性基础研究、引领性原创成果的重要突破，为推动计算机应用领域核心技术群形成奠定基础。在关键技术突破方面，以智能制造、智慧交通、智能搜索、自动驾驶关键技术突破为抓手，形成计算机应用核心关键技术自主可控体系；以市场需求牵引技术突破，加大深度学习、裸眼 3D 等领域核心技术研发，加强硬件和软件开发，促进其在智能家居、智慧交通、智能制造等领域的推广应用；实施一批重大科技项目，加快突破计算机应用核心关键技术，全面提升产业发展科技含量。

在产业发展方面，以数字化、智能化、网络化为核心，构建以智能制造、智慧交通、智慧医疗为重点的计算机应用产业体系。要加快构建以企业为主体、市场为导向、产学研相结合的技术创新体系，搭建创新服务平台，推动产学研结合和技术成果转化，强化技术创新成果产业应用，推动中国制造向中国创造转变，为网络强国、交通强国、数字中国、智慧社会提供有力支撑；围绕“中国制造 2025”战略，重点发展新一代工业互联网平台，充分利用全社会创新资源，帮助和支持企业特别是广大中小企业的智能升级；坚持建设良好的发展生态，加快制造业、服务业以及国防军事领域网络化、智能化进程。

参考文献

[1] 邬江兴. “四梁八柱”推进网信军民融合[N]. 中国信息化周报，2018-05-14(009).
[2] 白春礼. 创造未来的科技发展新趋势[J]. 中国科学院院刊，2015，30(04)：431-434.
[3] 吴曼青. 信息技术会创造什么样的未来[N]. 中国消费者报，2017-04-06(006).
[4] 邬贺铨. IPv6 与网络安全[J]. 中国信息安全，2018(1).
[5] 余少华. 网络强国与提速降费布局大幅提升宽带能力[N]. 中国电子报，2017-03-07(005).
[6] 陈肇雄. 加快推进新时代网络强国建设. 人民日报，2017. 11. 17.
[7] 国务院关于印发“十三五”国家信息化规划的通知[EB/OL]，2016-12-15. http://www.gov.cn/zhengce/content/2016-12/27/content_5153411.htm.
[8] 国家网络空间安全战略[EB/OL]. http://www.cac.gov.cn/2016-12/27/c_1120195926.htm.
[9] 国务院关于印发新一代人工智能发展规划的通知[EB/OL]. 2017-7-8. http://www.gov.cn/zhengce/content/2017-07/20/content_5211996.htm.
[10] 中央网络安全和信息化领导小组办公室. 敏锐抓住信息化发展历史机遇，自主创新推进网

络强国建设. http://www. cac. gov. cn/2018-04/21/c_1122719824. htm.

[11] 陈左宁. 网络空间可信战略问题的思考. 网络空间安全,2018. 01.

[12] 余晓晖. 新一代信息技术产业:"十三五"仍将保持高速创新发展[J]. 中国战略新兴产业,2017(1):28-31.

[13] 梁智昊,许守任." 十三五"新一代信息技术产业发展策略研究[J]. 中国工程科学,2016,18(4):32-37.

[14] CCD Image Sensors Market-Segmented by Type (Wired, Wireless), Technology (Frame Transfer CCD Sensor, Full Frame Transfer CCD Sensor, Interline Transfer CCD Sensor), Application (Consumer Electronics, Industrial, Healthcare), and Region-Growth, Trends, and Forecast (2018-2023).

[15] Global UV Sensor Market 2017-2021: Market Growth at CAGR of 29. 15%. [EB/OL]. https://www. prnewswire. com/news-releases/global-uv-sensor-market-2017-2021-market-growth-at-cagr-of-2915-300530832. html,2017-09.

专　　题

专题一　微电子光电子

编 写 说 明

目前微电子光电子正处于技术创新空前密集活跃的时期。一方面，移动通信、物联网、大数据、人工智能等应用创新需求持续推动以集成电路为代表的微电子技术加速升级，硅基工艺的极限尺寸不断被刷新，深度学习算法的特殊计算需求在推动通用计算芯片不断升级的同时，也驱动人工智能专用计算芯片的创新发展，5G商用可带来的巨大市场需求为化合物半导体技术产业带来发展新机遇。整体而言，微电子技术正进入由多样化应用场景驱动下的材料、工艺、器件、设计、封装、测试、产品等多个维度的集群式创新时期。另一方面，硅基光子集成技术创新与应用加速，为解决“香农极限”提供途径，将引领信息社会变革，混合光子集成技术满足多样化信息系统需求，市场前景广阔，坚持硅基光子集成与混合光子集成“两驾马车”齐头并进，拉动光电子集成技术跨越式发展，超高速光模块技术与产品持续升级，助力5G部署、数据中心建设等。微电子光电子技术的快速创新，已成为网络通信、物联网、云计算、大数据、智能制造、人工智能等诸多领域创新的重要保障和有力推手，在促进数字经济发展、推动我国产业优化升级等方面也发挥着愈来愈重要的作用。

本“蓝皮书”中的微电子光电子专题，围绕近期两大领域创新活跃、发展潜力大的重点技术方向展开研究，包括人工智能芯片、5G移动通信芯片、微电子制造与装备、硅基光子集成、混合光子集成、超高速光模块技术六项，主要内容包括全球发展态势、我国发展现状、我国未来展望以及我国热点亮点四部分。

来自中国信息通信研究院、中国科学院微电子研究所、中国科学院半导体研究所、中星微电子有限公司（简称中星微）、武汉邮电科学研究院、上海交通大学、中国电子科技集团、西南交通大学、武汉光迅科技股份有限公司、中兴通讯、海信宽带多媒体公司、北京邮电大学等单位的专家参与了本次研究工作，在此一并表示感谢。

编撰“蓝皮书”仍在尝试阶段，一定存在很多疏漏和错误，敬请批评指正。

鄧中翰 陈良惠

2018年6月20日

专家组和撰写组名单

专家组

姓名	工作单位	职务/职称
黄卫平	海信宽带多媒体公司	董事长/教授
蒋亚东	电子科技大学	教授
李婷	中国信息通信研究院	主任/高级工程师
陈磊	中国信息通信研究院	副主任/工程师
李明	中国科学院半导体研究所	研究员
刘建国	中国科学院半导体研究所	副主任/研究员
刘文	中国科学技术大学	教授
黄伟	中国信息通信研究院	副主任/工程师
马卫东	武汉光迅科技股份有限公司	副总工/高工
王冲鹤	中国信息通信研究院	博士
苏辉	中科光芯/中国科学院福建物构所	董事长/研究员
苏翼凯	上海交通大学	教授
王会涛	中兴通讯	技术规划总监/高工
徐秋霞	中国科学院微电子研究所	研究员
许志远	中国信息通信研究院	副所长/高级工程师
闫连山	西南交通大学	教授
周兰	中国信息通信研究院	副主任/高级工程师
周涛	中国电子科技集团 29 所	首席科学家/高工
祝宁华	中国科学院半导体研究所	副所长/研究员
叶甜春	中国科学院微电子研究所	所长
韩郑生	中国科学院微电子研究所	总工程师

注:排名不分先后

撰写组

姓名	工作单位	职务/职称
陈丝	中国信息通信研究院	工程师
邸绍岩	中国信息通信研究院	博士
李伟	中国科学院半导体研究所	研究员
文花顺	中国科学院半导体研究所	助理研究员
王骏成	中国信息通信研究院	博士
王昊	中国信息通信研究院	博士
丛瑛瑛	中国信息通信研究院	博士
延凤平	北京交通大学	实验室副主任/教授
周兰	中国信息通信研究院	副主任/高级工程师
苏翼凯	上海交通大学	教授
崔一平	东南大学	教授
李明	中国科学院半导体研究所	研究员
胡强高	武汉光迅科技有限公司	教授级高工
王建伟	苏州旭创科技有限公司	经理

注:排名不分先后

专 题 研 究

一、全球发展态势

全球微电子产业延续市场增长强劲、技术创新活跃、产业格局盘整的发展特征。一是，受内存市场增长驱动下，2017 年全球半导体市场营收总额达到 4202 亿美元①，较 2016 年同比增长 21.6%，首次突破四千亿美元大关。其中，集成电路市场销售总额达到 3402 亿美元②，同比增长 22.9%，占据半导体产业 83.2%的市场份额；存储器市场因动态存储器(Dynamic Random Access Memory，DRAM)和闪存产品缺货涨价，2017 年销售额达到 1260 亿美元，同比增长 60.1%，接近全球半导体市场总值的三分之一。在市场较高增速发展的同时，格局调整仍在继续，2017 年三星电子借助 200 亿美元的内存收入增长，取代英特尔跃居全球半导体企业营收首位。行业并购交易热度降低的同时，交易规模却再创新高，继 2016 年安华高科技公司(简称安华高)以 370 亿美元的价格收购博通公司(简称博通)，高通以 440 亿美元收购恩智浦半导体公司(简称恩智浦)后，2017 年安华高提出 1300 亿美元收购高通的新纪录。**二是**，微电子技术创新依旧活跃。极紫外(ExtremeUltra-Violet，EUV)光刻等技术助力制造工艺由 10nm 延续至 7nm，环栅(Gate-all-around，GAA)器件结构、Ⅲ-Ⅴ族化合物半导体沟道材料以及先进封装等创新技术的应用将不断推进摩尔定律向多元化发展。英特尔、三星、海力士半导体公司(简称海力士)、东芝公司(简称东芝)、西部数据公司(简称西部数据)等主流厂商在 64 层 3D 闪存堆叠技术突破的同时，正持续加大对新型 XPoint 存储器、磁性随机存储器(MagneticRandomAccessMemory，MRAM)研发布局。**三是**，新兴领域加速发展。人工智能、5G 移动通信、汽车电子、云计算、物联网等新兴领域快速兴起，催生集成电路市场新增长点。其中，人工智能方面，以更适合深度学习计算需求的图形处理器(Graphics Processing Unit，GPU)、现场可编程逻辑门阵列(Field Programmable Gata Array，FPGA)和专用集成电路(Application Specific Integrated Circuit，ASIC)等人工智能芯片创新活跃；移动通信方面，5G 对基带芯片高速率、

---

① Gartner 统计数据.

② WSTS 统计数据.

低功耗的要求推进集成电路制造迈向更先进的工艺制程,高功率、高频率的射频元器件需求极大推动了化合物半导体市场的增长。图 1.1 为全球半导体产业营收额发展状况。

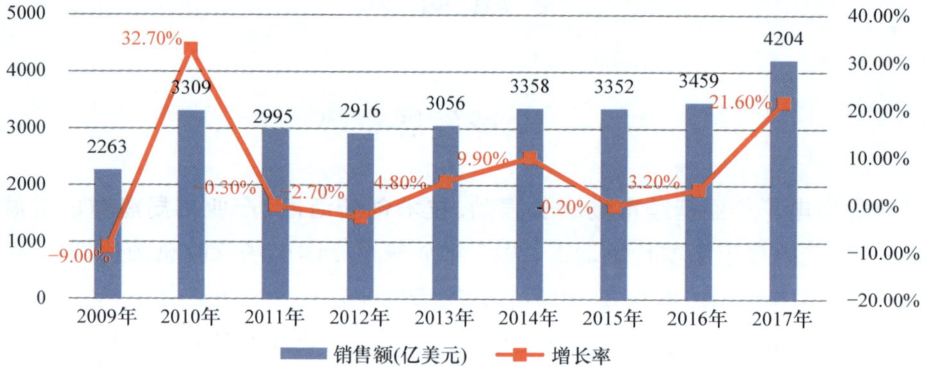

图 1.1　全球半导体产业营收额发展状况①

超大规模数据中心、硅光集成、混合集成成为光电子领域的发展重点。一是,企业和消费者对数据中心和云资源日益增长的需求促进了超大规模数据中心的发展。大数据、云计算、5G、物联网、人工智能技术的成熟和应用的广泛开展,智慧城市对于政府公共事业类应用的带动,将成为未来 3—5 年数据中心需求增长的主要动力。2016 年,全球 24 家超大规模运营商运营的数据中心达到 297 个;预计到 2020 年增长到 485 个;届时此类数据中心将占全球数据中心服务器安装量的 47%②。数据中心从 10G/40G 朝 25G/100G 架构的升级对光通信行业来说是巨大的机遇。根据 Cisco 和 Synergy 预测的超大规模数据中心数量增长情况,从 2017 年到 2020 年,全球将新增 188 个超大型数据中心,假设以每个数据中心 20 万平方英尺的规模计算(参照 AWS 全球 30 余个数据中心,总面积规模约为 670 万平方英尺),则所需 100G 收发器将达 1.18③ 亿只。**二是,光电子器件的发展趋势是高带宽和集成化,近年来出现的硅光集成技术吸引了学术界和产业届的很大兴趣,硅基光子芯片近年来出现迅速增长的趋势**。硅光技术的主要优势是在于和微电子的 CMOS 工艺兼容,潜在成本低,器件体积小。尚待解决的重要问题是硅基光源以及同其他材料的混合集成。硅光子技术已经进入应用阶段,国外公司以 Acacia 为代表,推出了一系列商业级的硅光 100Gb/s 传输模块。目前网络容量呈指数型快速增长,近年来每五年的系统容量大约增长一个量级,光传输的单波长数据率以每

① IC insights、Gartner 统计数据.

② 思科全球云指数,2015—2020 年;Synergy Research.

③ 讯石 2017.

5 年大约 7 倍的速度增长。据统计 2021 年全球数据中心流量将达到每年 20.6 ZB。未来几年,中国 5G 全覆盖预计需累计投资 2.3 万亿元左右,投资规模是 4G 的 4 倍。这些对高集成度的硅光芯片提出很大的需求。**三是,混合集成技术是另外一条主要的集成技术方案,其是将不同材料、不同功能的光学元器件组合安装到一个基板上的技术**。目前混合集成方面主要有三个层次:第一种方案是利用异质材料集成技术,直接将有源激光器直接生长在硅基材料上;第二种方案是利用高精度的设备和芯片加工工艺,实现有源激光器或探测器与光波导芯片的直接高精度对准;第三种方案是利用透镜等相关分立元件将激光器和光波导芯片耦合到同一个基板上。

二、我国发展现状

我国微电子产业结构日趋均衡,核心技术进步显著,但未来发展仍面临严峻挑战。**一是**,2017 年国内集成电路整体产业销售收入达到 5411 亿元,同比增长 24.8%,其中芯片制造业作为增长最快的细分领域,2017 年同比增长 28.5%,设计业和封测业继续保持 26.1%和 20.8%的高增速。国内三业占比日趋均衡,产业高端化升级态势明显,2017 年芯片设计和芯片制造比重分别由 2013 年的 32.2%和 24.0%提升至 2017 年的 36.5%和 28.5%。国内集成电路领域投资最为活跃,但产业整合并购屡屡受挫,2016 年全球半导体行业发生并购案的总额突破一千亿美元,我国总金额约为 178 亿元,不足全球总金额的 3%,且缺乏有影响力的产业收并购案例。**二是**,部分核心技术取得突破。移动芯片设计技术接近全球先进水平,应用处理器和基带芯片的全球市场占有率分别达到 30%和 26%。制造工艺实现从 0.35μm 到 28nm 多技术节点覆盖,化合物半导体、MEMS、IGBT 等特色工业布局也逐渐产出成果。龙头企业先进封装占比超过二分之一,微小型集成系统基板工艺、25μm 超薄芯片堆叠工艺等达到国际前列。28nm 刻蚀机、物理气相淀积、离子注入机等关键装备和 12 英寸硅片等重要原材料的产业化应用全面铺开。此外,国内企业围绕 5G 移动通信、人工智能、自动驾驶、物联网、工业互联网等新兴领域加大核心芯片的布局力度,终端侧 5G 基带芯片已正式发布,人工智能芯片也实现在智能手机、安防监控等领域的应用部署。**三是**,我国虽经多年发展取得一定成绩,但部分重点芯片、装备、工具及软件等仍需依赖进口,制造工艺等基础技术仍存在一代甚至数代以上差距,整体而言我国微电子技术产业仍处于全球发展第二梯队,与美日韩等典型国家间的技术产业差距依然存在。

我国围绕硅基光子集成、混合光子集成和超高速光模块三大方向展开重点技术创新。**在硅基光子集成方面**,我国在光通信产业方面的弱项是核心光芯片,在硅基光子芯片方面尚无规模化的产业能力，在 25Gb/s 及以上的芯片方面为空白。由于缺乏完整和稳定的硅光子芯片研发能力以及硅光子加工平台，造成芯片研发的周期长效率低。在基础研究方面，高校及研究所具备了一定的科研能力，并积累了一定的科研成果，在国际上也形成了一定的影响力。例如在高速硅光调制器、先进无源硅光器件、光开关等方面得到了顶级国际会议的关注和认可。近期迫切需要健全产学研结合的产业化创新体系，突破 100Gb/s 及以上相干收发芯片、低成本数据中心收发芯片、40Gb/s 接入芯片、5G 传输芯片等共性关键技术，实现科技成果转化为生产力。长期需要构建稳定的研发环境，鼓励科研人员潜心研究长期积累，在原创性成果和核心技术方面取得突破。**混合光子集成方面**，利用透镜等相关分立元件将激光器和光波导芯片混合集成到同一个基板上的方案，国内有公司已经走通了相关工艺，实现了低层次的混合集成。更高层次的直接对准方案要求极高的设备对准精度以及配套开发对应的芯片，而这种高精度对准设备还只有少数国外贴片设备厂家可以提供，且并不成熟，同时国内的芯片的加工精度与国外加工精度也还有一定差距。因此国内厂家目前要实现直接无源对准还必须借助于国外的高精度贴片设备和国外配套的高精度芯片加工工艺。成品率低、配套芯片开发周期长投入大、设备昂贵和不成熟等，均会导致的光器件的成本的上升。因此，对于直接对准工艺，目前国内公司基本上还停留在研究阶段，并没有真正的实现产业化生产。**超高速光模块技术方面**，光模块企业在光通信行业持续发展的背景下，不断进行并购重组，垂直整合产业链，行业集中度进一步提高。国际市场主要有 Finisar、Avago 和 Source Photonics 等国际知名企业，这些企业主要专注于高端光模块的研发及生产。随着经济全球化和我国光通信行业的不断发展，国内光模块厂商研发能力、生产工艺的提高，结合产品的成本优势，国内企业竞争力明显增强，国外通信设备制造商也增加了对国内光模块产品的采购力度。与此同时，国外通信设备制造商为了降低成本，近年来也逐步把生产和研发基地向中国大陆转移，带动了中国大陆光模块市场的需求，各大光模块厂商也将部分制造基地向以中国为代表的发展中国家转移。目前，国内光模块市场是竞争较为充分的市场，具有较强的研发能力和供应链管理水平的企业在行业内具有竞争优势。国内比较有实力的企业主要有光迅科技、旭创科技、海信宽带、华工正源公司可以研发及规模化生产 100G 以上超高速光模块等。随着经济全球化和我国光通信行业的不断发展，国内光模块企业的研发生产能力得到很大提高，逐步参与国际竞争。图 1.2 为中国集成电路产业销售额增长状况。

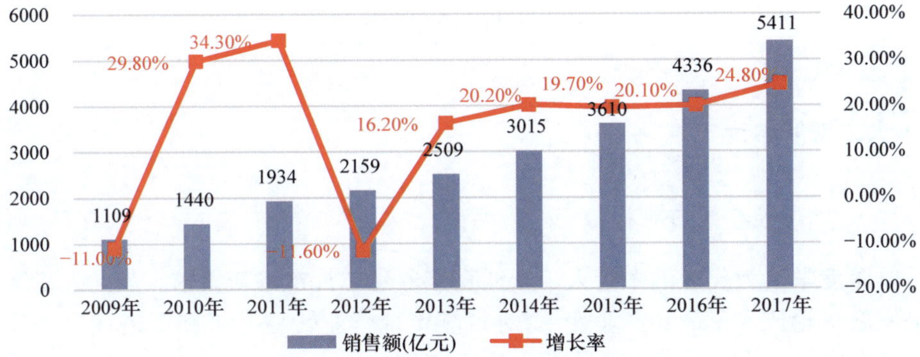

图 1.2 中国集成电路产业销售额增长状况①

三、我国未来展望

整体而言，2018 **年我国集成电路仍将保持快速增长的态势**。**一是**，5G、人工智能等创新应用为国内集成电路发展不断开创新市场空间的同时，将直接带动包括芯片架构及设计、化合物半导体制造等重点环节技术的加速创新，奠定我国产业后续升级的坚实基础。**二是**，现阶段包括刻蚀机、离子注入、LPCVD、氧化炉等超过 30 种高端装备实现批量应用，靶材、电镀液、CMP 研磨液等上百种关键材料已成功验证并形成销售，国内新一轮投资建设集成电路生产线的热潮，为国内半导体设备和材料的加速发展带来更好机遇，推动国内产业链协同创新的不断深化。**三是**，在国家集成电路产业基金的带动下，集成电路行业投资、融资与并购空前活跃，产业投融资环境明显改善，资本撬动作用显现，近年来仅基金实际出资部分直接带动新增社会融资累计超过 3500 亿元，为我国集成电路后续升级释放持久动力。

光通信借由我国系列战略推动迎来重大发展机遇。近年来，"宽带中国"战略、4G 建设都已全面推进，5G 技术研发试验第二阶段测试已经开始，"互联网+"战略也上升成为国家的战略，FTTX 建设及互联网驱动信息消费，为整个社会带来了巨大变革，极大程度的推动了光通信产业的发展，为光通信行业带来前所未有机会。2016 年，作为"十三五"规划的开局之年，光通信市场走势强劲、产业空前景气。我国光通信市场规模已经占据全球市场的半壁江山，同时，光通信企业的技术创新能力已经能够与国际领先厂商同台竞技。

---

① 中国半导体行业协会统计数据.

四、我国热点亮点

(一) 人工智能芯片

1. 全球态势与国内现状

以深度学习为代表的本轮人工智能直接催生芯片市场新需求。当前人工智能正触发新一轮技术革命和产业变革，对赋能传统行业转型升级和促进社会进步的成效愈发突显。人工智能芯片作为助推人工智能产业发展的关键要素之一，技术创新和产业竞争日益升级。伴随以深度学习算法为代表的人工智能算法持续迭代以及海量数据汇聚积累，对底层芯片的计算能力需求呈现爆发式增长。据预估①，全球人工智能芯片市场规模在 2016 年超过 24 亿美元，并保持高达 40%的高速年均复合增长率，到 2020 年规模将接近 150 亿美元；伴随人工智能芯片技术逐步成熟和市场起量，占据人工智能整体市场规模呈现逐年递增态势，预计将从 2016 年的 8%增长至 2020 年的 12%。

目前人工智能芯片已形成多技术路径并发创新的发展态势。人工智能芯片是伴随人工智能兴起而产生的新概念，现多指能够实现各类神经网络计算加速的芯片。神经网络因复杂的算法模型网络和海量规模数据对卷积、矩阵乘类运算任务以及内存存取等操作较为频繁，因以 CPU 为代表的传统通用芯片在体系架构上无法完全满足此类高并行化的计算任务需求，现阶段人工智能芯片主要包含 GPU、FPGA、ASIC、类脑芯片等类型。其中，GPU 芯片通用性较强且适合大规模并行计算，但售价贵、能耗高；FPGA 可通过编程灵活配置芯片架构适应算法更新且能效高于 GPU 芯片，但产品开发门槛较高；ASIC 芯片通过将算法固化实现极致的性能和能效，且大规模量产后成本优势突显，但前期开发周期长易面临算法迭代风险。此外，类脑芯片模拟人脑脉冲方式运作具备超低功耗的优势，但目前技术不成熟，商业化道路仍然较远。

人工智能芯片创新深度耦合智能应用场景需求。鉴于传统串行芯片难以满足现阶段人工智的计算需求，产业界多围绕指令集、高并行计算架构、高能效访存架构、软硬协同架构等创新方向升级芯片技术能力，且伴随深度学习场景定位逐步明晰，人工智能芯片技术路线呈现分化态势。深度学习应用主要分为训练和推理两个阶段。其中，深度学习模型训练以高性能、高精度、通用化的计算能力为主，现多采用集成大量运算单元、高带宽内存的 GPU 芯片承担，但因能耗较高仅限于云端

---

① CITICS 预测数据.

部署。实现将训练好的模型进行部署的推理阶段则因应用场景的不同而各有差异，云端推理芯片多应用片上内存、定点运算、多线程并行架构等技术实现高通量、低延时、通用化的能力，可采用的芯片类型包括 FPGA、GPU、ASIC 三类；端侧推理芯片需要深度耦合特定场景和特定算法模型，ASIC 芯片因其软硬融合的极致性能以及大规模量产成本低等优势逐渐成为主流。

2. 2017 年重要进展或突破

全球产业上下游多环节企业均积极开展人工智能芯片布局。**一是**英伟达、英特尔等传统硬件厂商基于长期技术积累横向拓展人工智能能力，前者迅速推出针对人工智能运算优化的 Tesla 系列 GPU 产品占领云端市场高地，最新 Tesla V100 GPU 具备每秒 120 万亿次张量运算性能；后者相继收购全球第二大 FPGA 厂商 Altera、人工智能 ASIC 芯片企业 Nervana、辅助驾驶芯片厂商 Mobileye 等企业，构筑全方位的人工智能芯片布局。**二是**谷歌、亚马逊、脸书等下游企业基于云平台服务和应用发展需求纵向延伸芯片领域，如谷歌通过谷歌云平台开放自研 Cloud TPU (ASIC)的计算服务，Cloud TPU 可同时满足深度学习的训练和推理任务，具备每秒完成 180 万亿次浮点运算能力。三是大部分初创企业依托算法硬件化进入市场竞争。美国 Cerebras、Wave Computing 和英国 Graphcore 等涌现的独角兽企业瞄准数据中心、自动驾驶等重点场景加速对人工智能 ASIC 芯片的布局。

国内初创企业构成国内人工智能芯片战场的主力军。考虑到 GPU、FPGA 等领域基础较为薄弱，包含华为、中星微电子有限公司(简称中星微)等芯片企业以及寒武纪、地平线等初创公司多采用 ASIC 芯片开展布局，重点聚焦智能手机、安防监控、自动驾驶等端侧重点细分领域加速部署。华为推出麒麟 970 芯片中集成寒武纪的深度学习内核，提升自研手机图像识别、机器翻译和语音降噪等能力。地平线将深度学习算法硬件化推出“征程”和“旭日”两款 ASIC 芯片，前者面向自动驾驶领域，实现行人、机动车等多类目标实时检测与识别；后者面向智能安防实现大规模人脸检测等功能。此外，深鉴科技、中星微等企业面向安防监控领域已发布多款高能效、低成本的计算机视觉芯片。

(二) 5G 移动通信芯片

1. 全球态势与国内现状

5G 奠定万物互联时代发展的基础。5G 是第五代移动电话行动通信标准，也称第五代移动通信技术。移动通信自 20 世纪 80 年代诞生以来，约每十年出现新一代技术，关键技术的引入使数据传输速率和带宽容量成倍提升，新的业务应用不断涌现，芯片技术也紧跟通信技术的演进而不断升级，5G 正是在解决人与人的对话的基础上实现人与物、物与物之间的沟通交流。相较于 4G 移动通信，在用户体验速率、连接数密度、端到端时延、流量密度、移动性和用户峰值速率等关键性能指标上均有较大提升，例如，5G 用户体验速率可达 4G 的 100 倍，连接数密度达到 4G 的 10 倍。5G 主要应用场景包括增强型移动宽带、低功耗大连接和低时延高可靠三类。增强型移动宽带主要满足 2020 年及未来的移动互联网业务需求，低功耗大连接和低时延高可靠场景是 5G 新拓展的场景，聚焦传统移动通信难以支持的物联网场景及其垂直行业应用。

5G 将拉动全球半导体千亿美元市场规模。5G 对芯片需求主要来自于设备制造商的网络和终端设备的需求。根据预测①，2022 年全球 5G 终端数将达到 2 亿，5G 基站数达到 180 万。增强移动宽带将是早期 5G 网络面向个人消费市场的核心应用场景，智能手机仍将是 5G 商用初期的主要终端类型，5G 手机终端预计将在 2019 年登场。在 5G 发展初期仍然需要向下兼容 2G/3G/4G，在两三年后才有可能实现全部 2G 的清频退网，多模多频通信将对基带、射频芯片尤其是射频前端拉动作用尤为明显。5G 基站部署包括 6GHz 以下中频段和毫米波频段两部分，毫米波在空气中衰减非常大，不太适合在室外距离很远的场合使用，5G 部署初期仍主要以 6GHz 以下中低频段基站为主，高频基站数约占 20%。预计 2022 年全球 5G 终端和基站芯片市场规模合计超过 500 亿美元。

5G 通信关键技术推动芯片在设计、制造、封装等领域的系统性革新。多载波聚合、高阶调制、大规模天线、全频谱接入等 5G 关键技术的引入使数据传输速率和带宽容量成倍提升，对 5G 终端与基站的材料、设计、制造、封装、测试等环节提出新需求。例如，设计方面，5G 要求带宽超过 800M，工作频率达到 1GHz 左右，对基带的高速并行处理能力提出更高要求。制造方面，第一，半导体先进制程工艺的持续升级，预计到 2019 年 5G 预商用时期终端基带芯片有望升级到 7nm 工艺节点，以满足基带 5G 高速率和低功耗的需求；第二，砷化镓（GaAs）/氮化镓（GaN）化合物半导体工艺、滤波器制造工艺等特色工艺的发展[7]，基站功率放大器（PA）将从硅基器件工艺转向承载功率和高频性能更有优势的化合物半导体工艺，6GHz 以下中频终端滤波器将从声表面波（SAW）器件转向体声波（BAW）尤其是薄膜体声波谐振器（FBAR）器件；第三，5G 毫米波高频通信还将推动基于射频 CMOS 或锗硅（SiGe）等硅基集成工艺技术的发展。封装方面，5G 毫米波射频前端集成化、小型化、一体化需求将推动三维异质异构集成、系统级封装等技术的应用。

2. 2017 年重要进展或突破

高通和英特尔引领 5G 终端基带芯片平台创新。高通 2016 年发布支持 28GHz 毫米波频段的 X50 5G 基带芯片，2017 年将毫米波基带芯片扩展到 6GHz

---

① Strategy Analytics 预测.

以下频谱，首批商用产品预计于2018年上半年推出，搭载X50芯片的手机将于2019年上半年上市，目前高通与合作伙伴们共同宣布启动了“5G领航”计划，联想、小米、OPPO、vivo都将成为高通的5G合作伙伴，并承诺2019—2021年将采购高通20亿美元的5G芯片。英特尔在CES 2017发布业界首款全球通用5G调制解调器、收发芯片以及毫米波射频前端，预计2019年中旬推出搭载其5G基带的终端设备。国内华为海思、紫光展锐等企业近期加速5G基带芯片产品研发，逐渐缩短与高通、英特尔差距。华为海思在MWC 2018正式发布首款5G商用基带芯片巴龙5G01和5G商用用户终端(CPE)，同时正在开发支持5G低频及毫米波频段的手机SoC处理器麒麟990，将于2019年预商用。

Skyworks、Qorvo公司(简称Qorvo)、**博通、株式会社村田制作所(简称村田)等射频巨头成为5G终端射频前端的主要参与力量**。PA和滤波器是终端射频前端模块的核心器件。终端PA市场由Skyworks、Qorvo、博通、村田等国外企业垄断，产业模式呈现IDM集中化发展态势。除了欧美日龙头企业具备制造能力外，台湾企业在GaAs晶圆制造、封装测试等环节占据重要地位，包括稳懋半导体股份有限公司(简称稳懋)、联颖光电股份有限公司(简称联颖光电)、宏捷科技股份有限公司(简称宏捷科技)和台湾环宇电子有限公司(简称环宇)等代工企业，菱生精密工业股份有限公司(简称菱生精密)、同欣电子工业股份有限公司(简称同欣电子)、全智科技股份有限公司(简称全智科技)和硅格股份有限公司(简称硅格)股份等封测企业，其中台湾稳懋是全球最大砷化镓晶圆厂，已签下高通PA及射频组件的代工大单。终端SAW滤波器市场被株式会社村田、TDK股份有限公司(简称TDK)和太阳诱电株式会社(简称太阳诱电)等日企控制，三者市场份额超过80%；BAW滤波器市场被博通和Qorvo垄断，专利壁垒较高，两者市场份额超过90%。国内目前拥有终端PA设计能力的企业接近20家，包括汉天下、紫光展锐、唯捷创芯等在内的企业已占据2G和3G手机PA市场重要地位，并且正在积极研发4G和5G PA产品，与此同时，厦门市三安集成电路有限公司(简称三安)和成都海威华芯科技有限公司(简称海威华芯)等代工企业的GaAs、GaN工艺产线正在逐渐走向成熟。终端滤波器行业技术壁垒高，国内在此领域基础薄弱，在SAW滤波器领域，国内厂商市场占有率仅为1%。在BAW滤波器领域，国内仍处于研发阶段，目前中国电子科技集团公司第二十六研究所(简称中电26所)、中电科技德清华莹电子有限公司(简称中电德清华莹)、诺思(天津)微系统有限公司(简称天津诺思)等正在积极布局。

5G基站核心芯片和器件创新在即，国内企业已取得先发优势。数模转换和射频收发等核心芯片主要被亚德诺半导体技术有限公司(简称ADI)、美国德州仪器公司(简称德州仪器)等企业垄断。氮化镓PA市场主要由住友电气工业株式会社(简称日本住友)、科锐公司(简称美国科锐)和Qorvo主导，并且欧美日企业控制氮化镓产业链上游材料环节。毫米波应用使传统基站器件进一步小型化，ADI、国际商业机器公司（简称 IBM）、Anokiwave 公司（简称 Anokiwave）等企业利用射频技术优势，大力推动毫米波芯片设计、制造、封装技术研发，现阶段处于技术领先位置。基站厂商多选择与器件厂商合作开发，爱立信公司（简称爱立信）基于移动通信系统方面的积累与 IBM 强强合作，结合其毫米波相控阵芯片和天线封装的技术优势，合作推出基站侧基于封装天线（AiP）技术的 28GHz 锗硅相控阵芯片。国内以华为、中兴为代表的国内移动通信设备厂商为适应国际市场需求，正在联合国内基站芯片、器件厂商加快 5G 基站设备的研发，成都嘉纳海威科技有限责任公司（简称嘉纳海威）、中电科技集团重庆声光电有限公司（简称重庆声光电）、南京美辰微电子有限公司（简称美辰微电子）等初步具备射频器件以及毫米波芯片设计能力，苏州能讯高能半导体有限公司（简称苏州能讯）以及一些科研院所已开展 GaNPA 的研发与产业化，目前国内设备厂商已完成技术验证、原型样机制作和测试工作，预计将于 2018 年底推出 5G 中频段和高频段商用基站设备，2019 年具备商用产品批量供应能力。

（三）微电子制造与装备

1. 全球态势与国内现状

集成电路制造代工企业市场份额逐渐趋于垄断，先进技术趋于集中。据统计，2017 年全球集成电路制造业市场规模达到 622 亿美元①，较 2016 年提高了 9%。未来全球晶圆代工业的增长主要将来源于智能手机、高性能计算、物联网和汽车电子。目前，掌握集成电路先进制造工艺的企业数量趋于减少，市场份额趋于集中，2017 年全球排名前八的集成电路代工企业占据全球市场总额的 88%，其中排名第一的台湾积体电路制造股份有限公司（简称台积电）销售额高达 322 亿美元，占据全球市场份额的 50%以上。在技术掌握方面，目前在国际范围已经掌握 16/14nm 及以下工艺制程并成功实现量产的企业仅有英特尔、台积电、三星以及格罗方德半导体股份有限公司（简称格罗方德）四家。

高 k 栅介质与多栅结构的组合仍然是目前集成电路先进制程的主流。通过引入更高介电常数的介质材料（即高 k 材料），可以有效抑制栅极泄漏电流。采用多栅结构可以提高晶体管栅极的控制能力，其中鳍式场效应晶体管（FinFET）结构自从 22nm 节点被引入之后，一直是集成电路先进制程的主流结构。在接下来英特尔即将投产的 10nm 制程以及台积电、三星等公司即将投产的 7nm 制程中，仍将采用此种高 k 栅介质与 FinFET 结构组合的形式，且三星公司声称会将 FinFET

---

① IC insights 统计数据.

结构沿用至 4nm 节点。在未来的 3nm 及以下的节点中，为了进一步加强栅极的控制力，基于纳米线(nanowire)结构的围栅晶体管结构被提出，目前三星公司提出了多桥通道场效应管(MBCFET)并准备应用于其 3nm 工艺制程中。

EUV **光刻技术是维持摩尔定律进一步发展的关键**。EUV 光刻是在集成电路制造工艺中，利用波长仅为 13.5nm 的极紫外光作为光源进行光刻的技术。长期以来，由于 EUV 光刻技术的高能耗，且光束反射率低等劣势，人们始终致力于使用多次曝光等方法延续 193nm 浸没式光刻的寿命，从而尽可能延缓 EUV 光刻技术的应用。而在 7nm 及以下节点制程中，若继续使用 193nm 浸没式光刻将需要三次甚至以上曝光来完成一个图形的制作，大大增加了光刻成本，随着 EUV 光刻在功率等方面的问题逐渐得到解决，13.5nm 的 EUV 光刻技术已成为 10nm 以下制程的首选，目前英特尔、台积电以及三星等代工厂家先后宣布将在 7nm 制程使用 EUV 光刻技术，且纷纷大量购进阿斯麦公司(简称 ASML)生产的 EUV 光刻机，另外，我国中芯国际也于 2018 年初宣布以 1.2 亿美元的价格购进了 ASML 公司生产的 EUV 光刻机，为其 7nm 工艺制程的研发做出准备，预计 2019 年可交付使用。

我国围绕重大装备技术创新活跃，应用成果显著。近年来我国微电子领域投资持续大幅增长，其中面向半导体设备的投资额也呈逐年快增态势。目前我国每年半导体设备领域投资额超过 50 亿美元，全球排名第三；预计 2018 年将达到 86 亿美元，超过中国台湾地区，成为第二大半导体装备市场①。本土企业持续加大研发力度，提速产业应用进程，中微半导体设备有限公司(简称中微半导体)可用于 22nm、7nm 芯片制造的 Primossc AD-RIE 单反应台多腔介质刻蚀设备成唯一进入台积电 7nm 制程的中国大陆本土设备商；北方华创科技集团股份有限公司(简称北方华创)的刻蚀机、磁控溅射、氧化炉、低压化学气相沉积、清洗机、原子层沉积等集成电路设备完成了 90/55/40/28nm 工艺验证，实现产业化。

2. 2017 年重要进展或突破

国际各大厂商持续推进集成电路制造技术的研发，先后发布最新制程。台积电于 2017 年联合安谋国际科技股份有限公司(简称安谋)、赛灵思公司(简称赛灵思)等公司发布了全球首颗 7nm 芯片，并宣布该芯片将于今年实现量产，同时计划于 2019 年开展 5nm 技术的风险试产。三星在实现 10nm 量产的同时，还利用 EUV 技术完成了 7nm 制程的研发。英特尔推出新一代 10nm 工艺，该工艺采用第三代鳍式场效应晶体管技术，结合超微缩(hyper scaling)技术，同时充分运用多图案图形设计(multi-patterning schemes)，实现了业内最高晶体管密度以及最小

① SEMI 统计数据.

金属间距。

我国多地政府与中外企业开建晶圆厂，集成电路制造业发展迅速。2017 年，我国共规划或开工建设集成电路制造产线约 10 条，其中 8 条为传统硅基工艺生产线、1 条为先进化合物半导体生产线，不仅包括国外知名制造企业的引进，如台积电在南京设立 12 英寸晶圆生产制造厂，规划直接引入 16nm 工艺技术，月产 2 万片；格罗方德(Global Foundries)与成都市政府合作，启动 12 英寸晶圆生产制造基地的建设；也包括我国晶圆代工企业的扩产扩建，上海华虹集成电路有限公司(简称华虹)集团即与无锡市人民政府签订战略合作协议，计划在无锡建设 12 英寸晶圆厂；广州粤芯半导体技术有限公司(简称粤芯)半导体 12 英寸芯片制造项目在广州破土动工。

半导体领域知识产权纠纷取得重要进展。近年来国内微电子装备制造企业持续加大自主知识产权能力建设，02 专项采用“专利导向下的研发战略”，实施 9 年以来合计申请 2.3 万余项国内发明专利和 2000 多余项国际发明专利，发展模式由“引进消化吸收再创新”转变为“自主研发为主加国际合作”，所形成的知识产权体系使国内企业在国际竞争中的实力取得显著提升，2017 年中微半导体在与有限公司美国维易科精密仪器有限公司(简称 Veeco)就其 TurboDisk EPIK 700 型号的 MOCVD 设备侵犯了中微基片托盘同步锁定专利的诉讼中，赢得胜诉。国家知识产权局专利复审委否决了 Veeco 关于中微半导体专利无效的申请，确认中微起诉 Veeco 上海专利侵权的涉案专利为有效专利。

(四) 硅基光子集成

1. 全球态势与国内现状

硅基光子集成技术优势突出，引领信息社会变革。硅基光子集成技术主要研究和开发以光子和电子为信息载体的硅基大规模集成芯片。即利用硅或与硅兼容的材料，应用 CMOS 工艺，在同一硅衬底上同时制作光子和光电子功能器件，形成一个具有完整综合功能的新型混合大规模集成芯片，能充分发挥微电子先进成熟的工艺技术、大规模集成带来的低廉价格，以及光子器件与系统所特有的极高带宽、超快传输速率、高抗干扰性等优势。这项 21 世纪创造性的新型芯片新技术，必将为人类信息社会的产业革命带来又一轮重大的飞跃。

硅基光子集成技术，为解决“香农极限”提供途径。展望未来高速大容量的光传输与交换系统，需要深入研制性能更优的硅光子芯片和器件，进一步提升器件带宽和容量。需要掌握一系列的关键技术，包括硅片上Ⅲ-Ⅴ族激光器集成阵列的制备技术，高速率低电压低插损硅电光调制器阵列的实现方法，硅基高速高灵敏锗光电探测器及阵列，高密度复用器件和技术，接收集成芯片的制备，大端口数电光高速交换芯片，光芯片的耦合，电芯片的高速高密封装和光收发模块的实现方法。同时采用技术上成熟的复用维度（双偏振、相干、波长等），并与先进的调制格式及DSP技术结合，充分挖掘系统/器件的容量余度及信噪比余度，逼近香农极限。探索其他新型复用维度，如模式复用、空分复用等，探索其他可能出现的突破性技术。

硅基光子集成技术的市场需求强劲。基于新兴信息业务带来的强劲需求和硅基光电子的技术优势，硅基光电子产业市场近年来迅速增长，并且前景光明。据Yole报告统计预测，自2015年起硅基光子器件将以约45%的年复合增长率持续增长，到2025年硅光子市场规模将超13亿美元。同时，近年来Luxtera公司（简称Luxtera）、Kotura公司（简称Kotura）、英飞朗科技有限公司（简称Infinera）、OneChip Photonics公司（简称OneChip）等欧美企业已经认识到硅光子的潜力，纷纷增加了对集成硅基光子产品的投资。从研究领域看，国际三大光通国际会议（国际光纤通信博览会及研讨会（简称OFC）、欧洲光通信会议（ECOC）、亚洲光纤通信与光电子会议（ACP））近几年也都在会议中增加了硅基光电子学（简称硅光）主题，Intel、IBM等跨国公司都有参与硅光的分会，充分体现了硅基光电子技术是未来市场的潜在发展方向。中国的一些科研院校和通信公司，如：中兴通讯、武汉邮科院、光迅等也纷纷未雨绸缪，在硅基光电子方向投入研发，为将来的产品换代做技术储备。

硅基光子集成技术进入应用阶段。虽然硅光子还面临很多技术瓶颈，但在整个产业界的向心力下，正在被一个一个的克服，产业界对硅光子大规模商用也抱有极大的信心。尤其是数据中心的短距离应用，让硅光子找到了最合适的用武之地。数据中心的巨大潜力，以及英特尔等厂商的大力推动，促使硅光子的研发进程进一步加速。目前，硅基光子集成技术进入应用阶段。

2. 2017年重要进展或突破

多项硅基光子集成技术取得突破性进展。在2017年OFC上，Mellanox公司（简称Mellanox）推出一款新的基于硅光子和VCSEL的200Gbps QSFP28收发器系列产品，200Gb/s 1550nm DR4 QSFP28硅光子收发器，在单模光纤上传输距离可达500m，这些新的收发器可使超大规模Web 2.0和云100Gb/s网络的带宽增加一倍。2017年3月，青岛海信电器股份有限公司（简称青岛海信）最新推出基于硅光技术的100G PSM4 QSFP28光模块等产品，该产品基于全新的硅光平台，硅基芯片单片集成了调制器、探测器等光收发器件，并利用全自动高精度耦合工艺实现了芯片的高效耦合。2017年第三季度，英特尔推出基于硅光子技术的100G CWDM4 QSFP28光纤收发器，以及100G PSM4 QSFP28光纤收发器。2017年3月，Coriant公司（简称Coriant）推硅光子200G短距离CFP2-ACO光模块，这款光模块利用相干传输的优势，降低了成本和功耗，可广泛应用于载波传输和数据中心互连。2017 年 9 月，Inphi 公司（简称 Inphi）推出 COLORZ-Lite 20 公里硅光 DWDM 模块，利用 PAM DSP 技术，线性驱动和 TIA 技术，最多 40 个 DWDM 波长。其典型指标包括单纤 4Tbps 总容量，4.5W 功耗，20 公里和支持基于 DSP 的 PAM4 调制技术等。

我国与世界水平差距逐步缩小。我国高校、研究所在硅基光子集成技术的科技研发方面与世界水平差距逐步缩小。北京大学、中国科学院半导体研究所、上海交通大学、浙江大学、南京大学等均取得了一定的研究成果。在片上集成方面，北京大学已经研制成功了单片集成的 100Gb/s 硅基相干发射及传输系统，并基于硅基集成收发芯片成功实现了 100 公里的系统传输。上海交通大学研制的 QPSK 硅基电-光调制器具有 100Gb/s 传输能力，可在 1000 公里光纤上实现无误码传输。浙江大学则在单个硅基光电子器件的小型化方面取得了较大的进步。青岛海信最新推出基于硅光技术的 100G PSM4 QSFP28 光模块等产品。武汉邮电科学研究院推出 90GBaud 硅基强度调制器，100G 硅基 CWDM4 光发射机。

（五）混合光子集成

1. 全球态势与国内现状

混合光子集成技术满足多样化信息系统需求。目前光信息系统主要由分立的光电子器件构成，这些分立器件所采用的集成材料和工艺都不相同，多元化的材料和工艺是光电子集成的重要特征。比如，光发射、放大、接收集成器件主要采用基于 III-V 族的化合物半导体（例如磷化铟）材料，光学滤波器件采用光学薄膜材料或氧化硅材料，这些光电子集成对于某些光通信应用具有适用性，其今后的发展趋势是采用单片集成或混合集成技术，进一步扩大集成规模，并实现各种多功能器件的规模集成，以满足多样化的信息系统需求。

混合光子集成技术市场前景广阔。预计 2017 年至 2022 年，混合光子芯片将以 25.3%的复合年增长率(GAGR)增长。混合光子芯片市场的主要驱动因素是，通过集成不同的光学元件（包括探测器，调制器和激光器）到单一的封装，来降低成本和减小尺寸。此外，其在效率、传输速度、传输容量和功耗方面的优势，有助于市场渗透到各种垂直行业，如计量、航空航天与国防、医疗保健、电信、工业和数据通信等。

混合光子集成技术仍存在诸多瓶颈。在多功能器件混合集成上，光波导与光波导之间的耦合是非常关键的技术，其低损耗、低回损和高稳定耦合对于光器件的工作效率非常重要。除了激光器、调制器和探测器外，硅波导、波分复用/解复用器、光交换、光开关等无源器件也需要在混合集成芯片上实现，这些功能部件光波导之间的耦合对于器件的整体性能至关重要。III-V 族器件与硅基器件混合集成技术主要分为基于晶片键合技术（Wafer bonding）的混合集成和基于倒装焊工艺

(Flip-chip)混合集成器件。从硅基光子学角度来说,需要解决的是基于晶片键合的激光器,以及其他III-V族半导体光电子器件的集成。另一方面,主流是基于硅基或PLC光学微平台的倒扣工艺混合集成,重点解决有源器件与无源波导的集成,涉及不同材料(III-V族半导体材料)、不同功能器件(激光器、放大器、调制器、探测器)的集成。以铟磷基材料为代表的III-V族化合物半导体材料与硅基材料之间的芯片键合直接决定激光器、放大器、调制器和探测器等混合集成器件的性能和可靠性,改进和开发新型键合工艺,实现高质量的III-V族材料和硅基材料晶片键合,满足混合集成阵列器件的需要。在混合光电子集成器件中,由于不同材料之间的光学性质和参数不同,它们之间的耦合会在界面产生发射,虽然可以通过一些技术手段可以减小光反射,但是不可能完全消除。激光器对于反射非常敏感,严重的时候可以影响其良好的单模特性和工作波长稳定性。

发展光电子集成技术,必须坚持硅基光子集成与混合光子集成齐头并进。近年来硅基光电子集成芯片技术由于可以与CMOS工艺兼容被学术界和产业化广泛关注,一系列高端硅基光电子集成芯片被研发出来,正处于大规模产业化的前夜,被认为是下一代光电子集成技术发展的关键使能技术。然而硅基光电子技术目前还无法解决发光与放大,必须依赖混合光子集成技术,将光源与放大器通过键合或者异质生长方式与硅基器件进行混合集成,因此在发展硅基光电子集成技术的同时,必须坚持发展混合光电子集成技术。

2. 2017年重要进展或突破

多项混合光子集成技术水平大幅提升。在2017年的OFC上,SiFotonics推出第二代100G/200G相干集成ICR芯片TR4Q11,该芯片单片集成了包括波导耦合器、偏振旋转分束/合束器、90°混频器、8个40GHz Ge/Si波导型光探测器阵列、8个25GHz IQ调制器、可调光衰减器及MPD等共计多达60多个有源和无源光波导元件,尺寸只有6.45×7.7mm^2,实现高密度混合集成。2017年3月14日,全球领先的泵浦激光模块和收发器集成光放大器微光学元件供应商美国II－VI公司(简称II-VI集团)发布一款3pin密度微型封装的非冷980nm泵浦激光模块,该产品具有严格的可靠性特点,满足当下及下一代高速光模块超高密度放大集成对能效的要求。2017年3月7日,Finisar推出工作频率超过100GHz的高速光电平衡探测器(BPDV4121),这款100GHz平衡探测器是下一代光测试和测量设备的关键推动因素,它能够实现高达160 GBaud的相干信号检测和表征,是目前市场上最快的探测器。2017年,新飞通光电公司(简称新飞通(NeoPhotonics))宣布推出新款64 GBaud,偏振复用,正交微型调制器(Micro-MOD),款微型调制器采用小尺寸(3.9×27×13mm)封装,将一个四通道差分64 Gbaud驱动器和一个基于磷化铟的马赫-曾德尔(MZ)正交调制器芯片封装在一起,其总功率需求为4.5瓦。

2017 年 9 月，MultiPhy 推出 FlexPhy MPF3101 芯片，MPF3101 芯片是世界上首款 100G 单波长 PAM4 DSP IC，用于数据中心和 5G 云无线接入网的连接，MPF3101 芯片提供单波长 100G 解决方案。

国内光器件厂商研发实力大幅提升。光迅科技推出从芯片—器件—模块—子系统产品的全系列产品及解决方案，全方位覆盖智能光网络、数据中心互联、光缆监测、FTTx 三网融合等不同应用领域，显示出公司在光通信领域提供一站式服务的强大垂直整合能力。武汉华工正源光子技术有限公司（简称华工正源）推出 100G QSFP28 与 CFP2，包括 SR4、LR4 模块、AOC，应用于 100G 以太网、数据中心与云网络。苏州旭创科技有限公司（简称旭创）推出业界首款 400G OSFP 产品。苏州全磊光电有限公司（简称苏州全磊光电）、江苏华兴激光科技有限公司（简称江苏华兴激光）在通信用半导体激光外延片及光探测外延片取得突破，福建中科光芯光电科技有限公司（简称中科光芯）、武汉光安伦光电技术有限公司（简称武汉光安伦）在激光器与探测器芯片方面取得进展。

（六）超高速光模块技术

1. 全球态势与国内现状

超高速光模块技术的基础在于高端光芯片。光模块子产业链是光通信行业的重要分支，国外厂商在高端光模块领域占据绝对领先地位。在整个光模块子产业链中，光模块的生产过程是将光芯片和其他组件先制造成为光器件，然后再将光器件封装为一个光模块，光芯片技术含量最高，而高端光芯片的核心制作技术掌握国外芯片厂商手里，主要依赖美国和日本等国家的进口，使得国内厂商面临核心专利被国外垄断的风险。国外厂商在高端光芯片领域的市场份额约占 90%；而国内现有的光器件产品主要集中在中低端领域，同质化比较严重，迫切需要在技术上取得突破性进展以打破现有局面。

多速率多制式光模块技术并行发展。随着 IEEE 100G 以太网标准讨论与制定工作的结束，全球主流厂商正在推动 100G 的全球部署，并把目光聚焦到 400G 甚至 1 Tbit/s 系统上来。同 40G/100G 一样，400G 的部署应该是渐进的方式。为了更有效地利用现有的 DWDM（密集波分复用）线路资源，降低投资成本，运营商希望 400G 能在现有的网络上部署，而不是重新设计和建造一个新的网络以适应 400G 的传输。这意味着 400G 必须适应 100G/40G 或 10G 的网络设计规划，以实现 400G、100G/40G 混合部署。同时，5G 对高速率光模块需求增大，25G/100G 工业级光模块是未来 5G 通信超高带宽传输要求的主要支撑。技术上，光通信正从单载波调制相干探测向偏振复用的多载波多电平相位调制和阵列相干探测转变。光子集成和电子集成、ADC/DSP 技术将是 100G/400G 以上超高速光通信模块以及系统商用化的关键。

高端光电子芯片缺乏。光通信巨头行业通过兼并重组不断实现产业链的完整拓展，行业内公司市场集中度上升。以 Avago 为代表的国际厂商通过收购与兼并，成功地完成技术与业务转型，覆盖光通信领域的所有光器件，从无源到有源，从芯片到模块，并牢牢把握产业链的高端。光器件企业不断进行并购重组，也导致行业集中度进一步提高，据数据统计，全球前 10 家厂商掌握 60%以上的市场份额，排名第一的 Finisar 占到全球市场份额的 16%。国内光通信巨头企业通过并购海外芯片厂商的形式增强企业自身的实力，避免被核心技术并海外企业垄断带来的不可测风险。国内光器件厂商规模较小、实力较弱，且光器件产品主要局限于中低端市场。国际市场主要有 Finisar、Avago 和 Source Photonics 等国际知名企业，这些企业主要专注于高端光模块的研发及生产，占据了主要的市场份额。2017 年，全球前十大光器件厂商中，国内企业仅有光迅科技一家入围，仅占全球市场份额的 8%。目前，欧美、日本等全球排名前列的光器件公司都在竞相研发低功耗、小型化的高速光模块产品并逐步占领市场，而国内由于起步较晚，与国外同行相比，仍然集中于提供 10G 甚至 2.5G 以下的低端产品，高速光收发模块产品市场份额（主要是 40G、100G 及以上）还相对比较欠缺。

2. 2017 年重要进展或突破

光模块速率不断提高、性能不断提升。在 2017 年 OFC 上，Luxtera 推出 100G—CWDM2 QSFP 光模块，利用最新的硅光子芯片组，同时利用 PAM—4 技术用 2 只激光器替代了现在常用的 4 只激光器方案，可以支持 2 公里传输，功耗小于 3.5W。2017 年 3 月 20 日，NeoPhotonics 公司推出 400G 可插拔相干 CFP2—ACO 模块，具备 64Gbaud 16—QAM 到 64—QAM 调制能力，可以帮助数据中心实现 200G/400G/600G 跨城域传输互联。2017 年 3 月，青岛海信最新推出应用于接入网领域的 100G EPON 光模块、数通领域的 200G QSFP—DD 100m 光模块。2017 年 3 月，Oclaro 推出 400G CFP8 光模块，采用 EML 激光器，符合 400GBASE—LR8 和 400GAUI—16 电接口标准，传输距离 2 公里到 10 公里。2017 年 ECOC，Acacia 展示 1.2Tbps 相干光模块 AC1200，这款模块采用两波长，每波长最高 600Gbps 容量，可以实现 1.2Tbps 的总传输容量，尺寸比当前标准 400Gbps 模块的 5×7 英寸缩小 40%，除了高容量和高密度，AC1200 还支持连续波特率调整，实现频谱优化；增强的 Turbo 产品编码 SD—FEC，提供了超高的网络编码增益 NCG，最大化传输距离，同时确保低功耗。

光模块发展势头强劲，需求旺盛。随着光通信网络向超高频、超高速和超大容量发展，高速率光模块已成为光模块市场的发展热点。据统计数据显示，2015 年，10G/40G/100G 的销售收入已达到 24.43 亿美元，且将以 12.23%的年复合增长率稳步快速增长，预计到 2020 年，全球 10G/40G/100G 光模块收入将达到 43.50 亿美元，在总体光模块市场的占比将超过 61%。其中，40G 光模块和 100G 光模块的年复合增长率将分别高达 9.00%和 24.54%。早期国内光模块企业主要提供低速率的低端产品，在重视投资技术研发和坚持自主创新的努力下，国内企业对高端光模块的研发能力和生产水平也不断提高。

光模块竞争持续增强。国外通信设备厂商逐渐向国内转移生产和研发环节，我国光模块出口规模因此不断扩大。随着经济全球化和我国光通信行业的不断发展，国内光模块厂商研发能力、生产工艺的提高，结合产品的成本优势，国内企业竞争力明显增强，国外通信设备制造商也增加了对国内光模块产品的采购力度。光模块产业是技术密集型、劳动密集型行业，国外通信设备制造商为了降低成本，近年来也逐步把生产和研发基地向中国大陆转移，加剧了国内市场的竞争程度。随着我国在全球光模块行业的地位不断提高，我国光模块企业出口持续增长，行业的市场空间不断扩大，我国光模块行业进出口规模不断增大，光模块贸易近年来保持顺差。

五、领域年度热词

热词 1：EUV 光刻

基本定义：EUV 光刻即极紫外（Extreme Ultra Violet）光刻，是采用波长为 10—14nm 的极紫外光作为光源的光刻技术，可大幅提升光刻的分辨率。利用极紫外光进行光刻须使用专用的 EUV 光刻机。

应用水平：目前国际各厂商已先后将 EUV 光刻的使用提上日程，其中三星已利用 EUV 光刻完成了 7nm 制程的研发，TSMC 以及 Intel 也宣布将在下一代制程中（TSMC 5nm 和 Intel 7nm）使用 EUV 光刻技术。2018 年，我国集成电路芯片代工厂商中芯国际宣布斥资 1.2 亿美元购买荷兰 ASML 公司生产的 EUV 光刻机，是我国购入的首台 EUV 光刻机，将用于中芯国际 7nm 制程的研发，该产品将在 2019 年交付使用。

热词 2：化合物半导体器件

基本定义：以化合物半导体为基础制备的微电子器件，主要包括以 GaAs、GaN 以及 SiC 等材料为基础的半导体器件，具有高频、高效、高功率等特点，主要应用于光电转化、微波射频以及电力电子等领域。

应用水平：化合物半导体为直接带隙半导体，发光效率远高于传统 Si 材料，因此非常适用于制作 LED 发光器件，当前全球 LED 器件的市场规模已达到 200 多亿美元，占据了化合物半导体市场的 90%以上。微波射频方面，以 GaAs、GaN 为代表的高电子迁移率材料占据了射频功率放大器的主要市场，其中 GaAs 材料经过几十年的发展技术已经成熟，而 GaN 材料的引入可以使器件进一步小型化，随着 5G 网络对基站小型化要求的进一步提升，GaN 材料在射频器件中应用的比例将会逐渐提高。

热词 3：人工智能芯片

基本定义：人工智能芯片现多指针对以深度学习算法为代表的人工智能算法加速芯片，集成深度学习指令集、高并行化的张量计算单元、高能效内存存取架构等。常用芯片类型包括 GPU、FPGA、ASIC、DSP、类脑芯片等，并且面向人工智能多样化应用场景和应用阶段呈现多技术路线竞相发展态势。

应用水平：当前人工智能芯片处于起步阶段，已在数据中心、智能手机、自动驾驶等领域实现应用。数据中心方面，英伟达凭借高并行化的 GPU 芯片占据规模优势，包含谷歌、脸书、微软等巨头企业和大量的初创企业、科研院所等普遍采购英伟达 GPU 产品进行深度学习项目开发。智能手机方面，苹果、华为等已推出集成专用人工智能加速引擎的智能手机 SoC 芯片。自动驾驶方面，英伟达、英特尔、地平线机器人等均发布专用芯片抢攻市场。

热词 4：类脑芯片

基本定义：类脑芯片属于人工智能芯片的范畴，是指参考人脑神经元结构和人脑感知认知方式来设计的芯片。类脑芯片突破传统"冯·诺依曼"架构体系，采用计算存储一体化的芯片架构模仿人脑进行异步、并行和分布式信息处理，具备低功耗的优势。

应用水平：目前类脑芯片计算性能与精度距离传统芯片差距较大，技术仍不成熟，距离商业化应用较远。英特尔研发类脑芯片 Loihi，采用 14 纳米工艺制程，利用异步计算模式，计算能力相当于 13 万个神经元和 1.3 亿个突触连接。IBM 联合美国空军研究实验室推出集成 64 颗 TrueNorth 类脑芯片阵列的人工智能计算机，数据处理能力相当于包含 6400 万个神经细胞和 160 亿个神经突触的类脑系统。此外、Imec、清华大学等研究机构也发布基于忆阻器的类脑芯片原型。

热词 5：5G 基带芯片

基本定义：5G 基带芯片主要完成 5G 网络中无线信号调制解调、信道编解码、信源编解码以及信令处理等工作。

应用水平：当前高通和英特尔引领 5G 基带芯片创新，二者均推出相应的 5G 基带芯片支持五载波聚合，并应用 256—QAM 高阶调制和 4×4 MIMO 技术实现千兆级的下行速率。国内企业也在加速产品研发，2018 年初华为发布其首款 5G 商用芯片巴龙 5G01，同期发布基于该芯片的首款 3GPP 标准 5G 商用终端，标志着国内 5G 终端基带芯片面向商用的又一进步，与国外差距逐渐缩小。

热词 6：5G 高频器件

基本定义：5G 高频器件种类多工艺复杂，包括功率放大器、低噪声放大器、滤波器、天线阵列、混频器、射频开关、锁相环、移相器等，材料涉及硅基(Si)、化合物半导体(GaAs/GaN/InP/SiC/SiGe)、陶瓷介质等,生产工艺涉及互补金属氧化物半导体(RF CMOS、BiCMOS)、高迁移率晶体管(HEMT/pHEMT)、射频微机械机电系统(RF MEMS)等。

应用水平:国外在射频器件技术、产业化方面均遥遥领先,中低频段功率放大器芯片、滤波器等分立器件的技术、市场基本被美日企业垄断,高频段射频芯片陆续有商用产品面世。我国通过 TD—SCDMA、TD—LTE 阶段的产业化推进,国内在终端功率放大器、SAW 滤波器等低频元器件设计方面具有一定的技术实力,在氮化镓、砷化镓、磷化铟等高频工艺研发加工方面有一定基础,高频器件产业仍处于起步阶段。

热词 7:硅基光子集成芯片

基本定义:以硅-二氧化硅-硅为晶圆,通过微纳加工手段,实现硅基光波导及相应的功能单元器件,包括调制器、探测器、滤波器、偏振控制器、复用解复用器等。

应用水平:100Gb/s 相干收发芯片在国外已经产业化。我国高校、研究所在硅基光子集成技术的科技研发方面与世界水平差距逐步缩小,北京大学、中国科学院半导体研究所、上海交通大学、浙江大学、南京大学等均取得了一定的研究成果,但尚未实现规模化集成以及产业化。

热词 8:混合光子集成芯片

基本定义:在硅基平台上利用光波导技术实现光信号调制、探测、偏振控制、波长分和波、信号混频等多项功能的单片集成,并与激光器、探测器、驱动器等的混合集成技术。

应用水平:目前已实现光信号调制、光探测等功能的集成,并广泛应用于高速光通信和数据通信领域,随着技术的发展,必将在 400Gb/s 及更高速率得到更广泛的应用。国内光器件厂商研发实力大幅提升,以光迅科技为代表的龙头企业已具备从芯片—器件—模块—子系统产品的全系列产品及解决方案能力,并可全方位覆盖智能光网络、数据中心互联、光缆监测、FTTx 三网融合等不同应用领域。

参考文献

[1] 巩盼东. 我国集成电路业突破限制形成自主知识产权体系. 人民日报,2017-5-14.

[2] 郭锦辉. 集成电路产业下半年呈现三大走势. 中国经济时报,2016-8-16.

[3] 刘燚. 魏少军:发展人工智能芯片中国还缺什么? 中国集成电路,2017(8):20-23.

[4] 张贝贝. 人工智能时代芯片产业迎来大发展. 软件和集成电路,2017(9):68-75.

[5] 黄伟. 移动互联网技术产业最新态势分析. 人民邮电,2018-6-8.

[6] 王骏成. 5G 来了,芯片准备好了吗? 高科技与产业化,2017 (10):46-49.

[7] 朱婧芸. 借助 5G 中国化合物半导体突破在望. 半导体信息,2017 (3):9-12.

[8] 王鹏懿. 浅析微电子制造技术及其发展. 通信世界,2018 (2):24-25.

[9] 祝宁华,李明,郝跃. 光电子器件与集成技术. 中国科学: 信息科学,2016,46: 1156-1174.

[10] 郝然. 对硅基光电子技术发展的思考. 中兴通讯技术,2017,23(5):52-55.
[11] Mellanox doubles silicon photonics ethernet transceiver speeds to 200Gb/s[EB/OL]. www. mellanox. com,2017-3-20.
[12] Silicon photonics 100G CWDM4 QSFP28 optical transceiver[EB/OL]. www. intel. com,2017.
[13] Coriant announces silicon photonics-powered short reach CFP2-ACO pluggable for groove network disaggregation platform[EB/OL]. www. coriant. com,2017-3-9.
[14] Inphi announces new COLORZ®-Lite for campus and data center interconnects[EB/OL]. www. inphi. com,2017-9-18.
[15] 王兴军,苏昭棠,周治平. 硅基光电子学的最新进展. 中国科学:物理学力学天文学,2015,45:01420.
[16] X Xiao,M Li,L Wang,et al. High speed silicon photonic modulators. Optical Fiber Communication Conference,OSA Technical Digest (online) (Optical Society of America,2017),paper Tu2H. 1.
[17] 透明市场研究机构. 2015—2022 光子集成电路市场——全球工业分析、规模、份额、增长、趋势和预测. 2015.
[18] 潘栋. Cost-Effective25G APD TO-Can/ROSA for 100G Application. Optical Fiber Communication Conference. Optical Society of America,Los Angeles,California,2017.
[19] II-VI incorporated unveils 3-pin 980nm uncooled micro-pump laser module for emerging high bit rate[EB/OL]. www. ofcconference. org,2017-3-14.
[20] Finisar Introduces Industry's Fastest High-Speed Photodetector for Next Generation Optical Networks and R&D Systems[EB/OL]. www. finisar. com,2017-3-7.
[21] NeoPhotonics showcasing 64G baud coherent product suite: higher-symbol-rate components increase OSNR and reach for coherent transport. www. semiconductor-today. com,2017-9-18.
[22] MultiPhy unveils MPF3101 PAM4 DSP for single-wavelength 100-Gbps applications[EB/OL]. www. lightwaveonline. com,2017-9-31.
[23] 匡杨,胡毅. 400Gbit/s 光模块的技术浅析[J]. 光通信研究,2012,01:41-45.
[24] Luxtera debuts duplex 100G-CWDM2 silicon photonics QSFP transceiver module[EB/OL]. www. semiconductor-today. com,2017-3-22.
[25] Neophotonics demonstrates advanced clearLightTM CFP2-ACO coherent transceiver for 400/600Gbps[EB/OL]. www. ofcconference. org,2017-3-20.
[26] Learn more about our comprehensive product portfolio for data center,enterprise,and telecom network applications[EB/OL]. www. lumentum. com,2017-3-21.
[27] AC1200 coherent module[EB/OC]. www. acacia-inc. com,2017-9-18.
[28] 智研咨询. 2017—2022 中国光模块行业市场深度调查及未来前景预测报告,2016(12).

专题二 光学工程

编 写 说 明

光学工程已发展成为以光学和光电子技术为主，与信息科学、空间科学、材料科学、生命科学、精密机械与制造、计算机科学及微电子科学等紧密交叉和相互渗透的学科。现代光学新原理、新技术和新材料的提出加速推动着科学、工程和应用等多方面的发展。激光研制与应用继续发展，光学工程多个方面取得重大进展；基础研究与应用研究齐头并进，创新成果不断涌现；重大平台支持基础研究，科研促进产业发展。

本“蓝皮书”中的光学工程专题，主要研究应用光学、激光技术、红外技术在工业制造、新材料、探测等方面的全球发展态势、我国发展现状与未来展望，以及2017年我国热点亮点。

来自国家科学技术奖励工作办公室（简称国家奖励办）、国家知识产权局，中国科学院西安光学精密机械研究所（简称中科院西安光机所）、中国科学院长春光学精密机械与物理研究所（简称长春光机所）、中国科学院成都光电所技术研究所（简称成都光电所）、中国科学院上海技术物理研究所（简称上海技物所）、中国科学院安徽光学精密机械研究所（简称安徽光机所）、中国科学院上海光学精密机械研究所（简称上海光机所）、中国科学院光电技术研究院（简称光电院），中国航天科技集团有限公司（简称航天集团）、中国电子科技集团有限公司（简称电科集团）、中国兵器工业集团有限公司（简称兵器集团），中国光学学会、中国光学工程学会、中国兵工学会，中国卫星导航系统管理办公室（简称北斗办）、中国探月工程（简称探月工程），国防科技大学（简称国防科大）、哈尔滨工业大学（简称哈工大）、长春理工大学等单位的专家参与了本次研究工作，在此一并表示感谢。

编撰“蓝皮书”仍在尝试阶段，一定存在很多疏漏和错误，敬请批评指正。

姜会林　许祖彦

2018 年 6 月 18 日

专家组和撰写组名单

专家组

姓名	工作单位	职务/职称
姜会林	长春理工大学	院士
许祖彦	中科院理化所	院士
谭久彬	哈尔滨工业大学	院士
相里斌	中科院上海微小卫星中心	主任
丁雷	上海技物所	所长
朱健强	上海光机所	原所长
张雨东	成都光电所	所长
赵卫	西安光机所	所长
张学军	长春光机所	副所长
饶瑞中	安徽光机所	副所长
刘泽金	国防科技大学	教授
李焱	中国光学学会	办公室主任
许毅达	中国兵工学会	原副秘书长
邓伟	中国光学工程学会	副秘书长
蔡红星	长春理工大学	科技处长
赵义武	长春理工大学	空间光电所副所长

注:排名不分先后

撰写组

姓名	工作单位	职务/职称
付强	长春理工大学	副教授
刘壮	长春理工大学	副教授
饶长辉	成都光电所	副所长
周朴	国防科技大学	教授
喻松林	中电十一所	首席科学家
李焱	中国光学学会	办公室主任
许毅达	中国兵工学会	原副秘书长
邓伟	中国光学工程学会	副秘书长
胡丽丽	上海光机所	研究员
薛栋林	长春光机所	研究员
曾雪峰	长春光机所	副研究员

注:排名不分先后

专题研究

一、全球发展态势

传统光学工程基于几何光学和波动光学，拓宽了人类的视觉能力，形成了以望远镜、显微镜、照相机、光谱仪和干涉仪等为代表的光学仪器，至今仍在生产和生活中发挥着重要作用。

光学工程当前已发展成为以光学和光电子技术为主，与信息科学、能源科学、空间科学、材料科学、生命科学、精密机械与制造、计算机科学及微电子科学等紧密交叉和相互渗透的学科。现代光学新原理、新技术和新材料的提出加速推动着科学、工程和应用等多方面的发展。

（一）激光技术继续发展，高性能、新类型激光器不断产生

激光技术的发展趋势体现在提升峰值功率、压窄线宽、延伸激光波长范围、开发新制造工艺等方面。半导体激光器方面：德国激光和激光系统制造商研发出4kW高亮度直接半导体激光器，并且具有5mm/mrad的光束质量。线宽方面：德国已经开发出了线宽仅为10mHz(0.01 Hz)的激光器，为目前报道的最小线宽，其光波能持续11秒保持稳定，可以用来制造特别精确的仪器，如光学原子钟，并对超冷原子进行更精确的测量。X射线激光器方面：11个欧洲国家参与研发的全球最大的X射线激光器——欧洲X射线自由电子激光（European XFEL）在汉堡大都市区正式投入使用，其每秒可发射多达27000个脉冲，亮度比传统的同步加速器光源亮度高十亿倍；美国能源部对一个超亮X射线激光器的光学激光系统进行了升级，使其能量提高三倍。美国IPG Photonics公司9xxnm波段条宽100μm的单管芯片输出功率已经达到30W，商用水平也达到15—20W；美国nLight Photonics公司（简称美国nLight）和日本滕仓公司（简称日本Fujikura）采用的高功率激光单管，使光纤泵浦的105μm光纤耦合模块功率从100W提升至250W，德国Dilas半导体激光有限公司（简称德国Dilas）采用OSRAM研制的新一代高性能minibar，利用225μm光纤输出，功率提升至360W，并通过偏振合束和5个波长合束，能从400μm/0.12光纤输出，功率达到4600W。

多类型方面：美国亚利桑那州立大学与清华大学合作开发出首款可在室温下发光的纳米激光器，其采用标准的CMOS工艺制造，可用于传送单一芯片上不同点之间的信息以及感测；法国科学家利用新型硅光子工艺结合大规模集成电路技

术研发出分布反馈式激光器。该混合激光器首次将完全 CMOS 兼容的 200mm 晶圆集成到混合 III-V/Si 分布反馈式激光器中，这一技术令激光器实现大规模生产成为可能。

(二) 激光产业继续迅猛发展，工业激光成为全球激光热点

2017 年，全球激光行业技术、产业、应用等持续迅猛发展，全年市场销售额度达到 124.3 亿美元，比上一年度(105.2 亿美元)增长近 20%。由于工业 4.0 等战略的深入推进，工业激光成为 2017 年度全球激光热点，市场销售额在历史上首次超过通信激光。工业激光的主要应用领域为切割、焊接、打标等，其中半导体激光和光纤激光的发展是工业激光领域占据“主导地位”的重要原因。

图 2.1① 所示为半导体激光的亮度增长历程，可以看出，半导体激光的亮度呈现出近似每 8 年提升 1 个量级的趋势。图 2.2 为高功率半导体激光器前景与成本

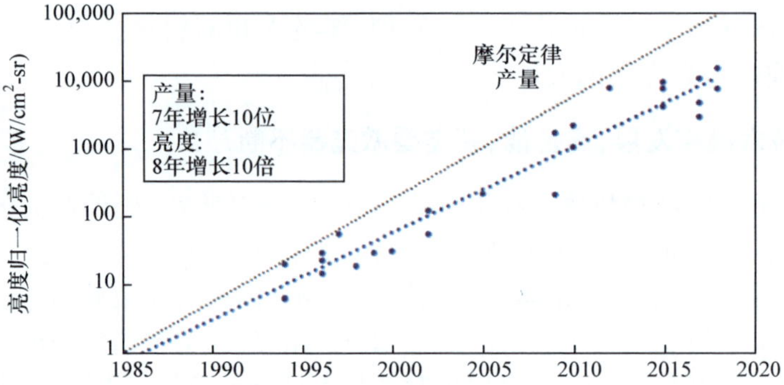

图 2.1 高功率半导体激光的亮度增长历程与摩尔定律对比

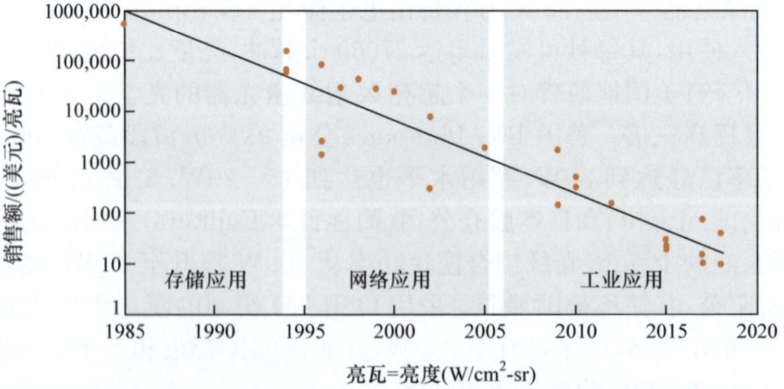

图 2.2 高功率半导体激光器前景与成本对比

① 图片来源 *Laser Focusworld*. 2018 年第 1 期.

对比,可以看出,半导体激光的成本也随着技术进步逐年降低,从而推动了半导体激光研究与应用的快速发展。

(三) 激光在石墨烯制造中的作用开始显现,石墨烯工业化成为可能

石墨烯被认为是一种未来革命性的材料,但是受限于制备工艺难以实现大规模量产,激光在改变材料结构方面一直具有独特的优势,而今激光技术在石墨烯制造中的作用开始显现:芬兰于韦斯屈莱大学和中国台湾的研究人员们共同发现通过激光写入技术能够改变石墨烯碳原子二维结构,可将其“锻造”成三维物体,三维结构的石墨烯具有极好的稳定性,表现出与二维结构不同的电学和光学特性;西班牙研究人员通过短激光脉冲诱导石墨烯的化学晶格发生变化,可以通过单个激光脉冲切割石墨烯晶格,把外部分子或所需的化合物添加到石墨烯中。利用这一技术,可将大量的石墨烯在高速度、高精度条件下裁剪,这为石墨烯的广泛应用与大规模生产开辟了新的途径;韩国科研人员发现激光诱导固体分离单晶碳化硅的石墨烯制备机理,研究表明,激光材料交互作用可成为下一代二维纳米材料研究的强大工具;莱斯大学和天津大学技术人员使用激光 3D 打印来制造厘米级的原子厚度石墨烯物体,该研究有助于石墨烯的大规模制造。

(四) 光子芯片技术成果显著,计算机的性能将被提高

利用光子芯片将会极大提高现存计算机的性能,成为研究的焦点,2017 年多个团体在光子芯片研制方面已取得显著进展。美国的艾克塞特大学、牛津大学和明斯特大学三所高校的研究人员开发出一款光子芯片,它可以结合光来传输数据,速度比现有的标准处理器快了 10 倍甚至 50 倍,达到了 300Gbps 量级,同时能耗大幅降低。在测试中,光子芯片的运算速度可以比人脑的速度快 1000 倍,该技术将彻底改变智能手机、超级计算机和大型运算中心的计算与网络构架。

美国普林斯顿大学科研团队研制出了全球首枚硅光子神经形态芯片,并使用由 49 个光子节点组成的芯片网络对神经网络进行了模拟演示,相较于普通的 CPU,这种硅光子神经形态芯片能将运算速度提升 1960 倍,有助于推动面部识别、对象识别、自然语言处理、机器翻译等人工智能技术应用的发展。

以色列科学家提出在微芯片上使用闪存技术,可以使体型更小、运行速度更快的光子芯片成为现实,运算频率达太赫兹量级,从而将计算机和相关通信设备的运行速度提高 100 倍。新研究有助于研制新的、功能更强大的无线设备,大幅提高数据传输速度,可以借助高精度和低成本的闪存技术制造任何光学设备。

(五) 太赫兹技术不断获得新突破,太赫兹 WiFi 预计 2020 年实现应用

太赫兹技术作为能“改变未来世界”的朝阳技术一直受各国科研人员的重视,

2017 年来也是成果不断:美国布朗大学的研究人员开发出利用“太赫兹”电波传送数据的技术,速度可高达 50Gbps,比常见的 WiFi 快了约 100 倍。该技术预计 2020 年可实现应用,推动了太赫兹通信的进程。

发射源方面:奥地利维也纳技术大学和瑞士苏黎世联邦理工学院的研究人员采用量子级联激光器生成最短的太赫兹脉冲,新加坡团队开发了高性能、低功耗的太赫兹发射器,能够以低成本批量生产。

探测器方面:意大利和英国的研究人员创造出一种比迄今为止的其他设备的吸收调制要高一个数量级的太赫兹可饱和吸收器;瑞典查尔莫斯理工大学研究人员使用石墨烯晶体管在塑料基板上研发出一个太赫兹频段的灵活的探测器。

调制器方面:塔夫茨大学的工程师发明了一种芯片尺寸的高速调制器,在太赫兹频率以及室温低电压下工作,并且不消耗直流电源。

普林斯顿大学的研究人员大幅简化了太赫兹设备,把其中的激光器和反射镜等桌面装置移植到一对大小和指尖差不多的芯片上。

(六) 新型光学材料不断推动电子产品进步、机器人“皮肤”与自我修复屏幕成为可能

新材料一直是科技进步的基础,不断发现并应用的新材料推动着电子产品的进步,并一直在改变人们的生活方式。加拿大不列颠哥伦比亚大学开发出一种新型柔性传感器,可满足未来折叠装置对传感器的要求。该成果集多种传感器功能于一身,可检测到不同类型的触摸,包括滑动和敲击,并且可以拉伸、折叠或弯曲。以凝胶和硅树脂为原材料,工艺简单、造价低廉且容易获得,易于规模化生产,适用于房间内壁的任何表面或可穿戴设备,亦可作为机器人的“皮肤”,使机器人检测到人类存在,并且足够“柔软”,使人—机交互环境更加安全;加利福尼亚州大学的化学家们发现了一种全新的可自动治愈的材料,这种新型材料可能会在不久的将来应用在智能手机屏幕上,使破损的屏幕能够实现自我修复。明尼苏达大学研究人员发现了一种导电率非常高的新型纳米级薄膜材料;这种新材料可能会有助于实现更小,更快,更强大的电子设备,以及更高效的太阳能电池,同时这种材料有一个宽的带隙,从而使其变得透明。

(七) 先进光学制造向多极化发展,口径与面型精度记录不断被超越

在极大尺度制造技术方面,“超大口径”与“极限精度”代表了光学系统先进制造的技术水平和未来发展趋势,美军最先进的天基空间光学遥感相机主反射镜口径 3.8m,JWST(詹姆斯·韦伯望远镜)可展开式主镜口径达到 6.5m;地基 GMT(大麦哲伦望远镜)、LBT(大型双筒望远镜)的单个反射镜口径已经达到 8.4m,通过子镜拼接的手段 TMT(红外天文望远镜)的口径达到 30m,E-ELT(欧洲极大望

远镜)的口径则达到了42m,高精度的衍射光栅口径也达到了米量级。

在极小尺度制造技术方面,主要体现为微纳加工、集成光刻等高精尖技术水平,光刻物镜、成像光学系统、高功率超快激光器等对光学元件的加工要求已经跨入亚纳米精度。法国SAGEM(萨基姆)公司以及德国Zeiss(蔡司)在超精密光学制造领域具有领先优势,最先进的NA1.35投影物镜面形误差优于0.3nm(RMS),高频粗糙度0.1nm(RMS)。

(八) 多国联合完成引力波跟踪观测,人类进入引力波天文学探索时代

2017年8月17日格林尼治标准时间12时41分04秒,LIGO和Virgo联合合作组的激光干涉仪探测器观测到了两个中子星合并造成的引力波信号GW170817。在这个时刻之后大约1.7s,Fermi-GBM和INTEURAL两部空间望远镜独立观测到与之关联的短伽马射线暴GRB170817A,从而确认双中子星合并是短伽马射线暴的源。随后数周,世界上约70部地面和空间望远镜进行了电磁信号跟踪观测,确定此次事件发生于距离地球1.3亿光年之外的长蛇座椭圆星系NGC4993中。引力波GW170817及其伴随的电磁波信号被人们成功观测,为引力波探测实验提供了重要的天文佐证,标志着电磁波、引力波等多信使天文学的诞生。

二、我国发展现状

(一) 强激光技术领域不断涌现世界先进水平的研究成果

2017年10月,上海超强超短激光实验装置(SULF)研制工作实现重大突破,成功实现了10PW激光放大输出,这是目前人类能掌握的最高光强光源。研究人员解决了大口径高增益激光放大器、高性能激光抽运源、宽带高阶色散精密控制和增益窄化抑制等关键科学技术问题,在国际上首次实现了300J以上能量水平的宽带激光放大输出。

2018年初,上海光机所"神光Ⅱ"飞秒拍瓦级激光装置研究取得进展。上海光机所高功率激光物理联合实验室依托"神光Ⅱ"系列装置提供的高效泵浦源,采用OPCPA(全光参量啁啾脉冲放大)技术,经过三级OPCPA放大器,实现150J/30fs的到靶激光脉冲输出。历时三年的攻关研制,前两级的OPCPA已达到1.76pW的输出。2018年2月,装置完成第二阶段验证实验,物理打靶成功率达到88.8%。

(二) 全固态激光与世界领先水平的差距不断缩小

2016年、2017年,国防科技大学、中国工程物理研究院等单位先后实现了光纤

激光单纤万瓦级功率输出，其中国防科技大学采用自主可控的级联泵浦技术方案，实现了单纤万瓦级输出的同时保持高光束质量；中国工程物理研究院通过自研光纤以及与中国电子科技集团公司合作的方式，实现了基于国产光纤的万瓦级功率输出。以上研究成果表明我国高功率光纤激光技术已经达到国际先进水平，综合技术指标已经超过德国、英国、日本等国家，仅次于美国，与世界领先水平的差距不断缩小。

中科院安徽光机所基于注入种子技术和环形腔方案，设计研制了一种调 Q 光纤激光器，实现了高稳定度单纵模激光脉冲输出，直接输出调 Q 激光脉冲的线宽窄至 1.5MHz，是目前国际上线宽最窄的调 Q 光纤激光脉冲，且重复频率 1—100kHz、脉宽 50—400ns 可调。中国科学院物理研究所与北京邮电大学合作，将二硫化钨作为饱和吸收材料用于光纤激光锁模，进一步实现了脉宽 246fs 的锁模脉冲激光输出，这是报道中迄今为止过渡金属硫化物全光纤锁模激光器所产生的最短脉宽。清华大学与美国亚利桑那州立大学合作将单层二碲化钼和硅基纳米臂腔结合，在国际上首次实现了室温运转的二维材料纳米激光器。

（三）多套世界先进重大基础性装置研制成功并开始应用

我国 2016 年底完成装置建设国内首台高重复频率高占空比状态的太赫兹谐振腔型自由电子激光器——中国工程物理研究院太赫兹自由电子激光装置，2017 年 3 月完成电子束流调试并首次观测到自发辐射，2017 年 8 月首次观测到太赫兹饱和出光。2018 年初，中国科学院大连化学物理研究所和上海应用物理研究所联合研制的极紫外自由电子光源装置——大连光源发出世界上最强的极紫外自由电子激光脉冲，单个皮秒激光脉冲可产生 140 万亿个光子，成为世界上最亮且波长完全可调的极紫外自由电子激光光源。

（四）新型材料与激光技术的结合不断催生前沿领域国际领先的研究成果

作为新型量子材料，狄拉克半金属近年来受到广泛的关注，因其具有和石墨烯类似的能带结构，因而也被称为“三维石墨烯”。南京大学与复旦大学、电子科技大学、澳大利亚伍伦贡大学的联合课题组，首次利用中红外抽运-探测技术系统研究了三维狄拉克半金属薄膜材料 Cd_3As_2 的超快光学性能。该研究成果首次论证了狄拉克半金属是制备高性能中红外脉冲激光器的理想开关材料，填补了中红外光电子领域的一个重要的技术空白。

（五）太赫兹技术研究及产业化实践上获得了举世瞩目进展和突破

我国太赫兹产业投资并不比欧美国家少，太赫兹技术论文发布数量上，我国已经达到世界较为领先的地位，研究方向几乎覆盖了太赫兹领域的各个方面，2017

年，从基础研究、单个发射器、探测器、调制器到系统及整合应用都有重要进展：中国科学院西安光学精密机械研究所首次提出并研究了一种利用石墨烯构建的三维太赫兹超材料结构，通过与太赫兹波的相互作用，可以实现多个等离子体共振模式激发；中国科学院上海微系统与信息技术研究所首次实现匀质、宽谱 THz QCL 频梳，频率连续覆盖范围达到 330 GHz，该研究基于高效的连续波、电泵浦太赫兹量子级联激光器光源，克服 THz 激光器的窄带瓶颈；中科院苏州纳米所、中科院纳米器件与应用重点实验室首次直接验证了天线耦合的场效应晶体管可用于非相干太赫兹波的灵敏探测；中国科学院合肥物质科学研究院与上海大学、合肥研究院固体物理研究所合作，首次实现了基于石墨烯的太赫兹应力调制器；中国科学院上海光学精密机械研究所提出飞秒激光驱动金属丝波导形成螺旋波荡器新概念，首次利用这一波荡器方案获得了非线性放大的强 THz 辐射输出，转换效率达到 1%以上；中国科学院半导体研究所研制一种基于标准 CMOS 工艺的面向 860GHz 太赫兹像素器件及其集成化低噪声信号处理电路，为实现单片集成高分辨率太赫兹图像传感器奠定了基础；国家纳米中心、清华大学、同方威视技术股份有限公司联合制备了纳米多层膜结构的高灵敏度太赫兹探测器，并在此基础上开发了人物同检原型样机。

(六) 光学极端制造平台建设成果显著

在极大尺度制造技术方面，围绕空间光学有效载荷、地面大型光电仪器装备等重大任务需求，我国建立了大口径光学系统反射镜先进制造技术平台，该平台在空间光学有效载荷、大型高端装备等领域承担了大量项目，有效保障了高分对地观测、深空探测等国家重大工程装备研制任务。通过大口径光学系统反射镜先进制造技术平台，完成了地基 2m 口径反射镜高精度制造技术突破与验证，并正在开展 4m 量级反射镜高精度制造技术攻关与验证。

在极小尺度制造方面，“极大规模集成电路制造装备及成套工艺”国家科技重大专项(02 专项)完成验收，该项目的验收证明我国突破了超精密光学制造关键技术与系统集成技术瓶颈，可以研发具有国际先进水平及广泛市场应用前景的高端光刻机投影物镜。

(七) 显微镜领域出现多项重要研究成果

北京大学联合军事医学科学院成功研制微型高速高分辨双光子荧光显微镜，并获取了小鼠在自由行为过程中大脑神经元和神经突触活动清晰、稳定的图像。该微型双光子荧光显微镜体积小，重仅 2.2g，适于佩戴在小动物头部颅窗上，实时记录数十个神经元、上千个神经突触的动态信号。在大型动物的研究方面，可望实现多探头佩戴、多颅窗不同脑区的长时程观测。

武汉光电国家实验室提出了一种适用于大视场超分辨定位成像系统的高功率均匀照明方案，实现了基于落射式照明的大视场超分辨定位成像系统。该系统在提供均匀的空间分辨率（40nm）的同时，成像视场是常规超分辨定位成像视场的50 多倍。

（八）光学类科研项目获大力支持

2017 年，光学类科研项目国家科技进步二等奖 3 项，国家技术发明二等奖 4 项，如表 2.1。

表 2.1　获国家奖励光学类科研项目

	项目名现	单位
国家科技进步二等奖	光网络用光分路器芯片及阵列波导光栅芯片关键技术及产业化	河南仕佳光子科技股份有限公司，中科院半导体研究所，武汉光迅科技股份有限公司
	新型光纤制备技术及产业化	长飞光纤光缆股份有限公司，中国联合网络通信集团有限公司
	高光效低能耗 LED 智能植物工厂关键技术及系统集成	中国农业科学院农业环境与可持续发展研究所，中国农业大学，北京大学东莞光电研究院，北京农业智能装备技术研究中心，北京中环易达设施园艺科技有限公司，北京京鹏环球科技股份有限公司，四川新力光源股份有限公司
国家技术发明二等奖	大尺寸高性能磷酸盐激光钕玻璃批量制造关键技术及应用	中科院上海光机所、胡丽丽等
	低发散角半导体光子晶体激光器关键技术及应用	中科院半导体研究所、郑婉华等
	光纤输出高功率全固态激光器关键技术及应用	中国科学院半导体研究所、林学春等
	土木工程结构区域分布光纤传感与健康监测关键技术	东南大学、吴智深等

三、我国未来展望

（一）以重大物理平台为手段的基础科学研究将取得进展

我国的强激光装置、太赫兹自由电子激光装置、极紫外自由电子光源装置等物理平台均已研制成功，随着应用的深入开展，以此为基础的台式电子加速器和超快X 射线源研制、奥秘蛋白质中原子运动探测、小型激光质子刀研制、原子内电子的运动冲探测、反物质和探测暗物质的产生、天体物理和宇宙起源等研究均有望获得突破性进展。

(二) 光学极端制造技术将进一步发展

光学系统先进制造技术是衡量国家高科技发展水平的重要标志,针对国家重大战略需求,还要进一步深化光学极端制造技术的研究工作,具体包括:超大尺寸光学材料制备及其应用、超大口径光学元件高精度制造装备与工艺等关键核心技术,以半导体光刻、大面阵制造为代表的微纳尺度加工、检测工艺及装备关键核心技术,综合性精密极端激光全过程高效制造等领域,同时开展极端条件下高信息密度、高能量密度的光学元器件制造技术。随着研究的深入,光学系统先进制造技术将进一步发展。

(三) 光子芯片技术紧跟甚至引领技术潮流

随着光子芯片技术的成熟,光子芯片将有可能应用于服务器、大型数据中心、超级电脑等大型设备,以及进入机器人、个人电脑、手机等小型移动设备,并将在多媒体和智能终端、超级计算、军事安全等领域大有用武之地,我国对光子芯片技术研究一直很重视,相关科研院所已取得显著成果,尤其光量子芯片已走在国际前沿。未来我国光子芯片技术会紧跟甚至引领技术潮流,推动计算机的快速发展。

(四) 太赫兹技术将在多领域获得应用

太赫兹波段的被动式安检仪在我国已实现量产,基于纳米多层膜结构太赫兹探测器的人物同检原型样机也已研制成功,其在环保、识别率与安检效率方面已显现出明显的优势,正在改变重要公共场所的安全检查方式。随着太赫兹光源、调制器、探测器等核心器件的相继研发与不断成熟,我国将不断产生太赫兹雷达、太赫兹通信机等新技术、新设备,便利人们的生活、为我国国防提供新手段,为社会经济提供新的增长点。

(五) 私营企业的空间光学载荷技术将快速发展

航天遥感技术在防灾减灾、农林监测、国土资源、重点工程监测等国民经济主战场存在重大应用需求,私营企业研制的空间光学载荷具有一型多能、一型多用、性价比高的优势,随着我国军民融合及科技成果转移转化的推进,在高端空间遥感系统不断进步的同时,私营企业的空间光学载荷也将获得快速的发展,并在航天遥感领域占有一席之地。

四、我国热点亮点

（一）自由曲面精密检测加工技术

1. 全球态势与国内现状

光学自由曲面通常是指无法用球面或者非球面系数来表示的非传统曲面，主要包括非旋转对称的曲面和用参数向量来表示的任何形状的曲面。相较传统球面及非球面而言，光学自由曲面具有无与伦比的优势，设计自由度更大，变量个数多，表面自由度变化大，结构灵活，可以突破传统光学元器件的限制，校正几乎所有像差，有效提高系统性能的同时简化系统结构，减少光学元件数量，减小光学系统体积和重量，满足现代光学系统小型化高性能的要求，具有良好的应用前景。

国外知名光学研究机构也在一直致力于将自由曲面应用于空间光学的研究，美国在技术上处于明显领先地位，欧洲也显示了相当的实力。美国的美国航空航天局（简称 NASA）及其 Goddard 飞行中心、喷气实验室（JPL）、美国空间和导弹防御指挥部等均在自由曲面光学技术应用领域展了大量研究，并已取得一系列研究成果。NASA 自由曲面光学研究小组专注于研究下一代望远镜。目前，他们已经完成了应用自由曲面的空间相机设计、论证工作。美国在 COED 光学系统中使用了光学自由曲面技术后，相比于传统的旋转对称光学结构，提高了系统成像质量，像面点列图的均方根值优化了 3.5 倍，同时体积缩减了 97%。美国 NASA 为 JCMT 望远镜研制的新一代亚毫米波成像阵列探测器 SCUBA-2，其中采用了 9 块多项式描述的自由曲面镜片，相比上一代亚毫米波成像阵列探测器扩大了视场，提高了像质和巡天效率，同时减小了体积和重量。下一代的 JWST 太空望远镜在其红外光谱仪中也采用了一块自由曲面平衡轴外像差。美国罗彻斯特大学自由曲面光学系统研究中心，研究范围覆盖了自由曲面的设计、加工、检测与装配，最近成功研制了一套采用全自由曲面的红外光谱成像仪，是世界上第一个实现了自由曲面光学系统的设计、加工检测与系统装调全流程的完全的自由曲面红外成像系统，验证了自由曲面光学系统相对于传统光学系统在扩大视场、校正像差和简化结构等方面的优势。欧空局在自由曲面离轴三反空间载荷的研究方面也开展了大量的工作。德国光学系统制造商德国莱卡仪器有限公司（简称 Leica 公司）为欧洲航天局（简称欧空局（ESA））研制的新型 TMA（Three-mirror Anastigmatic）空间相机。系统采用了自由曲面进行像差平衡，全视场波像差由 $\lambda/7$ RMS 提高到 $\lambda/20$（$\lambda=1064$nm）。毫无疑问，光学自由曲面元件是光学系统的发展方向，是未来高精度光电系统的核心关键部件。离轴三反空间相机已得到实现，基于自由曲面的空间相机将是下一代的发展方向。

美、日、德等工业发达国家已将光学自由曲面制造技术列为优先工业发展计划,如欧洲科研基础战略论坛 ESFRI 负责探讨未来 10—20 年欧盟国家共同研究重大项目,其 2010 年研究计划中列出的 23 项重大基础研究项目中,有 4 项与光学自由曲面密切相关;美国宇航局成立了专门的空间光学制造技术中心,在研的 14 个重点项目大都和光学自由曲面制造相关。众多事实已经证明,光学自由曲面制造已成为国家与国家之间在高技术领域竞争的焦点。

国内中科院长春光学精密机械与物理研究所、光电技术研究所、清华大学、浙江大学、南京理工大学等科研院所近年来也开展了光学自由曲面设计加工检测及相关的研究工作,并在局部领域取得了比较大的进展,但是总体来看还与欧美国家存在着差距。

2. 2017 年重要进展或突破

在加工领域,2017 年中科院光电技术研究所在光学自由曲面机器人加工技术领域取得进展,建成了 1m 级的大口径光学自由曲面机器人加工平台(如图 2.3),掌握了微晶、熔石英、SiC 材料的自由曲面、离轴非球面光学元件机器人精密光学加工技术和工艺,并实现了大口径离轴非球面元件的多机器人组合加工。

图 2.3 中科院光电技术研究所大口径光学元件机器人加工平台

长春光机所建立了大口径光学系统反射镜先进制造技术平台,该平台已经为长春光机所乃至国家科研生产提供了支撑,有效保障了高分对地观测、深空探测等国家重大工程装备研制任务。目前完成了 4m 量级光学材料制备、突破了 2m 量级反射镜高精度技术,正在开展 4m 量级光学非球面高精度抛光。

3. 发展重点与举措

(1) 鼓励光学加工检测创新

光学产业在近几年的发展速度很快,对光学加工检测也提出了更高的要求,现有的工艺可能存在一定的局限性，必须思考新方法、研究新技术，鼓励创新，才能解决瓶颈问题，突破现有的技术局限，实现光学产业的升级。

(2) 推动先进加工技术向民用市场发展

大口径表面加工技术、超光滑表面加工技术、高精度镀膜技术等先进光学加工技术主要应用在重要科研项目和军事装备上，带来的社会效益与经济效益小，应推动先进加工技术向民用市场转化，加强民用产品生产能力。

(二) 大尺寸激光钕玻璃生产工艺

1. 全球态势与国内现状

自 1960 年 Maiman 首次利用铬红宝石制成了第一台固体激光器后，1961 年底美国光学(A. O.)公司 Snitzer 即利用掺氧化钕的钾钡硅酸盐玻璃丝制成了世界上第一个玻璃激光器。掺铬红宝石是三能级结构，而钕离子是四能级，四能级的激光发射优于三能级，随后激光钕玻璃逐步代替红宝石成为大能量、大功率固体激光器中的主要增益材料。

50 年来，国内外各特种玻璃研制单位围绕着钕玻璃在高功率激光装置方面的应用要求，从光谱物理、制备工艺、性能检测和评估及大批量产品稳定制备等方面都曾投入大量经费开展研发工作，如美国康宁公司(简称美国的 Corning)、A. O. 公司(简称 A. O.)、O-I 公司(简称 O-I)、伊士曼柯达公司(简称 Kodak)、美国 Kigre 公司(简称 Kigre)等公司，日本的大阪工业试验所(简称大阪工试所)、日本 Hoya 株式会社(简称 Hoya)、日本旭精工 Asahi 公司(简称 Asahi 公司)，德国肖特集团(简称德国的 Schott)等，苏联和民主德国的科研机构也进行了大量工作。国内自 20 世纪 60 年代初，以上海光机所为主开展了激光钕玻璃的配方、熔制、包边、加工全流程关键技术的研发。对于激光钕玻璃的组分研究也几乎覆盖了包括硅酸盐、磷酸盐、氟磷酸盐、硼酸盐、氟化物、碲酸盐、锗酸盐、镓酸盐、铝酸盐等所有成玻璃体系，拓展了玻璃学科的发展，新开发的玻璃品种也得以在其他领域得到广泛应用。

在高功率激光领域，由于激光装置对激光元件性能和质量要求极为苛刻，使得具有低非线性系数和高铂金颗粒溶解度的磷酸盐玻璃脱颖而出，而高功率激光玻璃也从 20 世纪 70 年代以 ED-2 为代表的掺钕硅酸盐激光玻璃，发展到 20 世纪 80 年代初以来以 LHG-8、LG770 为代表的掺钕磷酸盐激光玻璃。高功率激光装置对激光玻璃尺寸需求从早期的厘米量级尺寸扩展到现在的米级尺寸，而数量需求也从早期的十片量级扩展到现在的千片量级。

目前世界上仅有少数几个国家拥有激光钕玻璃批量制备技术。美国联合日本 Hoya 公司和德国 Schott 公司于 2000 年掌握了大尺寸激光钕玻璃批量制备技术，但对中国实施严格技术封锁和产品禁运。俄罗斯也有自主研发的激光钕玻璃，以满足俄罗斯高功率激光装置研制需求。

我国于 1962 年初开始了稀土玻璃光谱及激光玻璃研究，并于 1963 年 4 月首次获得掺钕激光玻璃，1964 年 9 月用两支 0.5m 长的掺钕玻璃棒串接得到 114J 的激光输出，同年 12 月以 Φ30mm×0.5m 棒串接获得 1000J 的输出。国内有几家光学玻璃厂也曾开展激光钕玻璃研制工作。表 2.2 为应用在高功率激光装置的四种激光钕玻璃的主要性能比较。

表 2.2　国内外高功率激光装置使用的四种激光钕玻璃性能比较

性能指标 / 单位	N31 (SIOM)	LHG-8 (Hoya)	LG-770 (Schott)	KGSS-0180 (Russia)
$\sigma/10^{-20}\mathrm{cm}^2$	3.8	3.6	3.9	3.6
$\tau_{rad}/\mu sec$	348	365	351	360
$\Delta\lambda_{eff}/nm$	25.6	26.5	25.4	
* $d/g/cm^3$	2.84	2.83	2.59	2.83
* n_d	1.540	1.5296	1.5067	1.532
n_{1053nm}	1.535	1.5201	1.4991	
Abbe number	65.7	66.5	68.4	
$n_2/10^{-13}esu$	1.18	1.12	1.01	1.1
Tg/℃	445	485	460	460
$\alpha/10^{-7}/K$(20—100℃)	115	115	116	116
$dn/dT/10^{-7}/K$	−43	−53	−47	−40
$dS/dT/10^{-7}/K$	14	6	11	
$k/W/m.K$	0.56	0.58	0.57	
E/GPa	56.4	50.0	47	59

其中，Hoya 公司的 LHG-8 和德国 Schott 公司的 LG-770 钕玻璃已应用在美国国家点火装置(NIF)和法国兆焦耳激光装置(LMJ)。上海光机所研制的 N31 型激光钕玻璃已成功应用于我国神光系列高功率激光装置。KGSS-0180 是俄罗斯研制的激光钕玻璃，可以看出 N31 激光钕玻璃的核心指标——受激发射截面(σ)高于 LHG-8 和 KGSS-0180 钕玻璃，并与 LG-770 的接近。

2. 2017 年重要进展或突破

我国上海光机所建成了具有自主知识产权的大尺寸磷酸盐激光钕玻璃批量制备成套设备，2017 年 5 月形成了年产 1200 片大尺寸磷酸盐激光钕玻璃的批量制造能力，成为了国际首家独立拥有钕玻璃全流程制造能力的机构。产品应用于神光系列装置等国家重大战略需求，并出口德国、法国、以色列等国家。打破了发达国家对我国激光钕玻璃的技术封锁和产品禁运，满足了国家重大科技专项的迫切需求。

3. 发展重点与举措

(1) 加快新型 N41 钕玻璃规模生产技术研发，满足国家科技重大专项工程需求

新型 N41 型激光钕玻璃相较于原有 N31 型钕玻璃具有更高增益和更低非线性系数，能更好得满足国家科技重大专项对激光能量的需求，因此需抓紧研发的 N41 钕玻璃批量生产工艺技术，力争在 2018 年底定型该玻璃的批量生产工艺技术。

(2) 增加国际合作，提升国际影响力

我国凭借其在激光钕玻璃核心材料与大型高功率激光器整机技术的优势，承建了某发达国家的大型激光装置。未来需继续加大国际合作力度，创汇的同时提升我国的国际影响力。

(3) 开发新型产品，拓展应用领域

激光技术对国内先进制造业的重要作用日益凸显，国内外激光产业正处于加速发展时期，而国内多种激光元器件材料批量制备技术的严重缺失，高端激光元器件产品和市场基本上被国外垄断，高端激光器核心原件长期依赖进口，一些高功率激光器则受到国外禁运或限制。因此，需立足激光钕玻璃的已有优势，面向高端工业加工等市场应用，开发新型激光钕玻璃及其他激光器件。

(三) 自适应光学技术及应用

1. 全球发展态势与国内现状

为了应对大气湍流的影响，自适应光学技术已成为地基大口径光学望远镜不可或缺的一部分。相比于传统自适应光学技术，大视场自适应光学技术可以在更大视场内有效改善大气视宁度的影响，对于提高大口径望远镜的观测效率和科学性能至关重要。典型的自适应光学技术有多层共轭自适应光学(MCAO)技术和地表层自适应光学(GLAO)技术。

MCAO 技术通过对地球大气湍流引起的波前像差进行分层探测和校正，实现三维立体补偿，从而在大视场范围内消除大气湍流的影响，获得接近衍射极限的成像效果。GLAO 只针对地表层湍流引起的波前像差进行探测和校正，可以在大视场范围内有效改善大气视宁度的影响，但是成像分辨力远达不到望远镜的衍射极限。

太阳表面遍布的低对比度结构(黑子或者米粒)可以用作信标进行波前探测，因此太阳是开展大视场自适应光学技术实验验证的理想平台。国际上已经先后在

1m 级、2m 级太阳望远镜上开展了多层共轭自适应光学技术的关键技术研制和试验系统研制，2017 年起美国 1.6m GST 的 MCAO 试验系统已经投入试观测。正在研制的下一代 4m 级太阳望远镜，如美国的 DKIST 和欧洲的 EST，均将 MCAO 系统作为首期后端仪器，列入研制计划。

2000 年以来，国际上多台 10m 级夜天文望远镜开展相关技术攻关和试验系统研制，如欧南台 8.2m VLT（极大望远镜）的 MAD（多层共轭自适应光学演示仪）系统，8.4m LBT（大型双筒望远镜）的 LINC-NIRVANA（干涉光束组合相机）系统、Gemini Sorth 的 GeMS（双子多层共轭自适应光学系统）等。

我国对自适应光学的研究起步于 1979 年，现已独立自主地建立了自适应光学的技术基础，成功运用在天文观测、激光波前校正、人眼视网膜成像、太阳高分辨观测等多个领域，取得了令人瞩目的成就，处于世界前列。20 世纪 90 年代就有关于大视场自适应光学技术的理论研究报道，北京理工大学以及电子科技大学等先后开展 MCAO 理论推导与仿真分析工作，并取得一定进展。“十二五”期间中科院光电所开展了一系列太阳大视场自适应光学关键技术研究工作，包括大气湍流等效分层、湍流三维波前探测、波前实时处理机研制、系统仿真分析以及试验系统研制等。

2. 2017 年重要进展或突破

中国科学院光电技术研究所联合云南天文台成功突破多层共轭自适应光学关键技术，利用所研制的太阳 MCAO 系统原理样机与云南天文台 1mNVST 对接，于 2017 年 10 月成功实现对太阳活动区的大视场闭环校正成像观测，在国内首次利用 MCAO 技术获取到太阳活动区大视场高分辨力实时图像。图 2.4 所示为 MCAO 试验系统对太阳活动区 NOAA12683 的高分辨力观测结果。与开环数据和 GLAO 系统闭环数据的对比表明，MCAO 校正后能够获得太阳活动区更高分辨力的成像观测结果。

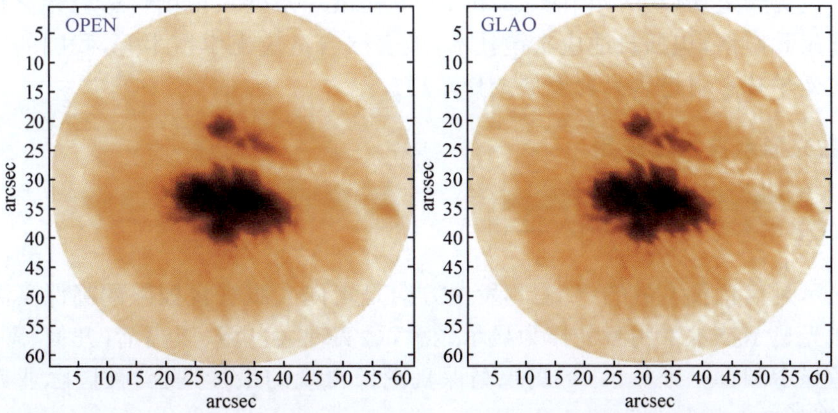

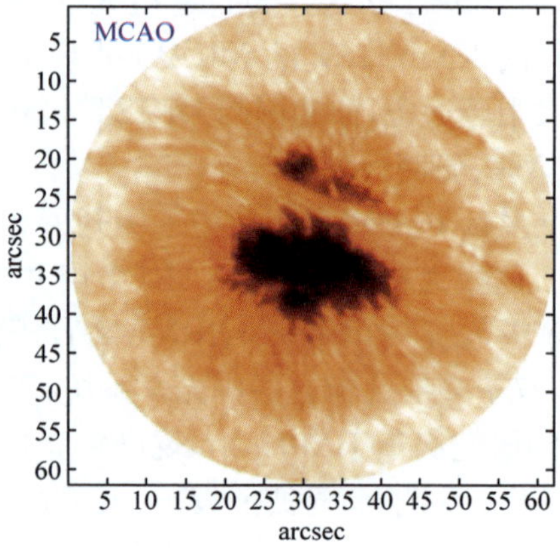

图 2.4 2017 年 10 月 5 日观测的太阳活动区 NOAA12683 的开环、GLAO 闭环以及 MCAO 闭环图像(成像波段及带宽:7057@6Å)

该试验的成功,标志着我国在下一代自适应光学技术领域取得重大突破,使我国成为继美国和德国之后,第三个掌握太阳 MCAO 技术的国家。

2017 年 5 月,中国科学院长春光学精密机械与物理研究所完成 2m 口径自适应光学望远镜完成集成测试。在城市环境光污染严重、大气湍流强烈的条件下,利用自适应光学系统补偿,望远镜达到了优于衍射极限 2 倍的成像效果,为望远镜外场装调和验收打下了坚实基础。2m 口径自适应光学望远镜研制和试观测成功,为 4m 及以上地基光学望远镜的研制验证了关键技术。

3. 发展重点与举措

随着我国 12m 的大型光学红外望远镜(LOT)项目的实质性推进,在不久的将来,我国的地基望远镜将进入 8—10m 级时代。大口径望远镜对大视场自适应光学需求也更为迫切,2017 年围绕 12m LOT 提出一系列大视场自适应光学技术的项目建议和申请,包括自适应次镜技术,地表层自适应光学技术等,我国的大视场自适应光学技术将进入高速发展的快车道。

(四) 激光显示技术及应用

1. 全球态势与国内现状

显示是信息技术链的终端,其发展方向是走向人眼视觉极限的高保真图像再现。激光显示技术采用激光作为显示光源,可实现大色域、双高清(几何、颜色)视频图像显示和真三维显示,是实现高保真图像再现的最佳途径,被国际业界视为"人类视觉史上的革命"。

激光光源是激光显示产业化的核心技术，自 1960 年世界首台可见光红宝石激光器研制成功以来，全世界主要国家都开始激光显示技术的研究，历经气体激光器、全固态激光器到目前的混合光源（蓝色激光+荧光粉）、三基色半导体激光器（LD）几个阶段。图 2.5 为激光显示光源发展路线图。

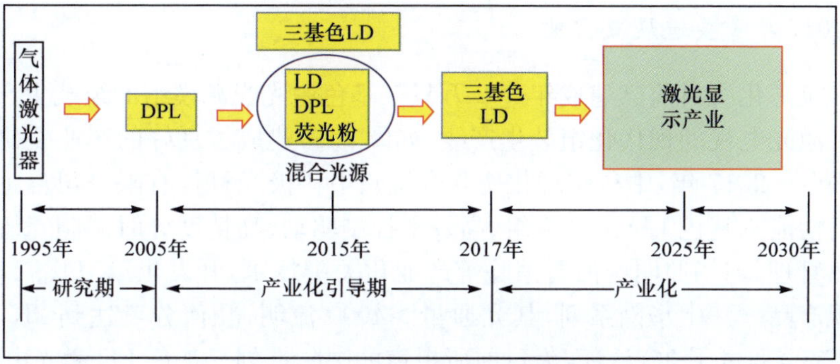

图 2.5 激光显示光源发展路线图

三基色 LD 作为激光显示光源，与其他光源相比，具有直接电激发、高效率、高偏振度、长寿命、高可靠、小型化、频域/空域/时域综合参数易于调控等优势，更重要的是 LD 可用半导体制造工艺生产，具有易实现低成本大规模量产的独到优势。

目前用于显示的红绿蓝三色 LD 中，日本的索尼公司（简称索尼）、日立集团（简称日立）、Oclaro 科技有限公司（简称 Oclaro）和三菱公司（简称三菱）等公司在红光 LD 研发方面处于领先地位，研制的产品单管功率可达 750mW，使用寿命超过二万小时；日本 Nichia 公司、德国欧司朗公司在 GaN 基蓝、绿光 LD 研究方面处于领先地位，蓝光 LD 单管输出功率已经达到了 4W，520nm 绿光 LD 单管输出功率超过 1W，已可以满足在激光显示领域应用的要求。

在激光显示产业应用方面，多家企业已开发出多种激光显示样机，典型的如日本三菱公司的 65/75 英寸激光背投电视、Sony 公司的激光数字影院、Sony、NEC 公司的 4000 流明激光工程投影机、比利时巴可公司（简称巴可）推出的 60000 流明的 4K 分辨率激光投影机、科视公司（简称科视）演示的 72000 流明亮度的激光电影原型机等。

与国外相比，由于起步较晚，国内激光显示在三基色 LD 技术研发方面落后 3—5 年。红光 LD 方面：中科院半导体所、深圳瑞波公司以及山东华光光电子等单位代表国内最高水平，2016 年深圳瑞波公司在国内首次实现国际先进水平的 638nm 红光 LD；山东华光光电子公司已经实现了 650nm 红光 LD 器件的规模化生产。在蓝绿 LD 方面：国内中科院苏州纳米所、半导体所、北京大学、清华大学等先后研制成功了 GaN 基紫光、蓝光和绿光 LD，其中中科院苏州纳米所研制的蓝光 LD 寿命已超过 5000 小时，单管最大输出功率 1.5W，2014 年苏州纳米所首次在国内成功研制 GaN 基绿光 LD，最大输出功率达到 60mW。

在激光显示产业应用方面，国内与国外均处于产业化前期。中科院最早在国内开展激光显示研究，2006 研制出国内首台激光投影显示原理样机，之后以红绿蓝三基色 LD 为核心开展激光显示产业化攻关，2015 年自主研制成功国际首台 100 英寸三基色 LD 激光电视，初步打通了激光显示走向产业化之路。

2. 2017 年重要进展或突破

中科院理化所目前已建成年产 2 万只三基色激光光源模组的组装生产线和年产 3 万台激光电视的现代化组装生产线，如图 2.6，建成了良好的产业化研发与示范应用平台。2017 年，中科院理化所联合杭州中科极光科技有限公司自主突破了小型化高性能三基色 LD 激光模组、高效率控制驱动、高精度分时调制、颜色管理、高效能热管理、匀场照明与散斑消除等产业化关键技术，开发出第三代三基色 LD 激光电视产品——中华鼎系列，其光通量＞4000 流明，几何分辨达到 2K，色域＞151％NTSC，通过了 3C 认证，为目前所报道的国际首创三基色 LD 激光电视。

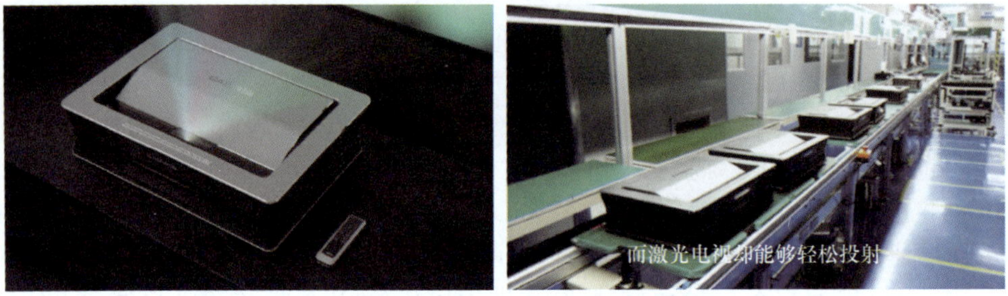

图 2.6　三基色 LD 激光电视产品与年产 3 万台激光电视生产线

三基色 LD 激光电视的开发成功，表明我国有着良好的核心材料、器件的创新研发和综合技术研发的能力，形成了从激光显示核心器件到整机产品的完整研发和创新链，具备了将激光显示研究优势向产业优势转化的条件，为我国自主发展激光显示产业奠定了重要基础。

3. 发展重点与举措

目前激光显示技术已进入产业引导期，全世界均在大力进行产业化关键技术攻关、开发多样化样机或试销产品，以期争得未来 10 年左右显示器市场的新商机。未来几年将是激光显示产业发展的重大机遇期，随着市场需求的不断升级，需要国家加大对显示产业的支持力度，保障显示产业良性、快速发展。

（1）构建全流程创新链，提升创新能力

打造支撑“中国制造 2025”先进发展理念、贯穿显示产业材料和器件材料研发、生产、应用的全链条发展模式，全面提升原始创新能力。

（2）营造显示产业可持续发展环境，加强支撑体系建设

建议国家各级政府加强引导显示产业的健康发展，制定财政、金融、税收等政策，杜绝盲目建设和低水平重复建设，营造绿色、健康的显示产业可持续发展环境。

（五）大尺寸高光学均匀性激光晶体板条元件制备技术

1. 全球发展态势与国内研究现状

YAG激光晶体具有良好的激光、机械及热性能，同时具有良好的生长特性，可制备大尺寸高品质的晶体毛坯，加工出大尺寸激光晶体元件，很好地满足大能量固体激光的要求。自1964年美国R C Linares等人创造Nd:YAG晶体以来，YAG激光晶体在工业、科研、国防、医疗等领域获得了广泛应用，目前仍没有其他激光晶体的综合性能超过YAG激光晶体。

20世纪70年代美国研制的Nd:YAG尺寸已经达到Φ40mm×200mm（直径40mm，长度200mm）；20世纪80—90年代，电子秤称重法自动直径控制技术应用于提拉法激光晶体生长，大大加快了直径75—90mm晶体的研制。进入21世纪，II-VI、Northrop Grumman、Scientific Material、Laser Material、FEE等国外知名公司的晶体尺寸已达到直径100—120mm、长度250—300mm。Northrop Grumman等近来连续多年参加上海慕尼黑光电展，展出的Nd:YAG激光晶体尺寸约Φ130mm×150mm；德国FEE、美国Laser Material等公司投放在市场上的Nd:YAG激光晶体尺寸为Φ100mm×200mm，由此获得的激光晶体板条元件尺寸约长30—50mm，宽3—6mm，元件光学均匀性优于10^{-5}。

国内20世纪80年代救开展YAG激光晶体的研制，主要研究单位有：中科院安徽光机所、中科院上海光机所、华北光电技术研究所（简称中电科11所）、西南技术物理研究所（简称兵器集团209所）等，以这些单位的技术为基础，孵化了中科九曜科技有限公司（简称中科九曜）、北京雷生强式科技有限公司（简称北京雷生强式）、成都东骏激光股份有限公司（简称成都东骏激光）、成都晶九科技有限公司（简称成都晶九）、安徽火天晶体科技有限公司（简称安徽火天晶体）等从事YAG激光晶体生产的公司。中电科11所在2003年报道了直径65mm的Nd:YAG晶体，接近同期美国的约76mm。在2015年之前，以北京雷生强式、东骏激光、上海超硅半导体有限公司（简称上海超硅）为代表的多个生产厂家生产的最大Nd:YAG晶体毛坯直径为80—100mm。

中科院安徽光机所来自1984年以来，一直从事激光晶体研究工作。在2012年生长了Φ60mm×200mm的Nd:YAG晶体，在2014年制备出了国内首根尺寸达到Φ130mm×150mm的Nd:YAG晶体，2015年制备出了Φ150mm×160mm的Nd:YAG晶体（图2.7(a)），同时还制备了Φ90mm×300mm的长尺寸Nd:YAG

晶体(图 2.7(b)),这些晶体的损耗达到了 1‰cm^{-1},对长 100—150mm,宽 45mm,高 3—8mm 的板条元件,光学均匀性达到(2—8)$\times 10^{-6}$;尺寸 Φ30mm×300mm 的 Nd:YAG 激光棒,光学均匀性优于 2.2×10^{-6},损耗低于 1‰ cm^{-1},消光比优于 20dB。

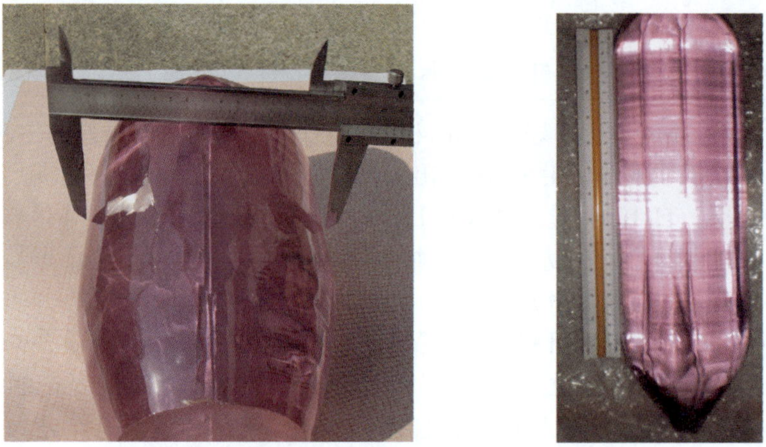

(a) 尺寸Φ150mm×160mm　　(b) 尺寸Φ90mm×300mm

图 2.7　中科院合肥研究院 2015 年制备的 Nd:YAG 晶体

2. 2017 年重要进展或突破

Nd:YAG 和 Yb:YAG 是高功率大能量固体激光的两种首选工作物质,这两种晶体在最近七年的时间获得了快速发展。

2017 年 5 月,中科院合肥物质科学研究院生长出了尺寸达 Φ150mm×200mm Yb:YAG 晶体(如图 2.8)。通过晶体退火、头尾切割和端面抛光、选料及板条切

图 2.8　中科院合肥研究院 2017 年制备的 Φ150mm×200mm Nd:YAG 晶体

割、板条整形及检测、板条精加工等步骤，对宽(50—80)mm、厚(5—15)mm 板条板元件测量结果表明，其光学均匀性达到(3—5)×10^{-6}，吸收损耗达到了 0.4‰—0.5‰cm^{-1}，纵向通过激光板条的矩形激光在数米外聚焦图如图 2.9 所示，从图中可见聚焦特性良好，说明激光板条元件产生的波前畸变很小。用 LD 泵浦测试了其激光性能，获得了数十千瓦的激光输出，无论激光输出功率还是材料的激光性能均达到了国内外领先水平。

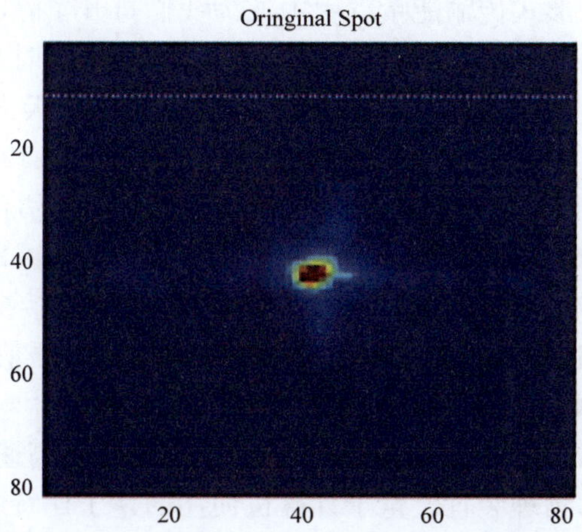

图 2.9　激光穿过(50—80)mm×(5—15)m 的 Yb:YAG 板条元件的光斑聚焦图

3. 发展重点与举措

(1) 加大晶体板条元件键合技术的探索

通过热键合的方式可获得更大尺寸的 YAG 晶体元件，热键合后的复合晶体键合强度大，可以承受切、磨、抛等加工处理，已经有实验证明：用热键合技术获得的大尺寸晶体元件的性质与整块晶体基本没有差别。同时，热键合技术键合的 Yb:YAG/YAG 复合晶体元件还满足激光运行热管理的需要，可以降低激光的波前畸变，提高激光通过晶体元件的光束质量，因此需要加大晶体板条元件键合技术的探索。

(2) 持续加大资金投入，促进技术升级换代

持续快速发展的大功率激光技术对晶体元件的尺寸要求不断加大，对其损耗、光学均匀性、光束质量等指标要求也更高。在未来 5—10 年内，现有的铱坩埚感应提拉法所能制备的晶体尺寸将会达到极限 Φ200mm，另外，由于 Nd:YAG 的 1064nm 附近存在 Pr^{3+}、Sm^{3+} 的吸收，降低这两种离子引起的晶体损耗是十分困难的，国内外都还没有得到很好的解决方案，因此需要探索发展新制备技术，突破尺寸和损耗的极限。新型激光晶体的制备周期长，投入高，需要在激光系统设计之

前提前布局，才可能使材料更好地支撑激光技术的发展。

五、领域年度热词

热词 1：引力波

基本定义：引力波是指时空弯曲中的涟漪，通过波的形式从辐射源向外传输，这种波以引力辐射的形式传输能量。引力波为我们打开了除电磁辐射、粒子之外，一个全新的窗口。引力波的探测将极大推动对宇宙诞生和时空本质的理解。

应用水平：2015 年科学家首次探测到引力波，开启了天文发现的又一个新时代。2016 年 6 月 16 日凌晨，LIGO 合作组宣布：2015 年 12 月 26 日 03：38：53 (UTC)，位于美国汉福德区和路易斯安纳州的利文斯顿的两台引力波探测器同时探测到一个引力波，这是人类探测到的第二个引力波信号。2017 年 10 月 16 日，全球多国科学家同步举行新闻发布会，宣布人类第一次直接探测到来自双中子星合并的引力波，并同时"看到"这一壮观宇宙事件发出的电磁信号。

热词 2：量子计算机

基本定义：量子计算机是一类遵循量子力学规律进行高速数学和逻辑运算、存储及处理量子信息的物理装置。量子计算机使用的量子比特所能包含的信息远多于传统计算机，因此理论上量子计算机的计算速度会大大超越传统计算机。

应用水平：2009 年世界首台可编程的通用量子计算机正是在美国诞生，2012 年一个多国合作的科研团队研发出基于金刚石的具有两个量子位的量子计算机。2017 年 3 月 6 日，IBM 宣布将于年内推出全球首个商业"通用"量子计算服务——IBM Q。2017 年的新进展是玻色子采样量子计算机，2017 年 5 月 3 日中科院对外宣布我国研制出世界上第一台超越早期经典计算机的光量子计算机。

热词 3：太赫兹

基本定义：太赫兹(电磁波谱在 0.1—10THz 的远红外区域)光学是补全光谱的最后一块短板。太赫兹的独特性能给宽带通信、雷达、电子对抗、电磁武器、天文学、医学成像、无损检测、安全检查等领域带来深远影响。美国政府将 THz 科技评为"改变未来世界的十大技术"之一，日本更将其列为"国家支柱十大重点战略目标"之首。

应用水平：中科院苏州纳米所、中科院纳米器件与应用重点实验室首次直接验证了天线耦合的场效应晶体管可用于非相干太赫兹波的灵敏探测，瑞典研究人员开发出首个具有机械柔性的石墨烯基太赫兹探测器。美国布朗大学的研究人员开发出利用"太赫兹"电波传送数据的技术，速度可高达 50Gbps，比常见的 WiFi 快了约 100 倍。

热词 4:10 拍瓦

基本定义:超强超短激光能在实验室内创造出前所未有的超强电磁场、超高能量密度和超快时间尺度等综合性极端物理条件,推动着激光科学、原子分子物理、等离子体物理、高能物理和核物理等一批基础与前沿交叉学科的开拓和发展。这类大型系统也是目前光学领域的一个重要热点。

应用水平:2008 年,法国科学家 G. Mourou 提出建造 EW(总功率达到 1018W)激光之后,国际上先后涌现一些国家实验室,提出和实施了超短超强激光脉冲系统研制计划,这其中具有代表性的有欧洲的 Extreme Light Infrastructure (ELI)计划、法国的 APPLLION 计划、俄罗斯珍珠计划和英国火神的 VULCAN2020 计划。在中国,中国科学院上海光学精密机械研究所最早开始了设计和建造数拍瓦(10^{15} W,PW)超短脉冲激光系统的计划,2017 年,成功实现了 10 拍瓦激光放大输出,这是目前已知的世界最高激光脉冲峰值功率,达到国际同类研究的领先水平。

参考文献

[1] 王大珩. 中国光学发展历程的若干思考[M]. 中国近现代科学技术回顾与展望国际学术研讨会. 2002.

[2] 王立军,彭航宇,张俊等. 高功率高亮度半导体激光器合束进展[J]. 红外与激光工程,2017, 46(04):8-17.

[3] R. Colin Johnson. 首款可在室温下发光的纳米激光器诞生[EB/OL]. http://www.eet-china.com/news/article/201708090940,2017-08-09.

[4] OFweek 激光网. 2017 年激光领域十大技术进展[EB/OL]. http://www.jc35.com/news/detail/69717.html,2018-01-17.

[5] 庞雪洁. 中国天津大学 x 美国莱斯大学:激光 3D 打印创造出原子薄的石墨烯[EB/OL]. http://www.ecorr.org/news/science/2017-06-26/166171.html,2017-06-26.

[6] 36kr. 比人脑快 1000 倍的光子芯片,牛津大学最新成果可能彻底淘汰 CPU[EB/OL]. https://www.admin5.com/article/20171010/789500.shtml,2017-10-10.

[7] 石杰. 美国研发太赫兹 WiFi 技术[EB/OL]. http://www.cnii.com.cn/wireless/2017-08/15/content_1882268.htm,2017-08-15.

[8] 杨平. 2017 太赫兹科技发展回顾与展望[EB/OL],http://www.thznetwork.org.cn/shownews.asp? id=972. 2017-12-19.

[9] Guangxuedare. 可用于改进电子设备和太阳能电池性能的新型透明薄膜材料[EB/OL]. http://www.sohu.com/a/139469325_732351 ,2017-05-10.

[10] 黄玉梅,王运永,汤克云,等. 引力波理论和实验的新进展[J]. 天文学进展,2007,(1): 58-73.

[11] 中国计量科学研究院. 第三届国家气体标准物质研制及应用技术研讨会召开[M]. 化学分析计量,2017,26(04):56.

[12] 黎明,杨兴繁,许州,等. CAEP 太赫兹自由电子激光首次饱和出光[J]. 强激光与粒子束,2017,29(10):5-6.

[13] 苏州纳米所. 苏州纳米所取得高灵敏度太赫兹探测器研究新进展[J/OL]. http://school.freekaoyan.com/js/sinano/2018/05-14/1526300462888398.shtml. 2018-05-14.

[14] 孙晓慧. 飞秒激光制备波导结构专利技术综述[M]. 2016 智能城市与信息化建设国际学术交流研讨会. 2016,9.

[15] Snitzer E. Optical master action of Nd^{3+} in a barium crown glass[J]. Physical Review Letters,1961,7(12):441-444.

[16] T Izumitani. Continuous melting of phosphate laser glass[J]. Journal of Non-Crystalline Solids,Proc SPIE ,1995 ,2633:386-393.

[17] 干福熹. 中国激光玻璃的研究与发展[J]. 中国激光,1984,(8): 449-459.

[18] 姜中宏,用于激光核聚变的玻璃[J]. 中国激光,2006,33(9):1265-1276.

[19] Lili Hu,Dongbing He,Huiyu Chen,et al,Optical materials,research and development of neodymium phosphate laser glass for high power laser applications[J],2017,63;213-220.

[20] 胡丽丽,温磊,何冬兵. 我国大尺寸激光钕玻璃研发及产业化工作取得重大突破[J]. 稀土信息,2017,5:8-13.

[21] 唐景平,胡丽丽,陈树彬等. 大尺寸磷酸盐激光钕玻璃批量制备技术研发及应用[J]. 上海师范大学学报(自然科学版),2017,46(06):912-921.

[22] Lin Kong,Lanqiang Zhang,Lei Zhu,et al. Prototype of solar ground layer adaptive optics at the 1m New Vacuum Solar Telescope[J]. Chin. Opt. Lett. ,2016,14(10): 100102-100105.

[23] ChangHui Rao,LanQiang Zhang,Lin Kong,et al. First light of solar multi-conjugate adaptive optics at the 1m new vacuum solar telescope[J]. Science China(Physics,Mechanics & Astronomy),2018(08):104-107.

[24] Xin Yu,Lizhi Dong,Boheng Lai,et al. Adaptive aberration correction of a 5J/6. 6ns/200Hz solid-state Nd:YAG laser Optics Letters[J],2017,42:2730-2733.

[25] R C Linares. Growthof garnet laser crystals[J]. Solid State Communications,1964,(2):229.

[26] R F Belt,et al. Crystal growth and perfection of large Nd:YAG single crystals[J]. J. Crystal growth,1972,13 (14):268-271.

[27] 张振亚. 激光晶体的研究与进展[J]. 激光与红外,1996,26(5): 303-305.

[28] G D Goodno,H Komine,S J McNaught,et al. Coherent combination of high-power,zigzag slab lasers[J]. Opt. Lett,2006: 1247-1249.

[29] 程慧云,马晓明,徐学珍,等. 提拉法生长直径 80mm 的 Nd:YAG 晶体研究[M]. 中国硅酸盐学会 2003 年学术年会,2003,北京.

专题三(1) 感知—遥感

编 写 说 明

遥感技术是各国抢占战略制高点的一项关键技术，是与经济生活和国防安全息息相关的信息获取手段之一。电子计算机和信息通讯技术的迅速发展，带动了光学、雷达、微波等遥感仪器的空间分辨率和探测灵敏度的不断提高。遥感数据的应用涵盖了气象观测、资源探测、环境监测、土地利用和国土安全等各领域，互联网、云计算、大数据、人工智能等信息技术的兴起，为遥感技术的应用提供了新的技术支撑和增长点。遥感技术发展及应用的机遇与挑战并存，2017 年我国商业光学遥感卫星发射剧增，推动了遥感商业化进程。

“蓝皮书”感知领域的遥感部分，保持 2016 年版的特色依然从技术和应用两个层面出发，总结国际和国内的发展现状、分析本领域方向的发展趋势，凝练出我国未来发展的建议，供本行业及相关领域的专家参考。

参与本专题编写和研究的著名专家来自中国气象局卫星气象中心、航天科技集团五院 508 所、61646 部队、武汉大学、中科院光电研究院、中科院空间科学与研究中心、中科院遥感与数字地球研究所、中科院电子研究所、中科院长春光学精密机械与物理研究所、中科院上海光学精密机械研究所、中科院上海技术物理研究所、国家卫星海洋应用中心等单位，在此一并表示感谢。

“蓝皮书”的编撰尚在尝试阶段，难免存在疏漏和不足之处，敬请批评指正。

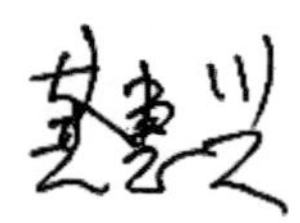

2018 年 6 月 20 日

专家组和撰写组名单

姓名	工作单位	职务/职称
龚惠兴	中科院上海技术物理所	院士
李德仁	武汉大学	院士
姜景山	中科院空间科学与研究中心	院士
张学军	中科院长春光学精密机械与物理研究所	副所长/研究员
丁赤飙	中科院电子所	副所长/研究员
陈卫标	中科院上海光学精密机械研究所	副所长/研究员
李传荣	中科院光电研究院	主任/研究员
杨秉新	航天五院五〇八所	研究员
郭建恩	61646 部队	研究员
卢乃锰	中国气象局卫星气象中心	主任/研究员
施建成	中科院遥感与数字地球研究所遥感科学国家重点实验室	主任/研究员
林明森	国家卫星海洋应用中心	副主任/研究员
陆燕	中科院上海技术物理所	主任/研究员

注:排名不分先后

专题研究

一、全球发展态势

遥感技术以其快速、准确、客观和宽覆盖的观测能力与获取信息的能力，成为各国经济社会发展、国际竞争的重要保障，是各国高技术实力的综合体现。近年来，遥感技术发展重点正从区域性观测向成体系的全球尺度战略性信息获取延伸，从对地物形貌的精细可视化识别向地物物理属性的定量分析发展，从地球资源静态信息获取到公共活动动态信息观测和个性化服务发展。

根据卫星工业协会(SIA)发布的2018年卫星产业状况报告，2017年全球共成功发射了248颗遥感卫星，占卫星总数的72%。2017年全球遥感微小卫星多星组网迅速发展，遥感信息获取的时效性显著提升，基于微小卫星的商业遥感增势迅猛。2017年2月、7月和10月，美国Planet公司分三批发射88颗Flock-3p、48颗Flock-2k和4颗Flock-3m微纳卫星，星座可提供3—5m分辨率影像，重访周期为1天；2017年11月，Planet公司在收购谷歌公司旗下贝拉公司Terra Bella卫星成像部门(简称Google Terra Bella公司)后，又成功发射了6颗SkySat卫星(SkySat 8-13)，全色分辨率达0.7m，多光谱分辨率1m，使该公司丰富了遥感数据图像产品，提升了市场竞争力。

(一) 高分辨率可见光成像遥感

2017年印度相继发射了Cartosat-2D、Cartosat-2E以及Cartosat-2F三颗高分辨率光学测绘卫星，空间分辨率达到0.65m，大幅提升了其高精度测绘水平。2018年2月日本发射IGS-Optical 6高分辨率光学侦察卫星，空间分辨率达到0.3m，使其高分辨率对地侦察能力进一步提升。与此同时，随着商业航天的快速发展与驱动，目前百公斤级光学遥感卫星已实现亚米级空间分辨率，如美国Planet公司2017年发射的SkySat-8卫星，整星重量约100kg，空间分辨率达到0.7m。2017年度国外发射的高分辨率卫星和相机主要参数参见表3.1。高分辨率可见光成像遥感技术发展的主要特点是：微纳卫星空间分辨率不断提高；载荷平台一体化设计理念得到充分发挥，并成为广泛应用的一项技术手段；卫星成像能力增强，具备视频成像能力；基于微纳卫星平台的商业高分辨率卫星发展迅速；遥感数据应用领域不断扩大，应用水平不断提高；越来越多发展中国家参与到航天遥感活动中。

表 3.1　2017 年度国外发射的高分辨率卫星和相机主要参数

国别	美国	欧空局	日本	摩纳哥	印度			阿根廷
卫星名称	Skysat 8—13	OPTSAT 3000	IGS-Optical 6	Mohammed-VI-A	Cartosat-2D 卫星	Cartosat-2E 卫星	Cartosat-2F 卫星	NUSAT 4/5
发射时间	2017 年 11 月	2017 年 8 月	2018 年 2 月	2017 年 11 月	2017 年 2 月	2017 年 6 月	2018 年 2 月	2018 年 2 月
轨道	500km 太阳同步轨道	450km 太阳同步轨道	太阳同步轨道	620km 太阳同步轨道	517km 太阳同步轨道	505km 太阳同步轨道	690km 太阳同步轨道	500km 太阳同步轨道
幅宽/km	8	15	—	—	10	10	10	5
分辨率/m	0.7(全色) 1(视频)	0.5	0.3	0.7	0.65(全色)/2(多光谱)	0.65(全色)/2(多光谱)	1	1
卫星重量/kg	～100	368	—	1110	714	712	645	37

(二) 天基高光谱成像领域正从技术试验转向业务应用

美国以环境探测为主要目的的中等分辨率成像光谱仪 MODIS,分别装载于 1999 年 12 月发射的 Terra 卫星和 2002 年 5 月发射的 Aqua 卫星,在轨运行近十年,获取的数据被广泛应用于气象、海洋、植被和森林覆盖、水资源利用、环境监测等。2000 年装载于 EO-1 卫星的 Hyperion 高光谱仪器和装载 MightySat II-1 卫星的傅里叶变换高光谱仪 FTHSI,到 2009 年装载于 TacSat-3 高光谱卫星的战术高光谱成像载荷 ARTEMIS 成功实现业务应用。ARTEMIS 将向作战用户提供标注有目标位置信息的全色图像,也可以发送该地区目标特性表征和位置坐标的文本信息,作战用户可以通过便携式中终端方便地接收。2017 年美国发射的下一代极轨气象业务卫星 JPSS-1,其中主载荷之一的高光谱大气垂直探测仪 CrIS 已通过 NPP 极轨气象试验卫星验证。目前,美国的高光谱技术逐步走向应用,其在谱段细分、光谱分辨率、空间分辨率和星上智能处理等关键技术上,处于国际领先水平。

欧洲 2017 年发射 Sentinel-5P 卫星,主要载荷是对流层监视仪(TROPOMI),这是一种紫外/可见光/近红外/短波红外光谱仪,用于探测大气痕量气体和气溶胶对空气质量和气候的影响,是未来极轨气象卫星 MetO-NG 和高轨气象卫星 MTG 的试验载荷。2017 年发射的 Sentinel-2B 卫星,将与 2015 年发射的 Sentinel-2A 卫星实现组网观测,是欧空局倡议的全球环境与安全监测系统“哥白尼”(Copernicus)的重要组成部分,两颗卫星都装载了最先进的 13 波段高分辨率多光谱成像仪

MSI,该仪器望远镜口径 150mm,幅宽 290km,光谱分辨率为 15—180nm,空间分辨率为可见光 10m、近红外 20m、短波红外 60m。

许多国家都在积极研制自己的高光谱传感器,已明确有发射计划的有德国环境监测与分析计划的 EnMAP 和日本 2006 年规划的对地观测系统 ALOS 中的光学遥感卫星 ALOS-3 卫星,ALOS-3 卫星的探测载荷是 HISUI 高光谱和多光谱的套件,其中高光谱组件探测波长范围是 0.4—2.5μm,用于全球能源评估、环境、农业和安全监测等,原计划 2016 年发射,现延迟到 2020 年。表 3.2 列出了正在研制中的高光谱成像仪的主要性能参数。

表 3.2 国内外最新研发的高光谱成像仪主要技术指标

仪器名称	国家	幅宽/km	空间分辨率/m	光谱分辨率/nm	光谱范围/μm	光谱通道数	计划发射时间/年份
HyperIRI	美国	147	60	10	0.4—2.5	～220	2023
EnMAP	德国	30	30	5—10	0.42—2.45	～220	>2020
Hero	加拿大	36	30	10	0.43—2.45	～220	>2020
PRISMA	意大利	30	30	12	0.4—2.5	～238	>2018
HISUI	日本	30	30	10—12.5	0.4—2.5	～185	>2020
HYPXIM	法国	30	8	10 90—150	0.4—2.5 8—12	～210 ～40	>2020

(三)美国气象卫星体系实现更新换代,欧洲哥白尼计划又添新成员

美国继 2016 年 11 月 19 日成功发射新一代静止轨道气象卫星 GOES-R 后,又于 2017 年 11 月 18 日美国发射了新一代的极轨气象业务卫星 JPSS-1,而静止轨道的第二颗卫星 GOES-S 又于 2018 年 3 月 1 日发射成功(入轨后定义为 GOES-17)。GOES-R 入轨后定义为 GOES-16,经一年多在轨测试后于 2017 年 12 月 20 日推到西经 75.2°位置(GOES-东)的业务轨道运行。GOES-17 目前在备份轨道进行在轨测试,测试完成后将成为 GOES-西,与 GOES-16(东)完成静止轨道气象卫星的更新换代。

JPSS-1 是美国最新一代极轨气象业务卫星系统的首发星,开启了极轨业务气象卫星系列的更新,计划到 2032 年,该系列发射 4 颗卫星(JPSS-1～4)。JPSS-1 卫星上装备了先进技术微波探测仪(ATMS)、可见光红外成像辐射仪(VIIRS)、高光谱红外探测仪(CrIS)、臭氧探测仪(OMPS)以及地球辐射测量仪(CERES)等多种先进仪器。这些仪器将获取地球大气各种气象参数以及陆地和海洋资料,从而显著提升卫星的对地观测能力。

2017 年欧空局为环境与安全全球监测计划 GMES(2012 年更名为哥白尼(Copernicus))部署两颗卫星,分别是 2017 年 3 月 7 日发射的 Sentinel-2B 和 2017 年

10 月 13 日发射的 Sentinel-5P。前者装载了 13 波段的高分辨率多光谱成像仪 MSI，该仪器与装载于 2015 年发射的 Sentinel-2A 卫星上的 MSI 完全相同。Sentinel-5P 是为未来欧洲下一代气象卫星载荷进行演示验证，采用小卫星平台，发射质量 820kg，定点在 824km 的太阳同步轨道，主要载荷是对流层监视仪（TROPOMI）。TROPOMI 是一种紫外/可见光/近红外/短波红外光谱仪，用于探测大气痕量气体和气溶胶对空气质量和气候的影响。该载荷也为下一代极轨气象卫星 MetOp-SG 紫外近红外短波红外光谱仪 UVNS 和地球同步轨道气象卫星 MTG-S 紫外近红外探测仪 UVN 的关键技术进行演示验证。

（四）激光遥感在空间多个领域得到应用

基于激光精密测距、测速和测角技术的激光遥感，已经在载人航天、深空探测等领域得到广泛应用。以对地观测为目的激光高度计和激光雷达，美国 NASA 研制的 GLAS 激光高度计和云气溶胶激光雷达 CALIOP 分别用于 ICESat 卫星和 CALIPSO 卫星。ESA 持续开展星载大气风场探测 ALADIN、大气气溶胶探测 ATLID 以及温室气体探测 MERLIN 等激光雷达载荷研制。美国、欧洲制定了各自关于激光遥感发展规划，欧空局的全球首颗星载测风激光雷达装在 ADM-Aeolus 卫星平台，2017 年完成了环境试验，计划 2018 年 8 月发射。高光谱分辨的大气气溶胶探测激光雷达 ATLID 计划在 2019 年发射。2017 年德国宇航局与空中客车防务和空间公司合作，研制甲烷测量激光雷达卫星 MERLIN，预计 2021 年发射。美国 NASA 新一代激光高度计 ICESat-2 计划在 2018 年 9 月发射，国际上首次验证 6 波束微脉冲发射和光子计数探测技术。

激光遥感总体发展趋势是，从单一功能向多功能综合探测发展；从定性和半定量探测向定量遥感发展；从单波长向多波长探测发展；从单一波束探测向多波束探测发展；从单一探测器向探测器阵列发展，并不断追求极限灵敏度探测，最终实现高空间分辨率、高垂直精度的目标观测或探测。

（五）微波遥感

多遥感器联合观测和数据、信息融合逐渐成为综合微波遥感对地观测技术发展的主流。一是对地遥感观测与地球科学研究的关系日益紧密，对精细化、高时空分辨率和全极化定量微波遥感技术提出了更高的要求：科学的需求极大地牵引了技术的发展；二是对亚中尺度海洋现象和极端天气环境的遥感仍是备受关注研究热点，很多科学问题亟待找到答案——对微波遥感探测技术的发展提出了新的要求。三是宽刈幅海洋高度计技术的研究、高精度的定标技术、静止轨道微波遥感技术、主被动联合探测和信息反演技术、更多气象要素的微波遥感探测，持续引领微波遥感技术的发展。

(六) 遥感海洋应用

1978 年美国第一颗海洋卫星 SEASAT 上天至今，全球共有海洋卫星或具备海洋探测功能的对地观测卫星百余颗。美国、欧洲、日本和印度等国家和地区均已建立了比较成熟和完善的海洋卫星系统，海洋卫星遥感已进入系列化、业务化、商业化发展阶段。一是关注高观测精度与高时空分辨率。日益增长的海洋研究水平和海洋应用能力对海洋卫星观测精度与时空分辨率提出了更高的要求，这也是海洋卫星的发展方向。在海洋环境要素的反演精度方面，目前叶绿素浓度达到35%；海面温度由 1K 提高至 0.3—0.5K；卫星测高精度由米级提高至 2—3cm；海面风场观测精度优于 2m/s，风向优于 20°等，伴随着海洋遥感技术的发展和数据处理技术的提高，海洋环境要素的观测精度还会不断提高。二是定量遥感水平不断提升。早期的海洋水色遥感器、雷达卫星数据都没有经过定标，雷达高度计卫星也没有精密定轨载荷，这些严重影响了海洋卫星数据精度和数据的应用。目前典型的星载海洋遥感器定标精度不断提高，如海洋水色遥感器总辐射亮度绝对定标精度已优于 5%，雷达卫星绝对辐射精度提升至 1.0dB，这保证了海洋卫星定量化应用进一步的需求。三是新型海洋遥感载荷研发加快。世界各国都在积极发展海洋遥感载荷技术，使得海洋卫星可观测要素不断增加，测量精度不断提高，推动拓展了卫星应用领域，有力推动了卫星应用水平的不断提高。从目前国际上列入研制计划的新型海洋遥感载荷的技术指标来看，主要发展方向集中在以下方面：①星载雷达遥感器体积小型化，电子部件低功耗；②高频段(尤其 Ka 频段)高效、高功率发射机；微波遥感载荷向高频、多频、多极化等方向发展以及微波与光学遥感器的协同使用；③星上数据处理能力和数据下传能力进一步提高；④针对不同空间尺度的海洋环境要素或海洋目标设计专用的工作模式；⑤多角度、多谱段、多通道成像光谱仪，进一步提高稳定性、信噪比和大气订正能力。

二、我国发展现状

我国高分辨率光学成像遥感技术近年来发展迅速，已取得显著成绩，初步统计2017 年度共计发射 13 颗高分辨率光学卫星，是本年度高分辨率光学遥感卫星发射数量最多的国家。随着高景一号 03/04 星、吉林一号 03—08 星的发射，商业遥感星座逐步形成组网观测能力；陆地勘查卫星 1—4 号的发射及组网应用，大幅提升我国高分辨率陆地资源遥感勘查能力；委内瑞拉遥感卫星二号的发射，实现了中国米级高分辨率遥感卫星的首次出口。其中，高景一号是目前我国空间分辨率最高的商业遥感卫星，具有全色 0.5m/多光谱 2m 的空间分辨率，辐射分辨率 11 位/像元，无地面控制点几何定位精度 5—8m，高程相对精度 1m。2018 年 3 月，我国成功发射高分一号 02、03、04 星，成为我国首个民用高分辨率光学业务星座，可长期、连续、稳定、快速地获取分辨率为全色 2m/多光谱 8m 的全球影像。3 颗星可实现 15 天全球覆盖和 2 天重访观测。与 2013 年发射的高分一号 01 星共同构建陆地资源调查监测业务星座，可实现 11 天的全球覆盖周期和 1 天的重访周期，应急情况下还可对目标区域进行数小时级的重访观测。2017 年度我国发射的高分辨率卫星和相机主要参数参见表 3.3。

表 3.3　2017 年度国内发射的高分辨率卫星和相机主要参数

卫星名称	委内瑞拉遥感卫星二号	高景一号 03/04 星	吉林一号 07—08 星	高分一号 02—04 星
发射时间	2017 年 10 月	2018 年 1 月	2018 年 1 月	2018 年 3 月
轨道	645km 太阳同步轨道	530km 太阳同步轨道	535km 太阳同步轨道	645km 太阳同步轨道
幅宽/km	31	12	19	69
分辨率/m	1(全色)/4(多光谱)	0.5(全色)/2(多光谱)	1(全色)	2(全色)/8(多光谱)
总重量/kg	1000	560	208	1080

吉林一号的 04—06 星是视频卫星于 2017 年 11 月 21 日以“一箭三星”的方式成功发射。04—06 星均具有常规推扫成像、凝视视频成像以及微光等多种成像模式。2018 年又发射了吉林一号 07、08 星，该星座的卫星数量增至 8 颗，重访周期由原来的 3 天缩短为 1 天(时间分辨率提升为原来的 3 倍)，可以为环境监测、灾害应急、智慧城市建设等提供地面分辨率高达 1m 的视频图像和衍生数据服务，标志着我国民用轻小型空间光学遥感技术及应用跃上了一个新的台阶。

2018 年 5 月 9 日我国发射高分五号遥感卫星，共承载了 6 台遥感仪器，分别是大气痕量气体差分吸收光谱仪、主要温室气体探测仪、大气多角度偏振探测仪、大气环境红外甚高分辨率探测仪、可见短波红外高光谱相机、全谱段光谱成像仪。通过高光谱/多光谱对地成像观测、天底观测、掩星观测、海洋耀斑观测、多角度观测、偏振观测等多种探测手段，对大气气溶胶、二氧化硫、二氧化氮、二氧化碳、甲烷、水环境、陆地植被、城市热岛等多个环境要素进行监测。其中可见短波红外高光谱相机是国际上首台同时兼顾宽覆盖和宽谱段的高光谱相机，对复杂地物、环境具有良好的识别和分类能力。该仪器采用凸面 Offner 闪耀光栅进行精细分光，可同时获取观测对象的几何、辐射和光谱信息，并以足够高的光谱分辨率、空间分辨率和辐射分辨率，获取观测目标的几何和成份等的定量信息，还可以获取观测路径上大气等的相关信息，实现对陆地表面高光谱、高空间、高辐射分辨率成像光谱观测。其获取的高光谱数据可用于生态环境监测、植被监测、水域污染监测、矿物识别、高光谱矿产资源调查与评价、地质环境调查与监测等。相机空间分辨率 30m，成像幅宽 60km，具有 330 个光谱通道，光谱范围 400—2500nm，光谱分辨率达 5nm。

2016年底发射的我国第一颗第二代静止气象卫星风云四号A星完成交付，标志着中国静止轨道气象卫星观测系统开始更新换代。作为新一代静止轨道定量遥感气象卫星，FY-4实现了跨越式发展，功能性能得到极大地提升。卫星的辐射成像通道由FY-2G星的5个增加为14个，覆盖了可见光、短波红外、中波红外和长波红外波段，星上辐射定标精度0.5K、灵敏度0.2K、可见光空间分辨率0.5km，接近与美国第三代静止轨道气象卫星GOES-R的16个通道水平相当。同时，FY-4卫星还配有912个光谱探测通道的干涉式大气垂直探测仪，光谱分辨率0.8cm^{-1}，可在垂直方向上对大气结构实现高精度定量探测，这是欧美第三代静止轨道单颗气象卫星不具备的。

我国风云三号D星于2017年11月15日在太原卫星发射中心升空。风云三号D星设计寿命5年，星上装载了10台套先进的遥感仪器，除微波温度计、微波湿度计、微波成像仪、空间环境监测仪器包和全球导航卫星掩星探测仪5台继承性仪器之外，红外高光谱大气探测仪、近红外高光谱温室气体监测仪、广角极光成像仪、电离层光度计为全新研制，中分辨率光谱成像仪(II型)整合了原有风云三号卫星两台成像仪器的功能，性能指标也大幅提升，是世界上首台能够每日无缝隙获取全球250米分辨率红外分裂窗数据的仪器。风云三号D星的测量通道达近7000个，是目前国内光谱测量通道最多的卫星，这将极大地提高对地球低层大气参量、热力参量、温室气体和高层大气电场、磁场、高能粒子的探测能力，提升我国在全球数值天气预报、气候变化、生态环境监测和空间天气预报等方面的能力与水平。

微波干涉成像高度计是我国民用航天规划中新一代极轨海洋动力环境观测卫星的主载荷之一，用于实现宽刈幅海面高度和风浪测量，将填补中小尺度海洋现象观测的空白。同时还具备对典型的海洋现象，例如海洋内波、锋面、雨团和对海面船只目标以及陆表水体的观测能力。发展静止轨道微波遥感是未来气象探测的重要手段，在国家重大需求牵引下，研发一种新的、具有自主知识产权的、基于旋转扫描稀疏圆环阵的静止轨道毫米波大气探测仪，填补静止轨道微波高分辨率探测的空白。全极化微波辐射计的核心技术——新型全极化辐射计定标源技术研究取得重要进展，星载全极化微波辐射计数据预处理算法、在轨定标和正演算法研究的突破，为全极化微波辐射计的定量化应用奠定了坚实基础。

我国在载人航天领域已成功采用激光雷达实现飞船与“天宫一号”“天宫二号”的交会对接；在探月三期中也计划采用交会对接激光雷达实现采样器与轨道器的对接。在深空探测领域，自主研制的激光高度计，成功用于“嫦娥一号”“嫦娥二号”探测星下点到月面的距离；在“嫦娥三号”的着陆器上又成功应用了着陆激光测距仪和激光三维成像仪。在“嫦娥四号”“嫦娥五号”以及后续的火星着陆器中均采用激光遥感技术实现安全着陆、火星表面岩石成分探测等。在对地观测领域，先后启动了“高分七号”激光高度计、“陆地生态碳监测卫星”激光雷达以及“大气环境监测卫星”激光雷达的研制任务。

2016 年 10 月在天宫二号(TG-2)空间试验时搭载了国内外最先进的新型遥感载荷:多角度宽波段成像仪和三维成像微波高度计,这为海洋、大气和陆地环境监测提供了先进的对地观测技术手段,其应用研究对我国的国民经济发展、空间科技水平提高以及国防力量增强起到重要的促进作用。2017 年 12 月 TG-2 完成有效载荷在轨测试,技术指标达到在轨测试大纲要求,实现了数据在海洋、大气和陆地领域的应用。

三、我国未来展望

遥感数据获取的“三高”趋势。高时间分辨率遥感与高空间、高光谱遥感技术相结合是未来遥感科技发展的一个趋势,能够实现对地表变化的高精度、高时频监测。随着高分专项的建成和商业遥感卫星星座的爆发式发展,我国遥感数据的获取能力将进一步高,特别是数据获取的时效性将稳步提升。

遥感信息服务的智能化趋势。遥感应用的大众化和商业化是未来遥感信息服务的发展方向,为实现遥感服务从专业服务到大众服务跨越的需要,构建其具有多星协同观测、星地协同智能处理、信息聚焦服务能力的智能化遥感信息服务系统。

卫星遥感、通信、导航服务一体化趋势。要实现遥感信息全天时、全天候、全地域服务于每个人的目标,需按“一星多用、多星组网、多网融合”原则,由若干颗同时具有遥感、导航与通信功能的低轨卫星组成天基网,与现有地面互联网、移动网整体集成,现对全球表面分米级空间分辨率、小时级时间分辨率的数据采集,(准)实时地为国民经济各部门、各行业和广大手机用户提供快速、准确、智能化的PNTRC(定位、导航、授时、遥感、通信)服务。目前,中国工程院已启动了重大咨询项目对通导遥一体天基信息服务系统开展论证,面向这一目标,国内多家科研机构、工业部门也已开展相关技术攻关工作,2018 年 6 月珞珈一号科学试卫星发射,用于验证低轨导航增强、在轨数据处理、面向移动终端的遥感信息服务等技术,集夜光遥感、导航增强功能一体。

高分辨率遥感需要在加快商业遥感发展的同时,提高军民融合能力;不断提高相机和卫星平台一体化水平,大胆应用创新技术,综合提升成像性能;提高卫星在复杂条件下的成像能力,以及多模式成像能力;不断提高微纳卫星光学相机的空间分辨率和图像质量;提高高分辨率卫星立体成像能力,实现高精度测绘;基于大数据、人工智能等技术,不断挖掘遥感数据潜在应用价值。

高光谱遥感技术主要是向高分辨率和高分辨率两个方向发展。随着高光谱卫星遥感技术的不断成熟,建设基于飞机(包括无人机)平台和卫星平台的体系化应用系统,同时配备以大数据信息处理和智能化的信息存储基础设施,建立建全遥感数据引用和发布的标准、法律法规等政策体系。

我国第二代静止气象卫星将继续更新换代，特别是未来风云四号微波星的发射，将填补国际静止轨道微波探测大气探测的技术空白，对提高短时临近预报以及中小尺度数值天气预报水平意义重大；而计划发射的风云三号后续卫星，将包括晨昏轨道卫星和降水测量卫星，前者将填补国际晨昏轨道气象卫星观测的技术空白，后者将使得我国建立星载主动降水观测的能力。

发展 Ku/Ka 双频干涉成像高度计技术，实现更宽刈幅和更高精度的海面测高技术；加强宽刈幅海面测高数据的科学和应用产品处理技术的研究；加强定标和真实性检验技术研究，提高数据产品的质量，定量遥感的精度；率先完成静止轨道大气探测仪等新一代气象遥感载荷，实现气象卫星的技术水平从并跑到领跑的跨越。

在激光遥感方面应注重地球环境监测的迫切需求，为此需突破星载多普勒激光遥感技术，实现对流层到低的平流层风场立体探测，打破我国气象卫星探测“有云无风”的局面；突破大气气溶胶的高光谱和温室气体探测差分吸收激光雷达技术，实现我国大气环境和空气质量立体精确监测；突破星间超精密激光测距技术，实现地球重力场探测，同步突破引力波探测的甚高精度激光干涉仪技术；发展合成孔径激光雷达、量子成像等新型星载激光三维成像技术，实现空间目标、地球表面的高分辨率三维探测。我国处于空间激光遥感刚刚起步阶段，在研制空间激光载荷的同时，需要支持数据反演和应用方面的研究，提高我国的激光遥感能力。

初步预测到 2020 年，研制与发射 14 颗可提供海洋监测能力的卫星，实现我国海洋水色卫星星座、海洋动力卫星星座和海洋监视监测卫星 3 个系列同时在轨组网运行、协同观测，形成对全球海域高效观测和重点海域连续稳定监视监测的能力。重点任务是构建多星组网的卫星观测体系，具备连续稳定的卫星业务能力；持续推进新型遥感载荷的研制，进一步提高多要素、高精度、高分辨率的全球海洋测高能力。加强海上定标场网建设，提高数据定量化水平，丰富海洋卫星产品体系。

四、我国热点亮点

(一) 高分辨率光学遥感技术获得突破，遥感影像在多领域发挥作用

我国在高分辨率大幅宽空间遥感方面取得了一定成果，其中具有代表性的是 GF-6 宽幅相机，该相机光学系统采用了自由曲面四反共体设计，设计视场角达到 76°(实际使用视场角 65.64°)，可以以 16m 的分辨率实现 1000km 的地面覆盖宽度。在研制过程中中科院长春光机所突破了自由曲面光学系统设计技术，建立和完善包括加工、检测、装调在内的自由曲面光学系统先进制造平台。

长春光机所研制的大视场三线阵立体航测相机 AMS-3000 于 2017 年 1 月到 2017 年 9 月间在河南嵩山检校场、黑龙江佳木斯、鹤岗等地进行了 9 个架次的外场校飞，技术指标满足设计要求。2017 年 10 月进行了测绘、农业、林业、公安等用户参与的应用校飞，效果良好，部分关键技术指标达到国际上最先进的三线阵航空相机 ADS40/80 的 2.5 倍。国外同类型三线阵航空测绘相机产品的价格在千万元左右，且经常出现售后服务不及时的现象。AMS-3000 不仅完全可以实现国外产品替代，而且标志着我国航空三线阵立体测绘相机打破了国外的长期垄断、进入了国际先进行列，具有十分重要的意义。

高景一号卫星遥感数据应用得到深入挖掘。高景一号星座主要为全球用户提供遥感数据服务，也可以针对国土资源调查、测绘、环境监测、金融保险和互联网等不同行业提供专业服务，将逐步实现我国高分辨率遥感卫星商业化运营。截至 2018 年 4 月 31 日，高景一号 01/02 星已成功接收数据 245379 景，累计覆盖面积 2456 万平方公里。

在 2017 年 2 月韩国乐天集团将星洲高尔夫球场地块转让给韩国国防部用于部署萨德反导系统时，高景一号卫星及时获取了星洲高尔夫球场的图像，完成了星洲高尔夫球场的三维图构建，为我国及时有效的提供了相关决策辅助信息。在 2017 年 8 月的九寨沟和新疆两次地震中，高景一号卫星拍摄的图像，第一时间为政府和社会提供震后数据，作为灾情分析、救援部署的重要依据。高景一号卫星数据还被用于城市建筑区提取与建筑密度估算中，为城市发展决策、地图更新、人口—经济估算、全球测图提供了更高效的手段。

在高景一号遥感卫星全面组网之后，其商业运营系统将进一步挖掘其在互联网、智慧城市、金融保险等行业的应用潜力，并将与移动互联网、导航定位、智能终端等技术融合，推动我国遥感技术融入政府管理、企业生产和大众生活中。

资源三号卫星遥感数据得到广泛应用。资源三号卫星三线阵相机和多光谱相机主要用于 1:5 万基础地理信息产品生产，1:2.5 万以及更大比例尺地形图的修测和更新，同时为资源调查、区域规划、防灾减灾、农林水利、生态环境、城市规划、交通和国防建设等领域的应用提供服务和保障。目前该卫星已广泛应用于我国基础测绘、国家重大测绘工程、测绘应急与国际合作、矿产资源开发利用、城市变迁监测等工作以及国际热点地区的立体测绘工作。国土资源部利用资源三号卫星数据开展了全国土地利用变更与核查项目；水利部长江、黄河水利委员会等部门利用资源三号数据开展了水利工程检测、水利基础空间库建设、流域水土流失动态监测等业务应用；同时资源三号影像数据也已在地方的水域、植被、沙漠化土地等生态环境监测方面发挥了重要作用。资源三号遥感数据精度高，未来将在高精度测绘领域得到更广泛的应用。

(二) 星载高光谱遥感获得重大进展

多颗高光谱卫星发射入轨,我国高光谱遥感应用迎来了重大发展机遇。其中2018年发射的高分五号卫星填补国产卫星无法有效探测区域大气污染气体的空白,通过对大气污染气体、温室气体、气溶胶等物理要素的监测,提供大气环境监测,开展气候变化研究;对内陆水体和表生态环境、蚀变矿物、岩矿类别进行探测,为我国环境监测、资源勘查、防灾减灾、城市建设等行业提供高质量、高可靠度的高光谱数据。商业卫星珠海一号的4颗高光谱卫星,空间分辨率达10米(目前国产高光谱卫星最高分辨率),其组网观测可实现对特地区域的每天多次覆盖。

基于傅里叶变换光谱仪技术气象大气垂直探测探测仪,先后随风云四号A星和风云三号D星发射入轨。其中FY-3D星的高光谱红外大气垂直探测仪HIRAS,主要探测大气的温度和湿度分布、臭氧廓线和温室气体总量。采用了扫描加补偿指向、大口径(60mm)平镜平动干涉仪前置、望远镜后置和低温中继光学、三波段的2×2元红外探测器和200K的冷光学技术,实现每秒4幅的快速光谱探测,在3.92—15.38μm红外光谱波段范围有1370个通道,以光谱分辨率为0.625cm^{-1}对大气进行分层精细观测。

FY-4大气垂直探测仪的工作于中波红外和长波红外波段,光谱通道数目1650个,探测元数目为256个,光谱分辨率达0.625cm^{-1},空间分辨率达16km。

(三) 气象监测遥感技术再创新高度

2016年12月22日凌晨3时22分,我国首颗全球二氧化碳监测科学实验卫星(简称"碳卫星")发射升空。卫星两个主载荷——高光谱CO_2探测仪和多谱段云与气溶胶探测仪,以不断变换的观测模式,完成对全球二氧化碳的监测,并借助模式同化和反演技术最终形成全球碳排放情况的"体检报告"。经近一年在轨运行从2017年10月24日起我国全球二氧化碳监测科学实验卫星(简称"碳卫星")数据正式对外开放共享,这也意味着,继美国、日本之后,我国成为第三个可以提供碳卫星数据的国家。

中国风云三号D星与美国新一代极轨气象业务卫星JPSS-1同时期发射,功能性能毫不逊色。它搭载的遥感器数量是JPSS-1的两倍,除覆盖JPSS-1大部分观测通道之外,FY-3D还综合了美国DMSP国防气象卫星微波成像和COSMIC卫星掩星探测功能,同时兼顾了空间天气观测。FY-3D的中分辨观测成像仪不仅在观测通道总数上超过JPSS-1的VIIRS,而且具有6个250米空间分辨率通道。FY-3D的微波载荷通道数超过JPSS-1的ATMS,并具有它没有的118GHz探测通道。FY-3D的红外高光谱大气探测仪光谱覆盖及性能指标与JPSS-1的CrIS基本相当。

2017 年风云四号完成在轨交付后，卫星数据进入全面应用阶段。卫星数据发布以及业务平台切换大大推动了数据的使用和共享。风云四号发布的数据包括大气、云、沙尘、降水、辐射、闪电等 23 种产品，可为天气预报、灾害预警提供重要支撑。这些数据有三个特点：一是资料新、方法新、产品新；二是观测频次与数据获取时间加快；三是卫星搭载的所有观测仪器的产品都向国内外用户开放共享。风云四号高频次产品的发布，对我国及周边地区，特别是“一带一路”沿线国家和地区的天气预报和灾害预警具有重要意义。

(四) 微波遥感技术和应用获得新进展

在 863 重点项目及中科院国际合作重点项目支持下，中欧双方联合研制完成国际首台“静止轨道毫米波大气温湿度探测仪”样机，其空间分辨率达到世界上同类样机最高水平。

天宫二号成像高度计于 2017 年 3 月利用亚马逊热带雨林、陆地人工定标体和海面同步观测完成了在轨测试。随着观测数据的不断增加，进一步完善了地面数据处理软件系统的功能、提高了数据处理效率和处理精度，如图 3.1、图 3.2、图 3.3 所示。

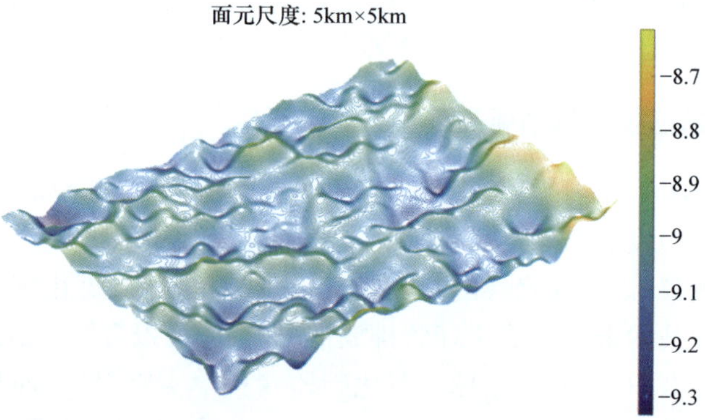

图 3.1　天宫二号三维成像微波高度计所获取某海域三维海面

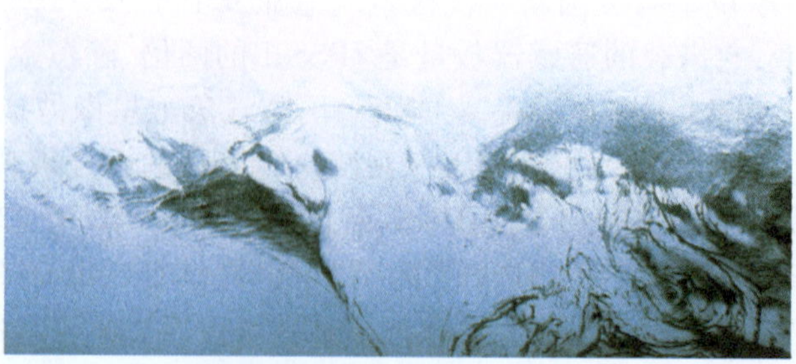

图 3.2　天宫二号三维成像微波高度计所观察到的海洋内波及海洋溢油

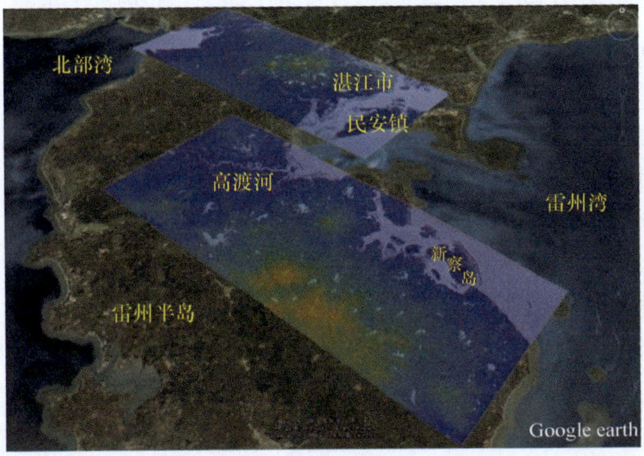

图 3.3 天宫二号三维成像微波高度计所获取的雷州半岛陆表水体和三维地形

全极化辐射计系统定标技术的研究取得了新的突破——研制成功了一种采用新型极化线栅结构的新型全极化定标源，减少了介质相位延迟板自身辐射的不确定性，提高了全极化被动测量定标的精度如图 3.4。

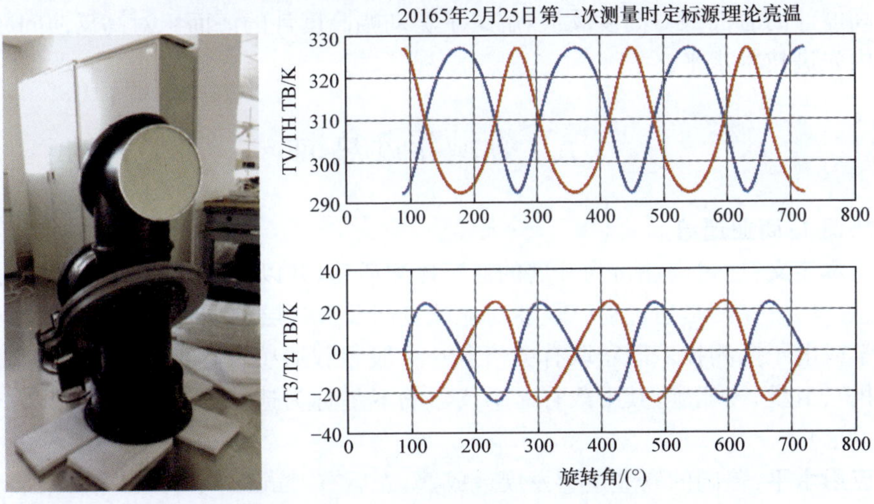

图 3.4 新型全极化定标源

(左边是定标源照片，右边是输出的一组理论亮温)

(五) 激光高度计空间成功应用，激光雷达按计划推进

“高分七号”卫星激光高度计完成了第一阶段产品研制，预计 2019 年发射，将成为我国首个对地观测双波束激光高度计。我们国家民用空间基础设施的两个激光雷达卫星分别启动产品研制，预计在 2020 年发射，其中大气环境监测卫星激光雷

达将在国际上首次利用光学主动遥感方法实现全球二氧化碳柱线浓度高精度测量。

(六) 遥感在海洋监测领域实现业务应用

我国海洋卫星实现了从单一型号到多种型谱、从试验应用向业务服务的转变，向系列化、业务化的方向快速迈进，卫星在海洋权益维护、海洋开发管理、海洋环境保护、海洋防灾减灾和海洋科学研究等领域的作用进一步凸显。HY-2A 卫星稳定在轨运行近 7 年，持续为用户提供全球海洋动力环境信息，已经成为海洋业务应中不可或缺的重要数据源。

2017 年 1 月 23 日，高分三号卫星交付用户单位，正式投入使用。至此，我国民用天基高分辨率 SAR 数据全部依赖进口的现状将得到改善。GF-3 号卫星已在多个行业开展了广泛应用，可实现对海上船舶、海岛和海岸带的高精度监测，海上溢油、绿潮、海冰等海洋灾害的全天候观测。

2017 年 12 月 TG-2 完成有效载荷在轨测试，并开展数据在海洋、大气和陆地领域的应用研究。在多角度宽波段成像仪的研究中，浑浊水体的紫外大气校正算法达到国内先进水平，解决了浑浊水体近红大气校正失效问题；海温反演算法中解决了考虑水汽影响的海面温度反演问题，达到国内先进水平。首次开展三维成像微波高度计的海面绝对高度反演，解决了宽刈幅高度计的海面绝对高反演问题，达到国内先进技术水平。

五、领域年度热词

热词 1：商业遥感

基本定义：通过商业行为开展的遥感探测活动，并以盈利为目的发布获取的遥感信息。遥感探测是通过遥感仪器对地球表面及大气层的电磁辐射或反射辐射进行光学或电子探测技术以获取有关信息。一般装载遥感仪器的平台有飞机（包括无人机）、卫星、飞船等，其中载有遥感仪器的卫星称为遥感卫星（有时也称为对地观测卫星）。

应用水平：美国的商业遥感发展最成熟，先后有 LandSat、WorldView、Skysat、Flock、BlackSky 等商业遥感系列卫星。1984 年，美国首次通过了《陆地遥感商业法案》，随后又授权 NOAA 具有以市场规则管理陆地卫星的权利。国外多数商业遥感基本上政府与企业或者是共同投资遥感卫星，或者是共同出资组建公司，总之是在政府监管下对遥感卫星进行商业运营。

热词 2：高光谱遥感

基本定义：成像光谱技术是集光谱探测与成像为一体的光学遥感技术。除了能探测目标场景的空间特征之外，还可同时对各个空间目标像元分光，并形成纳米量级分辨率的光谱信息，从而实现图谱合一的目标光谱曲线影像。因此，基于光谱成像数据，人们能够从几何形状和光谱特征两个方面进行分析和识别。高光谱成像技术（也称为高光谱遥感）是指可在宽谱段范围内获取目标成百上千连续精细的光谱，同时采集目标的几何、辐射及光谱信息，形成图像立方体，实现地物的“指纹”识别。

应用水平：这类仪器是近年来国际上用于对地观测的高分辨率成像光谱仪，其光谱分辨率大部分都在10nm左右，如美国的HIS、Hyperion、COIS、CRISM，欧洲的CHRIS等。高光谱遥感数据广泛用于地质矿物识别、矿产资源勘查、生态环境监测、大气污染监测、植被与农业监测等。

热词3：高分专项

基本定义：高分辨率对地观测系统重大专项（简称高分专项）是《国家中长期科学与技术发展规划纲要（2006—2020年）》确定的重大科技专项之一，于2010年批准启动实施。通过该专项研究，在高空间分辨率、多光谱与高时间分辨率结合的光学遥感技术；高精度高稳定度姿态控制技术、5—8年的长寿命高可靠低轨卫星技术；多载荷图像拼接融合技术、高分辨率数据处理与应用等关键技术和应用两方面实现突破。以促进我国高分辨率遥感技术发展，提高遥感数据的自给率；加快我国空间信息应用体系的建设，推动卫星及应用技术的发展，保障现代农业、资源调查、防灾减灾、环境保护和国家安全的重大需求，支撑国土调查与利用、地理测绘、海洋和气候气象观测、水利和林业资源监测、城市和交通精细化管理、卫生疫情监测、地球系统科学研究等重大领域应用需求。

应用水平：目前已发射了六个型号，它们是高分一号至六号（见表3.4）。其中“高分一号”是高空间分辨率光学卫星星座，首发星于2013年4月26日发射成功，2018年年3月31日，以“一箭三星”的方式发射了02、03、04卫星，四颗星实现11天的全球覆盖周期，1天的重访周期。

表3.4　“高分一号”至“高分六号”卫星

	轨道	发射状况	遥感仪器	主要指标
高分一号	太阳同步	2013年4月26日01星 2018年3月31日02/03/04星	高分辨率光学全色多光谱相机PMC	分辨率全色2m、多光谱8m（01星是16m）、幅宽69km
			宽视场成像仪WFI	分辨率16m、幅宽830km
高分二号	太阳同步	2014年8月19日	高分辨率光学全色多光谱相机PMC-2	分辨率全色0.8m、多光谱3.2m、幅宽45km
高分三号	太阳同步	2016年8月9日	多极化C波段合成孔径雷达	分辨率1—500m、幅宽10—65km
高分四号	地球同步	2015年12月28日	可见光红外凝视成像	分辨率：可见光50m、红外400m

续表

	轨道	发射状况	遥感仪器	主要指标
高分五号	太阳同步	2018 年 5 月 9 日	大气痕量气体差分吸收光谱仪	—
			大气主要温室气体监测仪	—
			大气气溶胶多角度偏振探测仪	—
			大气环境红外甚高光谱分辨率探测仪	—
			可见短波红外高光谱相机	空间分辨率 30m、幅宽 60km
			全谱段光谱成像仪	空间分辨率 20m/40m、幅宽 60km
高分六号	太阳同步	2018 年 6 月 2 日	多光谱高分辨率相机	分辨率全色 2m、多光谱 8m、幅宽 90km
			多光谱中分辨率宽幅相机	分辨率 16m、幅宽 800km

参考文献

[1] 2018 State of the Satelliitte [EB/OL]. https://www. sia. org/wp-content/uploads/2018/06/2018-SSIR-2-Pager-. pdf.

[2] 杨国鹏，余旭初，冯伍法，等. 高光谱遥感技术的发展与应用现状 [J]. 测绘通报，2008 (10)：1-4.

[3] 林明淼，张有广，袁欣哲. 海洋遥感卫星发展历程与趋势展望 [J]. 海洋学报，2015，37 (1)：1-10.

[4] 蒋兴伟，林明森，张有广，等. 海洋遥感卫星及应用发展历程与趋势展望 [J]. 卫星应用，2018 (5)：10-18.

[5] 孙允珠，蒋光伟，李云端，等. 高光谱观测卫星及应用前景 [J]. 上海航天，2017，34 (3)：1-13.

[6] “高分五号”可见短波红外高光谱相机使我国高光谱遥感技术再上新台阶. [EB/OL]. http://www. sitp. ac. cn/xwzx/kydt/201805/t20180509_5008718. htm.

[7] 董瑶海. 风云四号气象卫星及其应用展望 [J]. 上海航天，2016，33(2)：1-8.

[8] 中科院七大载荷助力风云三号 D 星观测“风云”. [EB/OL]. http://www. cas. cn/syky/201711/t20171117_4622313. shtml，2017.

[9] 风云三号 D 星升空技物所贡献两大光学主载荷. [EB/OL]. http://www. sitp. ac. cn/xwzx/kydt/201711/t20171116_4895184. html，2017.

[10] 李德仁. 展望大数据时代的地球空间信息学 [J]. 测绘学报，2016，45(4)：379-384.

[11] 唐新明，谢俊峰. 资源三号卫星在轨测试与应用分析 [J]. 地理信息世界，2013，20(2)：37-40.

[12] 漆成莉，顾明剑，胡秀清，等. 风云三号卫星红外高光谱探测技术及潜在应用 [J]. 气象科技进展，2016，6(1)：88-93.

[13] 我国首颗碳卫星发射成功. 科技日报. 2016-12-23.

[14] 国碳卫星数据正式对外开放共享. 中国气象报. 2017-10-26.

[15] Zhenzhan Wang, Jingyi Liu, Bin Li, et al. A compact passive microwave calibration target for full-polarized radiometer. Progress in Electromagnetics Research Symposium-Fall (PIERS-FALL), Singapore, 2017: 2977-2980.

[16] 王振占,董帅,殷晓斌等. 有源微波冷噪声源的原理及其应用分析[J]. 遥感技术与应用, 2017, 32(2): 254-261.

[17] X Yin, Z Wang, Q Song, et al. Estimate of ocean wind vectors inside tropical cyclones from polarimetric radiometer [J]. IEEE J. Sele. Top. Appl. Earth Obs. Remote Sens., 2017, 10(5): 1701-1714.

[18] Jin Zhao, Dehai Zhang, Zhenzhan Wang, et al., 2017. Recalibration of HY-2A atmospheric correction microwave radiometer for atmospheric correction. International Geoscience and Remote Sensing Symposium(IGARSS), 2017.

[19] Z Zhang, X Dong. Retrieval of sea surface barometric pressure under clear sky by passive microwave measurements. 2017 IEEE International Geoscience and Remote Sensing Symposium (IGARSS), Fort Worth, TX, 2017: 4429-4432.

[20] Z Zhang, X Dong, L Liu, et al. Retrieval of barometric pressure from satellite passive microwave observations over the oceans. Journal of Geophysical Research-Oceans. doi: 10.1029/2018JC013847.

[21] 卢乃锰,谷松岩. 静止轨道微波大气探测的技术现状与发展展望[J]. 气象科技进展, 2016, 6(1): 120-123.

专题三(2)　感知—传感器

编写说明

传感器技术属于感知学科领域的信息获取技术。目前，传感器已渗透到材料、能源、交通、信息、工业、农业、科技、环境、资源、医学、生物、国防、天文、食品、健康等几乎所有领域。人类进入信息时代后，对传感器的依赖已达到空前的程度，使传感器技术成为发达国家依赖的、具有战略意义的核心关键技术，传感器行业成为支撑国家社会经济发展的基础产业。

“感知学科领域”包括“遥感”和“传感器”两个技术方向，“传感器”组由方家熊负责。在中国工程院信息与电子工程科技发展战略研究中心的组织和策划下，传感器专家组在撰写“蓝皮书 2016”传感器专题内容的基础上，历时一年多，于 2017 年初出版了《中国电子信息工程科技发展研究 · 传感器技术》单行本。按照中国工程院信息学部常委会关于“蓝皮书 2017”工作要求，专家组结合 2017 年度传感器技术领域的年度增量，撰写了本专题内容。综述国内外传感器领域的技术发展状况，分析发展趋势，凝练传感器的年度热点亮点，供本行业及相关领域专家参考。

来自中国兵器科学研究院、中国电子科技集团公司 44 所、重庆大学、中国科学院上海技术物理研究所、中国科学院上海微系统与信息技术研究所、中国科学院电子学所、中国兵器工业集团第 211 研究所、航天科工集团 8358 所等单位的专家参与了本次研究工作，在此一并表示感谢。

编撰“蓝皮书”仍在尝试阶段，一定存在很多疏漏和错误，敬请批评指正。

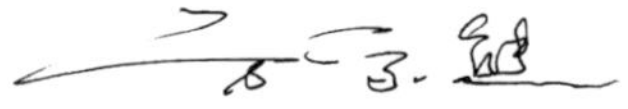

2018 年 6 月 30 日

专家组和撰写组名单

专家组

姓名	工作单位	职称
方家熊	中国科学院上海技术物理研究所	研究员/院士
苏君红	中国兵器工业集团第二一一研究所	研究员/院士
孙再龙	航天科工集团 8358 所	研究员
蔡毅	中国兵器科学研究院	研究员
刘俊刚	中国电子科技集团公司 44 所	研究员
温志渝	重庆大学	教授
王跃林	中国科学院上海微系统与信息技术研究所	研究员
封松林	中科院上海高等研究院	研究员
李昕欣	中国科学院上海微系统与信息技术研究所	研究员
蔡新霞	中国科学院电子学所	研究员
邵秀梅	中国科学院上海技术物理研究所	研究员

注:排名不分先后

撰写组

姓名	工作单位	职称
方家熊	中国科学院上海技术物理研究所	研究员/院士
蔡毅	中国兵器科学研究院	研究员
刘俊刚	中国电子科技集团公司 44 所	研究员
王跃林	中国科学院上海微系统与信息技术研究所	研究员
王军波	中国科学院电子学所	研究员
唐利斌	中国兵器工业集团第二一一研究所	研究员
牟笑静	重庆大学	教授
邵秀梅	中国科学院上海技术物理研究所	研究员
李梦男	中国电子科学研究院	工程师

注:排名不分先后

专 题 研 究

一、全球发展态势

(一) CMOS 图像传感器需求持续增加

可见光固态图像传感器主要为 CCD 和 CMOS 图像传感器(CIS)。2017 年的研究趋势,一方面是传统关键参数不断提升,如分辨率等,另一方面,针对今后人工智能时代和认知时代的需求,3D 成像、智能传感等功能得到关注。具体而言,一是分辨率向 8K 超高清分辨率发展,其中一个技术方向是简化像素,如 1T 或 2T 像素。二是工作波段扩展,集成 388×288 单元石墨烯量子点光电探测器阵列和 CMOS 电路,已实现工作波长 300—2000nm,覆盖紫外至短波红外区的成像器件。三是 3D 堆叠像素工艺继续发展,功能进一步丰富,索尼实现 3 层堆叠的 CIS,将存储器一并集成。四是 CCD 与 CMOS 融合,IMEC 在 130nm CMOS 标准工艺线制成 TDI-CCD 芯片上系统,以 CMOS 额定电压工作,并推出了采用 CCD-in-CMOS 技术的多光谱 TDI 图像传感器产品。五是向低功耗化发展以满足智慧城市、泛在传感器网络等应用场景的需求,如可根据情景调节成像分辨率以优化功耗、可调整为光伏模式进行自供电。六是 3D 成像芯片,索尼和韩国庆北大学均开发了 3D 成像 CIS 芯片,芬兰奥卢大学开发了单光子 3D 成像 CIS。七是向智能化发展,如对同一场景中的重点区域进行高分辨成像,次要区域低分辨率成像以加快图像处理速度。图 3.5 为图像传感器的应用发展趋势。

据印度市场调研和咨询公司 Mordor Intelligence 公司(简称 Mordor Intelligence 公司)报告,2017 年 CCD 市场规模 16.3 亿美元,预计到 2023 年达到 23.1 亿美元,2018—2023 年复合年增长率为 6.02%。亚太地区占全球 CCD 市场的主导地位,尤其是中国和印度计划发展智慧城市需要高质量图像传感器,对 CCD 的需求持续增加。

据法国市场调研和战略咨询公司 Yole Developpement 公司(简称 Yole)2017 年 6 月报告,2016 年 CIS 市场规模为 116 亿美元,移动设备是 CIS 的主要应用市场,虽然手机数量接近饱和,但 3D 成像摄像头将在消费类和汽车应用领域带来颠覆性改变,使 CIS 市场在 2016—2022 年实现 10.5%的复合年增长率。CIS 在更高附加值市场如汽车、安防和医疗市场中不断渗透,采用 CIS 技术和新的计算架构

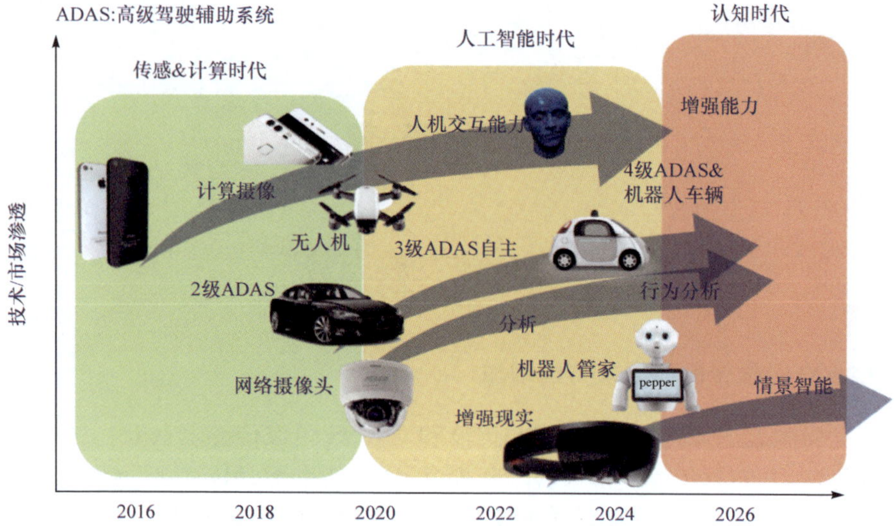

图 3.5　图像传感器的应用发展趋势

（数据来源：Yole）

（如深度学习），可以在较低的成本下实现较高的自动化水平。此外，无人机拍摄、生物特征识别、增强现实（AR）等新兴应用也受益于 CIS。图 3.6 为 2016 年 CIS 市场规模及厂商排名。

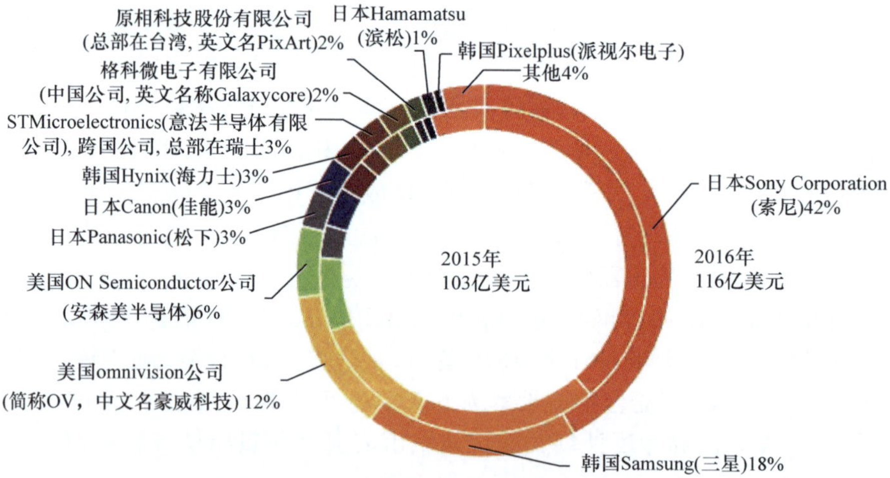

图 3.6　2016 年 CIS 市场规模及厂商排名

（数据来源：Yole）

（二）可穿戴设备成为紫外传感器的市场增长点

工业、消费电子、汽车和医疗依次是紫外传感器最大的细分市场。工业市场在预测期内将继续保持第一，汽车领域效率不断提高、智能手机和平板电脑的普及、智能工厂对传感器技术需求的日益增长推动了全球紫外传感器市场的增长。如图 3.7 所示，英国市场研究咨询公司 Technavio 公司（简称 Technavio 公司）《2017—2021 年全球紫外传感器市场》研究报告指出，2017 年全球紫外传感器市场规模 9 亿 8360 万美元，主要销售商有美国 Broadcom Corporation（博通公司）（简称 Broadcom）、意法半导体有限公司 STMicroelectronics 公司（意大利 SGS Microelettronica 和法国汤姆逊半导体公司在 1987 年合并后的跨国公司，全球最大的半导体公司之一）（简称 STMicroelectronics）等。预计到 2021 年将达到 27 亿 3650 万美元，复合年增长率 29.15%，紫外传感器应用于可穿戴设备中将是一大趋势。

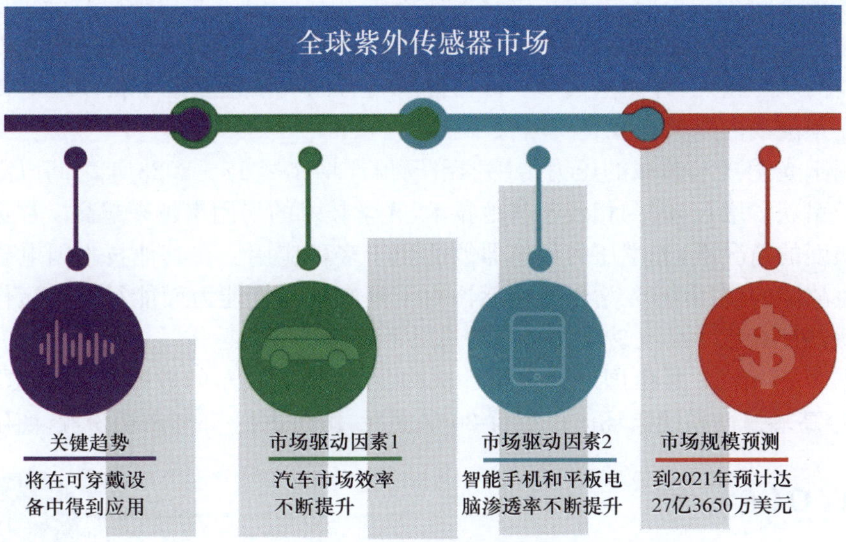

图 3.7　2017—2021 年全球紫外传感器市场预测

（数据来源：Technavio）

真空紫外器件重点为天文方面的应用，基于 PMT 的单像素望远镜用荧光探测器阵列已实际部署，NASA 项目下研制了新型硼硅酸盐玻璃 MCP、GaN-双碱/碱卤化物光电阴极、基于 MCP 的远紫外成像器件。

在全固态紫外传感器方面，业界继续探索 AlGaN 外延材料质量提升方法；研究新材料和器件结构如石墨烯紫外透明电极、表面抗反射微结构、二维电子气；在 GaN 和蓝宝石衬底上制备的 APD 雪崩增益分别达到 3×10^7 和 5000；实现了比垂直结构探测器更易集成的横向 4H-SiC 探测器。ZnO 纳米线/纳米棒紫外探测器可自供电工作，材料制作灵活，可在玻璃衬底、硅衬底、石墨烯上生长，及在非平面的圆柱形聚合物纤维上生长，可望用于可穿戴设备。

其他探测器方面，近紫外硅光电倍增管（Si-PMT）已用于契伦科夫望远镜阵列，日本松下公司开发了有机紫外/可见光实时图像传感器，标准 CCD/CMOS 器件引入量子点以提高深紫外光探测灵敏度。

(三) MEMS 技术进步推动压力传感器的应用

据麦姆斯咨询报道，2017 年，全球压力传感器市场规模为 83 亿美元，预计到 2023 年为 113 亿美元，2017—2023 年的复合年增长率为 5.27%。该市场的增长主要归因于 MEMS 技术的进步和连接设备对压力传感器的加速采用；汽车和医疗设备行业对压力传感器的需求不断增长；消费类和可穿戴设备对压力传感器的采用不断增长；以及严格的政府管控。通过有机和无机增长战略，如产品开发、并购、合作和签订协议，压力传感器市场生态系统的发展进一步推动了该市场的成长。

纵观不同产品类型，差压传感器预计将在 2017—2023 年以最高复合年增长率获得增长。差压传感器通过两个端口提供两种压力源的差异，帮助用户为设备提供所需的压力输入，并测量读数。该器件所特有的灵活性有助于推动压差传感器市场在预测期内以最高复合年增长率获得增长。

用于光学技术领域的压力传感器市场预计将在 2017—2023 年之间以高复合年增长率获得增长，因为相较于其他技术，光学技术的采用率越来越高。在远程或极高温度的情况下，光学压力传感器能适用于多种应用。在其他技术因电磁干扰而产生故障的应用中，光学压力传感器由于具有抗干扰能力而能很好地运作。这类传感器在有化学品或易爆炸材料的情况下也能很好地运作。

据 2017 年 11 月份国外著名统计机构 Yole 最新公布的数据显示，如图 3.8，2017 年高端惯性系统市场已经超过 30 亿美元，国防占据 36%市场份额，商用航空

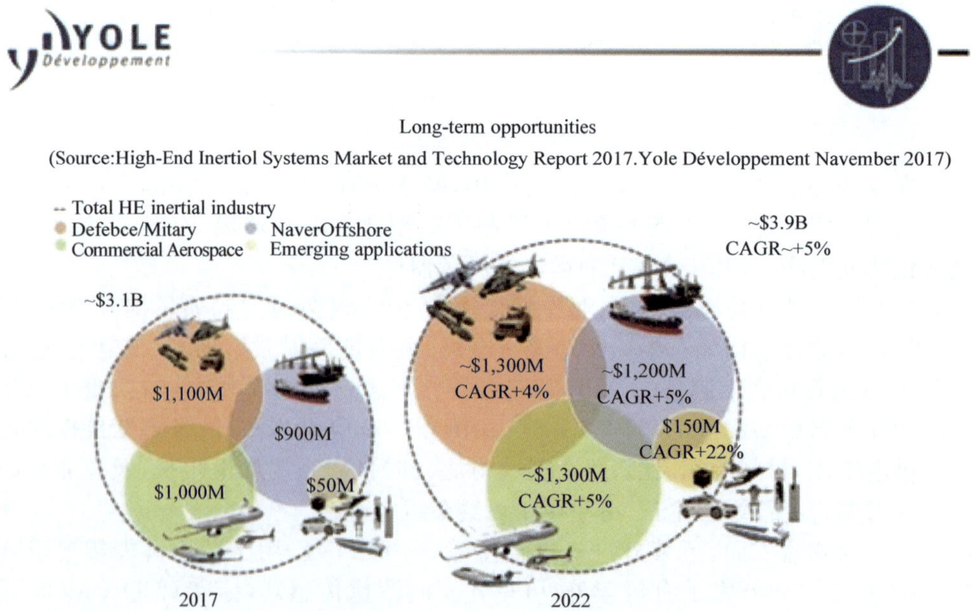

图 3.8　2017 年 11 月份 Yole 公布的最新相关数据

航天占据 33%市场份额,海事、航海、工业占据剩余的 31%市场份额。展望未来五年,高端惯性系统市场的复合年增长率为 5%。未来,高端惯性系统市场迎来许多新机遇,将会进入一个拥有更高市场容量的繁荣时期,包括机器人、工业自动化、自动/无人驾驶汽车、船舶、飞机和无人机、结构监测、可重复使用航天运载器和微型卫星等。

(四) 低成本新型红外传感器快速发展

在红外传感器方面,美国、法国、德国、加拿大等发达国家的红外探测器产品品种齐全。红外焦平面探测器从第二代基于光伏型像元阵列的焦平面成像器件,发展到大规模、高分辨率成像等为特征的第三代器件。在材料系上,主要有碲镉汞、锑化铟、铟镓砷、砷化镓、硅基及其硅化物、硫化物等系列;在探测器规模上,有长线列、TDI 线列和大面阵等类型,超大规模面阵的像素可以达到单片 4000×4000。此外,量子阱红外焦平面探测器、超晶格红外焦平面探测器、APD 面阵焦平面探测器等,已进入实用化阶段。

新型红外传感器发展迅速。在低成本光子型焦平面器件方面,美国 RTI 公司成功研制出了室温工作 640×512(15μm)阵列的溶胶量子点(CQD)近红外探测器焦平面,响应波段为 0.4—1.7μm。目前正在研制 1280×1024 阵列的 CQD 红外焦平面器件。CQD 红外焦平面发展的技术方向是:多波段(中波红外、长波红外)、大面阵、小像元。二维材料(石墨烯、黑磷、TMDs 等)及钙钛矿材料作为新型红外探测材料在 2017 年得到更深入而广泛的研究。

(五) 微电极眼动追踪传感器取得重大进展

比利时科技人员在眼动追踪传感器方面取得重大进展,发明了微电极眼动追踪传感器,解决人眼控制光标浏览屏幕菜单和进行选项,如图 3.9。微电极眼动追踪传感器有四个微电极贴在眼睛周围,其中两个微电极用于探测眼球的水平运动,两个微电极用于探测眼球的垂直运动,可实时探测眼球转动时周围肌肉产生的微小的生物电脉冲,建立了眼球视线中心的定位模型,微电极采集眼球的水平和垂直方向的生物电脉冲,经过处理后成为眼球视线中心的定位信息。与相机眼动追踪传感器相比,微电极眼动追踪传感器的功耗降低 2 个数量级,微电极每秒可采集 2000 个信号,速度提高 3 个数量级。微电极眼动追踪传感器可用于直接用眼睛操作计算机显示屏上的光标。

(六) 磁传感器助力"全源定位和导航"(ASPN)系统

如图 3.10 美国空军研究实验室研发出"全源定位和导航"(ASPN)系统,解决了在没有 GPS 信号时飞机的定位和导航。"全源定位和导航"系统包括惯性测量

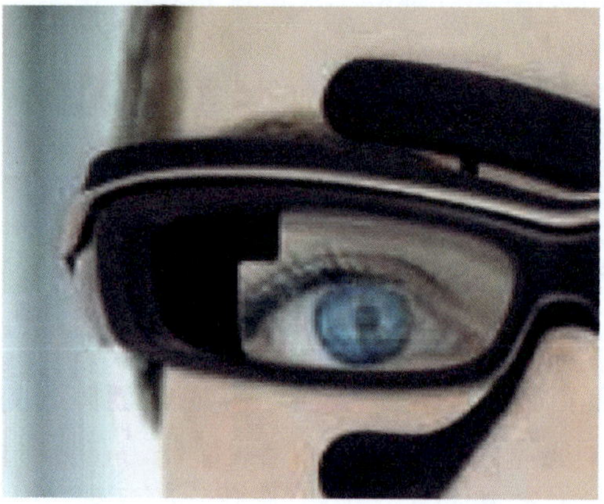

图 3.9 微电极眼动追踪传感器

单元和高精度时钟、相机、磁传感器、气压计、GPS 接收机、信息处理单元等。在“全源定位和导航”系统中，预装经过处理的卫星图像数据库。当有 GPS 信号时，GPS 接收机进行定位，与电子地图结合实现导航，自动实时修正惯性测量单元和高精度时钟的误差。当没有 GPS 信号时，“全源定位和导航”(ASPN)系统自动转入惯性定位与导航状态，相机提供图像匹配定位，磁传感器提供寻北数据，气压计提供高度数据，所有数据经过融合后实现没有 GPS 信号时飞机的定位和导航。目前，“全源定位和导航”(ASPN)系统已在多种海、陆、空平台上进行了测试。

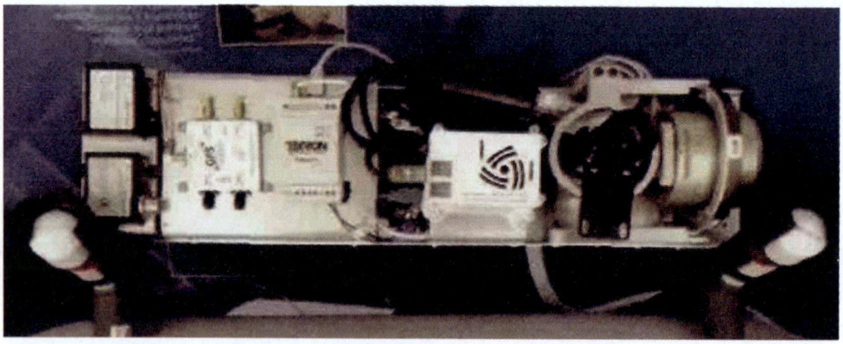

图 3.10 “全源定位和导航”(ASPN)系统

(七) 化学生物传感器向着微型化、集成化、智能化方向发展

随着微纳加工技术与纳米敏感材料的发展，化学生物传感器向着微型化、集成化、智能化和多功能化的方向发展，呈现出灵敏度更高、选择性更强、检测速度更快等主要特点，主要发展趋势如下：

一是基于新型纳米材料的高灵敏度化学生物传感器。石墨烯、二硫化钼等二维纳米材料的发展为化学生物传感器的纳米敏感膜提供了更广的研究思路和方案,这些纳米材料的应用直接促进了传感器向高灵敏度发展。

二是基于柔性衬底的可穿戴式化学生物传感器。柔性衬底加工而成的化学生物电极等为可穿戴、可植入的化学生物传感器提供可能,柔性衬底替代硅基刚性衬底,使得传感器与待测物之间能够更好地接触或贴合,提高了检测准确度。

三是基于微流控芯片技术的新型化学生物传感器。微流控芯片是化学生物传感器的重要分支,单细胞检测、器官芯片等新兴技术的发展,颠覆了医疗诊断、药物筛选等领域的主流技术,为这些应用提供了新的手段。

四是仿生化学生物传感器。仿生传感器主要由两部分组成,生物功能部件作为敏感元件,与目标分子或离子结合并产生特异性的响应;微纳传感器作为换能元件,将响应信号转化为更易于处理和分析的光、电等物理信号。嗅觉和味觉仿生传感器已取得突破性的进展,并开始在基础研究和实际应用中崭露头角。与传统气相和液相检测仪器相比,嗅觉和味觉仿生传感器部分继承了生物化学感受系统具有的优点,在灵敏度、响应时间、特异性等指标上都略胜一筹,在环境监测、食品安全、疾病检测等多个领域具有广阔的应用前景。

二、我国发展现状

(一) 国产 CCD 图像传感器在工程应用方面取得突破性进展

2017 年,国产 CCD 图像传感器技术在卫星遥感等军事应用方面取得了长足进步,其中高速 CCD 技术已取得工程应用,多光谱 TDICCD、长线列 CCD 也取得工程订货,与国外差距显著缩小。CCD 探测器实现了从单线列到多光谱的跨越,长线列、多光谱 TDI 和大面阵器件性能达到国际主流技术水平,并成功实现卫星载荷批量订货,从之前完全依赖国外进口,到 2017 年实现主流 CCD 图像传感器批量配套,打破了国外对我国航天用核心元器件的垄断,初步实现了航天高性能图像传感器的国产化自主保障。2016 年底发射的风云四号卫星闪电成像仪载荷,首次搭载国产 CCD,在 2017 年初成功获取闪电分布图,成为国产 CCD 工程化应用的标志性成果。后续的多光谱 TDI CCD、12000 元长线列 CCD 等国产器件也将陆续进行工程应用,标志国产 CCD 在航天领域已经具备实用化能力。

在 CIS 方面,国内研究人员图像传感器传统关键参数提升上取得较大进展。一是像素设计优化,如通过 TDI-CMOS 图像传感器像素设计和布局,可实现低噪声信号积累和全局快门曝光,具有实现高扫描速度和高 TDI 级数的潜力;基于标准 CMOS 工艺的 3T 有源像素设计也可实现低噪声成像;1T 像素设计仿真,性能类似 3T 有源像素。二是紧跟国外先进发展水平,开发新型器件,如已实现基于盖革模式雪崩光电二极管(GM-APD)和数字 TDI 的高灵敏度 CIS。三是基础工艺提升,为先进图像传感器的制造打下坚实基础,如进行了基于硅通孔(TSV)的 3D 晶圆级芯片级封装工艺开发。

(二) 国产压力传感器推陈出新

歌尔股份有限公司于 2017 年 7 月发布了全新一代数字气压传感器,拥有目前市面上面向消费类电子应用的超小尺寸:2.0mm×2.0mm×0.76mm。该传感器选取了英飞凌科技公司的气压传感器芯片,采用了新型的电容式感应原理,同时结合歌尔先进的封装方式,打造出一款拥有极低固有噪声、宽幅压力测量范围、良好温度稳定性、超低功耗以及超高精度的气压传感器产品。

琻捷电子 2017 年底成功推出了其公司自主研发并已经实现量产的国内第一颗车规级汽车轮胎压力传感器监测芯片 SNP70X(数据来源 http://senasic.com/)。SNP70X 采用 SIP 系统集成封装,整合了压力传感器、加速度传感器和拥有完全自主知识产权的主控 ASIC,封装尺寸为 6mm×5mm,是目前全球市场上实现量产的汽车轮胎压力传感器芯片(TPMS)里面尺寸最小的。该公司成为国内唯一一家车规级汽车轮胎压力监测芯片供应商。

2017 年 9 月,清华大学研究团队在《美国化学学会·纳米》(*ACS Nano*)上发表了题为《用于动作探测的石墨烯纸基压力传感器》(*Graphene-Paper Pressure Sensor for Detecting Human Motions*)的研究论文,实现了石墨烯纸压力传感器灵敏度的进一步提升,此项成果对于柔性智能可穿戴传感器的发展具有重大意义。

(三) 电场传感器向微型化方向发展

国内外大气电场探测技术发展相对比较缓慢,目前主要以场磨式地面大气电场仪为主要探测手段。场磨式电场仪存在机械磨损部件,故障率较高,也存在功耗大(≥2W)、价格昂贵、结构复杂等问题,难于大规模布置建成真正的雷电监测和预警网络。随着微电子机械系统(MEMS)技术的发展,国内外多家研究单位相继报道了多种 MEMS 微型电场传感器。与传统的电场传感器相比较,MEMS 电场传感器具有体积小、功耗低、成本低、易批量生产等优点。中国科学院电子系研究所研究员团队经过十余年的深入研究,成功研制基于 MEMS 技术的电场传感器系列创新产品,包括地面大气电场传感器、探空大气电场传感器、三维电场传感器,以及面向智能电网应用的电场传感器,已实现小批量生产和应用。

2017 年 8 月,南网科研院在特高压工程技术(昆明)国家工程实验室成功测试了自主研发的芯片级直流电场 MEMS 传感器。这是国际上首次将微机电系统(MEMS)技术应用于直流输电电场测量,可广泛应用于电力行业的设备精细化设计、在线监测、电磁环境评估,以及气象部门的雷电观测预警、电动汽车驾驶舱电场检测、航空器等升空后大气环境电场监测等领域。

与传统的场磨型传感器相比，MEMS 传感器尺寸小，重量轻，仅为场磨型传感器的 1‰，功耗低，仅有 3 毫瓦，同时由于体积小可减少畸变，大大提高测试精度。该小微传感器是南网科研院依托基础性课题《基于 MEMS 和无线供能技术的集成直流合成电场传感技术研究》于近期成功研制出的样片。该样片通过将静电梳齿驱动和单层侧壁式感应电极结构刻蚀在 300 微米厚的二氧化硅晶圆上，形成 5mm×4mm×0.3mm 的传感器芯片，以此为核心与外围电路共同封装研制构成传感器样机。南网科研院首次探索研发的这个芯片级 MEMS 传感器，也是国内外首次将 MEMS 技术应用于直流输电电场测量。

(四) 军民融合需求带动新型低成本红外传感器创新发展

在国内，在中国电子科技集团、中国兵器工业集团、中国科学院、中国航空工业集团等行业内，已形成了从红外探测材料、器件芯片、读出电路、封装、微型制冷的完整产业链，基本具备自主研发高性能红外焦平面传感器的基础条件，具有小批量生产能力，性能指标与国外同类产品相当。

在军民融合的需求牵引下，低成本的新型红外传感器不断发展，呈现出研究单位分布广、研究材料体系多等趋势，除了传统的红外技术研究所如兵器 211 所、中科院上海技物所、中电集团 11 所为主的科研所之外，华中科技大学、国家纳米中心、中科院苏州纳米所、北京大学、清华大学、南京大学、国防科大、北京理工大学等科研院所也开展相关研究。我国科学家在新型红外探测前沿技术研究与国际同行平分秋色，在国际知名期刊发表了有影响力的研究成果，尤其在石墨烯红外探测器、掺杂型石墨烯、大面积石墨烯单晶、石墨烯量子点、石墨烯异质结、胶体量子点等研究方面取得重要进展。

(五) 全固态紫外传感器持续进步

新结构、新材料的使用，大幅提升 GaN 基紫外传感器的性能。GaN 基固态器件一是继续攻关材料生长技术，蓝宝石衬底和硅衬底上 AlGaN 外延材料质量得到改善。二是研究新型器件结构，包括新型 APD 结构、金属-绝缘体-半导体（MIS）结构、极化电场调控结构。三是日盲成像器件进一步向实用化发展，320×256 像素焦平面阵列均匀性得到改善，320×256 像素相机已经制备。四是产品化进一步推进，已推出工作波段 250—280nm 的 UVC 紫外传感器产品。

SiC 紫外探测器方面，探索了新材料和新结构的，如石墨烯/SiC 探测器、基于空穴雪崩的探测器、表面等离子增强探测器。ZnO 紫外探测器方面，同质结、异质结探测器均得到研究，研究了在玻璃衬底上制备 ZnO 紫外探测器，采用表面等离子效应提升响应度，如图 3.11。

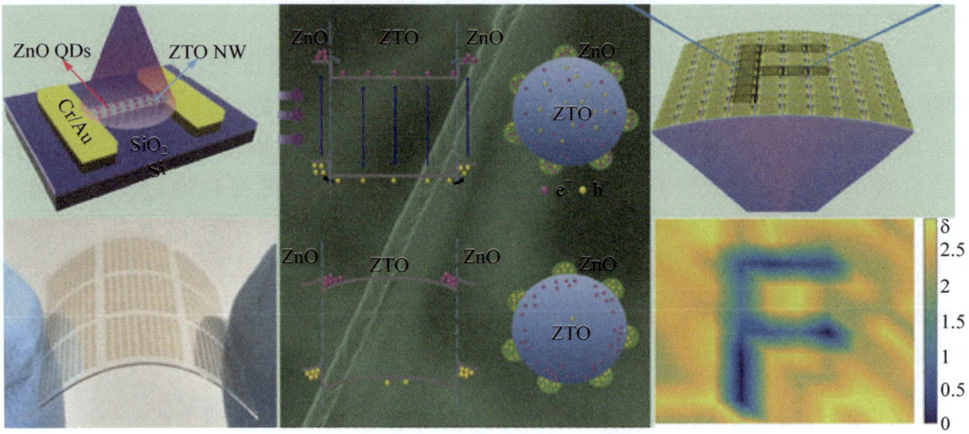

图 3.11　柔性紫外图像传感器的原理及其成像效果

（图片来自 www.opticaljournal.net，半导体所等在柔性紫外成像研究方面取得进展）

中国科学院半导体研究所与香港科技大学的联合团队在柔性紫外成像研究中取得新进展，研制出具有体积小、可弯曲甚至折叠等特点的柔性紫外图像传感器，以满足柔性电子领域的应用需求。

其他紫外探测器方面，研究了电子轰击 CMOS 图像传感器；表面等离子效应提升 Ga_2O_3 探测器响应度；可用于可穿戴设备的柔性石墨烯/超薄硅探测器；有机紫外探测器在空气中的长期稳定性和耐湿热性提升。

(六) 化学生物传感器领域形成良好布局

我国在化学生物传感器领域的研究非常活跃，无论学术界还是产业界，都有良好的布局。

在基于新型纳米材料的高灵敏度化学生物传感器研究方面，中科院上海微系统所、华东师范大学、中科院新疆理化所等单位以毒品、爆炸物等为研究对象，分别通过调控荧光分子聚集态结构、构建硅纳米线-氧化锌-石墨烯的光电肖特基传感器、建立荧光聚酰亚胺共价有机框架等方法，将新型毒品的检测限推进到阿克量级。吉林大学新研制的 YSZ 固体电解质高温（>600℃）气体传感器的 NO_2 检测下限已达 ppb 量级，可用于机动车尾气检测。

在柔性衬底新型化学生物传感器方面，清华大学研制的用于无创血糖监测的电化学双通道类皮肤生物传感系统，在人体皮肤表面实现医学意义上的无创血糖测量，并具有医疗级精度。中科院苏州纳米所研发了可用于皮肤水分检测的柔性可穿戴离子型湿度传感器，将传感器芯片与汗液导汗带集成封装，可舒适便捷地佩戴与人体额头区域，可对人体运动过程中电解质离子进行实时连续地分析监测，尤其是对运动员、抢险急救人员、军人在执行高强度任务过程中的生理健康状况具有预警和指导意义。

在微流控芯片方面，中科院电子所提出基于“压缩通道”的单细胞电学特性、力学特性和蛋白绝对定量检测的新的方法，区分不同肿瘤来源的循环肿瘤细胞。中科院青岛能源所将光学检测与细胞液滴技术耦合，实现单细胞拉曼光谱的高通量表征。北京大学基于液滴微流控的方法实现单细胞层面拷贝数变异的绝对量化。上海交大发展了大序列单细胞捕获芯片，实现稀有肿瘤细胞代谢活性的高通量检测。厦门大学发展了基于流体力学分离与免疫识别的微流控芯片，实现循环肿瘤细胞富集和抗原表达的量化检测。大连理工大学在器官芯片肾模拟研究方面取得创新研究进展，为器官芯片最终取代动物实验进行新药开发迈出了坚实的一步。

仿生化学生物传感器方面，浙江大学研究了基于转基因技术的在体生物电子鼻，使大量嗅感觉神经元表达该特异性受体，在气味刺激下产生响应，有效提高了在体生物电子鼻的检测灵敏度和可靠性；构建了结合脑机接口技术的在体生物电子舌，可以正确区分不同类型的味觉物质，如苦、甜、酸和咸，还可以区分人工糖和天然糖，如蔗糖、葡萄糖与安赛蜜、糖精等。

三、我国未来展望

在可见光图像传感器方面，我国正努力缩短与国外先进水平的差距，提出了新的像素设计，对晶片级封装研究也在深入。另一方面，人工智能时代和认知时代将需要新的颠覆性图像传感器，如 3D 成像芯片和智能成像芯片，在该领域，应加紧科技研究和战略布局。

在红外传感器方面，在军民融合的需求牵引下，红外传感器技术将持续发展，在提高性能的时候，在提升产品成熟度、工艺成熟度、可靠性等方面进行攻关，提高产能，降低成本，向军民领域广泛应用。

在紫外传感器方面，紫外真空器件在天文研究等领域优势明显，应加快 GaN 光电阴极的研制。同时，大力发展全固态紫外传感器，进一步提高 AlGaN、SiC 材料外延质量，优化器件结构或探索器件新结构，将(Al)GaN 紫外雪崩探测器向实用化推进。未来，紫外传感器可能将大量应用在可穿戴设备中，应重视柔性紫外传感器的研发。

在力学传感器方面，高端惯性系统市场迎来许多新机遇，包括机器人、工业自动化、自动/无人驾驶汽车、船舶、飞机和无人机、结构监测、可重复使用航天运载器和微型卫星等。预计这些应用，将使得高端惯性系统市场保持长期增长。机器人时代正在到来，许多传感器在该领域竞争。同时，目前国内在高端传感器领域的缺口非常大，国产传感器产业任重而道远。以人工智能和 MEMS 力学传感器(压力和惯性传感器)为基础的“AI+”产品及应用势必掀起下一轮 MEMS 力学传感器需求的爆炸性增长。

在电场传感器方面，MEMS 电场传感器未来将广泛应用于电力行业的设备精细化设计、在线监测、电磁环境评估，以及气象部门的雷电观测预警、电动汽车驾驶舱电场检测、航空器等升空后大气环境电场监测等领域，解决了传统测量装置精度低、可靠性差、不适用于狭窄空间测量等问题，市场前景广阔，应用价值巨大。

在化学生物传感器方面，正在向集成化、多功能、微型化等方面发展，与国外有较大的差距，需要从如下几个方面加强投入：面向空天信息获得的化学生物传感器；面向公共安全危化品、毒品和爆炸物快速检测的化学生物传感器；面向精准医疗的单细胞检测微流控芯片和器官芯片；新型仿生化学生物传感器；柔性化学生物传感器。

四、我国热点亮点

(一) MEMS 传感器规模制造技术取得突破

长期以来，国内 MEMS 传感器市场一直被境外产品主导，究其原因，主要是规模制造能力薄弱，使得国产产品性价比不高，缺乏市场竞争力。与集成电路主要制造晶体管这样的标准结构不同，MEMS 制造的核心是微机械结构，涉及三维加工、结构应力控制等集成电路制造不存在的问题，集成电路工厂只有解决了这些问题，才能进行 MEMS 规模制造。图 3.12 为 2014 年和 2015 年全球 MEMS 代工厂的营收排名对比，其中没有任何一家中国大陆企业的身影。

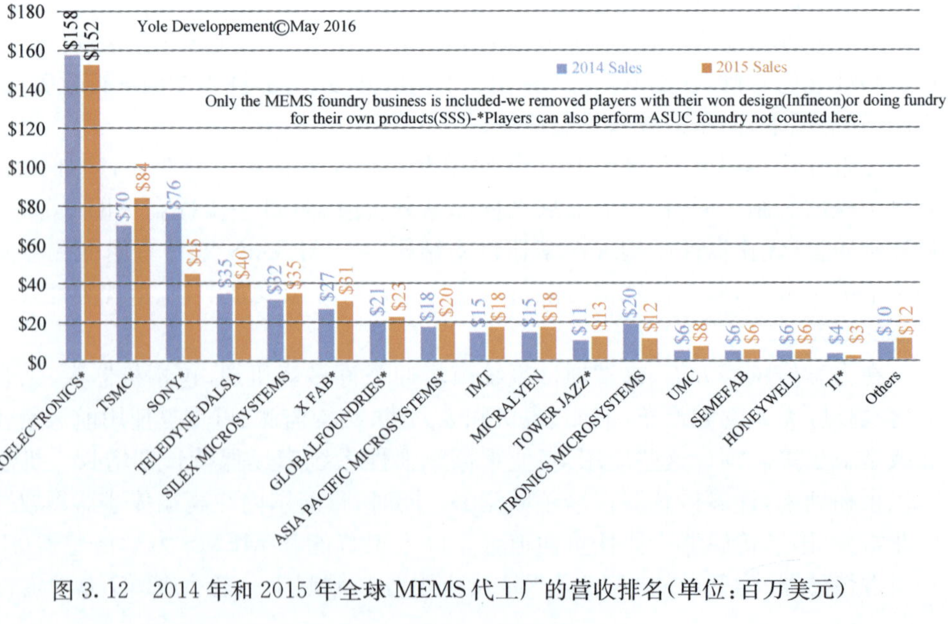

图 3.12　2014 年和 2015 年全球 MEMS 代工厂的营收排名(单位：百万美元)

为了解决中国 MEMS 规模制造的瓶颈问题,在国家相关项目的支持下,中科院上海微系统所、北京大学、东南大学、江苏物联网研究发展中心等单位,依托无锡华润上华科技有限公司集成电路生产线,重点开展集成电路与传感器集成制造技术研发,突破了基于集成电路生产线进行 MEMS 芯片加工、封装和在线测试等 MEMS 规模制造关键技术,建立了专业化的 MEMS 规模制造技术开放代工平台。2017 年,其 MEMS 产品代工客户数从起初的数家增加到 30 多家,代工的年出片量从起初的不足千片增加到 26000 片以上,产品平均成品率超过 95%,实现了规模生产,大幅提升了我国 MEMS 规模制造能力,带动了一批 MEMS 中小企业的成长,促进了我国 MEMS 的产业化。

与此同时,资本也在助力我国 MEMS 规模制造能力的提升。中国资本于 2015 年收购了全球最大的 MEMS 纯代工企业 Silex Microsystems 98%的股权,后被转让给上市公司北京耐威科技股份有限公司(以下简称"耐威科技")。2017 年 12 月,耐威科技非公开发行 A 股股票的申请获得证监会发行审核委员会审核通过。国家集成电路产业投资基金拟合计投入 20 亿资金,与耐威科技在北京建设 3 万片年产能的 8 英寸 MEMS 生产线,通过引入耐威科技旗下 Silex 代表国际先进水平的 MEMS 晶圆制造能力,建设国内高水平的 MEMS 晶圆制造平台。

2017 年 12 月 19 日,杭州士兰微 2017 年 12 月 19 日发表公告:《士兰微:关于与厦门市海沧区人民政府签署《战略合作框架协议》的公告》,杭州士兰微电子股份有限公司与厦门市海沧区人民政府签署战略合作框架协议,拟联手厦门半导体投资集团在海沧区建设两条 12 寸 90—65nm 的特色工艺芯片生产线,规划投资额 170 亿元,产品定位为 MEMS、功率半导体器件及相关产品。

2017 年 12 月 1 日,致力于"超越摩尔"产业发展的创新平台上海微技术工业研究院运营的 8 英寸"超越摩尔"研发中试线首款传感器产品近日获得验证通过,正式宣告研发中试线通线成功。研发中试线着重开展表面硅、体硅、3D 微纳加工工艺的开发,并根据"超越摩尔"产品和技术特点部署 MEMS、硅光子、射频、硅基 III-V 族、3D 集成、MR 磁、功率及生物等相关工艺和量测设备,提供全方位的产品研发、小批量生产、技术培训、设备验证等服务。

(二) 指纹识别传感器居安卓阵营行业第一

2017 年 11 月,国家集成电路产业投资基金(简称大基金)斥资 28.3 亿元斩获汇顶科技 6.65%股权,成为汇顶科技第四大单一股东。汇顶科技也成为大基金投资的第 17 家 A 股公司。汇顶科技于 2016 年登陆沪市,是国内领先的指纹识别传感器和触控芯片设计公司。2017 年,汇顶科技营收 36.81 亿元(其中指纹识别传感器占比 79.79%),同比增长 19.56%,净利润 8.87 亿元,同比增长 3.5%。2017 年,汇顶科技超过瑞典 FPC,成为安卓阵营指纹识别传感器全球第一供应商。汇顶科技还拥有多项创新技术，例如①发布屏下光学指纹识别技术；②全球首创超薄指纹识别方案并商用；③全球首创活体指纹识别方案 Live Finger Detection 并商用；④全球首创单芯片指纹识别方案并商用；⑤全球首创隐藏式指纹识别方案 IFS 并商用，获得国际国内 160 多家知名品牌旗舰智能手机的广泛使用。

兆易创新 2017 年 12 月 30 日发布公告《兆易创新：重大资产重组继续停牌暨进展公告》，公司收购上海思立微电子科技有限公司（以下简称“思立微”）100%股权。思立微的主营业务为新一代智能移动终端传感器 SoC 芯片和解决方案的研发与销售，主要产品包括指纹识别传感器（包括电容式和 MEMS 超声波式）、触控传感器等相关电子元器件，其产品广泛应用于智能移动互联网终端，产品市场具有较高技术壁垒。自从 2017 年思立微自进入华为供应链后，出货量快速提升，稳居安卓阵营指纹识别传感器行业第三位置。

（三）可穿戴传感器发展活跃

2017 年，与个人密切相关的可穿戴传感器发展活跃。一是随相关基础科学、微电子、微机电/微光机电、移动互联网、大数据、云计算等科技的快速发展，奠定了开发可穿戴传感器的良好条件。二是可穿戴传感器向多传感器集成与数据融合、与云、端互联的方向发展。三是传感器使用方式向非接触和植入式传感器发展，表皮传感器可紧贴在皮肤表面，有与皮肤相似的物理性质，能够与皮肤共同运动，测量生物电、加速度、心率、体温、湿度、血氧、呼吸频率等多种生理参数，植入式传感器能够直接与被测物接触，可使用荧光、电化学、亲和力等方法测量人体葡萄糖、病毒细胞、蛋白质和离子浓度等生物参数，通过蓝牙技术和无线网络实现读到手机、平板计算机移动终端，支持远程诊断等，用户体验更好，四是传感器在人体健康、医疗、运动科学、军事等方面应用广泛。2017 年，可穿戴传感器市场规模以两位数增长。估计到 2020 年，全球可穿戴传感器市场规模将达到 340 亿美元。

（四）新型传感器成为研究热点

二维半导体光电传感器成为前沿研究热点。二维半导体表面没有悬挂键且不受晶格匹配的限制，可与多种材料的纳米结构、量子点等集成为范德瓦尔斯异质结的光电探测器，原子层厚度的二维半导体具有的透明性、柔软性在穿戴光电子器件方面有重大应用前景。

光纤传感器集感知与传输于一体，可实现远距离、大范围的传感与组网，可连续感知光纤传输路径上每一点物理参量的空间分布和变化信息等，例如海水温度、盐度、深度、压力、叶绿素、溶解氧、pH 值、水声探测、应变、振动等。

石墨烯纸基压力传感器研究取得重要进展。通过热还原手段将多层混合氧化石墨烯溶液与纸转变为多层石墨烯纸，利用石墨烯纸层间空气通道和纸的微孔结构,使石墨烯纸在压力作用下阻值发生显著变化,从而大幅度提高对压力探测灵敏度。石墨烯纸基压力传感器在可穿戴传感器方面可用于脉搏、呼吸以及多种运动状态等生理参数的精确检测。

纳米传感器,利用纳米尺度的材料将待测物的物理、化学或生物信息转换成可测量的光电等信号,可以更精细、更灵敏、更有针对性的感知微观世界,发展了包括纳米孔技术、单颗粒光谱、局域等离子体、纳米荧光探针、热电材料、光热传感、应力/应变等纳米光学传感器、纳米电化学传感器、纳米生物传感器、纳米应力/应变传感器等。

中科院合肥物质科学研究院合肥智能机械研究所在纳米气敏传感器取得重要进展,以多孔单晶纳米带和三维分级纳米结构为敏感材料,设计合成了氧化锌多孔单晶纳米带,成功构建了高灵敏和高稳定性的薄层多孔单晶氧化锌纳米气敏传感器,对挥发性有机污染物的高灵敏和高稳定性敏感响应。

五、领域年度热词

热词 1:3D 成像传感器

基本定义:3D 成像可在二维成像的基础上,实现像素景深叠加,记录场景内目标的立体信息,供信号处理端完整复原。3D 成像将推动人脸识别、虹膜识别、手势控制、机器视觉等应用,是人工智能(AI)和增强现实(AR)时代的关键传感技术。

应用水平:3D 成像和传感技术已经在消费市场开始应用,未来将逐步拓展应用到工业领域。在消费类市场,2017 年,苹果在其 iphone8 中引入前置 3D 成像模块,此举推动了 3D 成像和传感产业的发展,2017 年被视为 3D 成像元年。2019 年,iphone 将引入后置 3D 成像模块,安卓阵营 2018 年开始导入 3D 成像技术,2019 年加速渗透。预计至 2022 年,3D 成像和传感器件的市场规模将达 90 亿美元,3D 成像器件出货量将超过 10 亿颗。在工业领域,随着工业 4.0 的崛起,传统 2D 成像技术在复杂物体识别和尺寸测量以及互动应用方面非常受限,机器人更多地使用视觉系统引导,需要 3D 成像技术提供更好的远程指导、障碍物识别和准确移动,提高机器人系统的自主性和有效性。

热词 2:石墨烯

基本定义:由 sp^2 杂化碳构成的具有六角结构的单层或少数层数碳薄膜,它是石墨、碳纳米管、富勒烯的基本结构单元。

应用水平:由于具有近室温工作、探测波段可调制、响应速度快及柔性等特点,国内外非常重视石墨烯基光电探测器的研究。在国外很多研究机构和计划都资助了石墨烯基光电探测器研究,比如美国美国国防高级研究计划局(DARPA)和欧洲石墨烯旗舰计划,目前芬兰 Emberion Oy 公司研制出了商业化的单元石墨烯光电探测器。国内石墨烯基光电探测器的研究主要以前沿性、基础性研究为主，目前研究阶段尚属于探索和预研阶段，预计近几年会取得应用。

热词 3：石墨烯柔性压力传感

基本定义：石墨烯柔性压力传感在小应变扰动下石墨烯没有电敏感，有巨大潜力作为触摸屏显示和柔性电子设备的电极材料。"石墨烯柔性压力传感"与传统压力传感器相较，具有超高灵敏性、超高柔韧性及微米级的厚度，可满足不同的结构设计要求，使得终端产品的个性化设计成为可能；广泛应用于柔性可穿戴电子、机器人仿生皮肤、人体医学监测及其他军工领域。

应用水平：柔性压力传感器因在人体运动识别、生理信号监测、人机交互等领域的广阔应用前景而备受关注。但是关于这方面的研究才刚刚起步，大多处于理论研究与建模仿真阶段，且制备高质量单层或几层石墨烯技术还不够成熟，距离将其用于日常生活还有很长时间，这需要科研工作者付出更多的努力。

热词 4：量子点

基本定义：是一种尺寸小于波尔半径的零维纳米材料，由于量子效应而表现出与体材料不同的光学和电学性质，而且这些光学和电学性质等可由量子点的尺寸、形貌、掺杂等进行调控，从而在光电子领域表现出重要而广泛的应用前景。

应用水平：由于兼具光子探测器的快速响应及量子点材料的近室温工作等特点，量子点红外探测器近几年在国际上备受关注。在国外，美国 RTI 公司进行了 PbS 量子点短波红外（400—1700nm）焦平面（640×512）探测器的研制及成像演示。在国内，兵器 211 所设计、合成、制备了一系列不同响应波段的量子点材料，并研制了单元光电探测器，目前正在研制量子点焦平面探测器。国际上量子点红外探测器距离大规模商用应用尚需时日，但若提高了量子点薄膜的均匀性，拓展了中波及长波红外的探测波长，量子点光电探测器将会在军民两用市场取得巨大应用，并对非制冷红外探测市场产生巨大影响。

热词 5：二维材料

基本定义：一种原子层厚度构成的单质或化合物层状材料。层内的原子以共价键结合，层间以弱的范德瓦尔斯力结合，表现出独特的电子、光学及机械性能。

应用水平：由于材料种类多，能带可调，柔性加工等特点，近年来二维材料在光电探测领域的研究备受关注。国内外目前尚处探索和预研阶段，目前还未有相关商用的产品取得应用。

热词 6：微弱紫外光探测器

基本定义：在天文等应用中需要探测微弱的紫外光信号，要求紫外传感器具有内部增益，放大微弱紫外信号。GaN 基光电阴极、(Al)GaN 和 SiC 紫外雪崩光电二极管是国内外研究的重要方向，发展较快。

应用水平:紫外天文对研究宇宙发展、星球资源勘探等有重要作用,美国家航空航天局(NASA)等机构将 GaN 基紫外光电阴极列为几项重要研究目标之一,并针对紫外天文应用开展了(Al)GaN 雪崩探测器及阵列的研究。紫外通信具有保密性高、短距离内可非视距通信等优点、芥子气等生化战剂在紫外区存在特征谱,美国国防部先进计划研究局(DARPA)开展日盲紫外雪崩探测器的研究,期望在紫外通信系统以及紫外生化战剂探测系统中取代笨重、易碎的光电倍增管。

热词 7:无人驾驶

基本定义:无人驾驶汽车是一种智能汽车,也可以称之为轮式移动机器人,主要依靠车内的以计算机系统为主的智能驾驶仪来实现无人驾驶。它是利用车载传感器来感知车辆周围环境,并根据感知所获得的道路、车辆位置和障碍物信息,控制车辆的转向和速度,从而使车辆能够安全、可靠地在道路上行驶。无人驾驶汽车从根本上改变了传统的"人—车—路"闭环控制方式,将不可控的驾驶员从该闭环系统中请出去,从而大大提高了交通系统的效率和安全性。无人驾驶汽车集自动控制、体系结构、人工智能、视觉计算等众多技术于一体,是计算机科学、模式识别和智能控制技术高度发展的产物,也是衡量一个国家科研实力和工业水平的一个重要标志,在国防和国民经济领域具有广阔的应用前景。

应用水平:从 20 世纪 70 年代开始,美国、英国、德国等发达国家开始进行无人驾驶汽车的研究。目前,在可行性和实用化方面都取得了突破性的进展,无人驾驶汽车已经在许多国家投入使用,包括日本、瑞典以及美国等。近两年,无人车项目受到外界越来越多的商业化质疑。2018 年 03 月 20 日,美国亚利桑那州发生 *Uber* 公司无人驾驶车辆撞死行人的事故,该公司已暂停无人驾驶车辆在美国和加拿大的测试计划。我国从 20 世纪 80 年代开始进行无人驾驶汽车的研究,国防科技大学在 1992 年成功研制出我国第一辆真正意义上的无人驾驶汽车。2018 年 4 月 18 日,无人驾驶清洁车队亮相上海市松江区,并在上海启迪漕河泾科技园试运营。

热词 8:器官芯片

基本定义:器官芯片(Organs-On-Chips)是一种利用微加工技术,在微流控芯片上制造出能够模拟人类器官的主要功能的仿生系统。除了具有微流控技术微型化、集成化、低消耗的特点外,器官芯片技术能够精确地控制多个系统参数,如化学浓度梯度、流体剪切力,以及构建细胞图形化培养、组织-组织界面与器官-器官相互作用等,从而模拟人体器官的复杂结构、微环境和生理学功能。

应用水平:经过近几年来的快速发展,研究人员已经在微流控芯片上实现了众多人体器官的构建,如芯片肝、芯片肺、芯片肠、芯片肾、芯片血管、芯片心脏以及多器官芯片等。不仅如此,知名研究单位和制药公司之间的合作已使器官芯片步入了实用阶段。荷兰生物技术公司 Mimetas 研发了一种芯片肾,并与几家制药公司达成了应用合作协议将其用于药物筛选。另外,强生公司也计划利用哈佛大学

wyss 生物工程研究所隶属 Emulate 公司的人体血栓仿真芯片系统进行药物试验，并利用肝芯片测试药物的肝毒性。但总体仍处于实验室阶段，距离真正的应用还有一定距离。

热词 9：单细胞分析技术

基本定义：单细胞分析技术是指在单细胞层面对细胞的各种性质进行检测和分析，如单细胞基因测序、单细胞蛋白检测、单细胞质谱分析、单细胞电学特性检测等，其中最引人注目的是单细胞测序技术（Single-Cell Sequencing）。

应用水平：近年来，单细胞层面的研究近年来经历了井喷式的增长，在高品质期刊上发表的单细胞分析技术的研究成果屡见不鲜。然而，其应用主要体现在基础研究中。目前临床上唯一被使用的单细胞检测法是胚胎植入前遗传学诊断（PGD，Preimplantation Genetic Diagnosis）。但开发出相应的技术并在临床上被接受还有一段路要走。

热词 10：仿生传感器

基本定义：仿生传感器是近年来生物医学和电子学、工程学相互渗透而发展起来的一种新型的信息技术，比较常用的是生体模拟的传感器。仿生传感器按照使用的介质可以分为：酶传感器、微生物传感器、细胞传感器、组织传感器等。

应用水平：近年来虽然已经成功研制了许多仿生传感器，但仿生传感器的稳定性、再现性和可批量生产性明显不足，总体而言，仿生传感技术尚处于幼年期。但可以预见的是未来模拟生体功能的嗅觉、味觉、听觉、触觉仿生传感器必将出现，有可能超过人类五官的能力。

参 考 文 献

[1] S Goossens，G Navickaite，C Monasterio，et al. Broadband image sensor array based on graphene-CMOS integration [J]. Nature Photonics，2017，11(6)：366-371.

[2] Mordor Intelligence. CCD image sensors market-segmented by type(wired，wireless)，technology(frame transfer CCD sensor，full frame transfer CCD sensor，interline transfer CCD sensor)，application(consumer electronics，industrial，healthcare)，and region-growth，trends，and forecast (2018-2023) [EB/OL]. https://www. mordorintelligence. com/industry-reports/global-ccd-image-sensors-market-industry，April，2018.

[3] Global UV sensor market 2017-2021：market growth at CAGR of 29. 15%. [EB/OL]. https://www. prnewswire. com/news-releases/global-uv-sensor-market-2017-2021-market-growth-at-cagr-of-2915-300530832. html，2017-09.

[4] Mi-Hee Ji，Yuh-Shiuan Liu，Jeomoh Kim，et al. Growth and characterization of III-N ultraviolet lasers and avalanche photodiodes by MOCVD[C]. Conference on Lasers and Electro-Optics，2017：STh1C. 3.

[5] L Hahn，F Fuchs，L Kirste，et al. Avalanche multiplication in AlGaN-based heterostructures

for the ultraviolet spectral range [J]. Applied Physics Letters,2018,112: 151102.
[6] 又快又省的眼动追踪传感器. 传感器世界,2017,23(06):43.
[7] 全源定位与导航的发展与建议. 导航与控制,2017,16(06):99-105.
[8] https://baike. baidu. com/item/%E4%BB%BF%E7%94%9F%E4%BC%A0%E6%84%9F%E5%99%A8/4558283.
[9] 王平,庄柳静,秦臻,等. 仿生嗅觉和味觉传感技术的研究进展,中国科学院院刊,2017,32(12): 1313-1321.
[10] L Q Tao,K N Zhang,H Tian,et al. Graphene-paper pressure sensor for detecting human motions. [J]. Acs Nano,2017,11(9):8790.
[11] 白强,夏善红,陈绍凤等,新型旋片式空中电场传感器及应用[J]. 电子与信息学报,2004,26(4):651-654.
[12] 张星,白强,夏善红等. 一种小型三维电场传感器[J]. 仪器仪表学报,2006,27(11):1433-1436.
[13] 闻小龙,任天令,夏善红. 一种电极型 MEMS 电场传感器封装结构[J]. 电子与信息学报,2016,38(11):2960-2964.
[14] 裴强,夏善红,龚超等. 基于 MEMS 技术的微型电场传感器设计与仿真[C]. 中国微米/纳米学术年会,2003.
[15] 赵文伯,叶嗣荣,赵红等. AlGaN 日盲紫外焦平面阵列均匀性研究 [J]. 半导体光电,2017,39(2):156-159,200.
[16] J Q Wang,X J Li,LWang,et al. Design and implementation of ultraviolet imager for corona discharge detection based on solar-blind AlGaN focal plane arrays [J]. SPIE, 2017, 10462: 104624H.
[17] 镇江镓芯光电技术再次突破 国内首发 UVC 紫外传感器[EB/OL]. http://www. gano-uv. com/new. asp? Id=437,2017-08-11.
[18] 半导体所等在柔性紫外成像研究方面取得进展. www. opticaljournal. net.
[19] Tie Li,Lianhui Li,Hongwei Sun,et al. Porous ionic membrane based flexible humidity sensor and its multifunctional applications. Adv. Sci. 2017,1600404,4(5):1-7.
[20] 冯可,夏善红,吕元生. 电场传感器研究综述[C]. 中国电子学会电路与系统学会年会,2011.
[21] 李亮,皮乐晶,李会巧,等. 二维半导体光电探测器:发展、机遇和挑战. 科学通报,2017,62(27):3134—3153.
[22] 张会明. 基于石墨烯的触觉传感器及三维力解耦研究[D]. 哈尔滨工业大学,2017.
[23] 蒋圣伟,师帅,袁娇娇等. 石墨烯压力传感器的研究进展[J]. 微纳电子技术,2013,50(7):447-452.
[24] 乔维高,徐学进. 无人驾驶汽车的发展现状及方向[J]. 上海汽车, 2007(7):40-43.
[25] 杨帆. 无人驾驶汽车的发展现状和展望[J]. 上海汽车,2014(3):35-40.
[26] 麦姆斯咨询. 器官芯片-2017 版. 麦姆丝公司,2017.

专题四　测试计量

编 写 说 明

“科技要发展，计量须先行”，“没有测量就没有科学”。世界发展到今天，从科学到工程，从农业到工业，从国家安全到人民生活，测试计量技术与仪器工程的基础作用越来越显著，已成为科技创新和新技术应用的重要基础和关键支撑。

国家产业转型升级以测试计量为关键支撑，社会可持续发展和民生改善以测试计量为重要基础，国防建设和军民融合以测试计量为重要保障。

本“蓝皮书”中的测试计量专题，主要聚焦当前信息与电子工程领域测试计量技术与仪器工程的全球发展态势、我国发展现状和 2017 年热点亮点成果。

随着我国信息与电子产品及装备产业发展，光学测试计量技术、自动视觉检测技术、时频计量技术、惯性测量技术、地磁测量技术、传感技术、软件测试技术、空间计量技术、纳米计量技术等不断实现突破。这些新技术、新仪器、新成果推动了我国信息与电子产品及装备产业的质量提升。需要指出的是，目前上述领域的测试计量技术仍受限于基础研究积累不足和关键技术相对薄弱，距离“自主可控”的要求尚有一定差距。

来自中国计量科学研究院、北京航空航天大学、哈尔滨工业大学、天津大学、清华大学、北京大学、北京理工大学、东南大学、上海交通大学、国防科技大学、同济大学、中国计量测试学会、北京星河亮点技术股份有限公司、中国航天科技集团有限公司、中国信息通信研究院等单位的专家参与了本次编撰工作，在此一并表示感谢。

这是第二次编写“蓝皮书”，因时间仓促，难免存在疏漏和错误，敬请批评指正。

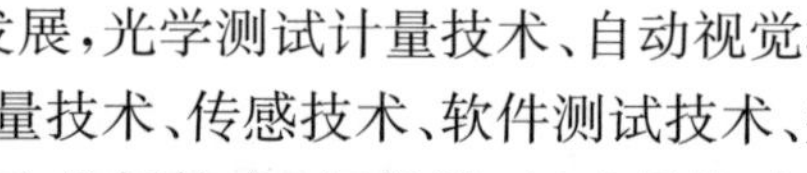

2018 年 6 月 18 日

专家组和撰写组名单

专家组

姓名	工作单位	职称
樊尚春	北京航空航天大学	教授
商广义	北京航空航天大学	教授
段发阶	天津大学	教授
郝继贵	天津大学	教授
甘海勇	中国计量科学研究院	研究员
吴钒	中国计量科学研究院	教授
何昭	中国计量科学研究院	教授
王雪	清华大学	教授
陈景标	北京大学	教授
韩立	中国科学院电工所	研究员
程鑫彬	同济大学	副教授
曾理江	清华大学	教授
赵维谦	北京理工大学	教授
曲兴华	天津大学	教授
卢荣胜	合肥大学	教授
王力军	清华大学	教授
孙洪波	清华大学	教授
王跃林	中科院上海微系统所	研究员
刘晓为	哈尔滨工业大学	教授
黄庆安	东南大学	教授
郝群	北京理工大学	教授
金玉丰	北京大学	教授
丁桂甫	上海交通大学	教授
吴学忠	国防科技大学	教授
石照耀	北京理工大学	教授
刘民	航天 514 所	总工程师
马爱文	中国计量测试学会	副理事长

续表

姓名	工作单位	职称
胡毅飞	航天计量项目办公室	主任
李得天	航天 510 所	总工程师
张力	航空 304 所	总工程师
韩春好	北京测控中心	主任
黄艳	北京市计量检测科学研究院	所长/教授级高工
张治	北京星河亮点技术股份有限公司	技术总监/教授级高工
黄晓钉	航天五院 514 所	主任/研究员
张彤	中国仪器仪表学会	高工

注:排名不分先后

撰写组

姓名	工作单位	职称
张睿	中国信息通信研究院	高工
周峰	中国信息通信研究院	高工
魏然	中国信息通信研究院	教授级高工
孟艾立	中国信息通信研究院	教授级高工
张颖艳	中国信息通信研究院	高工
曹宇琼	中国信息通信研究院	高工
果敢	中国信息通信研究院	高工

注:排名不分先后

专 题 研 究

一、全球发展态势

(一) 计量基准量子化

SI 单位制中有 7 个基本计量单位，传统上使用实物基准，但是实物基准总会在使用中发生一些变化，而且也没有更高级的手段去检验这些变化。20 世纪量子物理学的发展为解决这些问题提供了更好的手段。科学家在研究中发现，如果用原子现象来复现计量基准的量值，会达到很高的准确度，而且并不受地球等宏观量的影响。第一个得到成功的是时间计量基准“秒”。科学家用^{133}Cs 原子的一根特殊谱线的频率得到了 10^{-16} 量级的复现性，而且非常稳定。1968 年国际计量大会通过了用^{133}Cs 原子谱线的频率来定义新的时间计量基准“秒”。由于在高精度原子谱线方面的突出成绩，已经有 5 位国外科学家荣获了诺贝尔物理学奖。国际计量委员会决定在 2018 年 10 月召开大会，根据各国最好的测量结果确定“普朗克常数 h”“基本电荷 e”“玻尔兹曼常数 k”“阿伏加德罗常数 N”这 4 个常数的数值，再加上^{133}Cs 原子谱线的频率值、光速和“坎德拉常数 K_{cd}”，就可以据此建立一套新的计量基准体系，替代原来的实物计量基准体系，适应现代科研和工农业的需求。

(二) 光学领域测试计量技术

1. 光学面形测量技术

随着新一代以磁流变抛光、离子束抛光为代表的可控柔体抛光技术，以及使用计算机生成全息图(CGH)作为补偿器的干涉测量技术的日渐成熟，光学曲面已经从非球面、离轴非球面进入自由曲面时代。通过对 CGH 进行误差检定，可将自由曲面的面形测量结果溯源到长度的国际单位制。微观尺度上的亚纳米精度计量溯源可以通过激光干涉仪或衍射样板将原子力显微镜溯源到长度国际单位制，再通过可溯源的原子力显微镜校准台阶、样板等标准参考物，往下级进行量值传递。另一种途径是通过直接解析纳米结构中的原子，从而其尺寸参数可通过原子间隔作为内在量尺而确定。但是在 CGH(通常口径为 150mm 左右)的宏观尺度上实现纳米精度的计量溯源仍然是个难题。

2. 光频梳及测距应用技术

随着微腔技术的发展，光频梳正朝着集成化、芯片化方向发展。在光频梳测距方面，重点发展趋势如下：

精度提升：基于光频梳的测距方法理论精度可溯源到原子钟上。2017 年提高测距精度的研究主要集中于将飞行时间信息和干涉相位衔接，并通过光源降噪或研究实施补偿算法，提高干涉相位的稳定性。

综合性能提升：在本年度光频梳测距研究中，在保持大量程高精度的前提下，通过方法改进提高测量速度，从而提升测量系统综合性能成为研究趋势。

多目标同时测量：多目标测距研究的重点在于从掺杂的光信号中提取分离出各个目标的各自干涉信号分别进行处理，或者得到多个脉冲的飞行时间信息。基于光频梳的激光雷达目前还处于实验室原理探索阶段。

全路径空气折射率修正的简化：2017 年度开始出现用光频梳的群折射率和相折射率分别对应的光程完成全路径空气折射率修正的方法。该方法大大简化了系统，有很好的实用价值和应用前景。

3. 光学超分辨显微技术

光学显微镜以其能够进行活体显微广泛用于现代生物研究中，但受衍射效应限制，其分辨率被约束在 200nm，无法直接观测细胞内的亚细胞结构。近 20 年来，光学超分辨显微技术的发展，有效打破了衍射极限的约束。其中受激辐射淬灭显微术以其直接并快速提供超分辨结果的特性，备受生物研究者的青睐。然而，这一技术存在一定弊端，由于需要高淬灭光强来限制激发范围，难于用于活细胞成像。

（三）自动视觉检测技术及其应用

自动视觉检测技术代替人工检测已成为在线检测技术的一种发展趋势，是提升产品质量的一个重要手段。机器视觉在工业领域主要有两大方面的应用：视觉检测和视觉引导。自动视觉检测系统（又称为自动光学检测系统）是实现工业自动化和智能化的必要手段，充当着工业机器人的“慧眼”。

机器视觉技术在现代工业典型代表的汽车工业中的应用已十分广泛。它已成功地应用于车辆及零部件自动检测、零件三维定位、车身组装/加工、零件追溯等。如图 4.1 所示，包括从初始原料质量检测发展到汽车零部件 100％在线测量，再对制造过程中的焊接、涂胶、冲孔等工艺过程进行把控，最后对车身总成、出厂的整车质量进行把关。除传统三坐标测量、激光在线测量之外，蓝光扫描测量、表面缺陷测量等视觉测量方法也逐渐成为汽车质量把控的重要手段，机器视觉的引入使得汽车生产更加智能，不仅实现了车身尺寸的测量，而且基于测量数据可以对汽车进行细致多样的分析并自动产生报告，实现实时报警。

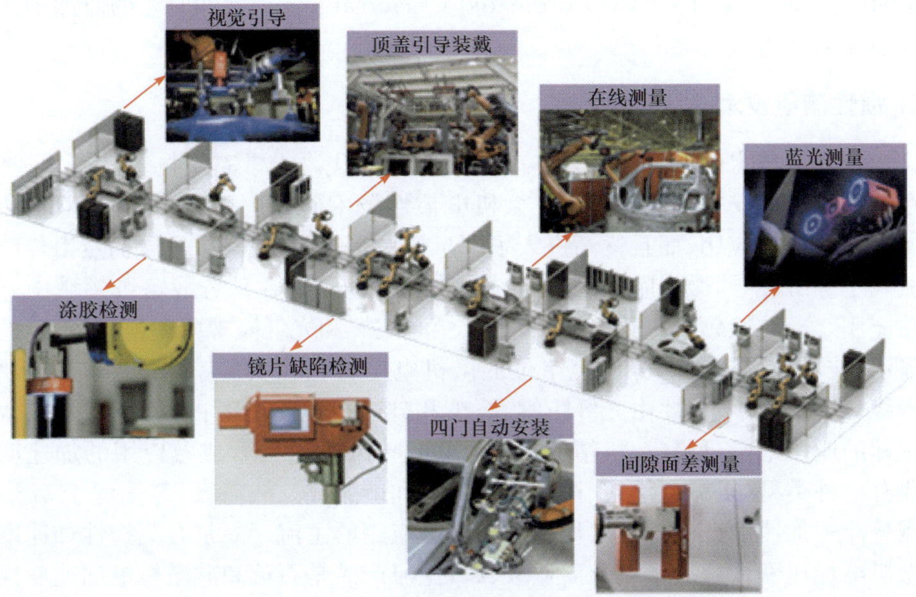

图 4.1 机器视觉技术在汽车生产线上的应用

(四) 时频计量技术

原子钟在精密测量、信息网络时间同步、国际标准时间的协调、全球导航定位系统、计量科学等基础研究领域应用广泛，当前全球发展趋势有几个方面：其一，朝向小型可搬运化发展，如中科院上海光机所在世界上首次实现空间冷原子钟实验CACES(Cold Atom Clock Experiment in Space)，2016 年 9 月 16 日上海光机所研制的冷原子钟随天宫二号空间站发射升空，随后成功实现在轨测试运行；德国PTB 利用可搬运的锶原子光晶格钟，首次实现了野外测量引力势水准差；北京大学实现了小型化钙原子束光钟等。其二，朝向高稳定度指标发展，其中包括更精密的原子谱线和超窄线宽激光的发展。如 2017 年美国 JILA 研究组实现三维光晶格囚禁锶原子费米子同位素的光晶格钟，德国 PTB 研究组在 2011 年报道了工作于 4K 低温下硅参考腔的超窄线宽激光系统。其三，朝向基于新原理新方法的原子钟发展，如北京大学在主动光钟方向的研究、烧孔效应激光稳频等。

在卫星导航定位计量领域，基于北斗等卫星导航系统进行远程时间频率传递及北斗时间传递链路校准的方法已成为国际时间频率领域研究热点。远程时间传递链路是国际原子时(TAI)合作的基础，决定了各国实验室地方协调时 UTC(k)与 UTC 之差的不确定度。TAI 合作使用的远程时间传递链路中 GPS 链路占比

83%，未纳入北斗时间传递链路，链路较单一；北斗系统预计于 2020 年完成全球布局，国际计量局已将利用北斗的时间频率传递和基于此实现北斗系统时间与国际标准时间-协调世界时 UTC(Coordinated Universal Time)之间时差的监测列入近期计划大力推进。

(五) 惯性测量技术

惯性测量技术的发展已进入光电和微机电时代。光学陀螺技术已基本成熟，并在各类领域内获得了广泛应用。微机电惯性技术研究也初见成效，不但在商业领域内获得成功应用，而且逐渐进入了军事领域。当前，战略级领域仍然由传统的机械式陀螺所主导，激光陀螺、光纤陀螺、半球振动陀螺在部分战略级领域中开始成功应用。导航级领域主要由挠性陀螺、激光陀螺和光纤陀螺所占据，但最近的进展显示，波音公司等少部分研究单位的微机电陀螺已在实验室进入导航级水平。战术级、商业级领域主要由光纤陀螺、石英和硅微机电陀螺所占据，特别是硅微机电陀螺的应用范围日趋广泛，精度接近 0.1 度/小时。目前，成熟应用的加速度计主要有三种类型：机械悬浮式、机械再平衡式和谐振式。战略级(零偏优于 5ug)由机械悬浮式加速度计占据主导地位。导航级应用的主流产品是石英挠性加速度计和微机电加速度计。战术级及商业级领域主流产品是石英和硅微机电加速度计。

(六) 地磁测量技术

地磁测量技术的发展正在进入地磁矢量和张量时代。地磁矢量测量系统由姿态测量元件和三轴磁传感器阵列为主构成，可以测量地磁场矢量和张量信息，是世界各国大力发展的地磁测量技术。澳大利亚必和必拓公司(简称澳大利亚 BHP Billiton 公司)和美国洛克希德·马丁公司(简称美国 Lockheed Martin 公司)共同开发了 FALCON 航空测量系统，其中三轴磁通门传感器采用外伸杆安装方式，测量三分量数据；惯性仪器为飞机提供姿态信息，该系统地磁矢量测量噪声水平约为 50 nT，已应用于地质测绘和勘探。

(七) 传感测试技术

MEMS 技术从根本上改变了传统传感器多品种、小批量的生产模式，成为引领未来传感器发展的方向。小型化、集成化、高稳定性将是未来 MEMS 技术发展的主要方向。MEMS 传感器已经在消费电子，智能手机，医疗系统，工业控制，能源勘探，航空航海，武器系统中扮演着越来越重要的位置。如在航空工业领域，传感器已经成为关键性支撑技术之一，先进航空发动机的研制与运行高度依赖各种高性能传感器的全方位监测控制。各种压力传感器、温度传感器、振动传感器、热流传感器、应变传感器、转速计、加速度计等密集配置于航空发动机狭小的空间内，同时承受着高温、强振动冲击、强对流冲刷和复杂电磁环境等恶劣工况的考验，这对航发用传感器提出了特殊的要求,尤其是热端部件监测用传感器所面临的工况最为极端,因而备受重视。

(八)软件测试技术

软件测试在全球电子信息发展领域是一件非常重要的研究课题和工程实践。随着软件开发技术的快速迭代以及互联网+、智能化浪潮下软件复杂性和可靠性要求的快速提升,软件测试技术的技术要求和市场需求随之大幅提升,并在安全测试、精准测试、物联网测试及云测试等细分领域深入发展。以自动化测试技术为主流方向,软件测试技术正朝着通用化、标准化、网络化和智能化的方向迈进。随着2016年人工智能领域的突破发展,软件测试结合人工神经网络、遗传算法等技术,在测试优化上有了进一步的发展。

(九)空间计量技术

在人类探索宇宙利用空间资源的背景下,计量理论与技术也正在向地球以外的空间延伸,出现了"空间计量"概念,国际无线电科学联盟URSI2017年大会电磁计量分会上首次开设空间计量专题报告。一方面针对长期在轨的航天器上各种测量传感器和仪器的溯源性需求,出现了在轨校准技术,如利用太阳漫反射板和标准黑体的卫星遥感在轨标定技术,内装计量标准的在轨自校准技术等,另一方面,提出了基于广义相对论的4维时空计量理论,进一步把时间单位定义和长度单位定义推广到广域时空,期望解决不同局域时空之间时间统一的问题,以及弯曲空间中的距离测量问题。

(十)纳米级长度计量技术

纳米科技的各个领域都涉及对纳米尺度物质的形态、成分、结构及其物理或化学性能的测量。例如,集成电路的核心参数计量是纳米测量最重要的应用之一,其中需要精确测量的参数包括:台阶高度、线宽(顶部、中间、底部)、侧壁宽度、侧壁轮廓及粗糙度、线边缘粗糙度和线宽变化度等。为保证纳米尺度几何量值测试的统一和准确性,纳米制造对纳米计量的需求与日俱增,主要表现为对纳米级横向尺寸、高度信息和粒径大小等标准物质的广泛需求。

二、我国发展现状

(一)计量基准量子化技术

在计量基准量子化方面,我国近年来取得了显著成就。1983年国际计量大会通过了用光速和^{133}Cs 原子谱线的频率来定义新的长度计量基准“米”。中国计量科学研究院也已研制出了不确定度为 10^{-12}量级的新的长度计量基准“米”，达到世界先进水平。

在电测量方面，应用量子技术后也有显著突破。中国计量科学研究院也已研制出了不确定度为 10^{-10}量级的约瑟夫森电压基准和量子化霍尔电阻基准，为世界先进水平。

在质量单位“千克”的计量基准量子化方面，也有进展。现在不少国家正在使用“功率天平法”，用“普朗克常数 h”定义新的质量单位“千克”，不确定度为 10^{-8}量级。中国计量科学研究院也在进行类似的工作，但在具体实现方法上有些特点。目前达到的不确定度为 10^{-7}量级，两、三年后也有望达到 10^{-8}量级。

在物质量单位“摩尔”方面，各国用质谱仪测量“摩尔质量”等方法建立“摩尔”的计量单位，不确定度为 10^{-8}量级。中国计量科学研究院建成的“摩尔计量基准”的不确定度为 10^{-9}量级，目前为国际领先水平。

大量的实验观察说明精密原子谱线和基本物理常数是不会随时间漂移的，依据它们建立的 7 个基本计量基准量值和计量体系可以为现代科研和工农业提供可靠的测量数据准确性的保证。我国在建立新的计量基准体系方面也做了很好的工作，总体来说达到了国际先进水平。

(二) 光学领域测试计量技术

1. 我国光学面形测量技术发展迅速

我国光学加工及相应的面形测量技术发展迅速，特别是在空间观测、强光光学、光刻技术等方面达到世界先进水平。以空间光学为例，实现了 2 米量级 SiC 轻量化非球面大镜的纳米精度加工。国内 CGH 补偿检验技术近几年来也取得了重要进展，中科院长春光机所、中科院光电所和国防科技大学陆续掌握了 CGH 设计及制作工艺，刻线周期可小至几微米，克服了自由曲面光学测量技术瓶颈制约。

在自由曲面的计量溯源方面国内主要还是根据微电子工艺水平给出的经验性的制造误差估计值，按照等精度原则估计最终生成衍射波前的不确定度，需要在衍射结构制造误差与 CGH 的刻线周期、不同位置的制造误差等方面开展进一步研究。

2. 我国大光栅样件达到国际先进水平

由中国科学技术大学、清华大学、苏州大学、中科院上海光机所组成的研究团队在国家 863 和重大专项的支持下，完成了米量级压缩光栅制备关键技术攻关，在光栅基片加工、镀膜、掩模制作和离子束刻蚀等工艺环节取得突破性进展。此外，于 2017 年，成功研制了最大长度 1400mm 的高阈值介质膜脉冲压缩光栅科研样件，有效口径内平均衍射效率接近97%，属国际上最大面积的脉压光栅，在光栅效率、衍射波面、阈值等主要指标上与国际最好水平持平。研究团队还研制了尺寸达到米量级的宽带镀金光栅，光栅主要指标达到国际先进水平。

3. 光频梳及测距应用技术

我国光频梳研究进展迅速，在微腔光频梳光源、光纤光梳低噪声、抗环境干扰等方面取得了长足的进展。但在商业生产应用方面，尚未形成大型光频梳光源产业。因此，我国在该领域的发展相比全球发展情况尚有差距。

我国在光频梳测距方面起步较晚，但在本年度取得了出色的进展，出现了利用光频梳脉冲啁啾干涉测距、光谱编码双光梳测距等创新性较强的测距方法，并在飞秒脉冲对准精度提高、双光梳测距速度提升、双光梳干涉相位降噪方面取得了显著进展。同时，光频梳测距系统逐步走向高端装备和现场应用。光频梳测距系统已用于激光跟踪仪，应用于卫星天线、航空相机框架等大型构件的测量。

4. 光学超分辨显微技术

上海交通大学生命科学技术学院与澳大利亚麦考瑞大学和北京大学合作在光学超分辨显微领域方面取得的重要突破，在高掺杂稀土上转换纳米粒子上，利用光子雪崩效应带来的受激辐射增强机制，成功实现了低受激辐射淬灭光强的超分辨成像，并利用30mW的连续激光，实现了28nm的超分辨成像。这一成果发表在2017年的《自然》期刊上。

(三) 自动视觉检测核心领域亟待突破

中国是全球机器视觉发展的重要地区之一。我国机器视觉市场70%以上都被汽车、电子、制药和包装业占据。国内视觉检测领域主要有激光在线测量、制造工艺过程检测和零件完整性检测。国内机器视觉的起步较晚，产业发展仍处于上升期，发展空间巨大。自动视觉(AOI)检测设备市场在国内处于刚起步阶段，应用市场发展最快的集中在FPD、PCB、SMT、锂电池、半导体、手机、太阳能等产业。在电子元器件组装行业，目前大多数工厂还在采用人工目视的检测方式。随着行业的发展及AOI检测设备自身具备的优势，未来AOI检测设备的装备率特别是在锂电池、手机和面板等行业会越来越高。目前中国公司在AOI解决方案和设备集成方面已经具有了一定的基础，但中国缺少核心部件。亟待在基础算法、工业相机、镜头、激光测量、白光共焦、颜色检测等核心领域取得突破。

(四) 我国利用北斗实现UTC比对

我国的北斗二号卫星导航系统是继GPS、GLONASS之后世界上第三个能够提供运行服务的卫星导航系统。近两年，高精度导航定位技术已成为发展热点，随之带来的产业化应用已成为社会各界关注的焦点。目前，已开展高精度导航定位、组合导航定位、对天基动态测量、广域室内外无缝定位等研究，并在交通、物流、精细农业、智能移动终端等领域得到示范应用。

在利用北斗实现 UTC 比对方面，应用北斗系统进行时间频率传递既能满足用户对于安全性、独立性等的需求，也可以增加我国时间频率传递领域的国际影响力。目前国内几家机构开展研发北斗时间频率传递接收机，尚未有成熟商用品牌。中国计量科学研究院基于自主研制的北斗时间频率传递装置，进行了国内链路北斗时间频率传递实验。同时，基于自主研制的北斗时间频率传递装置和北斗时间传递处理软件，已与参加国际原子时合作的主要时频实验室签署了比对协议或达成意向，进一步完成全球范围内北斗系统时间传递性能评估验证。

(五) 国产芯片原子钟产业化

我国实用型原子钟正向着高性能、小型化、芯片化方向发展，北京大学、北京无线电计量测试研究所、中国科学院武汉物理与数学研究所(简称中科院武汉物数所)、成都天奥科技开发有限公司(简称成都天奥公司)等单位研发了商业化的高准确、低能耗、便携式铷原子钟、CPT 原子钟，小型铷原子钟的频率稳定度迫近高精度星载铷原子钟，在航空航天、高速通信、交通运输、电力系统等领域得到广泛应用。中科院 CPT 原子钟团队已经启动实施团队的芯片原子钟成果产业化转换进程。2017 年 5 月中科泰菲斯技术有限公司成立，首款样机在“第三届军民融合发展高技术成果展”展出并获得高度关注，最近研制成功一款体积更小样机，为新一代芯片原子钟作了研究储备。

(六) 惯性测量技术取得长足进展

我国惯性技术的发展从无到有，已取得很大进步，为我国航天、航空、航海事业及武器装备的发展提供了关键的技术支撑。因受材料、微电子器件、精密及微结构加工工艺等制约，我国转子式陀螺及 MEMS 陀螺与国际先进水平之间还有一定差距。在光学陀螺方面，我国发展较早，进步较快，目前光纤陀螺性能和应用均已达到国际先进水平。国内在 MOEMS 陀螺研究方面开展了硅基和石英基样机的研制，在光子晶体光纤陀螺、原子陀螺等新型惯性器件方面正加紧原理探索和试验研究，目前均取得了新的进展。在惯性系统及组合导航系统方面，我国相关产品综合技术水平近年来取得了显著进步。我国对惯性导航系统旋转调制、监控陀螺调制等技术的研究相对较深入，近年来取得了长足进展，但在监控陀螺多位置测漂等技术方面的研究还有待加强。

(七) 地磁测量技术

我国地磁测量技术已取得重要进展，2017 年 6 月，中国科学院上海微系统与信息技术研究所参与的国家重大科研装备研制项目“深部资源探测核心装备研发”顺利通过验收，其承担的子项目“航空超导全张量磁梯度测量装置”圆满完成了装备研制任务。上海微系统与信息技术研究所先后攻克了高平衡度超导梯度计芯片自主制备、高可靠全张量模块集成、系统磁干扰抑制、全张量磁梯度三维正反演等关键技术，实现了超导磁强计、梯度计芯片的国产化，研制出国际第二套航空低温超导全张量磁梯度测量系统，经多次飞行验证，系统初步实用化，将我国航空磁法测量能力从半定量提升至定量水平。在内蒙古乌兰浩特桃合木苏木开展了航空超导全张量磁梯度测量试验飞行与应用示范，成功获取国内首张低温超导全张量磁梯度分布图，反演结果与已知地质资料相符合。

（八）传感器制造工艺技术亟须突破

我国 MEMS 传感器技术已得到长足发展。在传感器性能上，我国部分高校以及研究所的研究成果已经达到国际先进水平。清华大学 2016 年实现了 sigmdelta 数字闭环输出，该电路达到了 $9.6\mu g/Hz^{1/2}$ 的噪声水平，量程 $\pm 3g$，线性度 0.085%，$400\mu g$ 的偏置稳定性。南京中电 14 所也于 2017 年实现数字闭环加速度计，噪声水平达到 $0.4\mu g/Hz^{1/2}$，带宽 700Hz，量程达到 $\pm 0.7g$。

在达到高性能的基础上，国内接下来的发展趋势是将传感器实现量产化。我国正在建设与建成的 MEMS 及传感器芯片制造生产线与中试线已经超过 20 条。但是制造工艺技术起步晚，缺少成套的核心技术，造成成品率不高，可控能力差，不能应对不同产品的生产需求，到目前为止，绝大多数生产线尚未实现盈利。而有一定规模的国内产品设计公司大多在海外企业代工。

（九）软件测试技术

我国逐步加大对软件测试的重视程度，软件测试技术快速发展并且赶超国外。一是桌面应用和移动应用的爆发反向促进了软件测试技术的发展。2017 年 7 月移动互联网网用户数达 8.72 亿，市场规模达到 4296 亿元，本土应用商店分发数量超过 7530 万次。二是借鉴国外软件测试先进技术与商业模式，技术模式不断创新，形成了完善的软件测试体系及生态，现有主流技术包括基于云平台的自动化测试技术和基于人工智能的自动化测试技术。

（十）重力计量发展迅速

我国重力计量研究相对起步较晚，长期以来大多数绝对重力仪产品依赖进口，受制于美国，但近年来发展迅速，中国计量科学研究院、清华大学等单位开展了光学干涉型绝对重力仪研制。开展原子绝对重力仪研究的单位也急剧增多。华中科技大学、中国计量院、中科院武汉物数所，浙江工业大学，中国科技大学和航天 304

所自己研制的 6 台原子重力仪参加了 2017 年 11 月在中国计量院昌平院区举行的第 10 届绝对重力仪国际比对的研究比对。

(十一) 空间计量

我国空间计量研究起步较早，2014 年我国首先提出空间计量概念后，在此领域的工程和理论均有突出进展。工程方面开展了空间铯原子钟的研制并完成了空间实验室搭载试验，2017 年研制的标准太阳电池空间标定装置完成了卫星总装测试。理论方面，提出了基于广义相对论的时空计量理论，该理论对广域时间统一和脉冲星导航提供了理论支撑，丰富了空间计量概念的内涵，韩春好的专著《时空测量原理》和刘民的论文《空间计量中的时间单位和时间测量》总结了该理论成果。

(十二) 纳米级长度计量

我国目前在纳米级长度计量标准方面与国外差距较大，截至目前，在广泛需求的线宽标准、网格标准等方面仍为空白；在节距标准方面，仅在 2014 年由中国科学院物理研究所牵头申报了节距标称值为 400nm 的节距标准物质。在纳米级长度标准物质的差距直接导致了我国纳米级测量仪器的长度标准一直溯源于国外，长度溯源/传递链无法自主独立完成。因此，随着半导体行业关键尺寸的逐渐缩小，我国在长度标准物质的种类、尺度和维度等方面亟待拓展。

同济大学、中国计量科学研究院、上海光源等单位一直致力于研制节距标准和网格标准。2017 年，三家单位应用原子光刻技术与软 X 射线干涉光刻技术，在之前研制出一维 Cr 原子光刻光栅的基础上，联合研制出一维 Si 光栅(理论周期为 106.4nm)与二维 Cr 原子光刻光栅(理论周期为 212.8nm)，如图 4.2—图 4.4。目前，三家单位正在积极筹备申报国家标准物质，以期实现我国长度标准物质在尺度和维度上的拓展，逐步实现纳米级长度标准的自主溯源。

图 4.2　周期为 212.8nm 的一维 Cr 原子光刻光栅

图 4.3　周期为 106.4nm 的一维 Si 光栅

图 4.4　周期为 212.8nm 的二维 Cr 原子光刻光栅

三、我国未来展望

（一）光学领域测试计量技术

在光学面形测量方面，应努力突破现有技术难点，解决 CGH 补偿检验的计量溯源问题、共体自由曲面的形位误差测量问题，以及大动态范围面形测量问题。

在光栅制作方面，除继续关注大尺寸光栅制作外，应同时在提高光栅衍射效率和损伤阈值，改善光栅衍射波面、减少光栅杂散光、光栅槽形的无损检测等方面开展研究。

在我国未来的光频梳光源发展中，微腔光频梳的研究将成为前沿领域最主要的方向。在产业方面，需积极研制低噪声、高可靠的集成光频梳，降低光源成本，推动光频梳走向工业现场。

在光频梳测距方面，需研究基于光频梳的可溯源测量方法，实现高精度几何量计量原理上的突破与创新，实现长度基准传递方法的创新。

自动视觉检测技术需要进行针对性的改进和提升。机器视觉算法的鲁棒性还需要进一步提高，其他重点研究方向有：三维机器视觉检测、测量、机器人导引、嵌入式机器视觉硬件系统，运算效率和智能化程度提升。

（二）时频计量技术

在时频计量领域，我国需要进一步发展高性能原子钟的研究，进一步优化和改善现有制备技术和工艺，提高原子钟的性能指标。发展超窄线宽激光技术，以显著提高光频原子钟的稳定度，发展基于新原理的光频原子钟，以突破探测激光对原子钟稳定度的限制，研制小型化微型化原子钟以降低成本，满足原子钟的大量民用需求。

北斗卫星导航应用领域将进一步扩大。高精度定位、室内外一体化定位、组合导航定位、GNSS 鲁棒性检测等研究和应用也是未来卫星导航定位计量发展的热点和方向。

（三）惯性测量技术

惯性测量应继续在光电和微机电方向加大研究力度。其中，惯性器件不断向更高精度、更小型化等方向发展，惯性系统向着高精度、小体积、抗恶劣环境、快速启动、标准化、货架式方向发展。应关注各类新器件、新材料技术，用来推进惯性技术的跨越式发展。同时，测试技术是准确标定惯性器件及系统误差系数、提高惯性系统使用性能的关键技术，需要进一步研究如何提高测试和试验技术水平。此外，其他学科技术的发展一直是惯性技术发展的重要基础，未来应更加注重横向领域的推广与应用技术。

(四) 地磁测量技术

我国地磁矢量测量技术的未来应超以下几个方面发展：①采用 MEMS 工艺，实现三轴磁传感器向着高精度、小体积和低功耗的方向发展，②进一步研究地磁矢量测量误差一体化建模及校正方法，③基于地磁矢量可以计算出地磁张量，以实现磁性体的定位与识别。

(五) 智能传感器

随着智能化时代的到来，基于 MEMS 技术的智能传感器已成为智能化时代核心技术之一，正呈爆发式增长。为了落实《中国制造 2025》《国务院关于积极推进“互联网＋”行动的指导意见》《国家创新驱动发展战略纲要》等国家重大战略，应在国家相关科技计划中加大力度布局基于 MEMS 技术的智能传感器研发，扭转智能传感器研究以跟踪为主的局面，产出原创成果，实现从跟跑到并跑的转变。在航空发动机等传感测试领域，极限工作温度更高的陶瓷薄膜热电偶将会成为未来研究开发热点。

(六) 重力比对

未来，基于国际关键比对点及高精度重力观测技术的国家重力计量基准体系将建立并完善。相对重力测量技术将向着基于超导原理和芯片式仪器发展。与此同时，绝对重力仪比对作为重力测量溯源性和准确性的基石，也将定期主办，并与国际计量委员会关键比对和亚太计量规划组织关键比对进行链接。

(七) 空间计量

空间计量是未来发展的热点领域，在工程技术上，空间原子钟在地球同步轨道上守时、空间用计量器具、太阳电池在轨标定、定量遥感在轨校准等技术将取得实际进展，在理论上，空间计量理论向太阳系内时间统一和脉冲星导航计算，弯曲时空测距等方向发展。

四、我国热点亮点

(一) 光学领域测试计量技术

1. 光学面形测量技术

复杂光学面形测量已经形成能力。国防科技大学突破了微米级刻线周期的

CGH 设计制造难题，实现自由曲面高精度测量并在衍射波前计量溯源研究上取得初步进展。在大动态范围测量方面，提出了大范围可变球差能力的高次非球面单透镜组合自由像差可变能力的空间光调制器进行动态补偿测量的新方法，能够适用于 160μm 范围内变化的像差补偿要求。此外，针对干涉测量口径受限、凸面测量困难的问题，提出了光学面形迭代拼接测量理论与算法，发明了像差可变的双回转 CGH 近零位补偿器；开发了自主知识产权的子孔径拼接测量设备和工艺，应用于上海技物所某空间相机 320mm 口径的高次凸非球面次镜、上海天文台 1.8m 望远镜改正镜组中多个凸球面的面形检测，其中第二改正镜的测量口径 506mm，$R/D=0.61$，是国际上拼接测量凸面口径最大、R/D 最小(最陡)的应用实例。

2. 大光栅研制技术

脉压光栅的研究热点是如何进一步提高脉冲压缩光栅的衍射效率。希望能从目前的 96%—97%提高到 98%—99%。这方面重点研究包括：对光栅槽形优化设计以提高制作宽容度；研究光栅制作各工艺环节中，通过精确测量和控制光栅槽形的手段提高光栅衍射效率。掌握光栅槽形精确控制技术，不仅有助于提高脉压光栅衍射效率，对其他类似光栅高质量制作也是非常关键的。脉压光栅的研究亮点是在扩大光栅尺寸的同时，保证更好的光栅衍射波面。与此相关的曝光技术包括：各种曝光拼接技术和各种扫描曝光技术。

3. 光频梳及测距应用技术

在光频梳方面，随着克尔微腔的出现，光频梳光源的研究热点逐渐由之前的全光纤稳定低噪光源转向小型化的微腔光源。中国科学院西安光学精密机械研究所张文富研究员领导的微纳光子集成研究团队基于高折射率差光子集成平台制备出超高 Q 值微环谐振腔，成功实现了宽带集成光学频率梳，并利用微腔非线性效应与选模机制，获得了稳定的超高重复频率多倍频(49—735GHz)激光脉冲输出。器件材料平台不仅与现有 CMOS 工艺相兼容、可满足未来大规模光子集成系统的发展需求，而且能够与现有商用光纤器件完全兼容，具备极强的技术优势及重要的现实意义。

在光频梳测距方面，双光梳测距一直是该领域的热点。天津大学研究组通过电光调制的方法产生了双光梳，并实现了长达 1.2km 的距离测量，精度可达百微米级。华东师范大学研究组提出了基于光谱编码的双光梳测距方法，并成功用于高精度三维轮廓测量。清华大学课题组用同步锁定的方式极大地抑制了双光梳相对噪声，并进一步将合成波干涉法利用在双光梳测距系统中，利用其非模糊距离可调、测量精度较高的特点作为从飞行时间法快速过渡到载波干涉相位的桥梁。通过集成三种测量方法的优点，最终实现了 2.67m 非模糊距离、100Hz 测量速率、

3nm 测量精度的绝对距离测量系统。

4. 惯性约束聚变(ICF)配套测试技术

2017 年,中国工程物理研究院提出的全新的打靶方式取得了重要进展,下一代 ICF 装置的设计进入工程化阶段。哈尔滨工业大学研制的靶场光电与测量控制系统经过多轮打靶实验磨合,实现了高精度、高效率的束靶耦合引导,光学元件微米级损伤在线监测,高效率频率转换和光束调整,以及光学元件高效洁净维护,稳定实现综合打靶精度优于 30 微米的指标。哈尔滨工业大学、中国工程物理研究院的 ICF 高精度束靶引导技术获国防技术发明特等奖,被评为高等学校十大科技进展。

(二) 自动视觉检测技术

合肥工业大学的科研团队联合国内平板显示行业龙头企业,针对 6 代线和 8.5 代线平板显示制造过程中最前端(Array 段)的基板玻璃、液晶阵列、彩色滤光片、ITO 镀膜等关键零部件生产过程中质量控制,开发 AOI 检测技术和检测设备。目前已成功开发了 6—8.5 代线基板玻璃、液晶阵列、彩色滤光片、ITO 镀膜表面缺陷 AOI 在线检测工程样机 3 台,达到的主要关键技术指标如下:①支持 6—8.5 代线,最大检测范围 2200×2500mm,②整体扫描分辨率和定位精度优于 10μm,③缺陷局部复检分辨率优于 1μm,④检测时间少于 20 秒。并且这些 AOI 技术可拓展到手机、太阳能电池、半导体封装等产业,目前正在进行产业化开发。该成果打破国外在 AOI 领域的垄断地位,对支撑我国平板显示技术的持续发展,推动行业整体技术进步起到了积极的促进作用。

(三) 卫星导航定位计量领域

1. 网约车计程计量

网约车采用司机端手机中的卫星定位模块配合平台算法作为计程计时贸易结算依据,北京市计量检测科学研究院运用高精度模拟动态导航定位计量技术,建立基于电子地图的“里程”计量标准,帮助平台公司提高了“里程”计量精度,验证了网约车计程计时计量的准确度与巡游出租车计程计时准确度一致,为共享经济条件下的智能交通出行方式的贸易结算提供了公平公正的保障。

2. 共享自行车——虚拟电子围栏

北京市计量检测科学研究院利用北斗高精度位置采集、围栏区域电子化处理、定位标准场景建立、共享单车定位与时间同步数据接入、位置数据与电子围栏匹配和判断等技术，实现厘米级模拟在线定位误差的校准和10米级实景在线定位误差的检测。高精度定位计量技术有效提高了共享自行车定位精度，优化了共享自行车与电子围栏的匹配数据，大幅提高了共享单车的“入栏率”。为精细化管理共享自行车，解决停放乱象提供了有力的技术保障。

(四) 时频计量技术

1. 原子钟

(1) CPT原子钟

国内多家单位，如中科院武汉物数所、成都天奥公司、北京大学等，研制基于相干布居囚禁(CPT)原理的芯片级原子钟，有的已经从实验室样机向产品转化。北京无线电计量测试研究所研制了小型CPT原子钟，研制了光波增透型的原子吸收气室与高效集成化量子系统，研制了CPT原子钟精确伺服控制电路，解决了铷原子和缓冲气体精确充制和检测、CPT弱信号提取放大等技术难题，实现了激光和微波的精确伺服控制等，体积$20cm^3$，功耗1W，频率稳定度可达每天$1\mu m$。

(2) 高精度的光学分频器

原子光钟的频率的稳定性和不确定度已提高到10^{-18}。为了能用原子光钟建立新一代时间频率标准和开展重大的精密测量研究，必须将光钟信号高保真地转换到其他光学波段和微波波段。在频率转换过程不仅要保持原有的相干性，而且还要有高于光钟精度的频率转换比值，因此高精度的光学分频器是光钟应用的核心技术。华东师范大学精密光谱科学与技术国家重点实验室采用多项光梳频率噪声免疫技术和光频下转换自参考频率基准技术，将光学分频数的稳定度提高到10^{-21}，分频过程引起的附加频率噪声小于10^{-18}(1秒积分时间)，是当今有报道的最好的研究成果。

(3) 空间原子钟

原子钟在空间探测中具有重要应用，上海光机所首次实现了基于冷原子的空间钟并进行了在轨测试，其在轨闭环稳定度评估为$3.0\times10^{-13}/\sqrt{\tau}$。

(4) 真空全密封管小型化钙原子束光钟

北京大学和中国电子科技集团12所合作成功研制了国际上首套全密封管小型化钙原子束光钟，稳定度进入10^{-15}。

2. 利用北斗实现UTC比对

中国计量院与国际计量局基于自主研制的“北斗时间频率传递装置”共同开展了欧亚链路和欧洲内部链路北斗时间传递相关实验研究。完成了北斗时间传递链路校准，并首次在超8200公里的欧亚链路和1000公里的欧洲内部链路实现了全视和共视两种方法的时间频率传递，稳定度达 1 ns，与 GPS 时间传递结果的吻合度优于 2 ns。此外，中国计量院将与法国、德国、美国等主要时频实验室进行更深入的北斗时频传递实验，联合对基于北斗系统的“洲际、超远距离时间频率传递”进行性能评估，最终推动北斗时间传递链路成为各国实验室时间与 UTC 进行比对溯源的官方正式链路，结果纳入 UTC 计算；同时为将北斗系统时间在 BIPM 的时间公报(Circular T)中发布作出更大贡献。

（五）惯性测量技术

微机电陀螺性能已接近导航级。国防科技大学对嵌套环式微陀螺的结构优化开展了深入研究，采用传统的移动渐近线 MMA 方法和现代粒子群优化 PSO 方法对多环的壁厚分布进行了原创性研究。陀螺谐振结构品质因数超过 50 万，是目前世界上报道的最好值。陀螺实验室性能达到 0.08°/h，已经接近导航级精度。

（六）地磁测量技术

国内首套捷联式地磁矢量测量系统问世。国防科技大学攻克了三轴一体化磁传感、传感器误差校正、地理坐标传递、干扰磁场补偿等关键技术，研制了国内首套捷联式地磁矢量测量系统，非动态条件下地磁矢量测量精度优于 10nT，具有便于安装和调试的优点。

（七）移动应用云测试

移动应用(APP)需要在产品开发的全生命周期内保证质量，比如在碎片化的移动终端上做适配、在复杂的网络环境下做验证、在多用户多地域分布的环境下做压力测试等，中小开发者很难有条件验证其所开发移动应用的上述性能。中国信息通信研究院“智测云”通过云测试服务为开发者解决了这一难题。“智测云”一方面深度结合大数据、人工智能的等领域的新技术优化提升测试流程和测试效率；一方面针对游戏类、金融类应用的特点，在性能、功能遍历、回归测试等方面深度挖掘测试数据，结合云服务开发公共平台，合理分配测试资源。为我国移动互联网、移动终端和软件的发展起到了积极的推动作用。

（八）重力比对

近些年来，基于原子技术的发展成为热点。国内多家单位利用原子干涉技术测量绝对重力加速度，。其中，华中科技大学和中国计量科学研究院研制的原子干涉型绝对重力仪分别取得了 3.0 微伽和 4.5 微伽的合成标准不确定度，并且都有非常高的测量灵敏度。2017 年 11 月，中国计量科学研究院主办第十届全球绝对重力仪国际比对成为一大亮点。特别是华中科技大学、中国计量院、中科院武汉物数所，浙江工业大学，中国科技大学和航天 304 所自己研制的 6 台原子重力仪参加了 2017 年绝对重力仪国际比对的研究比对。这次国际关键比对形成的关键比对参考值(KCRV)不确定度优于 1 微伽，使得中国计量科学研究院昌平院区成为全球重力基准点。图 4.5 是中国计量院主办第十届全球绝对重力仪国际比对现场实验的照片。

图 4.5 中国计量院主办第十届全球绝对重力仪国际比对

(九) 宽带场强校准

北京无线电计量测试研究所研制了工作频率 200MHz 至 40GHz 的同心锥 TEM 室，攻克同心锥渐变阻抗匹配等关键技术，其电压驻波比和场均匀性等关键参数达到国际先进水平。同心锥 TEM 室与 TEM 室配合，能够满足场强探头的全频段、宽带扫频、大动态校准需求，打破了国外技术垄断。此项宽带场强校准技术的突破，提高了场强探头校准效率，降低了测试成本。

(十) 变频大电流校准

当前大飞机、高铁、全电驱动船采用变频供电，由于功率大，其电流量值可达数千安培，频率上限可达 1kHz，与以往电力的 50Hz、航空的 400Hz 大电流相比有较大的难度，没有成熟的标准器。国防科技工业电学一级计量站研制零磁通电流互感器将大电流转变为小电流，研制交直流差可计算电阻确定交流电阻分流器的频率误差，组成的变频大电流校准装置的测量不确定度可达 10^{-5} 量级，解决了变频大电流的校准难题，已在大飞机项目中得到应用，取得很好的效果。

（十一）电容国际关键比对

2017 年中国计量科学研究院计算电容研究团队参加了国际计量局（BIPM）主导的电容国际关键比对（CCEM-K4.2017），给出的测量不确定度 10pF 为 1.8×10^{-8}（$k=1$）、100pF 为 2.1×10^{-8}（$k=1$），达到国际领先水平；给出的 10pF、100pF 比对数据均落在国际推荐值的范围内，是此次比对中唯一两个结果均落在推荐值范围内的计量组织，取得国际比对最好成绩。目前该团队利用新一代计算电容基准装置与我国已经建立的量子霍尔电阻基准装置相结合，正在开展精密测量了精细结构常数研究，拟在优于 5×10^{-8}（$k=1$）的水平上实现精细结构常数精密测量，达到国际同类方法的先进水平。

（十二）航发用高温传感器

上海交通大学联合中国航空发动机集团商用发动机公司，系统开展了涡轮叶片表面原位集成薄膜温度传感的设计、制造和应用研究，突破了高温合金基体表面高温绝缘、敏感薄膜原位制备、原位曲面图形化微加工和高温区信号引出等核心技术难题，2017 年成功制备了共形于叶片表面的热电阻型和热电偶型薄膜温度传感器。近期，对高温薄膜热流计和高温薄膜应变计的探索已经初见成效。基于 ITO 薄膜高温压阻效应的薄膜应变计，实验室测试极限温度高于 1200℃，应变因子达到 16，并且通过自补偿，得到极低 TCR 的高温响应，展示了在更高温区工作的潜力。图 4.6 展示了涡轮叶片表面的薄膜热电偶传感器和参数稳态标定曲线。

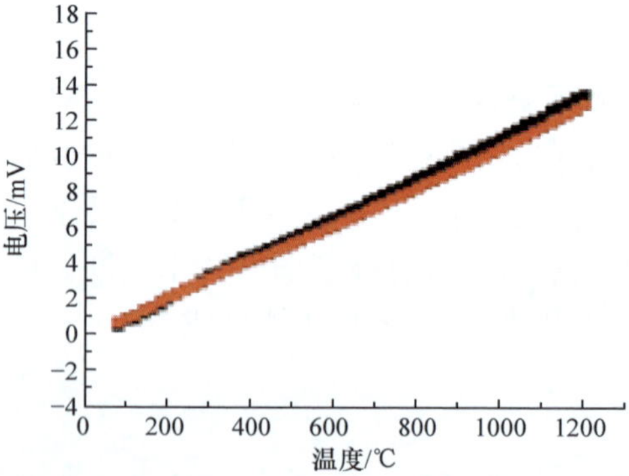

图 4.6　稳态标定曲线（与标准热偶对比）

（十三）太赫兹功率计量

中国计量科学研究院历经三年时间，于 2017 年成功研制了 110—170GHz 国家太赫兹功率计量基准装置，测量不确定度达到 1.0%—4.0%，技术指标填补国际空白。项目组成功研制了高匹配吸收、高灵敏转换、清晰溯源点的功率标准器，以及高可靠性、高稳定性的微量热计。该装置解决了三大技术难题：太赫兹功率标准器研制、太赫兹微量热计研制和准确可靠的测量不确定度评定，是国际上第一个建立的 110GHz 以上功率基准。由于其技术领先性得到国际认可，美国计量院(NIST)于 2017 年从中国计量院购置了一整套功率基准并已通过验收。

五、领域年度热词

热词 1：光学自由曲面

基本定义：指具有非回转对称性、或者回转轴不是母线的对称轴的一类光学曲面。

应用水平：自由曲面可以具有任意形位结构，极大增加了系统设计的自由度，可对光场特性进行局域化精细调控，提高消除复杂像差的能力，因此开始被广泛应用于高端成像光学系统中如小 F 数红外目标探测系统、空间遥感与测绘的大视场成像系统、无人平台上的结构紧凑化宽光谱成像系统等。

热词 2：多面共体

基本定义：指多个复杂曲面以确定的位置关系加工在一个光学元件上，通过超精密加工和检测技术直接保证多个反射镜的相对位置和姿态关系，以简化系统装调难度。

应用水平：因为多个自由曲面反射镜之间的面形与位置相互耦合，共体自由曲面元件要求各个面形的测量精度达到纳米精度，同时各个曲面之间的位置测量达到微米精度。通过在光学基板上制作衍射图样，原理上可产生任意复杂曲面波前，并且可以同种工艺制作出多个衍射区域，分别用于面形测量和位置对准，因此已经成为共体自由曲面元件检测的主要手段。

热词 3：北斗导航融合推广

基本定义：北斗导航已深入应用到军事、安全、经济等各个方面，甚至从根本上改变了航空、航海、测绘、交通运输、机械控制等传统产业的工作方式。开拓了移动位置服务等全新的信息服务领域，并迅速发展成为一个新兴的融合产业。

应用水平：北斗系统与互联网、云计算、大数据相融合，日益走进百姓生活。例如世界主流手机芯片大都支持北斗系统；网约车、共享自行车等“互联网装备”配装北斗系统实现精细管理；支持北斗系统的手表、手环、学生卡等可穿戴智能产品使人们的生活更加方便、安全。

热词 4：北斗时间频率传递

基本定义：利用北斗卫星导航系统作为传输媒介进行的时间频率传递。利用双方时间频率传递装置观测共同卫星测量的方法为共视(Common-View,CV)法,利用双方 GNSS 时间频率传递装置观测所有卫星测量的方法为全视(All-in-View,AV)法。

应用水平:2017 年 1 月起,基于自主研制的"北斗时间频率传递装置",中国计量科学研究院(NIM)与国际计量局(BIPM)共同开展了欧亚链路和欧洲内部链路北斗时间传递相关实验研究。完成了北斗时间传递链路校准,并首次在超 8200 公里的欧亚链路和 1000 公里的欧洲内部链路实现了全视和共视两种方法的时间频率传递,稳定度达 1ns,与 GPS 时间传递结果的吻合度优于 2ns。

热词 5:空间计量

基本定义:空间计量是实现地外空间的测量单位统一、测量准确可靠的技术和管理活动。

应用水平:2014 年我国首先提出空间计量概念,2017 年国际无线电科学联盟 URSI 电磁计量专业开展了 Space Metrology 专题报告,空间计量涉及理论、技术和管理三个方面,在理论上,提出了基于广义相对论的空间计量理论;在技术上,开展了空间用计量器具研制,空间遥感的在轨校准,空间原子钟的研制等工程研究;在管理上,提出了国际协约,比对和统一单位定义等研究内容。

参 考 文 献

[1] G Lammel. The future of MEMS sensors in our connected world. MEMS 2015.

[2] Top 30 worldwide MEMS companies ranking-2016. Yole Développement.

[3] Status of MEMS Industry. Market & Technology report-June 2017, Yole Développement.

[4] S B Koller, J Grotti, St Vogt, et al. Transportable optical lattice clock with 7×10^{-17} uncertainty, Phys. Rev. Lett. 2017, 118: 073601.

[5] Haosen Shang, Xiaogang Zhang, Shengnan Zhang, et al. Miniaturized calcium beam optical frequency standard using fully-sealed vacuum tube with 10^{-15} instability. Optics Express, 2017, 25: 30459.

[6] L Liang, et al. Tests of cold atom clock in orbit. arXiv: 1709. 03256.

[7] S L Campbell, et al. A Fermi-degenerate three-dimensional optical lattice clock. Science, 2017, 358: 90.

[8] W Zhang, et al. Ultrastable silicon cavity in a continuously operating closed-cycle crystat at 4 K [J]. Phys. Rev. Lett, 2017, 119: 243601.

[9] J Chen. Active optical clock. Chin. Sci. Bull, 2009, 54 (3): 348-352.

[10] A Mattew, R Julia, A Juan, et al. Frequency measurements of superradiance from the strontium clock transition. arXiv: 20171711: 10407v1.

[11] M J Thorpe, L Rippe, T M Fortier, et al. Frequency stabilization to 6×10^{-16} via spectral-hole burning. Nat. Photonics 2011 5: 688693.

[12] O Gobron, K Jung, N Galland, et al. Dispersive heterodyne probing method for laser fre-

quency stabilization based on spectral hole burning in rare-earth doped crystals. Optics Express, 2017, 25(13): 15539-15548.

[13] 第三届军民融合发展高技术装备成果展第四天热度排行榜. http://www.sohu.com/a/193791020_657181. 2017-9-22.

[14] Huifang Lin, Yuan Tian, Bozhong Tan, et al. Differential detection scheme for compact CPT atomic clocks, EPL, 2017, 119: 23001.

[15] K Wang, Y Tian, Y Yin, et al. A polarization converting device for an interfering enhanced CPT atomic clock, Rev. Sci. Instrum. 2017, 88: 113107.

[16] Y Yao, Y Jiang, L Wu, et al. A low noise optical frequency synthesizer at 700—990nm. App. Phys. Lett. 2016, 109, 131102.

[17] Y Yao, Y Jiang, H Yu, et al. Optical frequency divider with division uncertainty at the 10—21 level; Nat. Sci. Rev. 2016, 3, 463.

[18] 刘基余. GPS卫星导航定位原理与方法[M]. 科学出版社, 2003.

[19] Randolph L Weill. Global postioning systems, inertial navigation, and integration/[M]. Wiley, 2007.

[20] P L Earl, S Koenig, B Moss. Biological and immunological properties of human immunodeficiency virus type 1 envelope glycoprotein: analysis of proteins with truncations and deletions expressed by recombinant vaccinia viruses. [M]//China Satellite Navigation Conference (CSNC) 2015 Proceedings: Volume I. Springer Berlin Heidelberg, 1991: 95-105.

[21] 杨元喜. 北斗卫星导航系统的进展、贡献与挑战[J]. 测绘学报, 2010, 39(1): 1-6.

[22] 戴邵武, 马长里, 廖剑. "北斗一代"导航定位系统分析与研究[J]. 计算机与数字工程, 2010, 38(3): 57-59.

[23] 戴邵武, 马长里, 李宇, 等. 基于"北斗二代"的卫星星座设计[J]. 海军航空工程学院学报, 2010, 25(1): 1-5.

[24] 卢敬叁. 卫星定位系统与精确时间计量[J]. 中国质量与标准导报, 2003(12): 31-33.

[25] 吴俊彪. 北京市计量院制定两项计量技术规范获北斗产业联盟采用[J]. 中国计量, 2014(11): 50-50.

[26] 王跃佟. 北京计量院获批筹建国家产业计量测试中心[J]. 中国计量, 2013(6): 94-94.

[27] Y Xu, J Wu, W Liang, et al. The development of high performance GNSS RF record & playback system[C]//International Workshop on Electromagnetics: Applications and Student Innovation Competition. IEEE, 2017.

[28] P Defraigne. GNSS time and frequency transfer[M]//Springer Handbook of Global Navigation Satellite Systems. Springer International Publishing, 2017: xix-xix.

[29] T Thongtan, P Tirawanichakul, C Satirapod. Precise receiver clock offset estimations according to each global navigation satellite systems (GNSS) timescales[J]. Artificial Satellites, 2017, 52(4).

[30] R J Hendricks, F Ozimek, K Szymaniec, et al. Design and performance of Cs fountain frequency standards constructed for metrology laboratories[C]//Joint Conference of the Euro-

pean Frequency and Time Forum and IEEE International Frequency Control Symposium. IEEE,2017:477-478.

[31] 马永光,刘钊,杨金涛,等,紧缩场电性能校准系统 5mm 频段幅相稳定性研究. 宇航计测技术,2016,36(5):1-4.

[32] 杜润昌,杨林,赵海清. 芯片原子钟的现状与发展. 导航定位与授时,2015,2(2):34-38.

[33] 陈涛,孙兵锋,阎世栋. 一种小型化铷原子钟锁相倍频窄带 VCO 设计. 波普学杂志,2014,34(4):587-595.

[34] Fan Shi,Yongshun Cui,Zhenwei Zhang,et al. Optical sysytem design of a portable coherent population trapping (CPT) atom clock. Chinese Optics Letters,2014,12(Suppl.),S22205:1-4.

[35] 刘星讯,张涛. 锥形同轴线阻抗渐变对 *S* 参数的影响研究. 宇航计测技术,2015,35(3):1-4.

[36] 中国报告网. 2018—2023 年中国自动光学检测(AOI)设备产业分析与发展方向研究报告. http://baogao. chinabaogao. com/zhuanyongshebei/296234296234. html.

[37] 解析智能手机检测和 SMT 设备产业链现状(以 iPhone 8 为例). https://www. xianjichina. com/news/details_40307. html.

[38] 简述 AOI 检测仪的发展趋势. http://www. nodsmt. com/news/1480-cn. html.

[39] 梁燕飞,潘琳. 浅谈计算机视觉图像精密测量基础下的关键技术[J]. 数码世界,2017(3):44-44.

[40] 唐向阳,张勇,李江有,等. 机器视觉关键技术的现状及应用展望[J]. 昆明理工大学学报(自然科学版),2004,29(2):36-39.

[41] 汤勃,孔建益,伍世虔. 机器视觉表面缺陷检测综述[J]. 中国图象图形学报,2017,22(12):1640-1663.

[42] 周策策. 基于机器视觉的螺纹参数测量系统[D]. 天津大学,2016.

[43] 李洪全. 三坐标测量技术在汽车制造业的应用[D]. 天津大学,2004.

[44] 阮晋蒙. 机器视觉:让中国制造 2025"看"得更远[J]. 新经济导刊,2017(z1):80-83.

[45] 余文超,齐二石. 在线测量技术应用于白车身的生产尺寸监控[J]. 机械设计与研究,2014(2):96-98.

[46] 王海龙,赵继成,靳立昆,等. 一起汽车短周期螺柱焊接质量事故分析[J]. 汽车科技,2014(2):48-53.

[47] 李博,李仕奇,谭振豪. 基于机器视觉的封印产品字符编码检测系统[J]. 现代制造工程,2013(6):88-91.

[48] 孔飞,张川,冯日华,等. 汽车车身漆膜缺陷自动检测系统[J]. 现代涂料与涂装,2017,20(3):57-61.

[49] 袁文礼. 机器人装配中的视觉引导定位技术分析[J]. 科技与创新,2017(10):55-55.

[50] 王卫翼,张秋菊. 机器视觉和激光切割技术在异形吸塑包装中的应用研究[J]. 包装工程,2013(23):116-120.

[51] 彭斐. 探寻机器视觉与激光加工的未来之路 2011 慕尼黑上海激光、光电展参观记[J]. 汽车与配件,2011(19):42-43.

[52] 韩春好 . 时空测量原理[M]. 科学出版社,2017.

[53] 刘民,彭明,刘碧野. 空间计量中的时间单位和时间测量[J]. 电子测量与仪器学报,2016,30(8):1137-1143.

[54] 徐思伟,苏新光,张书锋,等. 空间计量技术研究现状及展望[J]. 宇航计测技术,2014(34)5:1-4.

[55] 刘民,彭明,刘碧野. 基本物理单位定义在空间计量中的讨论[J],宇航计测技术,2017,(37)1:1-6.

[56] Min Liu,Runxi Lu,Li You. Discussion on the definition of basic physical units in Space Metrology. URSI-GASS 2017,Aug. 19-26,Montreal,Canada.

[57] Yujia Liu,Yiqing Lu,Xusan Yang,et al. Amplified stimulated emission in upconversion nanoparticles for super-resolution nanoscopy[J]. Nature,2017,543(7644):229.

专题五 电磁空间

编 写 说 明

雷达探测技术是新军事变革背景下获取信息的重要手段，也是现代战争中信息优势、决策优势、作战效能提高的基本保障。它提供的目标位置和运动参数，以及特征信息为现代战争取得胜利提供了可靠的依据。

随着微电子技术、计算机技术、数字技术、光电子技术、定向能技术、新材料技术、纳米技术、人工智能技术等高新技术的日新月异，大大催生了雷达技术的吐故纳新，有关雷达技术革故鼎新的报道层出不穷，而雷达技术在各领域的应用更是发生了脱胎换骨的变化。当前新的威胁不断出现，对雷达的探测能力提出了更高的要求。

本"蓝皮书"中的电磁空间专题，重点梳理了雷达探测技术的全球发展态势，以及我国的发展现状，结合对近两年来出现的国外各种典型雷达装备，以及新技术的验证、成熟、应用的综述分析，对我国雷达技术的发展思路和发展路径进行了展望。最后梳理总结了雷达领域在本年度的 4 个热词，介绍了相关技术含义与当前的发展水平。

来自中国电科 38 所、中国电子科学研究院、军科 54 所、空军装备研究院、中国电科 14 所、西安电子科技大学、电子科技大学、国防科大、海军装备研究院、清华大学、海军航空大学、北京理工大学、中国电科 29 所等单位的专家参与了本次研究工作，在此一并表示感谢。

编撰"蓝皮书"仍在尝试阶段，一定存在很多疏漏和错误，敬请批评指正。

2018 年 6 月 20 日

专家组和撰写组名单

专家组

姓名	工作单位	职务/职称
刘永坚	空军装备研究院	院士
陆军	中国电子科学研究院	院士
吴剑旗	中国电科 38 所	中国电科首席科学家
金林	中国电科 14 所	中国电科首席科学家
杨建宇	电子科大	主任
沈齐	空军装备研究院	总师
罗军	海军装备研究院	主任
周智敏	国防科大	教授
何友	海军航空大学	院士
刘阳	军科 54 所	主任
汤俊	清华大学	教授
刘宏伟	西安电子科技大学	主任
王彤	西安电子科技大学	教授
龙腾	北理工	副校长
罗景青	国防科大	教授
靳学明	中国电科 38 所	所长助理
沙祥	中国电科 38 所	主任

注:排名不分先后

撰写组

姓名	工作单位	职务/职称
张春城	中国电科 38 所	副总工程师
束宇翔	中国电科 38 所	高工
曾倬颖	中国电子科学研究院	高工
吴永亮	中国电科 38 所	高工

注:排名不分先后

专 题 研 究

一、全球发展态势

雷达(Radar,Radio Detection and Ranging)利用电磁信号实现对目标的探测和定位。自1608年发明望远镜以来,雷达被认为是在感知远距离目标方面取得的最大进步。从20世纪30年代雷达问世至今,雷达技术一直保持着强劲的发展势头。雷达的快速发展始终与战争有着密不可分的关系,新的作战需求和作战任务成为雷达新体制、新技术创新的牵引。

(一) 战略需求推动雷达跨代发展

随着隐身目标、低空低速和高空高速巡航导弹以及无人作战飞机等目标的出现、电磁环境的日益恶劣,目前西方国家正在向以多功能、自适应、目标识别为代表的第四代雷达发展。未来20年会出现第五代雷达。雷达探测技术的发展将突破传统思维的束缚,向二维多视角布局、多探测器共形构型和多维信号空间处理的方向发展,可能会出现扁平网络化多站雷达、共形相控阵雷达,信号处理技术开始使用跟踪后检测,距离-方位-时间三维跟踪检测,三维合成孔径雷达(SAR),距离-方位-时间三维处理,多波段、多极化、多波形等构成的多维信号空间处理技术等,并且开始向网络化与多平台联合、认知与智能的方向发展,最终将走向探测、干扰、通信的综合一体化。

未来的雷达探测技术应能够以地空/天基全平台、全频域、全极化的手段,全天候、全天时、全概率地在全球范围内的全空域、全地(水)域,实现在复杂和恶劣的电磁、地理、气象条件下,实时、连续、无缝探测和识别各种常规、隐身、微弱、机动、超高速、静止目标。但预计在未来的20年内,雷达很难达到这样的目标。攻防不断变化发展的需要,将促使雷达技术不断进步和发展。从总体来看,未来,面对不断出现的新威胁,战场电磁环境日益复杂等作战需求新变化,雷达探测技术将从当前集中式信息获取、预先设定的工作模式向分布式信息获取、自适应及智能化工作模式等方向拓展。

(二) 新概念、新体制、新技术雷达不断涌现

新概念和新理论是雷达新体制、新技术实现的先导,这是雷达发展历程中亘古

不变的客观规律。未来，智能化探测和网格化探测的基础理论，将为可能出现的智能雷达、网络化雷达的发展起到先导作用。雷达技术不是单一的学科，它与应用数学、基础物理、神经科学等多个学科密切相关，而自然界中有许多现象也不是单一学科所能解释的，这些学科的变革将为雷达技术的发展提供强大推动力。

雷达学科与通信、光电子、量子等其他学科交叉，为雷达探测技术提供有益的借鉴或新的，甚至革命性的创新机遇。应用来自通信领域的多输入多输出（MIMO）技术的 MIMO 雷达具有克服信道衰落、提高分辨率和抑制干扰等方面具有巨大的潜力。基于量子信息技术的量子雷达探测，在检测理论和信息载体等方面，对经典雷达理论进行扩展，并具备突破传统雷达探测性能极限的应用潜力。采用微波光子技术的雷达集合了微波和光信号的产生、传输、处理等优势于一体，具有信号带宽高、传输损耗低、强抗干扰能力等优势。未来，通信技术、光电子技术、纳米技术、量子技术、现代仿生学、人工智能等相关技术，以及磁探测技术、重力场探测技术和其他基于新的物理机理的探测技术都可能成为雷达技术创新的来源。

（三）器件发展推动雷达创新

核心器件的突破性发展是雷达技术创新的基石，可极大提升雷达探测的性能，这也是雷法发展历程中被多次证实的规律。进入 21 世纪以后，基于砷化镓（GaAs）、场效应晶体管（FET）、低温共烧陶瓷（LTCC）和表面封装（SMT）、混合微博集成电路（HMIC）等技术和工艺，以及专用集成电路（ASIC）、现场可编程门阵列（FPGA）、数字信号处理（DSP）等可编程单片微波集成电路（MMIC）芯片的大量应用，发射/接收（T/R）组件尺寸重量减小，性能、可靠性则大幅度提高，规模生产后的成本也大幅降低，使得有源相控阵雷达装备完全实用化，同时数字移相器和全固态发射机也应用在了无源相控阵雷达上，使其技术性能进一步得到提高。如今，新的数字阵列雷达（DAR）和软件化雷达已开始成型，其核心技术是全数字化的 T/R 组件，具备直接在天线上建立发射和接收通道的能力。氮化镓（GaN）等宽禁带材料、单片集成系统（SoC）、芯片倒装（FCT）、多芯片组装（MCM）等新技术和工艺开始创新应用，T/R 组件以瓦片式薄结构为基础构造 3D 多层互连立体组合，雷达系统的体积、重量和成本将大幅缩减，性能和可靠性则能极大提升。

二、我国发展现状

（一）雷达系统技术达到国际先进水平

在日益复杂的目标特性、作战模式、战场空间环境等三大关键因素的推动和牵引下，伴随着技术的不断发展和进步，当前国内外的雷达系统，无论是地基雷达（包括空间目标监视雷达、对空情报雷达、反导预警雷达)、机载雷达、舰载雷达、星载雷达,都无一例外地向着多功能、数字化、软件化、智能化的方向发展,在雷达系统技术方面进行了全面升级,以充分发挥装备的最大探测效能,满足多样化任务需求。固态数字有源相控阵逐渐成为主流体制,雷达系统广泛采用开放式模块化设计,可以实现雷达规模自由裁剪。

同时,瞄准分布式、网络化作战的未来战争基本形态,国内外雷达探测体系同步向着全域机动、灵活组织、跨域协同、自主应变、能力演进的方向发展,通过单平台多传感器信息融合、多平台多传感器信息融合、多平台有源无源探测相结合等手段扩展探测空域与探测对象,提高体系反隐身能力抗干扰能力和战场生存能力,并最终实现平台中心战向网络中心战转变,提升体系对抗能力。

(二) 共性、前沿技术与国外同步发展

认知雷达技术通过模仿人类认知功能实现智能化,基于接收机的贝叶斯推理,用于保存信息,从接收机到发射机的反馈,用于智能控制,以及发射机的自适应处理,在与环境交互作用下自适应调整雷达收发功能以实现性能提升;**自动目标识别技术**用于解决在传感器获取信息的能力越来越强的情况下,仅仅依靠人工来对这些信息进行处理逐渐不能满足实际需求的矛盾;**软件化雷达技术**把传统“以硬件为核心实现专用功能”的雷达系统构建思想,转为“以面向应用为核心实现任务和功能的灵活配置”的设计理念,使得新型“软件化雷达”系统能够基于软件化开发模式,灵活地实现系统功能定义、资源配置、模式扩展和性能提升,以不断满足实际应用的需求;**相控阵雷达自适应资源管理技术**对相控阵雷达资源进行自适应的动态优化管理,信息采集能力超强的相控阵雷达能在有限的资源下,以最优的性能,最大限度的完成各种感知任务;**宽带数字波束形成技术**用于解决多功能相控阵雷达向着宽带数字化发展过程中面临的时延补偿、分数阶滤波器、子带分解、自适应波束形成等问题;**空时自适应处理技术**充分利用相控阵天线提供的多个空域通道信息和相干脉冲串提供的时域信息,在空间和时间二维平面上设计二维滤波器,解决机载/星载雷达下视探测目标所面临的严重地(海)杂波抑制问题。在上述各共性技术方面,国内研究均达到了国际先进水平。

微波光子雷达技术将微波光子技术全面应用于雷达收、发系统的一种新体制雷达技术,具有远程探测、高精度测量、高分辨成像、反有源干扰、反隐身、快速重构等特点;**智能雷达技术**是在认知雷达概念基础上,结合大数据挖掘技术和人工智能技术发展出的新的技术,以智能化地优化发射接收处理为手段,以精确、层次化、自动化地探测目标和感知环境,具有复杂环境的适应能力和性能不断提升的进化能力;**太赫兹雷达技术**利用太赫兹信号瞬时带宽大、传载信息能力强、抗干扰能力强、探测精度高、角度分辨率高等优点,在战场侦察、目标识别与跟踪等方面有着广阔

的应用前景;**量子雷达技术**充分利用电磁波的量子特性来突破经典探测的性能极限,以实现更远的探测距离、更低的发射功率、更强的抗干扰能力。在上述各前沿技术方面,国内外均处于探索、起步和验证阶段,技术水平相当。

三、我国未来展望

(一) 推进综合射频系统研发,实现多功能一体化

为完成信息化战争中的作战任务,各种作战平台都必不可少地装备雷达、通信、电子战等各种信息系统。独立信息系统的增加导致平台上天线数目急剧增多。同时,为了提高等效辐射功率,往往还需要增大发射机的输出功率和天线增益,导致了系统的尺寸、重量、功耗等方面急剧增加,严重限制了平台的机动性能,增加了平台的雷达截面积(RCS),降低了其在复杂电磁环境下的生存能力。此外,多型信息系统各自独立设计,通用性、模块化难以保证,保障、维护难度大,战时需要大量的保障资源。

多功能综合射频系统的核心思想是用宽带多功能综合射频孔径代替平台上数量众多的、各种功能的天线孔径,采用综合的、开放式的射频、信号处理、软件体系架构,进行灵活的资源调度和管理,实现雷达、电子战、通信、导航、识别等多种射频功能以及多源信息融合,以期利用一套硬件系统,通过不同的软件实现所有的电子功能。系统规模可伸缩、硬件平台统一、软件定义一切功能,满足不同平台的需求,实现侦、干、探、通等多种功能,解决了平台上天线林立、遮挡、电磁干扰等问题,可显著信息系统体积、重量、雷达散射截面积、全寿命周期成本,提高系统可靠性,可动态分配系统资源、快速应对新的功能需求、大幅降低升级费用,具有良好的应用前景。

(二) 加强智能雷达技术研究,实现雷达能力的跃升

传统雷达主要按照预先设计设定的工作模式工作,基本不具备随目标和环境变化而自动改变工作模式的能力,对目标和环境的适应能力不足。虽然自适应信号处理技术在提升雷达反杂波、抗干扰等性能方面得到了广泛应用,但由于自适应信号处理要求被处理的信号满足平稳特性的理想条件才能获得满意的性能,因此实际作战环境下特别是复杂战场条件下自适应信号处理的作用有一定限制。为满足当前特别是未来作战需求,雷达体制和技术必须进一步创新发展以不断提升雷达的探测能力。

信息化作战条件下,战场环境的复杂多变要求雷达必须能够根据作战任务要求和实际作战环境“智能”地改变雷达工作模式、工作参数,自主地选择对抗策略等。要做到这一切,必须在现有雷达设计基础上为雷达增加“智能”功能,使雷达实

现“智能化”。现代雷达技术和人工智能技术的迅速发展和深度融合为“智能化”雷达即智能雷达的发展提供有力的技术支撑。随着认知雷达、大数据挖掘技术、深度学习技术的发展,基于机器学习的智能雷达是未来发展的必然趋势。基于人工智能的新一代雷达架构将以自学习、可重构、多进程并行的体系架构为特征。现代战争面临的复杂地理、电磁环境,使得雷达系统必须能够实时地感知并适应外界环境,保证稳健的目标探测性能。人工智能技术在雷达探测领域的应用,将使智能雷达的研究与发展跨入一个崭新的阶段。加强智能雷达技术研究,系统顶层设计、关键技术突破、装备研制应用同步规划,协同推进,既是雷达技术发展的需要,更是提高雷达作战能力的关键。

(三) 构建网络协同化探测体系,形成协同作战能力

传统雷达技术大多针对单装,重点在于提升单部雷达的探测性能。为适应越来越复杂的战场电磁环境,实现对各种新型低可观测目标的有效探测,雷达技术不断向前发展。新体制雷达在雷达技术发展中起着重要的推动作用。雷达的探测性能也不断提升,功能不断扩展。虽然单站雷达还有较大发展空间,但受到单站雷达的一些固有限制,单靠单站雷达满足不断发展的探测性能提升需求存在较大困难。例如,单部雷达的定位精度取决于距离分辨率和波束宽度等,对远距离目标的定位精度较差;单部雷达在对抗主瓣干扰方面存在先天不足;单部雷达在实现远程探测时存在着机动性能和探测威力之间的矛盾。采用多部雷达协同工作可以有效解决以上问题。另一方面,为了实现广域探测,雷达需要分布式部署,综合利用分布式雷达的能量资源和长基线优势可以显著提升区域内综合探测性能。

从协同探测信号和信息融合处理的层级来看,分为航迹级、点迹级、信号级三个层级。航迹级和点迹级的融合处理技术已经较为成熟,是雷达组网核心技术,信号级的融合处理可以获得更好的性能,但尚有较多理论和技术问题需要突破。包括协同检测、协同跟踪、协同抗干扰、协同资源分配、自组织组网、误差自校正等关键技术。网络化协同探测技术是突破单部雷达性能瓶颈的有效途径,在新一代防空网、舰艇编队协同探测、战机编队协同探测方面具有广阔应用前景。开展对雷达合理配置、优化部署的系统性研究,实现有效组织系统的各种资源以实现探测效能的最大化。

四、我国热点亮点

(一) 对空情报雷达

1. 全球态势与国内现状

对空情报雷达是国土防空体系的重要组成部分,负责对战斗机、无人机、巡航

导弹等敌方空中来袭目标进行搜索、发现、跟踪、识别，并为己方武器提供拦截信息。为满足对隐身飞机、无人机群、高超声速目标的防御需求，2017 年全球防空预警领域新装备新技术不断涌现，主要发展态势如下：①积极采用先进技术，不断推出新型防空预警雷达装备；②不断增强防空雷达的战术导弹、临空目标探测能力，实现防空反导反临一体化；③面向新型无人机群威胁，探索反无人机预警探测能力。

2. 2017 年热点与成就

(1) 美国雷声公司(Raytheon Company)(简称雷声公司)将为美国空军制造下一代三坐标远征远程雷达(3DELRR)系统

2017 年 5 月，雷声公司确认获得 5268 万美元的 3DELRR 雷达固定价格激励工程与制造开发合同，将为美国空军制造下一代 3DELRR 地基远程雷达系统。3DELRR 雷达是一种 C 波段 GaN 雷达，采用开放式系统架构，系统功能能够根据作战任务需求进行升级改进，具有防空和战术弹道导弹防御能力，能够对远距离目标实现精确探测、识别和跟踪。计划雷达于 2028 年具备作战能力。

(2) 雷声公司最新“爱国者”防空反导一体化雷达原型机取得里程碑式进展

2017 年 5 月，雷声公司研制的采用 GaN 有源电扫阵列(AESA)技术的新型“爱国者”雷达原型机取得里程碑式进展，在超过 1000 小时的测试中，展示出可靠性能。重新设计的“爱国者”雷达原型机为防空、反导一体化雷达，用于对现役“爱国者”防空和导弹防御系统的升级。测试期间，该 AESA 原型机与另一部指向不同方向的 GaNAESA 天线协同工作，完美地演示了其 360 度全向探测能力。当目标飞出一个 AESA 阵列的视场并进入另一个阵列的覆盖范围时，这两个阵列间可无缝地传递信息，保持对目标的持续跟踪。

(3) 美海军“企业”级对空警戒雷达(EASR)完成初步设计评审，将进入产品开发阶段

2017 年 4 月，雷声公司和美国海军对“企业”级对空警戒雷达(EASR)进行了初步设计评审，将为各种级别的舰艇进行产品开发。EASR 是用于美海军航母和两栖战舰的下一代雷达，能够同时提供防空、反舰和空中交通管制能力，替代“福特”级航母的体搜索雷达以及两栖攻击舰上的 SPS-48 和 SPS-49 雷达的功能。EASR 采用模块化组件(RMA)技术，规模可缩放；该系统既可设计成 9 个 RMA 的单面旋转阵，取代 SPS-48 和 SPS-49 搜索雷达，用于未来 LHA-8 和 LX(R)两栖攻击舰，也可设计成三面固定阵，用于取代 SPY-4 体搜索雷达。

(4) 美国诺斯罗普·格鲁曼公司(简称诺斯罗普·格鲁曼公司)交付首部低速初始生产地面/空中任务定向雷达(G/ATOR)雷达

2017 年 6 月，诺·格公司向海军陆战队交付了首架低速初始生产 AN/TPS-80G/ATOR 系统。如图 5.1G/ATOR 是美国国防部开发的地面多功能雷达，工

作于S波段，能够智能地、自适应地分配其传感器，检测和跟踪各种各样的威胁，包括有人机、巡航导弹、无人机、迫击炮、火箭弹和炮弹，该雷达能够完成海军陆战队原五部雷达才能完成的炮位侦察、无人机探测、空中交通管制和近程防空任务。

图5.1 G/ATOR雷达

(5) 法国泰利斯公司(THALES SA)(简称泰利斯公司)展示Ground Fire全数字雷达

2017巴黎航展上，法国泰利斯公司展出了最新一代多功能地基全数字雷达Ground Fire。Ground Fire雷达具有连续360°全方位覆盖、90°仰角覆盖和400千米探测距离，可同时执行防空与反导任务。Ground Fire雷达能够在复杂环境(杂波、降雨和干扰)下引导“紫苑”系列导弹。Gound Fire雷达结构紧凑，可在15分钟内完成部署，具有极高的机动性，可在各种地形环境下工作。

(6) 荷兰皇家空军完成首部新型远程对空监视雷达建设

荷兰皇家空军已完成两部新型远程对空监视雷达中首部雷达的建设，预计首部雷达在 2018 年末服役。这部 GaN 雷达是泰利斯荷兰公司重新命名的 SMART-L 多任务(MM)系列雷达的首款陆基型号。SMART-L MM 系列雷达包括荷兰皇家空军的固定式 SMART-L MM/F,海军型 SMART-L MM/N,以及一种新式部署型 SMART-L MM/D。2017 年初,在荷兰亨厄洛启动了首部雷达的工厂验收测试,第二部雷达的工厂验收测试计划在 2019 年初进行,两部系统将于 2020 年达到完全作战能力。

(7) 日本计划开发反隐身雷达系统

2017 年 8 月,日本防卫省计划开发能探测隐身战斗机的下一代雷达系统。据《日本财经新闻》表示,日本防卫省已为 2018 年开发下一代新型雷达系统提出了价值 196 亿日元(1.78 亿美元)的预算资金。《日本财经新闻》称,这种新型机动式雷达系统将能跟踪当前由中国和俄罗斯研发的先进隐身战斗机,并拥有更强的无线电波信息截获能力。该系统预计将会于 2024 年后运行。

(8) 中国反隐身雷达亮相世界雷达博览会

2018 年 6 月,在南京举办的世界雷达博览会上,中国研制的 YLC-8B 型反隐身雷达亮相。该雷达采用相扫+机扫、全固态、全相参体制、主要用于各类空中目标尤其是隐身目标的远程预警,兼顾战术导弹和临近空间目标探测,实现远程预警、目标指示、跟踪制导任务。具有威力远、距离分辨率高、抗干扰能力强,机动性好等特点。

(二) 反导预警雷达

1. 全球态势与国内现状

反导预警雷达是导弹防御系统的核心,是反导作战的重要支撑,其功能是对来袭弹道导弹实施早期发现连续跟踪目标识别发射点推测和落点预报,引导武器系统进行拦截,并完成拦截效果评估。2017 年,美俄等军事强国在反导预警探测领域,不断部署新装备,开展拦截试验,提高实战效能,反导预警系统取得了实质性进步,主要发展态势如下:①美国积极开展弹道导弹拦截试验,验证反导实战能力;②美俄推进前沿部署,提升反导预警覆盖范围;③美俄加紧下一代反导预警系统开发,使用新技术升级现役装备。

2. 2017 年热点与成就

(1) 俄罗斯构建覆盖全境的战略反导预警探测网

俄罗斯正在大力建造以大型预警雷达“沃罗涅日”为核心的陆基预警系统,作为空天防御体系中空天袭击侦察预警系统的一部分,截止到 2017 年 12 月,随着 3 部“沃罗涅日”雷达的同时战斗值班,新一代“沃罗涅日”雷达已部署于列宁格勒、加里宁格勒、伊尔库茨克、克拉斯诺达尔、克拉斯诺雅斯克、阿尔泰和奥伦堡等地区,俄罗斯战略预警系统可实现全境覆盖能力，对俄罗斯边境 6000 千米范围进行早期预警，对重点方向和重点区域实现弹道导弹早期预警、中段跟踪。

(2) 美国地基中段防御系统实现首次洲际导弹拦截

2017 年 5 月 30 日，美国地基中段防御(GMD)系统在太平洋上空成功开展了一次代号 FTG-15 的洲际弹道导弹拦截试验。本次试验被美导弹防御局称为“GMD 系统发展重要里程碑，实现了两个关键的首次”，一是首次在试验中拦截了较为复杂的洲际弹道导弹靶标，使其作为战略反导系统的作战能力得到了初步检验；二是拦截弹首次使用了最新改进的(CE-II)Block I 型杀伤器，为下一步拦截弹的性能改进和部署做好铺垫。

(3) 美国海军防空反导雷达(AMDR)完成首次弹道导弹防御测试

2017 年 3 月，美国在夏威夷西侧海域开展 AMDR 雷达的弹道导弹防御测试，第一次用宽带数字波束形成雷达完成对弹道导弹的追踪。此次反导试验在美国海军太平洋靶场进行，雷达系统成功搜索、截获并跟踪了弹道导弹，验证了 AMDR 雷达系统性能以及硬件/软件的成熟度。2017 年 9 月 7 日，AMDR 雷达再次完成导弹防御试验，此次试验中，美国海军于夏威夷西海岸发射了一枚短程弹道导弹和多枚空对面巡航导弹，AMDR 雷达成功搜索、探测并跟踪了所有目标。截至 2017 年 12 月，已进行了三次弹道导弹拦截试验，成功展示了其优越作战性能。图 5.2 为使用 AMDR 雷达的 DDG 51 Flight III 型驱逐舰构想图。

图 5.2 使用 AMDR 雷达的 DDG 51 Flight III 型驱逐舰构想图

(4) 美国远程识别雷达(LRDR)通过初步设计审查,即将进入生产阶段

2017 年 4 月,美国洛克希德·马丁公司(简称洛克希德·马丁公司)开发的 LRDR 通过了初始设计评审。LRDR 将用于对太平洋地区的远程弹道导弹威胁进行跟踪与识别,兼具空间目标监视能力。2017 年 10 月,洛克希德·马丁公司着手开展 LRDR 的低速制造,为保障于 2018 年中期启动的全速制造,该公司将在作战环境下验证 LRDR 的性能达到技术成熟度 7 级,并会在固态雷达集成站中开展一系列测试,包括闭环卫星跟踪试验;同月,该公司还针对安放雷达的设备间开展了设施设计评审,并将为 2019 年上半年在美国阿拉斯加州克里尔建造设备间实施完全开放式竞争。图 5.3 为 LRDR 样机试验台。

图 5.3　LRDR 样机试验台

(5) 美韩完成了"萨德"(THAAD)反导系统在韩国的部署

2017 年 4 月 26 日,美韩将一部 AN/TPY-2 雷达和 2 台导弹发射架等核心设备运入韩国星洲基地,剩余 4 台导弹发射架暂时留在美军某基地。9 月 7 日凌晨,美军车辆搭载"萨德"相关装备从首尔以南 70 千米处的美军驻韩乌山空军基地出

发，前往星洲部署地。韩国国防部宣布，“萨德”反导系统的临时部署措施已经完成，并辩称这是针对朝鲜的紧急反制。至此，美韩完成了 6 台“萨德”导弹发射架的部署，加上此前部署完毕的 X 波段预警雷达，整套“萨德”系统已在韩国完成了野地实战部署。图 5.4 为“萨德”反导雷达入驻韩国。

图 5.4　“萨德”反导雷达入驻韩国

(6) 日本为岸基“宙斯盾”反导系统评估站点

2017 年 9 月，日本正在为岸基“宙斯盾”反导系统评估站点，以更好地防御朝鲜弹道导弹。日本计划将岸基“宙斯盾”反导系统部署于沿西海岸的两个站点，保证实现对朝鲜弹道导弹的完整覆盖。考虑的两个站点分别位于秋田县的卡莫子基地和新泻县的佐渡分基地。日本计划于 2023 年完成岸上“宙斯盾”系统的部署工作，但也有可能会根据地区安全形势的变化提前部署。

(三) 空间目标监视雷达

1. 全球态势与国内现状

空间目标监视系统是各国努力实现空间态势实时感知能力的核心手段，也是战略预警能力的重要组成部分。目前，仅有美、俄两国建有完整的空间目标监视体系。随着各国对空间资源的重视，开始陆续建造新一代空间目标监视系统，该领域主要发展态势如下：①加快建设新型空间监视雷达，补充完善空间监视网络；②研发高分辨率卫星成像雷达，提升卫星识别能力；③优化空间监视装备部署，扩展空间态势感知覆盖范围。

2. 2017 年热点与成就

(1) 美国初创企业 LeoLabs 公司(简称 LeoLabs 公司)低轨空间目标监视雷达正式运行

2017 年 2 月,硅谷初创公司 LeoLabs 开始运行位于得克萨斯州米德兰的相控阵雷达,该雷达具有 100 多个单元,外形与单个滑雪板类似,可为低轨卫星跟踪和空间碰撞回避提供商业服务。目前,LeoLabs 公司对地球低轨 10 厘米以上目标进行跟踪的数量已达 94%。该公司还计划扩展雷达监控网络,期望在 2018 年具备对地球低轨所有 2 厘米以上的约 20 万个目标的跟踪能力,以降低空间碎片对低轨卫星的影响。

(2) 美国驻澳大利亚低轨空间目标监视雷达开始全功能运行

2017 年 3 月,澳大利亚国防部宣布,美国和澳大利亚联合运行的空间目标监视雷达实现全功能运行能力。目前地基空间目标监视传感器都部署在北半球,该雷达成为在南半球部署的第一部低轨空间监视网传感器,能够跟踪数千个卫星和空间碎片,可发现目标异动,弥补现有空间监视网对南半球和东半球覆盖的不足,改善对卫星和空间碎片的定位精度和预报准确度,为空天攻防对抗提供信息支持。

(3) 德国宇航研究院开发“空间卫星成像”(IoSiS)雷达系统

2017 年 1 月,德国宇航研究院(DLR)称其正在开发一种称为“空间卫星成像”(IoSiS)的雷达系统。IoSiS 系统基于多用途的先进 X 波段系统 GiagRad,结合一个高功率行波管放大器、一个直径 9m 的发射天线和一个直径 1m 的接收天线。IoSiS 采用逆合成孔径雷达(ISAR)技术来实现卫星的高分辨率雷达图像,空间分辨率理论上可达到 3cm,能够显著提高对卫星的分辨和识别能力,提高对卫星工作状态的掌控能力。

(四) 机载预警雷达

1. 全球态势与国内现状

预警机是现代空军作战重要的组成部分,可执行预警指挥、作战管理、战区一体化防空反导、信息分发等多种任务,是空军作战能力的“倍增器”。当今世界各大军事强国均对预警机研制和改进投入了大量精力,新型预警机不断投入现役部署,随着电子技术和系统集成水平的不断发展,预警机功能不断完善,目前已经发展到以 E-2D、空警-500 为代表的第三代预警机系统,具备网络中心战能力,在具备先进预警探测和指挥能力的同时,可进一步融入到整个战场的打击链中,成为网络中心战的核心空中节点。

2. 2017 年热点与成就

(1) 俄罗斯首次试飞 A-100 预警机

2017 年 11 月，俄罗斯首次试飞了装备先进相控阵雷达的新一代预警机 A-100，距离新型预警机服役更近一步。A-100 是俄罗斯研制的一款集情报、监视、侦察、预警以及指挥于一体的预警机，以伊尔-76MD-90A 远程运输机为平台，具备探测第五代战机等隐身装备和新型巡航导弹的能力。除了装备全新的有源相控阵雷达作为主探测装置外，该型预警机还应用了全新的情报、电子战等子系统，未来 A-100 将逐步替换 A-50 预警机，成为俄罗斯下一代主力预警机。

(2) 美国首次在日本部署 E-2D 预警机

2017 年 2 月，美国海军将 5 架新型 E-2D 预警机部署于日本岩国基地，增强了美军在亚太地区的控制力。E-2D“先进鹰眼”预警机是美国诺斯罗普·格鲁曼公司为美国海军研制的新一代舰载预警指挥机，如图 5.5。其机载雷达系统采用机械扫描＋电子扫描体制，把高速处理器、大内存、复杂处理跟踪算法、特种材料及可拓展开放式架构融合在一起，大大提高了对小型高机动目标的探测跟踪能力，增强了在濒海地区、陆地上空和电子干扰环境中的探测威力，特别是提高对 RCS 目标的探测能力，为美国海军提供战区防空反导(TAMD)能力。

图 5.5　E-2D 预警机

(3) 印度接收第一架国产预警机

2017 年 2 月 14 日，印度空军接收了第一架印度自主研制的预警机系统——“天空之眼”，如图 5.6，标志着印度成为继美国、俄罗斯、瑞典、以色列和中国后第六个可自研预警机的国家。印度国防研究与发展组织(DRDO)下属的机载系统中心(CABS)负责整个预警机系统的设计、集成与测试,电子与雷达研究所(LRDE)负责机载预警雷达阵列设计,国防电子应用实验室(DEAL)负责数据链与通信系统的研发。

图 5.6 "天空之眼"预警机

(4) 中国机载有源相控阵火控雷达再次亮相

2018 年 6 月,在中国南京举办的 2018 年世界雷达博览会上,2016 年度珠海航展上首次公开亮相的 KLJ-7A 机载有源相控阵火控雷达再度公开展出,如图 5.7。该机载火控雷达属于先进的有源相控阵体制。该型号是为了替代"枭龙"战斗机上

图 5.7 KLJ-7A 机载有源相控阵火控雷达

已显落后的 KLJ-7 机械扫描火控雷达而设计的，该雷达拥有千余个 T/R 组件，具有可靠的搜索和多目标跟踪、高分辨 SAR 成像能力。

(五) 星载合成孔径雷达

1. 全球态势与国内现状

星载合成孔径雷达的独特优势得到了各军事强国的充分认识和高度重视，并在各种研究计划支持下发展迅速。根据近年来一些新型 SAR 卫星的情况，采用有源相控阵技术、先进信号/数据处理等软硬件，具备高分辨、多波段、多极化、多视角、多模式、干涉测量能力已成为军用星载 SAR 的重要发展方向，其发展态势向着同时实现高分辨宽测绘带、多参数化、小型化星座式方向发展。

2. 2017 年热点与成就

(1) 德国的下一代 SARah 系统

德国正在研发第二代军用雷达侦察卫星系统 SARah，以更优的侦察能力来替代 SAR-Lupe。SARah 由 3 颗卫星组成，其中两颗将采用 SAR-Lupe 中所用的反射天线技术，另一颗采用在 TerraSAR-X 和 TanDEM-X 卫星上使用的相控阵技术。2017 年 2 月，太阳能电池板制造商美国 SolAero 技术公司宣布其获得 OHB 系统公司的合同，将为 SARah 卫星设计、制造与测试太阳能面板，这标志着迟迟未有消息的 SARah 项目仍在继续，德国发展下一代军用雷达侦察卫星系统的目标不变。

(2) 意大利下一代 CSG 系统

在确保第一代 COSMO-SkyMed(CSK)星座的工作连续性和在功能与性能上领先一代的需求下，根据意大利航天局(ASI)和意大利国防部(I-MoD)要求而构思的 COSMO 第二代系统，称为 CSG，它将替换第一代 CSK 卫星。2015 年 9 月，意大利航天局与泰利斯阿莱尼亚航天公司签署 CSG 军民两用雷达卫星系统的研发合同，共两颗，合同金额 1.82 亿欧元。2017 年 9 月，泰利斯阿莱尼亚航天公司与法国阿丽亚娜空间公司达成发射两颗 CSG 卫星的合同，这两颗卫星将自 2018 年起从法属圭亚那的圭亚那航天中心发射。

(3) 日本情报收集卫星(IGS)和 ASNARO-2

2017 年 3 月，日本利用 H-2A 运载火箭从种子岛航天中心成功将一颗雷达成像侦察卫星送入 500 千米的低地轨道。这颗卫星即 IGS 系统的第六颗雷达成像卫星，也称为 IGS Radar-5，由三菱重工研制。2017 年 8 月，NEC 公司在东京都府中市邀请媒体参观了搭载高性能雷达的 ASNARO-2 卫星。2018 年 1 月 18 日，日本宇宙航空研究开发机构(JAXA)在位于鹿儿岛县的内之浦宇宙空间观测所以“艾普斯龙-3”火箭成功将 ASNARO-2 发射升空。

(4) 加拿大的 RCM 系统

为满足未来需要,基于 Radarsat-1/2 任务系统的研发经验,加拿大麦克唐娜·迪特威勒(MDA)公司正在研发加拿大的 Radarsat 星座任务系统(RCM)。RCM 包括 3 颗相同的 SAR 卫星,将置于 580—620 千米的低轨道上,相互跟随并间隔 32 分钟。2017 年 10 月,加拿大宇航局发布了关于 RCM 发射前准备所应用仿真产品的机会公告,计划于 2018 年开始发射 RCM 系统。这标志着 RCM 系统的发射工作在一再推迟后,终于正式提上了日程,而卫星的建造工作也可能接近完成。图 5.8 为 RCM 星座示意图。

图 5.8 RCM 星座示意图

(5) 加拿大推进 OptiSAR 雷达光学卫星星座系统建设

OptiSAR 星座建造计划由加拿大卫星影像公司 UrtheCast 公司(简称加拿大 UrtheCast 公司)于 2015 年 6 月启动。该星座由均匀分布在两个轨道面上的 8 对高分辨率卫星组成,其中光学卫星和 SAR 卫星各占 8 颗,可同时提供高分辨率的多光谱光学图像和 X/L 双波段雷达图像。由于 OptiSAR 星座是世界上第一个集光学成像和雷达成像为一体的卫星星座,代表了空间载遥感领域未来发展的一种潮流,引起了专家学者们的广泛关注,被认为是世界上首个第五代星载 SAR 系统。2017 年 8 月,Urthecast 公司签订了两颗 SAR 卫星建造和发射合同,这两颗卫星预计于 2021 年升空。图 5.9 为光学卫星和 SAR 卫星对运行示意图。

(六) 新体制、新技术的应用

1. 全球态势与国内现状

2017 年,大量的新体制、新技术逐渐从研究阶段,转入测试、应用阶段,应用领

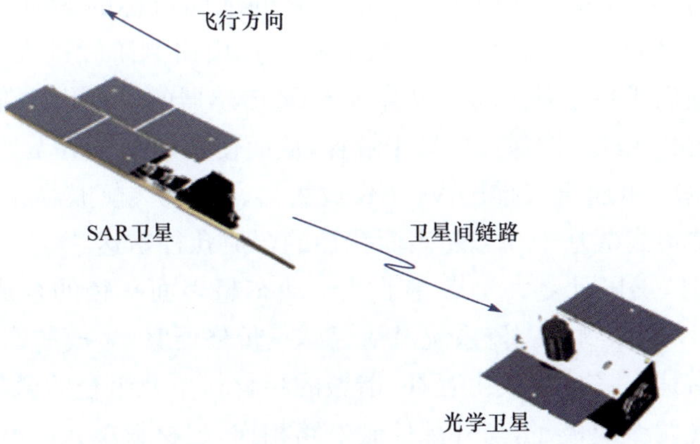

图 5.9 光学卫星和 SAR 卫星对运行示意图

域不断扩展,实现雷达的性能提升、功能扩展。主要的热点事件包括美国的机载软件化雷达试飞、俄罗斯的机载微波光子雷达样机、美国国防高级研究计划局(DARPA)的 ViSAR 太赫兹雷达技术验证、超材料在雷达天线上的应用测试等。

2. 2017 年热点与成就

(1) 诺斯罗普·格鲁曼公司成功完成机载软件化雷达的首次飞行测试

2017 年 6 月,诺斯罗普·格鲁曼公司宣布 4 月份在美国巴尔的摩的演习中,成功完成创新型模块化平板雷达的首次飞行测试。雷达表现出非常好的稳定性,雷达在地面动目标检测(GMTI)和 SAR 模式都表现出优异性能。该雷达采用先进硬件和开放式体系架构,其系统功能能够根据不断变化的作战任务需求,通过软件的配置及第三方软件进行快速调整,对威胁具备了更好的适应性,是实现在未来复杂任务和作战环境中预警探测和电子机动作战的重要手段。这种采用软件方法改变系统功能的雷达被称为软件化雷达。这标志着软件化雷达开始由技术开发阶段转为专项工程研制阶段,应用领域也从地面平台拓展到机载平台。

(2) 俄罗斯推出世界首部机载微波光子雷达收发样机

2017 年 7 月,俄罗斯无线电电子技术集团(KRET)在俄罗斯先期研究基金会的支持下,研制成功射频光子相控阵(ROFAR)的收发机实验样机。ROFAR 项目兼俄罗斯第六代战斗机雷达系统的研制厂商——KRET 集团透露,射频光子相控阵为第六代战机等各类最新飞机智能蒙皮的研制提供了新的技术可能性。该成果将直接瞄准俄第六代战机应用,标志着俄六代机雷达从概念设计走向研制实验。

(3) DARPA 成功验证 ViSAR 太赫兹雷达实时清晰成像能力

2017 年 9 月 28 日,DARPA 开发的视频合成孔径雷达(ViSAR)搭载 DC-3 运输机进行了飞行测试，成功获取了被云层遮蔽的地面目标的实时、全运动视频图像。这标志着全球首部机载太赫兹合成孔径雷达由研制阶段进入试飞验证阶段。ViSAR 试飞完成后下一步的工作是改善 ViSAR 传感器的可视化软件，使 ViSAR 视频图像能够像光电或红外图像一样易于解释，从而使雷达操作员无需专门训练就可理解 ViSAR 数据。并将继续推进 ViSAR 放大器、接收机、模拟器和算法的成熟。

(4) 美国成功测试基于动态超表面孔径的合成孔径雷达

2017 年 3 月，美国杜克大学搭建了基于动态超表面孔径的合成孔径雷达，并进行了 2D 和 3D 成像测试。该系统灵活、高效、价格便宜，生成的图像质量不低于传统合成孔径雷达。雷达天线由互补、谐振的超材料单元组合的微带线构成，每一超材料单元包含两个偶极子，与外部控制电路相连，超材料单元的谐振可通过偏置电压进行衰减控制。动态超表面孔径的每一谐振电路发射并接收某一特定的频率，工作频率也可通过调谐电路的电子特性进行更改，类似于无线电调谐器。孔径产生的总辐射方向图是每一单个辐射器的辐射方向图的叠加。通过给控制电路施加不同的电压，可接通部分辐射单元，形成不同指向、不同形状的方向图，并可为每一波束选择特定的工作频率。

(5) 中国首部微波光子雷达样机研制成功

2017 年 6 月，中国研制完成第一部基于微波光子技术的雷达样机，并进行了外场非合作目标的逆合成孔径成像测试，获得了国内第一幅微波光子雷达成像图样，推动了新技术新体制雷达研究的发展。首部微波光子雷达采用双站雷达体制和光子架构，在发射机和接收机的射频前端分别引入雷达信号微波光子产生和去调频接收技术，能够支持宽带工作，具有提升距离向分辨率的潜力。外场获得的图像分辨率比已知报道的国际同类微波光子雷达提高一个数量级，图像清晰度也有明显提升。

五、领域年度热词

热词 1：数字阵列雷达

基本定义：数字阵列雷达是一种接收和发射波束都以数字方式实现的全数字相控阵雷达。物理实现基础就是采用数字频率直接合成器(DDS)在数字域形成了发射波形，采用模拟/数字转换器(ADC)又将接收的模拟信号变为数字信号进行数据处理，因此每个通道发射及接收波形所需要的幅相数据等参数均单独可控，波束形成灵活、准确。由于数字处理所具有的灵活性，数字阵列雷达拥有许多传统相控阵雷达所无法比拟的优越性，已成为相控阵雷达的一个重要发展方向，广受雷达科技人员关注。

应用水平：随着微波技术、半导体器件技术和数字信号处理技术的发展，数字阵列雷达技术日臻完善，体制逐渐成熟。目前，国内外已有多个数字阵列雷达的型号产品，数字阵列结构的典型装备包括澳大利亚 CEA 技术公司（简称澳大利亚 CEA 公司）的 CEAFAR 单元级数字阵列（已在舰上部署）、洛克希德·马丁公司的空间篱笆、以色列飞机工业公司的子公司艾尔塔（Elta）公司（简称艾尔塔公司）的 ELM-2248 舰载相控阵雷达，泰利斯公司的 Ground Fire 系列雷达，诺斯罗普·格鲁曼公司的 E-2D 预警机等。未来微系统将成为数字阵列雷达的基本形态，数字阵列雷达将呈现出微系统化、多功能、一体化、智能化和网络化的技术特征，最终实现分不清雷达、通信与电子战，分不清整机系统与元器件，分不清天线、收发与信号处理各个子系统，分不清传感器与平台。

热词 2：量子雷达

基本定义：量子雷达是雷达技术与量子技术相结合的一种新体制雷达。在发射端，量子雷达充分利用电磁波的量子统计特性，对其进行偏振态、相干态、纠缠态等量子态的调制，将信号调制维度由传统的空、时、频推广至更高维的量子态。在接收端，量子雷达通过量子增强接收、量子最优检测等技术手段，优化接收机的噪声水平和检测能力；同时，利用量子态的相参特性进行接收，增强目标与噪声、杂波、干扰之间的差异，提升低可观测目标的检测概率。

应用水平：当前量子雷达工作体制、目标探测与成像等诸多机理性问题尚不明晰，相关理论、技术、系统的研究方兴未艾，理论研究成果到实际系统应用还有一定距离。目前，量子雷达的研究逐步系统化，主要集中在量子纠缠-干涉、量子照明和量子相干态接收三方面。2016 年，基于单光子检测的量子雷达系统在国内研制成功，达到国际先进水平。目前完成了量子探测机理、目标散射特征研究及量子探测原理的实验验证，并且在外场完成大气环境下目标探测试验，获得百公里级探测试验结果，指标均达到预期效果。

热词 3：微波光子雷达

基本定义：微波光子雷达是一种基于微波光子技术的新体制雷达，通过将微波信号转换到光学域上，采用光学方法完成传统雷达系统中信号的产生、发射、接收、检测等处理过程。与电子处理相比，由于光波相对于微波具有宽带性、高速性、并行性和小巧性等一系列优势，微波光子技术应用于雷达系统，可全面突破传统电子体制雷达的各种技术瓶颈，实现目标探测与处理能力的显著提升。同时在实际应用中，微波光子雷达可以借鉴和继承传统的电子学处理方法，微波光子处理与微波接收、数字处理等功能系统可以畅通互联，并不破坏电子学处理的灵活性。因此，微波光子雷达充分结合电子技术的灵活、精细和光子技术的宽带、高速、低损耗优势，具有极强的技术潜力。

应用水平：虽然微波光子雷达技术研究刚刚起步，但随着各关键模块技术研究的不断深化，必将挖掘出更多的应用领域，不仅可满足地面雷达对远程探测、精确测量、多功能一体的需求，也可适应各种舰载、机载、星载、艇载雷达对超宽带、多频段、多功能、一体化、轻量化的需求。美国、俄罗斯、意大利、中国等国已经研制完成微波光子雷达收发样机研制，并开展试验。光电集成化程度及其转换效率、噪声系数、动态范围、可靠性、环境适应性等方面还亟待进一步提高以满足雷达实战系统的需求。尤其需要在光电集成上实现突破性的进展，这些都构成了微波光子技术未来一段时期发展的重要主题。

参考文献

[1] 邵春生. 相控阵雷达研究现状与发展趋势[J]. 现代雷达，2016，38(6)：1-4.

[2] 曲珂，魏雁飞，刘丹. 美军四代战斗机及机载雷达发展现状与趋势[J]. 航天电子对抗，2017，33(3)：54-58.

[3] 金林 . 量子雷达研究进展[J]. 现代雷达，2017，39(3)：1-7.

[4] 王宏强，刘康，程永强，等. 量子雷达及其研究进展[J]. 电子学报，2017，45(2)：492-500.

[5] 吴曼青. 数字阵列雷达的发展与构想[J]. 雷达科学与技术，2008，6(6)：401-405.

[6] 吴剑旗，胡坤娇. 米波雷达反隐身技术[J]. 先进雷达探测技术，2016，30(3)：1-11.

[7] 张春城，沙祥. 美国导弹防御系统发展概述[J]. 先进雷达探测技术，2017，37(4)：8-14.

[8] 殷东平. 雷达先进制造技术现状与发展[J]. 电子机械工程，2016，32(4)：1-6.

[9] Skolnik Merrill I. 雷达手册(第三版)[M]. 北京：电子工业出版社，2010.

[10] 金林. 智能雷达技术[J]. 先进雷达探测技术，2017，36(3)：1-10.

[11] 刘宏伟. 新一代雷达发展趋势浅析[J]. 先进雷达探测技术，2015，22(1)：9-12.

[12] 罗军，纠博，鉴福升，等. 智能雷达系统研究[J]. 先进雷达探测技术，2017，36(3)：11-17.

[13] 沈齐，周峰，吴洪，等. 智能雷达及其关键技术[J]. 先进雷达探测技术，2017，36(3)：18-22.

[14] 冯进军，潘攀，张强，等. 用于雷达系统的新型真空电子器件[J]. 先进雷达探测技术，2016，32(5)：1-8.

[15] 袁赛柏，金胜，朱天林. 认知雷达技术与发展[J]. 现代雷达，2016，38(1)：1-4.

[16] 杨建宇 . 雷达技术发展规律和宏观趋势分析[J]. 雷达学报，2012 ，33 (1)：19-27.

[17] 郭建明，谭怀英. 雷达技术发展综述及第 5 代雷达初探[J]. 雷达学报，2012 ，33 (2)：1-3.

[18] 胡元奎，靳学明，范忠亮. 多功能综合射频系统技术研究[J]. 雷达科学与技术，2015，13(3)：401-405.

[19] 王建明. 面向下一代战争的雷达系统与技术[J]. 现代雷达，2017 ，39(12)：1-11.

[20] 张良，祝欢，杨予昊，吴涛. 机载预警雷达技术及信号处理方法综述[J]. 电子与信息学报，2016 ，38 (12)：3298-3306.

[21] 张良，徐艳国. 机载预警雷达技术发展展望[J]. 现代雷达，2015 ，37(1)：1-7.

[22] 刘凤，黎贺. 基于集群平台的软件化雷达研究[J]. 现代雷达，2017 ，39 (5)：21-24.

专题六 网络与通信

编 写 说 明

当今全球正处于“网络信息世界与自然世界和人类社会”深度融合的数字化、网络化、智能化进程中，这是又一次生产力质的重大提升，带来了新的生产生活方式，像人类历史所经历过的农耕文明和工业文明一样影响深远、意义重大，这一进程正深刻改变着世界的竞争格局、安全格局、经济格局、社会格局、军事格局和文化格局，由此带来国家发展新机遇、百姓生活新空间、社会治理新领域、产业升级新动能和国际竞争新疆域。未来二十年，网络通信技术的发展方向是人-网-物三元万物互联及其与各行业各区域的系统性融合，以数字化网络化智能化方式实现，连接、延伸和渗透整个世界和人类社会，网络空间不断充实和扩大。连接数量从百亿级发展到千亿级与万亿级，从人-网二元互联发展到人-网-物三元和多元互联，从地面的平面互联发展到空间三维互联及外太空和星际互联(信息网络，相当于在传统物理世界和人类社会层面上增加了一个神经层或控制层，其本质是深度信息化)，网络具有超乎想象的感知、传输、存储和处理能力，与传统行业和区域结合，将催生出无限的可能性。我国加快建设“网络强国”是抢抓信息革命重大机遇的战略选择，是打造科技强国、建立网络强国、重塑国际竞争力的迫切需要。

本“蓝皮书”中的网络通信专题，首先从学术、技术和产业三个维度总体概括了网络与通信领域的全球发展态势与特点、我国发展现状、全球地位以及未来展望；然后从技术和应用两个层面，选取网络通信领域中的三大基础技术范畴：移动通信、数据通信、光纤通信和移动互联网、物联网两大应用服务范畴，分别就其最新技术进展、未来发展趋势、技术与产业发展热点及亮点进行了详细表述；最后梳理总结了网络通信领域2017年度在技术和产业发展方面的11个热词，研究给出了基本的定义，介绍了相关应用的发展水平。

来自武汉邮电科学研究院、中国信息通信研究院、中国电信集团有限公司、中国移动通信集团有限公司、中国联合网络通信集团有限公司、清华大学、中兴公司、华为公司、上海交通大学、中国电子科技集团公司、北京邮电大学、电信科学技术研究院、东南大学、中国人民解放军战略支援部队信息工程大学、电子科技大学等单位的专家参与了本次研究工作，在此一并表示深深的敬意和衷心的感谢！

由于编写组水平有限，报告不足之处，恳请批评指正！

2018年7月

专家组和撰写组名单

专家组

姓名	工作单位	职务/职称
余少华	武汉邮电科学研究院	中国工程院院士
邬贺铨	中国工程院	中国工程院院士
曹淑敏	中国信息通信研究院/北京航空航天大学	教授级高工
余晓晖	中国信息通信研究院	教授级高工
王志勤	中国信息通信研究院	教授级高工
鲁春丛	中国信息通信研究院	教授级高工
胡坚波	中国信息通信研究院	教授级高工
赵慧玲	中国电信集团有限公司	教授级高工
张忠平	中国联合网络通信集团有限公司	教授级高工
周建明	中国移动通信集团有限公司	教授级高工
陈尚义	百度	高工
陈山枝	电信科学技术研究院	教授级高工
郭跃栋	华为	专家
雷文杨	华为	专家
王翔	中兴通信	高工
匡麟玲	清华大学	教授
李丹	清华大学	教授
王京	清华大学	教授
崔勇	清华大学	教授
张文军	上海交通大学	教授
张平	北京邮电大学	教授
尤肖虎	东南大学	教授
李少谦	电子科技大学	教授
汪春霆	中国电子科技集团公司第 54 研究所	教授级高工

注:排名不分先后

撰写组

姓名	工作单位	职务/职称
余少华	武汉邮电科学研究院	中国工程院院士
蔡鸣	武汉邮电科学研究院	教授级高工
何炜	武汉邮电科学研究院	高级工程师
陈亮	武汉邮电科学研究院	高级工程师
张新全	武汉邮电科学研究院	高级工程师
党梅梅	中国信息通信研究院	高级工程师
曹蓟光	中国信息通信研究院	高级工程师
李少晖	中国信息通信研究院	高级工程师

注:排名不分先后

专 题 研 究

当今世界正处于“网络信息世界与自然世界和人类社会”深度融合的数字化、网络化、智能化进程中，百年一遇，这是生产力又一次质的重大提升，带来了新的生产生活方式，像人类历史所经历过的农业文明和工业文明一样影响深远、意义重大，这一进程正深刻改变着全球的竞争格局、安全格局、经济格局和文化格局，由此带来社会发展新机遇、国家治理新领域、产业升级新动能、百姓生活新空间和国际竞争新疆域。网络现阶段使用人数、产业带动、影响规模前所未有；存在的问题、困难和挑战前所未有；面向未来发展的任务之重、压力之大、期望之高前所未有。未来二十年，网络通信技术的发展方向是人-网-物三元万物互联及其与各行业各区域的系统性融合，以数字化网络化智能化手段实现，连接、延伸和渗透整个世界和人类社会，网络空间不断充实和扩大。连接数量从几十亿到百亿级，再发展到千亿级与万亿级，从人-网二元互联发展到人-网-物三元和多元互联，从地面的平面互联发展到空间三维互联及外太空和星际互联（信息网络，相当于在传统物理世界和人类社会层面上增加了一个神经层或控制层），网络具有超乎想象的感知、传输、存储和处理能力，与传统行业和区域结合，将催生出无限的可能性。网络数据总量已从TB和PB级快速向EB、ZB、YB乃至BB级递增（一个PB等于1000T，大约相当于4.4个美国国家图书馆的数据量），视频将占据网络大部分流量。以全球工业系统为例，它们与智能云端、先进计算、分析、感知技术及互联网的系统性融合催生出工业互联网体系，形成智能装备、智能系统和智能决策，推动传统制造向智能制造转型升级。主要由模拟量刻画的客观世界将会逐渐完成数字化，这将是人类几百年来的一次重要转变。物联网将成为紧随移动互联网之后新兴产业的发动机，高德纳咨询公司（简称Gartner）预测2020年全球物联网设备将达260亿部，市场规模1.9万亿美元；麦肯锡公司（简称麦肯锡）预测到2025年物联网对经济的影响力将达2.7万亿—6.2万亿美元。5G无线全覆盖和千兆接入网将加速构建，连接国内五百多个城市、一带一路沿线国家和全球五大洲两百多个国家的陆海空天超高速网络将建成。未来二十年之内，我国以互联网为重要载体的信息经济增加值按年计算有望超过GDP的一半。

万物互联让网络通信进入广大人民群众生产生活层面，网络通信无处不在。网络的社会意义在于它极大突破了人类自身体力和脑力极限，极大突破了空间和时间限制，极大突破了世界性的图书馆和大百科全书、世界性的大学、世界性的医院、世界性的电影院、世界性的工厂、世界性的商店、世界性的邮局等一大批人类设施和资源的局限，胜过汽车、飞机、火箭、高铁、电力等人类历史上任何一项重大发明。越来越多的传统行业开始发生颠覆性创新，会有一批之前还不存在的发明创造出来（几千年来，人类似乎没变，而科技的变化翻天覆地）。人类在不经意间也被改变，生老病死等重大问题也被纳入技术解决范畴。人类社会和自然世界不断地被数字化、网络化和智能化而催生出新的生产力，不断突破旧格局，创造新需求和新模式，会产生综合交叉的前沿方向。产业形态由有形资产向有形与无形资产共存转变，由重资产向轻资产转变，由原子管理向比特管理转变；就业结构由体力劳动向智力劳动转变；国家疆域由“陆海空天”向“陆海空天＋网络空间”转变，全球至少有九十多个国家制定了网络空间安全战略。从棱镜门事件看出，互联网已成为国家未来生死存亡之地。总之，互联网关乎国家命运的兴衰和变迁，美国未来学家阿尔温·托夫乐曾预言：谁掌握了信息、控制了网络，谁将拥有整个世界。加快建设网络强国是抢抓信息革命重大机遇的战略选择，是打造科技强国、重塑国际竞争力和国际格局的迫切需要。

一、全球发展态势

网络通信正处于应用创新密集、新商业模式不断涌现和人工智能孕育的变革高峰期，并与制造、交通、教育、媒体、能源、材料等各行业加速融合，正推动全球产业数字化、网络化、智能化变革，不断催生出新产品新模式新业态。互联网已成为人类生产生活必需的重要基础设施，成为影响国家全局的重要战略设施。网络威胁与传统威胁融合渗透深刻影响国家安全，网络空间是影响政治、经济、社会、文化、国家安全的重大变量，已成为国家继陆、海、空、天之后的第五疆域，是赢得国家长期竞争优势的战略要地。

2017 年末互联网已经覆盖超过了 220 个国家和地区，全球网民超过 35.5 亿，移动电话用户 76 亿，移动宽带用户 41.9 亿，固定电话用户 9.57 亿，固定宽带用户 9.7 亿（引自 ITU 数据）。宽带人口普及率每提高 10%，可带动国内生产总值提升 1.38%（引自世界银行数据）。世界人均联网设备的数量从 2003 年的 0.08 台增长到 2010 年的 1.84 台，2015 年的 3.47 台，到 2020 年可能会增长到 6.58 台。人类在计算机商品化之前的整个历史过程中已积累了 12EB 数据，到 2006 年达到 180EB，在 2006—2011 年已超过 1600EB，这一数字每 3 年就会翻 4 倍，2015 年就已达到 8ZB（引自《第四次工业革命》），2017 年底有望突破 16ZB 甚至更多。

（一）前沿创新

互联网仍是支撑未来十年全球信息基础设施的主体，P 比特级传输、E 比特级交换、千兆以上接入和 5G 全覆盖将逐步成为现实，实现信息在空间上时间上的有效传送。网络通信领域的整体发展趋势呈现出十大技术特征。

一是网络特征，体现出人-网-物三元万物互联，大融合、大连接、大数据、新智能，逐步渗透至整个自然世界和人类社会，相当于在自然世界和人类社会之上叠加了一个神经层，这是人类有史以来的一次重大转变。

二是架构特征，体现出四大转变，即从复杂封闭体系向开放开源的新型 SDN/NFV 云网一体架构转变，从行政管理体制及传统组网思维向互联网思维转变，从被动适应向主动快速灵活应对转变，组成架构各要素单元的来源从传统买卖关系向建构产业链新生态系统转变。

三是连接特征，体现有线互连，无线互连，光纤互连，可见光互连，红外互连，太赫兹互连，水下互连，海洋互连，人与人、人与物、物与物互连，从消费领域互连向工业领域互连推进，新型连接不断涌现，向所有行业和区域延伸，体现出大带宽、广覆盖、高通量、绿色节能等特征。

四是空间特征，体现出网络互联从目前地面上的平面二维互联向陆海空三维互联、微观世界互联及外太空和星际互联不断延伸。

五是数量特征，体现出连接数量从目前的百亿级向千亿级和万亿级数量涌现，体现巨连接和泛在连接特性，网络价值会大幅提升至现在的百倍千倍万倍甚至更多。

六是数据特征，网络数据总量将从目前的 PB、EB 和 ZB 级快速向 ZB、YB 乃至 BB 级陡增，网络流量、存储容量、处理速度等均呈指数型增长。

七是带宽特征，连接带宽将从 Gbps→Tbps→Pbps→Ebps→Zbps 是大趋势，呈指数型增长，呈现高带宽、大容量特征。

八是虚拟特征，自然世界和人类社会的很多重要功能（比如购物、远程教育、医疗、办公等）将不断向虚拟空间转移，网络（虚拟）空间已成为继陆、海、空、天之后人类第五疆域，其重要性与战略性会与日俱增，将成为争夺焦点。

九是数字特征，主要由模拟量刻画的物理世界将会逐步完成数字化，这是自然世界和人类社会与网络化并驾齐驱的一次重大转型，通过模数和数模转换打通数字和模拟两个世界。

十是微型特征，受摩尔定律的影响，网络通信的各类元器件普遍朝着微小型化方向发展，功能不断增加，能耗不断降低，重量不断减轻，尺寸不断缩小，价格不断降低。

网络通信领域现有的六个方向都将在未来二十年前后遇到靠渐进式改进难以逾越的技术墙（6 个 W），亟须原理性的重大突破以支撑网络通信技术后续再次实现大的飞跃。

一是移动通信技术墙，近二十年来无线通信理论缺乏革命性的突破，已成为移动通信技术进一步发展的瓶颈，在无线频谱资源正日趋枯竭（1st W，方向一的技术墙）和网络带宽急需进一步大幅提升的背景下，期待新的手段、理论和技术创新带来移动通信技术的下一轮跨越发展。

二是 IP 数据通信技术墙，数据通信自 TCP/IPv4 核心技术体系确立以来，基础技术没有本质性突破，互联网 IPv4 地址耗尽、TCP/IPv4 架构面临可扩展性、服务质量保证、安全性、可管理型和进一步承载互联网的千亿级或万亿级万物互联和巨大流量的挑战（2nd W），重要安全事件的溯源是难点，亟须加快新一代互联网技术的研究进程。

三是光纤通信技术墙，按照每 9—12 个月传输带宽提升一倍的目标，光纤通信努力了五十年。近十年来光纤通信容量增速已远落后于互联网流量增速需求，其传输容量进一步提升遭遇光电器件和光纤非线性的限制（3rd W），预计未来二十年前后将出现网络传输容量危机，光纤通信急需突破性的理论和颠覆性创新。

四是集成电路技术墙，过去五十年摩尔定律一直推动着集成电路的持续发展，现阶段看，晶体管微小型化的平面布局正逼近物理与工艺极限，摩尔定律的趋势也将放缓或变轨（4th W）（比如存储器芯片可向三维方向演进，降低成本和增加密度），急需新的方法和手段实现突破。但集成电路不断增加集成度和速度，不断微小型化、降低成本和功耗的趋势不会改变。

五是能耗/绿色通信——技术墙，现有网络设备随着容量不断增大，功能增多，功耗越来越大，依靠风冷等传统手段已难持续，一个大型数据中心的耗电超过中小国家，网络上端到端每比特信息传输能耗也将遭遇瓶颈（5th W），绿色节能及不断降低功耗的趋势不会改变。

六是大数据——技术墙，大数据一般具有体量大（Volume），多样性（Variety），及时性（Velocity），价值大（Value）等特点，人们从关注因果关系，转向关注相关性、时效性和个性化等方面。随着网络数据总量从目前的 PB、EB 和 ZB 级快速向 ZB、YB 快速跃升，用传统思路和方法处理大数据早已力不从心，海量信息让我们无所适从（6th W），亟须新的原创性重大突破和创新手段，大幅提高处理能力和解决互通性是努力的方向。

目前看，推动未来二十年网络通信持续发展的重要方向是人工智能化。随着网络通信领域十大技术特征的不断深化，未来二十年，网络通信的人工智能化将集云网、感知、大数据和算法于一体（不需要像机器人那样面对压力、运动、重力、高低温、水下、纳米等繁杂恶劣细节，不需要人类的核心认知功能等），以网络为基础的群智应用（网络＋AI）将成为重要趋势。*Science*2016 年 1 月发表“群智的力量”（*The Power of Crowds*），文章提出：利用群体智慧与机器性能结合来解决快速增长难题。没有任何令人信服的证据证明，机器将永远无法企及人类水平的智能（《智能的本质》皮埃罗・斯加鲁菲）。有专家预测，2029 年，机器智能将与人类匹敌；2030 年，人类将与人工智能一体化；2045 年，人与机器将深度融合，奇点来临（指机器比人类聪明的时代来临，引自《人工智能的未来》雷・库兹韦尔）。持这一看法有五个前提。首先,人工智能正在并已产生卓越成果;第二,技术进步正不断加速;第三,机器正创造超越人类的智能;第四,人类将从比我们聪明的智能机器中受益;第五,通过图灵测试的机器比人类更聪明。然而,全机器智能不符合哥德尔不完备定理(引自《计算机和常识》和《心灵、机器与哥德尔》),阿隆索·丘奇把哥德尔不完备定理延伸至计算机领域(引自《智能的本质》),任何一个形式系统中总存在不能由公理和步骤法则证明或伪证的命题(《皇帝新脑》罗杰·彭罗斯)。也有专家认为,人工智能很难达到奇点。原因是,第一,人类不会将权力拱手让给比他聪明的"候选人";第二,机器也不会不受财政和资源限制;第三,聪明的机器人要管理好74亿人中的最优秀者,是相当困难的事;第四,即使能够精确复制人脑信息,也只是克隆,并不能实现意识转移(引自《2040大预言》彼得B·斯科特·摩根)。"鼠标发明人"道格·恩格尔巴特生前一直倾向于使用"增智"而不是"人工智能",认为机器会让我们的智能更强大。现阶段人工智能做得比较好的是处理确定性的封闭化、特定化问题,主要在机器学习和符号表示与推理等方面,比如下围棋本身就是一种典型的问题空间表达与搜索问题。

(二)技术创新

从技术发展上看,网络通信先后经历了模拟、数字、互联网和移动互联四个阶段。其发展趋势是3s-abc,即"3"指人-网-物三元千亿级万物互联(连接整个世界,5G全覆盖和千兆接入)以及与各行业各技术的系统性融合,"s"指软件定义网络、网络功能虚拟化与开源(SDN/NFV/OpenSource),"a"指网络的万物互联与技术融合以人工智能方式实现,"b"是网络的大数据化,"c"是指网络的云化,大带宽、广覆盖、高通量、微小型化、绿色节能成为连接的基本特征,所有的服务以用户为中心。

一是无线移动通信向"5G"甚至"6G"方向发展,发展趋势是3Xs-abc,即"3"指人-网-物三元千亿级万物互联以及5G与各行业各技术的融合,"X"是指针对电磁环境和应用模式提供优化技术,包括具有更高速率(1Gb/s以上)、更广覆盖、更大规模连接、更低时延(毫秒量级)、更高可靠、更微小型化和更低功耗等,"s"指软件定义网络、网络功能虚拟化与开源('S'DN/NFV/OpenSource),"a"指无线移动网络的人工智能化,"b"是无线移动网络的大数据化,"c"是指无线移动网络的云化,所有的服务以用户为中心。除满足移动互联网业务十年一千倍的扩容需求、高可靠低时延通信、开放网络架构重构、灵活的端到端切片、多形态定制终端之外,其应用范围从目前的人-网通信拓展至人-网-物三元协同通信、超密集物联网、车联网以及工业互联网等更为广泛的领域,物联网、太赫兹通信、大规模天线、频谱共享、可穿戴设备联网、人工智能、机器人、无人驾驶交通工具、智慧城市、数字化身份等新兴技术不断涌现。5G将使整个通信行业发生重大变化。

二是IP数据网将向“Ts-abc”方向发展。即向“Tb/s级或更高”线速转发，向软件定义网络、网络功能虚拟化与网络软件开源（‘S’DN/NFV/OpenSource）方向发展，向数据网络的人工智能化（“a”）、大数据化（“b”）和云化（“c”）方向演进。IPv4会逐渐向IPv6过渡。互联网将向制造领域延伸，工业互联网逐渐普及。IP数据网将逐步向向网络资源虚拟化，网络功能虚拟化，网络运营虚拟化转型；向网络业务开放，网络资源开放，网络技术开放与开源转变；网络软件化、柔性化、微小型化等不断推动网络体系架构和转发机理创新，推动网络编址与路由的可扩展性、可管理性和安全可信性创新，推动核心芯片和网络操作系统创新。IPv6根服务器研究不断加强，互联网进入“后IP”时代已是大势所趋，发展新一代互联网技术、突破TCP/IPv4协议局限、构建未来网络、实现智能化、开放和开源平台，自适应安全架构和工业互联网体系是业界努力的方向，推动网络不断走向开放、智能、泛在、融合、开源，未来网络、信息溯源与挖掘、太空互联、数字化家庭、4K、8K超高清视频、VR/AR、3D打印、数字化身份、区块链、量子计算、普适计算、边缘计算、类脑计算、认知计算、协议重构、信息物理系统（CPS）、全维可感知、自感知与自免疫、端到端与全节点等级防护、全民无限存储、神经技术等相继出现。

三是光纤通信将向IPs-abc方向发展，即向光电集成（“I”）及硅基集成方向发展，向“Pb/s级”高速率和大容量方向发展，向软件定义光网络、光网络功能虚拟化与光网络软件开源（‘S’DN/NFV/OpenSource）方向发展，向光网络的人工智能化（“a”）、光网络传输支撑的业务大数据化（“b”）和光网络的云化（“c”）方向演进。光连世界，多维光连（长途、城域、接入、短距、架间、板间、芯片间、芯片内等），“光”像水、电一样被老百姓大量使用，具有微小型化、普遍性、必不可少、便宜、随时随地，是光通信的社会趋势。Pb/s级超高速骨干光传输、Tb/s级超低成本城域光传输、多元化广覆盖低成本超宽带光接入、超低时延、超高精度时间同步传递、硅光集成与光电集成、软件定义光网络与网络功能虚拟化、多维复用、全光网、超低损光纤、海缆系统、光纤传感、海洋监测网、空间光节点、深海光节点和陆海空天光网络是目前技术创新的着力点，纳米激光器、光存储、原子光开关、忆阻器、量子通信、纳米技术、石墨烯、碳纳米管、新材料、动态可重构和片上网络技术、数据率大于100Gbps的CMOS高速互联、3D集成电路设计等新技术不断走向前台。此外，随着网络通信技术的发展，特别是云计算技术、大数据、人工智能和新型数据中心的完善和大量应用，将有效推动网络通信向超宽带“云”网络发展，IT与网络通信技术将加速融合。

目前单颗芯片能够集成50亿个晶体管，假如这一趋势能够持续延续下去的话，到2037年单颗芯片可集成至少5万亿个晶体管（按每两年翻一倍计算），是目前的一千倍；到2037年互联网的规模，至少是目前规模的一千倍（按每两年翻一倍计算）。

(三) 产业发展

总体上看目前全球通信设备产业发展已进入成熟期,市场规模增长逐渐趋缓。下一步网络通信产业面临千亿级万物互联和网络架构重构的变革,将会影响产业发展模式及生态环境。一是以开放重构和开源软件为主导,牵引"标准化硬件+系统架构重构/及/网络功能虚拟化"的产业布局正加速形成,开源模式软硬件架构正逐步影响主流,网络"定制服务"模式将向网络通信运营延伸;二是产业竞争形式正由产品、工程应用竞争转向全方位满足用户需求的产品定制和差异化服务体验竞争,不断满足用户潜在的、深层次需求成为必然。一个开放式软硬件平台生态系统正在网络通信领域形成,并将催生出各种新的生产、服务和商业模式。

二、我国发展现状

我国网络大国地位已基本确立,网络通信产业规模和国际出口居全球第一,已建成规模最大、世界一流的网络通信基础设施,光纤宽带、第四代移动通信(4G)网络建设达到全球领先水平。我国网络空间综合实力与第一梯队的美国差距较大,与德英日韩等国同处全球第二梯队,但位置偏后,网络通信核心技术受制于人的局面没有根本改变。

总体情况看,2017 年我国电信业务总量达到 2.76 万亿元(按照 2015 年不变单价计算),比上年增长 76.4%,增幅同比提高 42.5%。电信业务收入 1.26 万亿元,比上年增长 6.4%,增速同比提高 1%。全年固定通信业务收入完成 3549 亿元,比上年增长 8.4%。移动通信业务实现收入 9071 亿元,比上年增长 5.7%,在电信业务收入中占比为 71.9%。2017 年,我国在固定通信业务中固定数据及互联网业务收入达到 1971 亿元,比上年增长 9.5%,在电信业务收入中占比由上年的 15.2%提升到 15.6%。受益于光纤接入速率大幅提升,家庭智能网关、视频通话、IPTV 等融合服务加快发展。全年 IPTV 业务收入 121 亿元,比上年增长 32.1%;物联网业务收入比上年大幅增长 86%。随着高速互联网接入服务发展和移动数据流量消费快速上升,话音业务(包括固定话音和移动话音)继续呈现萎缩态势。2017 年完成话音业务收入 2212 亿元,比上年下降 33.5%,在电信业务收入中的占比降至 17.5%,比上年下降 7.3 个百分点(引自工信部数据)。

(一) 前沿创新

近年来,我国网络通信技术正加速由跟随模式向创新驱动转变,突出理论基础创新,关键技术研究不断冲击国际先进水平,取得了一系列突出成果。一是数据通信领域紧扣全球未来互联网体系架构研究最新进展,自主提出了多个未来网络的体系架构和系统理论，包括未来网络平台上的创新、全维可定义网络体系架构和基线技术等，构建了未来网络小规模试验验证平台；二是移动通信领域的基础研究与世界先进水平基本并驾齐驱，在密集组网、高通量协作组网、无线接入网络虚拟化等 5G 新型网络构架研究方面取得重要进展，攻克大规模天线阵列、信道编码、高效协作传输等一批 5G 无线传输技术；三是光纤通信领域逐步打破美日欧对基础原创性技术的知识产权垄断，超高速率超大容量超长距离光传输试验取得重要突破，多次接近并几次达到世界领先水平，量子密钥分发传输基础研究及应用示范走到世界前列。同时需要指出的是，虽然我国通信网络设备与系统性关键技术研发方面已整体步入国际先进行列，但在高端核心芯片与器件、关键材料和高端工艺装备、操作系统等方面存在明显短板，受制于发达国家。在战略性的超前研究、基础理论、系统与概念创新方面仍相对薄弱，国家网络信息安全与信息产业安全受制于人的局面仍未得到根本性改变。

(二) 技术创新

网络通信领域已成为我国技术自主创新的典范，取得了一批具有较大影响力的创新成果，初步实现了技术发展由跟跑与部分并跑到部分并跑与少量领跑的突破，正在成为全球技术方向的重要并跑者。一是数据通信技术创新能力显著增强，主导完成了百余项国际互联网工程任务组（简称 IETF）、国际电信联盟（简称 ITU）、开放网络基金会（简称 ONF）等国际标准，在 IPv4/IPv6 互通、网络安全、路由协议、软件定义网络（SDN）和网络功能虚拟化（NFV）等领域取得重要进展；二是光纤通信技术已成为我国与世界先进水平最接近的高新技术领域之一，光网络系统设备份额接近全球一半，接入网系统设备份额达到全球 3/4，牵头制定分组传送网（PTN）和 40G/100G PON 超宽带光接入标准，积极在各大开源组织贡献软件定义光网络的研究成果；三是移动通信产业的自主创新能力和全球影响力显著增强，主导完成 1/3 以上 LTE 相关立项和标准制定，并于 2013 年成立了 IMT-2020（5G）推进组，支撑新一代移动通信技术研发和国际标准制定。在第三代合作伙伴计划（简称 3GPP）等国际组织的 5G 需求与网络架构制定上发挥重要作用，部分技术已被采纳，并于 2016 年全面启动 5G 技术研发试验，其第二阶段测试在 2017 年已完成，目前正在进行第三阶段系统验证测试，计划在 2019 年实现 5G 预商用部署。总之，5G 移动通信网及物联网、下一代互联网、T 比特超高速光网络、移动互联网、未来网络、量子通信网等新方向快速发展，高速宽带、智能融合和窄带物联网等基础设施加速构建。

(三) 产业发展

我国网络通信产业走出了一条从引进吸收到创新跨越的发展之路，已基本形成一个产业链齐全、先进自主的网络通信产业体系。部分产品研发能力达到或接近国际领先，产业规模超过发达国家，出口份额全球第一，光传输系统和光接入系统实力最强，移动通信次之，路由器交换机（数据通信设备）稍弱。高端核心器件和软件仍是薄弱环节，大多处在价值链中低端。一是数据通信领域正重点突破高端核心路由器与交换机产品，400G/1T 核心路由器达到全球领先水平，同时布局下一代路由器架构研发；二是光纤通信领域正在积极开发 400G/1T 超高速光纤传输设备及大容量组网调度设备，在确保传输速率和传输距离领先的同时，在光网络智能化、灵活性方面取得显著提升，同时面向 5G 的前传和回传，正在研究新的超大容量、超低时延和灵活组网的新体系；三是移动通信领域，我国主导的 TD-LTE 取得系列重大突破获得国家科技进步特等奖，正进一步加快 LTE-A 技术研发与设备产业化，大规模天线阵列的 4G 产品开发与应用、以及大规模天线阵列 5G 试验表现突出，正积极投入 5G 移动通信技术创新。在我国网络通信产业国际竞争力显著提升的同时，产业配套自给能力也显著增强，国内主要网络通信企业极力向产业纵深发展，通过纵向一体化策略保障核心芯片、关键软件和基础材料的供应安全，并以此构建起自身产品的成本和差异化竞争优势，打造自主可控的产业生态体系。

（四）机遇挑战

2017 年中国数字经济总量已达 27.2 万亿元，占当年 GDP 的 32.9%，同比增加 2.6%。国际上 5G 部署已进入商用关键期，5G 独立组网标准已由 3GPP 确定，正完善了第一阶段标准化，频谱规划相继发布。2016 年美国发布 5G 高频频谱规划，AT&T 计划 2018 年推出非独立组网的 5G 宽带服务。2018 年 6 月韩国拍卖 3.5GHz 和 28GHz 频段频谱，计划 2019 年 3 月启动 5G 商用服务。日本的频谱分配计划 2018 年底前完成。日本和欧洲均计划 2020 年开启 5G 商用服务。欧美日韩等运营商正积极开展人工智能、大数据、云计算、工业 4.0、工业互联网、高清视频、车联网、虚拟现实等业务探索。随着全球信息技术变革加速和国际产业格局的调整，以及我国网络强国、制造强国等深入实施，我国网络通信产业迎来了快速发展的新阶段，存在一系列实现跨越式发展的条件与机遇。一是科技革命和技术变革机遇：人-网-物三元万物互联，大融合、大连接、大数据、新智能，为我国实现跨越式发展提供了难得的历史机遇；二是市场潜力巨大：我国正处于完成两个一百年目标的关键时期，网络通信技术与各行业各区域的系统性融合，为我国网络通信市场提供了巨大的需求；三是产业基础雄厚：依托国内互联网、网络通信大国等领域的产业基础与资源积累，有望凭中国制造 2025 优势实现产业的进一步壮大。

同时，我国网络通信产业还面临着一些突出的问题与挑战，技术短板明显。与欧美日韩等发达国家相比，我国在高端核心器件、工艺装备、仪表、基础软件等方面能力弱，总体处于全球第二梯队偏后的位置。一是核心技术设备的对外依赖度高，高端核心芯片、工艺装备、基础软件等自给能力亟待解决;二是有世界影响力的产业集群尚未形成,自主技术产业生态有待完善,单点突破尚未形成群体优势,产业配套能力有待增强;三是基础研究尚待加强,原创性、基础性、先导性的技术亟待重大突破;四是为落实国家科技强国、网络强国、制造强国、提速降费系列目标,对网络技术创新提出了更高更严更急迫的要求。另外,由于个别世界强国将网络安全战略由积极防御转为全球威慑,导致全球网络空间对抗全面升级。网络空间已经演变为战争场所,这将是现代战争的又一次升级版(与当年八国联军用枪对付义和团一样的升级版),包括常规的和非常规的,战争方式出现改变,其重要战略意义已超过核武器。网络战场日益变得兼具本地化和全球化特征,网络军队与平民之间的界限越来越模糊,网战与和平的界限也模糊了,新型致命技术(如隐形无人机、军用机器人、自动化武器、网络炸弹与网络空间战结合等)较容易获得,国家重要战略和信息化设施很容易成为网络入侵和精准攻击对象。如今,要制服一个国家,已不再需要氢弹原子弹,只要切断其网络、水源、电源、交通或供给,几天时间就足矣。

三、我国未来展望

(一) 前沿创新

以"网络强国""制造强国"和补短板为目标,布局一批基础理论和前沿技术研究。一是移动通信领域大胆探索新一代无线通信理论的突破方向,探寻"后 5G 时代"革命性技术和网络架构,开发太赫兹、可见光等新的频谱资源和手段;二是数据通信领域强化未来网络技术创新,整合各类科研项目和试验网络既有资源,加快建立国家级未来网络大规模试验床,并推进与国外现有平台的互联互通;三是光纤通信领域开展 T/P 比特级传输、硅光和 III-V 光电集成芯片、5G 光通信前传回传中传、超密集光接入、SDN/NFV、超低损光纤和大有效面积光纤等面向未来的新技术研究,探索制备光纤的新型材料及工艺等。目前已开始研究 6G(第六代移动通信)、P 比特级光传输系统、T 比特级超长跨距光传输、广覆盖超大容量的新型光接入、大规模无线通信物理层技术、面向基站的大规模无线通信新型天线与射频技术、太赫兹无线通信、大规模安全可信的编址路由等。力争到 2025 年时使我国在网络通信领域核心技术受制于人的状况得到改变,力争到 2030 年时我国网络通信领域成功跻身世界领先行列,助力我国进入全球创新型国家前列。

(二) 技术创新

统筹基础研究、技术研发、设备研制、平台建设与应用示范,以光网络、移动网络、IP 数据网络、卫星通信网络、移动互联网和物联网为重点,研究建立国际先进、自主可控的新一代网络技术体系和标准规范，突破 5G 后续技术（B5G）、超高速智能光传输、高速分组传输与接入、SDN/NFV、新型路由交换、中低轨宽带通信卫星等关键技术，研发新一代网络体系架构下的系列关键设备与系统，实现相关网络芯片和协议软件的重点突破及产业化，开展网络技术应用示范和试验验证，推动我国网络通信技术的整体突破。力争到 2020 年，我国 IP 数据网络领域成为全球技术和产业的重要参与者；在移动通信领域成为全球技术研发和国际标准制定的主导力量之一；光纤通信产业与发达国家相比处于并跑阶段并少量引领国际前沿产业技术的发展方向；宽带卫星通信领域实现星间与星地重点突破，大幅缩小与国际先进水平的差距。

（三）产业发展

以培育新一代信息通信技术产业生态为主线，实现我国网络通信产业的跨越式发展，助力我国实现从“网络大国”到“网络强国”的根本转变。一是分别梳理出光纤通信、IP 数据通信、移动通信等核心领域的基础通用性技术、非对称性杀手锏技术和前沿颠覆性技术，制定具有针对性的发展策略，补齐核心芯片、高端装备、基础软件短板；二是高效衔接基础研究、技术创新、工程应用，以网络基础设施升级演进和互联网应用创新为龙头，带动网络技术创新与产业发展；三是强化整个网络通信产业的横纵向合作，建立开放的产业生态体系，在开源软件社区和国际标准制定两方面共同提升全球话语权，突破行业共性关键技术；四是引导创新载体从单个企业向跨领域多主体协同创新转变，推动创新流程从线性链式向协同并行转变，激励创新模式由单一技术创新向技术创新与商业模式创新相结合转变，培育出一批有国际影响力的产业集群；五是进一步提高两化融合水平，加强信息通信技术与传统行业技术的融合创新，不断催生新的技术、商业模式和产业新方向。2018 年 5 月，根据“互联网女皇”玛丽·米克尔发布的《互联网趋势报告》，全球互联网企业估值或市值排名前 20 的，中国占 9 个，美国有 11 个。而 2013 年是中国只占 2 个，美国占 9 个。

四、我国热点亮点

这里从技术及应用的角度，将网络通信领域划分为移动通信、数据通信、光纤通信三大基础技术范畴和移动互联网、物联网两大应用服务范畴分别阐述。

（一）移动通信

到 2018 年 2 月我国移动电话用户数达 14.4 亿，4G 用户数达 10.2 亿，移动电话普及率 103.7 部/百人。截至 2017 年底，我国移动宽带用户（即 3G 和 4G 用户）

总数达 11.3 亿户，全年净增 1.91 亿户，占移动电话用户的 79.8%。4G 用户总数达到 9.97 亿户。2017 年，全国净增移动通信基站 59.3 万个，总数达 619 万个，是 2012 年的 3 倍。其中 4G 基站净增 65.2 万个，总数达到 328 万个。2017 年新增移动电话交换机容量 2.36 亿户，总数达 24.2 亿户。2017 年，我国生产手机 19 亿部，比上年增长 1.6%；其中智能手机 14 亿部，比上年增长 0.7%，占全部手机产量比重为 74.3%，增速比 2016 年加快 10.5%(引自工信部数据)。

1. 技术进展

移动通信先后经历了模拟、数字、多媒体、移动超宽带四个阶段。我国无线移动通信技术先后经历了 1G 空白、2G 跟随、3G 突破、4G 并行(与国外先进水平同步四个阶段)，5G 目标是引领。从 1G 到 3G 主要面向个人通信，4G 开始往物联网扩展，5G 全面部署物联网，并面向车联网等产业和社会管理等方面。2017 年全球移动用户超过 74 亿户，4G 网络规模稳步增长，四百多个 LTE 商用网络已部署在一百多个国家和地区。随着 4G 进入规模商用阶段，面向 2020 年及未来的第五代移动通信(5G)已成为全球产业热点。互联网有望从消费领域向工业领域和其他各领域延伸。5G 具有更高速率(1Gb/s 以上)、更大容量、更低时延(1ms 量级)、更高可靠和更低功耗等特点，将成为 2020 年及未来连接人与人、人与物、物与物的基础通信方式。5G 愿景与关键能力需求已基本明确，支持 eMBB (Enhance Mobile Broadband) 增强移动宽带、uRLLC (ultra-Reliable and Low Latency Communications) 超高可靠超低时延通信和 mMTC (massive Machine Type of Communication) 海量机器类通信三大场景，并确定了用户体验速率、时延、连接数密度、移动性、峰值速率等指标。5G 核心网的演进有可能采用统一的互联网/移动网架构(包括命名、授权和移动性管理)，分布式控制，支持基站、接入点 AP 的即插即用以及扁平化网络等。预计 2020 年前后 5G 实现商用。

为支撑 5G 技术研发和国际标准研制，我国于 2012 年夏季启动，2013 年成立了 IMT-2020(5G)推进组，整合产学研用，有力推动了 5G 发展，并于 2016 年初全面启动了 5G 技术研发试验，依托国家科技重大专项，同步启动对新一代移动通信技术测试和验证，以毫米波和大规模天线等技术带动其他技术的产业突破。我国在 5G 关键的标准化组织中担任了多个重要职务，牵头了多个 5G 关键研究和标准化项目，如无线需求、系统架构等，影响了标准和产业发展方向。全球范围内，在 ITU-R WRC15 中通过 IMT 划分的部分频谱有望成为 5G 低端频段，WRC19 将决定 6GHz 以上频率的 IMT 划分，成为 5G 的重要补充。2016 年 7 月美国 FCC 已批准首批 5G 频段，威瑞森电信公司(简称 Verizon)发布了基于 LTE 技术框架改进的 5G 技术规范并开始 28GHz 的外场测试，抢先将固定宽带无线接入作为 5G 应用的场景。2017 年 11 月我国发布了用于 5G 的中频规划，明确了 3.3—

3.6GHz 和 4.8—5.0GHz 共计 500MHz 用于 5G。我国企业提出的新型网络架构等多项技术方案被国际组织采纳，突破了大规模天线、网络编码等关键技术，有望 2018 年底推出预商用设备。工信部分阶段推进测试工作，组织建立国内外多厂商公共测试环境，已基本完成面向非独立组网标准的测试。3GPP 和 ITU 分别计划在 2019 年底和 2020 年完成完整的 5G 国际标准。2019 年下半年有望推出中国第一款 5G 手机，标志性的杀手级应用是 5G 的难点。

我国卫星通信技术继续保持稳步发展态势，小卫星技术、高吞吐量（HTS）同轨卫星技术发展迅速，高轨和低轨卫星互联网、星间和星地激光通信受到业界广泛关注。

2. 趋势预测

无线移动通信将向“5G”方向发展，采用开放的 5G 系统架构，3Xs-abc 是其主要发展趋势。即“3”指人-网-物三元千亿级万物互联以及 5G 与各行业各技术的融合，“X”是指针对电磁环境和应用模式提供优化技术，包括具有更高速率（1Gb/s 以上）、更大容量、更低时延（1ms 量级）、更高可靠和更低功耗等，“s”指软件定义网络、网络功能虚拟化与开源（’S’DN/NFV/OpenSource），“a”指无线移动网络的人工智能化（AI），“b”是无线移动网络的大数据化（BigData），“c”是指无线移动网络的云化，所有服务以用户为中心。以 OFDM 和 MIMO 为核心技术的 4G-LTE 移动通信发展方兴未艾，并正作为一种基础技术逐渐扩展其应用范围。我国 4G 用户总数已超过 7.7 亿户，并仍然处于快速发展期。面向车联网、物联网以及终端直通应用的 LTE-V、LTE-U、LTE-D 等技术标准正逐步成熟，面向小数据、大连接、广覆盖物联网应用的窄带 LTE（NB-IoT 和 eMTC）和工业互联网受到业界广泛关注，有望成为一种大范围广覆盖的物联网运营基础设施，从而为拓展基于公网的物联网应用开启全新的方向。

5G 将于 2020 年前后商用，除满足十年一千倍的带宽扩容需求、开放网络架构、网络端到端灵活切片、高可靠低时延通信、用户为中心的业务体验和多形态终端定制之外，5G 应用范围将从目前的人-网通信拓展至人-网-物三元万物互联、超密集连接物联网、车联网以及工业互联网等。网络端到端切片技术成为业界研究热点，以满足移动互联网和物联网业务等多样性应用需求。以 WiFi 为代表的宽带无线接入技术也在向更大带宽、更高速率、更多业务方向发展，并且衍生出诸多新的应用，包括支持物联网应用的 802.11ah，支持车联网的 802.11p，支持低时延大带宽的 802.11ad 等。

接近 80%的陆地面积，95%的海域为通信覆盖盲区。依托近地和高轨卫星建立的天基信息网络，与地面信息网络相比，具有高、远和广覆盖特点，对于实现海上、空中以及地面系统难以覆盖的偏远地区通信有其明显优势。根据 2015 年底的统计，全球在轨卫星超过一千三百颗，其中通信卫星超过七百颗，频率和轨位是宝贵的战略资源。中国卫通计划到2020年前将发射的中星16和中星18号Ka宽带卫星。中国亚太卫星公司计划2020年前发射三颗Ka波段宽带卫星，总容量为15—30Gbps，类似计划较多。但系统孤立、信息分离、各成体系、服务滞后。

宽带卫星市场广阔，预计到2021年，全球将新增460万宽带卫星通信用户，总数将达到810万。这其中，移动运营商基站中继和应急备份、机载车载船载通信、海上通信、边远地区通信，企业联网、区域性电视直播、高清视频采集和分发、个人宽带接入服务等十分活跃。面对全球卫星互联网飞速发展，未来建立星地和星星之间的大气激光通信链接，实现星与星之间，星地下行、上行高速连接成为可能。实现一星多用、多星组网、天地一体、星网一体、内外一体、通导遥一体是趋势和目标。

（二）数据通信

2017年我国网民数超过7.72亿，全年新增4074万人；手机网民规模达7.53亿，全年新增5734万人；2017年，三家基础电信企业固定宽带接入用户数达3.49亿，全年净增5133万户；100Mbps及以上接入速率的固定宽带接入用户达1.35亿户，占总用户数的39%；我国农村网民占比为27.0%，规模为2.09亿，增幅为4.0%；城镇网民占比73.0%，规模为5.63亿，增幅为6.2%（引自中国互联网络信息中心（简称CNNIC））。2017年新增互联网宽带接入端口6601万个，总数到达7.79亿个。截至2017年底，互联网宽带接入端口数量达到7.79亿个，比上年净增0.66亿个，增长9.3%。2017年末，电信业完成3.2万个行政村通光纤的电信普遍服务任务部署。全国农村宽带用户达到9377万户，全年净增用户1923万户，比上年增长25.8%（引自工信部数据）。

1. 技术进展

数据通信先后经历了分组交换、互联网和移动互联三个阶段。目前互联网的挑战主要来自安全性保证、服务质量保证、可移动性、实时性和可管理性等方面。近几年为解决网络结构僵化、复杂封闭、缺少灵活性和可扩展性、部署低效等问题，人们提出SDN/NFV技术，谋划从复杂封闭体系向开放的、新的开源网络架构转变，从行政管理体制向互联网思维转变，从“被动适应”向“主动、快速、灵活应对”转变。具体讲，需推动实现软件功能与硬件平台分离并解耦；软件功能云化并开源；从以CO(Central Office 中心机房)为中心组网转向以云DC为中心组网；架构统一、开放网络能力、应用灵活调用、集中管控；由运营商定义业务转向由用户定义业务；从传统供应商买卖关系转向产业链生态系统构建。其研究不断取得新的突破，标准与开源并重成为重要发展模式。目前，国际上有十几个标准化组织开展与

SDN 有关的标准化工作，比如 Opendaylight 和 ONOS。ETSI 主导 NFV 的研究。美国 2014 年启动未来互联网体系架构计划，重点聚焦于云计算、移动性、网络基础架构（基于名字的路由）等方向。下一代互联网在美国和中国有小规模部署。以软件为中心重构、按需服务网络、数据中心重构、开源网络操作系统、开源网络硬件设计、服务定制网络、全维可定义网络体系架构和基线技术，数据驱动网络、多域网络的共存共享共用与互联互通等是目前已知的多个候选方向。

未来网络研究积极推进，我国在理论方法创新、国际标准、应用示范等方面取得成果。我国提出"公共分组数据网 PTDN"，制定国际电信联盟 ITU-T 系列标准，建成小规模的实验网络。我国牵头并主导完成互联网深度包解析系列国际标准，是互联网业务感知、网络感知和动态数据挖掘领域的主要技术，内容涵盖深度包解析技术和产品的各个方面。我国提出的面向服务的未来网络架构将 SDN 技术理念与内容路由机制有效结合，并构建了小规模试验验证平台。我国提出的"网络可重构"理念，从新型网络架构、编址、路由、安全和虚拟化等方面进行探索，形成了一批研究成果。我国企业积极参与数据通信领域国际开源组织的活动，并在其中逐渐发挥重要作用。

2. 趋势预测

IP 数据网将向"Ts-abc"方向发展。即向"Tb/s 级或更高"线速转发方向发展，向软件定义网络、网络功能虚拟化与网络软件开源（'S'DN/NFV/Open-Source）方向发展，向数据网络的人工智能化（"a"）、大数据化（"b"）和云化（"c"）方向演进。网络资源虚拟化，网络架构虚拟化，网络运营虚拟化；网络业务开放，网络资源开放，网络技术开放与开源；网络软件化、柔性化。以 IPv4 架构为核心的互联网存在着地址数量不足、安全可信机制缺乏、服务质量难保证、网络管理能力薄弱等问题，为了实现网络可管可控、安全可信，新型网络体系结构成为重要研究方向。

SDN/NFV 和网络云化技术成为重点创新方向，推动网络不断走向开放、智能、泛在、融合。全球网络架构正从垂直架构转向水平开放，主要体现在控制与转发分离、网元软硬件的解耦、网元硬件标准化、网络的虚拟化和网络功能的虚拟化、网络的云化及 IT 化等多个方面，代表性技术是软件定义网络（SDN）和网络功能虚拟化（NFV）。SDN 标准化进展较快，已完成 NFV 需求、架构和应用场景分析。SDN/NFV 带来的云架构、硬件标准化和"白盒化"、软件代码开放与开源化对于数据网络技术方向、产业发展模式均形成很大影响。

高速率、大容量是数据通信设备的长远发展方向。在 400G 设备开始现网部署后，1T 设备将逐步推出。我国将加强大容量集群路由器开发，逐步扩大高端路由器市场，通过参与标准化制定和开源社区力度提升国际话语权与技术主导权。

(三) 光纤通信

2017 年新建光缆线路长度 705 万公里，全国光缆线路总长度达 3747 万公里，比上年增长 23.2%。其中，新增长途光缆线路长度 4.7 万公里，总长度达到 104 万公里。光纤接入(FTTH/0)端口比上年净增 1.2 亿个，达到 6.57 亿个，占互联网接入端口的比重由上年的 75.5%提升至 84.4%。xDSL 端口占互联网接入端口的比重由上年的 5.5%下降至 2.9%，比上年减少 1639 万个，总数降至 2248 万个，“光进铜退”趋势更加明显(引自工信部数据)。

1. 技术进展

光纤通信系统先后经历了时分复用 TDM(PDH、SDH)、波分复用 WDM 和统计复用(IP 化传送、MSTP、PTN、IPRAN)等应用场景。

国内外光通信研究进展显著，传输带宽基本上按照容量十年一千倍扩容进行。地面通信网均建立在光传送网基础上，移动通信网除了接入段外也都基于光传送网络，光网络技术已经成为衡量一个国家综合实力和国际竞争力的重要标志，光电器件是光网络系统的核心技术。目前实现单波长 400G、单纤 100T 是比较热点的系统实验。100Gb/s 光纤传送技术已成熟商用，业界正在制定 400Gb/s 国际标准。10G PON 之后，逐步应用单波 25G PON，通过波长叠加实现 2×25G 或 4×25G PON 也被提上应用日程。SDN/NFV 和光网络云网一体化对光通信的影响逐渐显现，光网络的智能化水平日渐提升，出现较快发展态势。硅光子集成和 III-V 材料集成技术研发加快，无源光器件集成得到大量开发，25G 有源集成光调制器/探测器等取得突破。

近几年，光通信技术由跟随模式向创新驱动快速转变，不断冲击国际领先水平。2016 年末，我国实现 200Tb/s 超大容量波分复用与模分复用光纤传输，突破可见光空间通道互干扰高效抑制等技术，可见光实时通信速率实验提高至数 Gbps。开发出硅基集成 100Gb/s 相干调制与接收芯片，硅光调制器工作速率提升至 80Gbaud，完成 32Gb/s 硅光调制器和 CMOS driver 的光电集成样片研发。在量子密钥分发研究上，实现了独立量子源之间的预先纠缠分发的量子隐形传态。

2. 趋势预测

光纤通信将向 IPs-abc 方向发展。即向光电集成(“I”)及硅基集成方向发展，向“Pb/s 级”高速率和大容量方向发展，向软件定义光网络、光网络功能虚拟化与光网络软件开源(’S’DN/NFV/OpenSource)方向发展，向光网络的人工智能化(“a”)、传输大数据化(“b”)和光网络的云化(“c”)方向演进。光连世界，多维光连(长途、城域、接入、短距、架间、板间、芯片间、芯片内等)，“光”像水、电一样被老百姓大量使用，具有微小型化、普遍性、必不可少、便宜、随时随地，是光通信的社会趋势。近几年重点研究 400Gb/s 和 1Tb/s 高速光传输、5G 前传/回传和高精度同步、100G-PON 与 WDM-PON 光接入、光网络 SDN/NFV；进一步掌握新型光纤预制棒，并在大有效面积、超低损等新型光纤制备方面达到先进水平；以硅光子为例，通过逐步掌握硅光高速调制器、硅基开关阵列、硅光芯片等关键技术，逐步解决高端芯片国产化率较低、核心技术缺失的问题。以太网传送速率在现有 10M、100M、GE、10GE、25GE、40GE、100GE 速率基础上会向 400GE 和 1TE 以及更高速率演进，并添加接口通道化和网络分片等灵活承载特征，高速率、大带宽、低时延、高可靠和高安全是其主要趋势。

以“P 比特级光纤传输、光电集成、全光互连”为目标，我国光通信将聚焦核心技术研究，提升国际话语权，打破发达国家对光通信核心技术的垄断。目前，大幅提升传输容量的新技术和新型复用技术成为研究的重点方向。研究硅基光电集成、新型编码调制、超密集波分复用、多芯（MC）复用、少模（FM）复用等面向未来的新型空分复用技术；探索光纤新型材料、新型工艺技术，突破光子集成、光电集成核心技术，为打造中国光通信核心技术奠定基础。

（四）移动互联网

到 2017 年底全球移动宽带用户 41.9 亿（引自 ITU），我国移动互联网用户 12.8 亿，移动短信业务量 6644 亿条。仅 2018 年 2 月当月，我国移动互联网接入流量消费达 33.6 亿 G，移动短信业务量 530 亿条。到 2017 年末，移动互联网接入流量达到 246 亿 GB，比 2016 年增长 162.7%，增速较上年提高 38.7%。全年月户均移动互联网接入流量达 1775MB/月/户，是 2016 年的 2.3 倍，2017 年 12 月当月户均接入流量冲到 2752MB/月/户。其中，手机上网流量达到 235 亿 GB，比上年增长 179%，在移动互联网总流量中占 95.6%，成为推动移动互联网流量高速增长的主要因素（引自工信部数据）。

1. 技术进展

以百姓为中心，世界几十亿用户群，通信模式从小众转向大众是移动互联网的重要特征。我国移动互联网近十年呈现井喷式增长，4G 网络大幅提升，其用户流量月均使用时间已经仅次于 WiFi，APP 超过 300 万个。由于移动互联网技术和业务模式的不断创新，无论是企业、产业还是产品，都存在着变革机遇。我国很多业务模式世界领先，包括手机支付和在线购物等，可能会出现一批具有核心竞争力的新型企业。在社会层面上，这改变了人际交往的传统模式；在经济层面上，这将导致电子商务和移动支付快速崛起，商业模式能够“比特化”的行业开始发生转变，“共享经济”不断兴起；在社会管理层面上，这将促使社会治理方式的改变，社会管理模式正从单向管理转为双向互动,从线下转为线上线下双向融合,从单纯的政府管理向更加注重于社会协同的治理模式转变。

2. 趋势预测

移动互联网是我国现阶段经济发展的新动能。随着移动互联网技术不断普及深化,建构新的应用体系和模式创新,开放和开源,与各行业交叉融合是发展趋势。从移动互联网产业发展看,一是制造强国、工业互联网和智能制造正重新定义全球制造业,企业的形态、边界和模式正发生转变,产品与服务模式不断融合。二是传统 PC 计算平台快速向移动智能终端转变,新产品模式加速孕育。三是移动 App 与各技术各行业交叉融合、延伸与渗透,进入社会生活各方面,多元化服务、便捷化加速普及。四是移动智能终端操作系统技术迭代速度减缓,主流操作系统技术演进逐步趋同。五是移动终端芯片升级,带动集成电路制造工艺快速演进。

未来几年,从制造业角度看,一方面,软件平台向服务与泛终端延伸,服务型制造的比例会扩大,竞争焦点由单纯的市场份额扩张逐步转向高质量的系统生态服务。另一方面,移动智能终端的新产品新形态加速重塑,智能 VR/AR、三维全息虚拟技术、APP、可穿戴式终端、眼罩式显示器和折叠式显示器等新技术将逐步进入大众生活,泛智能终端的边界不断延伸,不断创新,有可能形成继智能手机后经济增长的又一新动能。

接下来这几年,从应用和业务角度看,全球经济模式正加速向以移动互联网、云计算、大数据和人工智能为代表的数字经济转变。根据 2017 年的统计结果,我国以互联网为载体的数字经济总量约 27.2 万亿元,占 GDP 比重为 32.9%。我国电子商务交易额在全世界占比为 42%,移动支付交易额是美国的 11 倍。预计 2020 年我国数字经济规模将超 32 万亿元(《中国数字经济发展和就业白皮书(2018)》)。这其中,与传统互联网比较,移动互联网的贡献较为突出。传统互联网的一般做法是:组建平台,提供服务,出租业务,适度收费。平台是中心、用户从外部接入。而移动互联网的典型特点是:平台去中心化、用户全覆盖、沟通平民化、服务个性化、通信碎片化、信息发布及时化免费化扁平化简约化,同时具有媒体、工具和社区等特征。这与传统互联网不同,它以大众为中心,公众化、多渠道、多元化、社会化,模式从小众转向大众。依托崭新的社交关系,建群组和一对一联接,可以快速结成网,形成连锁反应,连接人数呈指数增长。

(五) 物联网

广域无线连接技术的不断进步和应用推动物联网技术快速发展,低功率、广覆盖、小数据和泛在连接成为物联网联网技术的显著特征,当前主要存在几种技术路径,一是基于现有蜂窝网技术的优化,主要是 EC-GSM,TD-LTE Cat. M 及 FDD-

LTE Cat. M 等技术；二是面向物联网广覆盖、低时延场景的5G技术标准；三是低功率广域网技术(LPWAN)，一类是授权频段的广域网技术，主要指NB-IoT和LTE演进技术eMTC，另一类是非授权频段广域网技术，指LoRa、PRMA和Sigfox等，不同的LPWAN技术的技术要求、部署方式及服务模式均存在差异。物联网新型标识解析体系、物联网语义技术和互操作性也是研究的热点。

1. 技术进展

物联网新型标识解析体系、物联网语义技术和互操作性等成为研究热点。国际上主要的物联网标识体系有EPC(Electronic Product Code，产品电子代码)、OID(Object Identifiers，对象标识符)、Ecode等。为解决物联网中网络异构及跨系统导致的资源互操作性难题，引入语义技术。目前业界已提出多种语义模型，在数据之间创建联接。oneM2M将不同的设备抽象成为资源，在资源之间建立统一的接口，基于开放协议框架实现资源的创建、获取和查找，通过一个数据发现另外一些相关数据。物联网语义互操作的关键是建立数据模型和分析工具，提供跨系统知识共享和自动应用。

我国初步提出物联网体系架构和模型，布局物联网，已初步物联网标识管理公共服务平台，有利于实现不同标识解析体系之间的互联互通。我国研究机构、高校和主要企业加大标准化投入，已成为ISO和ITU物联网工作组的主要贡献国之一，制定了《物联网概览》和物联网综合标准化体系指南，梳理标准项目超过900项，在物联网参考架构、智能制造、物联网语义、电子健康指标评估和大数据等方面，我国主导发布了相关国际物联网标准，其中，我国积极引领全球NB-IoT标准及产业发展，并在OneM2M、3GPP、ITU、IEEE等主要标准化组织物联网相关领域，获得30多项物联网相关标准组织领导席位，主持相关标准化工作，并在物联网无线广域网、基于web技术的物联网服务能力、车联网、可穿戴设备等方面形成了与发达国家共同主导标准制定的态势。

2. 趋势预测

物联网的发展方向是三元万物互联以及与各行业各技术的系统性融合，甚至包括深度学习、智能分析和处理、智能感知、安全事件智能防护等，以软定义虚拟化智能化手段实现万物互联、万物入网，连接、延伸和渗透至整个世界，由此不断创造出很多新需求、新模式、新概念，产生各种可能性。以全球工业系统为例，它们与智能云端、先进计算、分析、感知技术及互联网系统性融合，正催生出工业互联网体系，将人、数据、产品和机器连接起来，形成智能装备、智能系统和智能决策，把传统制造业升级到智能制造，形成新的生产方式、组织结构、商业模式、产业形态和经济增长点。麦肯锡预计，到2025年物联网对全球经济影响力可达2.7万亿—6.2万亿美元。埃森哲预测，在经济增长不确定前景下，到 2030 年物联网有望为全球经济贡献的新产值达到 14.2 万亿美元。这将给基础设施建设、能源、医疗保健、制造业、材料、供应链管理带来巨大的变革。

全球物联网应用快速推进，物联网由碎片化、孤立化应用为主的启动阶段向“统一顶层、聚焦重点、跨界融合、集成创新”的集约化新阶段迈进。工业物联网成为新一轮研究热点，智慧交通、智慧医疗、智慧教育、智能家居、智慧企业、车联网等方面的应用逐步成熟并加速渗透，全球智能城市步入规模发展阶段。

现阶段 NB-IoT(Narrow Band Internet of things，窄带物联网)已成为依托现有移动网络通过大连接广覆盖低功耗场景，延伸出的无线物联网方向，有望结束过去物联网应用的“孤立化和碎片化”现象。除此之外，比 NB-IoT 速率更高的 eMTC 得到了北美和日本运营商的重视，也是低功耗广域互联技术的重要发展方向。国内很多省市已开始部署 NB-IoT 约 40 万个基站，应用于共享单车、智能水表、智能煤气表、智能停车场等，2018 年有望再新增 30 万个基站进行网络覆盖。到 2020 年，我国 NB-IoT 基站规模有望达到 150 万个，实现全国覆盖。采用检测隧道/油库火灾、桥梁安全防护、光纤传感，安全围栏等也是物联网解决方案不错的选择。2020 年后物联网的无线连接方式将逐步采用 5G 架构实现。

近期物联网发展至少要过三道坎：一是存在多种技术标准路径，目前没有哪一种技术标准取得主导优势，后续将随着技术的应用和产业发展来明晰；二是物联网终端的电池续航能力不足，还需进一步取得技术突破；三是网络信息安全问题将成为物联网大规模应用需要关注的重点。

五、领域年度热词

热词 1：5G

基本定义：5G 是第五代移动通信的缩写。是面向未来，具有超大带宽、极低时延以及海量连接能力的下一代无线通信技术，是继 4G 之后移动宽带技术发展新的里程碑，这种通讯技术将会跟人工智能、大数据紧密结合，掀起多个行业的颠覆性的变革，深刻改变人们的生产和生活方式，开启一个万物互联的全新数字化时代。

应用水平：2017 年 12 月，国际标准化组织已经完成首个可商用部署的 5G NR 标准的制定，为 5G 大规模试验和商用部署奠定基础。“新一代宽带无线移动通信网”国家科技重大专项进展顺利，已于 2017 年完成 5G 技术研发试验第二阶段测试，目前正在进入第三阶段系统验证测试，计划在 2019 年实现 5G 预商用部署。美国政府拟主导 5G 国有化网络的建设，计划于三年内快速开发一个集中化、全国性的 5G 网络。欧盟早在 2016 年就推出了“5G 行动计划”，并宣布 2018 年启动 5G 预商用试验。5G 时代离我们不远了。

热词 2:5G 新空口(5G-NR)

基本定义:所谓空口,指的是移动终端到基站之间的连接协议。统一的 5G 自适应新空口必须具有应对复杂多样的业务应用要求的能力,具有灵活性、应变能力和灵活适配各种业务的能力。5G 新空口包括:新波形(F-OFDM、FBMC)、新调制方式(1024QAM)、新帧结构、新多址技术(SCMA、NOMA)、新编码技术(Polar Code、LDPC)、多天线传输等一系列新的无线空口技术。

应用水平:2017 年 12 月 1 日,3GPP 分组大会将第一个 5G 国际标准正式完成并冻结。该标准是 3GPP R15(第一版 5G)标准的非独立组网(NSA)5G 新空口标准。2018 年 6 月独立组网标准将会发布,完成 5G R15 版本,启动 R16 版本的研究。R15 标准的发布,是全球各大厂商合作妥协的结果,得到统一的认可。目前,很多通信设备商已经发布了基于 5G-NR 的预商用产品,并展示了符合 3GPP 标准的 5G-NR 多厂商互通。

热词 3:5G 承载

基本定义:承载网是各运营商构建的一张专网,用于承载各种语音和数据业务(如软交换、视讯、重点客户 VPN 等),通常以光纤作为传输媒介。5G 之路,承载先行,承载网作为连接无线、核心网的端到端网络,分为接入层,汇聚层,核心层三部分,接入层对应 5G 中前传和中传网络,汇聚层/核心层对应回传网络。

应用水平:在我国,IMT-2020(5G)推进组也已牵头制定了包括技术研发试验(2015—2018 年)和产品研发试验(2018—2020 年)两个大阶段的试点计划,5G 承载已经进入到商用的快速道。据业界预测,由于有线承载网络比无线网络需要提前部署,同时大部分国家希望 5G 提前商用,并且业界一些企业已经将部分 5G 技术提前应用到现网,因此,5G 承载 2018 年就具备预商用部署能力。

热词 4:黄金频段

基本定义:通常是指在 5G 时代需要进行频谱重耕的中低频段资源。业内公认这些频段范围是黄金频段。比如:E-UTRA 中定义的 Band8 频段,上行频段为 880—915MHz,下行频段为 925—960MHz。还有在 6GHz 以下频段方面,C-Band(3400—3800MHz 频段)有望成为全世界最广泛使用的移动通信频谱。由于中低频段具有优秀的无线传输特性,是各大运营商奋力争抢的宝贵资源。

应用水平:中国运营商明确要求其产品必须支持 Band8 和 Band34。同时,国务院已批复,允许中国移动在 892—904MHz 频段以及 937—949MHz 频段开展 FDD 业务。中国移动将在 900MHZ/1800M 进行 FDD 频谱重耕。在此之前,中国广电、中国联通、中国电信都分别获得了 4G 低频“黄金频段”组网牌照。各大运营商正不断重耕黄金频段的资源,使 5G 网络能够充分利用中低频段优秀的无线传输特性。目前有关 5G 的 C-Band 样机处于预商用的应用水平。

热词 5：毫米波

基本定义：通信行业的毫米波没有太过精确的定义，通常将 30—300GHz 的频域（波长为 1—10mm）的电磁波称毫米波频段，它位于微波与光波相交叠的波长范围，具有两种波谱的特点。在 5G 网络中，通常将高于 6GHz 以上频段的电磁波统称为毫米波。

应用水平：由于受到技术、材料和产量的限制，通信用毫米波产品还没有真正实现商业化。在业内，高通公司成功实现了全球首个基于 3GPP R15 标准的端到端 5G 新空口系统互通（IoDT），实现了毫米波的移动化，使毫米波在非视距移动环境中能够更稳健地工作。华为联合全球多家运营商进行了高频外场的验证测试，截止目前，已经完成 26GHz、28GHz、39GHz、70GHz 等频段的原型机在静态、移动性、高低频协同等多种场景下的验证测试。毫米波目前还处于实验室和场外试验的应用水平，随着 5G 的商用其发展速度会非常快。

热词 6：太赫兹

基本定义：是指 0.1—10THz 的电磁波，从频率上看，在无线电波和光波，毫米波和红外线之间；从能量上看，在电子和光子之间。在电磁频谱上，太赫兹既不能完全适合用于光学理论，又不能完全适合于微波理论，其波段两侧的光学技术和微波技术发展比较成熟，但是太赫兹技术基本上还是处于刚起步阶段。

应用水平：太赫兹应用于通信理论上可获得百 G 的无线传输频谱，特别是卫星通信，在外太空近似真空的状态下，比当前的超宽带技术快很多倍。这就使得太赫兹通信可以以极高的带宽进行高保密卫星通信。太赫兹技术也是未来第六代移动通信的关键技术之一。但是，太赫兹技术除了应用在军事通信领域以外，太赫兹在民用通信领域还处于实验研究阶段，由于目前缺乏高效的发射天线和辐射源，距离商用还有一段较长的距离。

热词 7：可见光通信

基本定义：可见光通信（Visible Light Communication）英文缩写为 VLC，泛指以 LED 为光源工作在可见光波长的各种视距内的光通信应用。由于 LED 本身是优良易用的照明光源，且可见光波段（390—760nm）范围内的通信带宽无需授权，因此其具有良好应用潜力，尤其是在室内、近距离、多用户的无线接入应用场景中具有吸引力。

应用水平：可见光通信随着 LED 照明的普遍存在而备受推崇。目前实验室环境中，基于普通白光 LED 的点对点通信速率可达数 Gbps，基于新型光源（如 RGB LED、Micro LED）和空间分集技术的通信速率更高。基于照明 LED 的可见光通信可以很容易实现“灯下上网”，LED 屏幕点阵配合高速摄像机也可用于高速通信，可见光与红外、毫米波互补组成的下一代无线通信系统正在被广泛关注。

热词 8:NB-IoT

基本定义:窄带物联网(NB-IoT)是依托移动通信网部署和应用的物联网技术。NB-IoT 带宽为 180kHz,能够支持多样灵活部署,可重用存量基础设施和频谱。支持使用 2G 频谱,依托 2G 网络或 4G 网络部署;以及使用 LTE 频谱部署(包括 LTE 保护带频谱、LTE 带内资源),依托 4G 网络部署。NB-IoT 充分利用 4G/LTE 无线技术,对其物理层和高层协议进行创新改进与优化性能,具有广覆盖、大连接、低功耗、低成本等特点。

应用水平:2016 年 6 月,国际标准化组织将 NB-IoT 作为一项议题,写进其对应的 3GPP 标准文本并获得批准,标志着 NB-IoT 核心协议的研究全部完成。随着 NB-IoT 进入规模商用阶段,有更多的产业链企业加入 NB-IoT 阵营。2017 年,中国运营企业对移动蜂窝物联网无线主设备进行集中采购,我国通信企业共获得 80%以上的市场份额。NB-IoT 的商用将构建全球较大的蜂窝物联网生态系统,窄带物联网市场已开启,并将在未来出现较大增长。

热词 9:工业互联网

基本定义:工业互联网以机器、原材料、控制系统、信息系统、产品、数据以及人之间的网络互连为基础,将全球工业系统与高级计算、分析、建模、全面感知技术以及互联网技术进行全面融合的一种革命性转变方式,也是新一代信息通信技术与工业技术融合的产物,是制造业数字化、网络化、智能化的重要载体。工业互联网主要包括网络、平台、安全三大体系,实现信息通信技术在工业全要素、全领域、全产业链、全价值链的深度融合与集成应用。

应用水平:工业互联网是各主要工业强国实现智能制造、抢占国际制造业竞争制高点的共同选择。2017 年 11 月,中国国务院发布《关于深化"互联网+先进制造业"发展工业互联网指导意见》;2018 年 2 月,中国在国家制造强国建设领导小组下设立工业互联网专项工作组。工业互联网应用场景集中在面向工业现场的生产过程优化、面向企业运营的管理决策优化、面向社会化生产的资源优化配置与协同、面向产品全生命周期的管理与服务优化。部分工业企业已开展基于工业互联网的实践,互联网企业、基础电信企业、软件企业等亦积极参与工业互联网生态打造,但当前的工业互联网发展和应用总体上仍处于初级阶段,大都以"设备物联+分析"或"业务系统互联+分析"的简单优化应用为主。

热词 10:量子密钥分发

基本定义:量子通信技术是利用微观粒子的量子纠缠态或量子纠缠效应等进行密钥分发或信息传递的新型通信方式,是最近几年发展起来的新型交叉学科。当前的量子通信技术主要指量子密钥分发。量子密钥分发是基于量子力学原理和特性来保证通信安全性,只用于产生和分发密钥,并不会传输任何实质性的消息。

应用水平:基于单光子的 QKD 技术,采用诱骗态 BB84 等协议实现,目前已在金融、政务、国防、电力等领域得到一定应用。中国在 QKD 应用方面走在前列，多地（如合肥、芜湖、济南等）通过光纤实现城域 QKD 网络；2017 年 9 月基于可信中继的 QKD 骨干网“京沪干线”正式开通，成码率超过 20 kbps；2017 年 8 月和 2018 年 1 月分别成功进行了星地和洲际量子密钥分发实验。

热词 11：AI+

基本定义：人工智能+（Artificial Intelligence Plus）英文缩写为“AI+”，即“AI+各行业”，但这并不意味着两者简单相加，而是利用云计算、大数据、人工智能技术以及互联网，使得 AI 技术能够与传统行业和新兴产业深度融合，创造出新模式和新业态。它代表一种新的社会形态，即充分发挥 AI 在社会中的作用，将其创新成果深度应用于生产、生活的方方面面，全面提升创新能力和工作效率，形成广泛的以互联网为基础设施和以人工智能为使能工具的发展新形态。

应用水平：“人工智能”尚处于初级阶段，AI 技术被广泛运用于人类社会的各个领域，人们的生活方式、生产方式、组织形式、社会形态正在悄然发生广泛而深刻的变革，推动“AI”与传统行业和新型行业的深度融合——“AI+”，它是一种新经济的增长方式，即充分发挥 AI 在生产要素配置中的效率优势，将人工智能的成果深度应用于经济社会各个方面，提升实体经济的创新力和生产力，形成更加普遍的以人工智能为平台的经济发展新模式，“AI+”时代即将来临。

参 考 文 献

[1] IMT-2020(5G)推进组. 5G 愿景与需求. 2014(5)：8.
[2] 余少华. 网络强国与提速降费布局大幅提升宽带能力. 中国电子报，2017-03-07.
[3] 余少华. “网络强国与提速降费”布局推动我国宽带能力大幅提升. 人民邮电，2017-03-10.
[4] 余少华. 未来二十年前后通信技术演进将面临六堵墙需走新路. 2018 第二届全球未来网络发展峰会，C114 讯，2018-5-11.
[5] 邬贺铨，余少华，李少晖，等. 网络提速降费再出实招，五位专家怎么看. 新华网，2017-03-07.
[6] 邬贺铨，余少华，李少晖，等. “提速降费”公众受益几何？五位专家给你算笔账. 中国新闻网，2017-03-06.
[7] 网络提速降费再出实招，五位专家怎么看？中国教育和科研计算机网 CERNET. http://www.edu.cn/xx. 2017.
[8] “网络强国与提速降费”布局推动我国宽带能力大幅提升. http://www.ccidnet.com. 2017.
[9] “提速降费”公众受益几何？五位专家给你算笔账. http://finance.haiwainet.cn. 2017.

范围说明：因网络通信涉及内容较多，加上篇幅所限，此次本子领域“蓝皮书”主要涉及移动通信、数据通信、光纤通信、移动互联网和物联网相关技术，网络安全是网络领域中很重要的方面，已专门有子领域介绍。其他更多内容（如广电网络等）将在后续工作中逐步增补和完善。

致谢:网络与通信学科领域组的战略研究工作组组长是余少华院士,副组长是邬贺铨院士和曹淑敏教授级高工。具体工作由余少华院士牵头、组织、编写、汇总、修改、复审和把关,邬贺铨院士终审指导把关,曹淑敏在前期立项、安排和布局上做了大量准备工作。报告由武汉邮科院(烽火科技集团蔡鸣、何炜、陈亮、张新全等)和中国信通院(余晓晖、王志勤、鲁春丛、胡坚波、曹蓟光、李侠宇、李少晖、逄淑宁、罗松、闵栋等)牵头,中国电信(赵慧玲等)、中国联通(张忠平等)、清华大学(王京、匡麟玲、李丹、崔勇等)、中兴(王翔等)、华为(郭跃栋和雷文杨等)、上海交大(张文军等)、中国电科(汪春霆等)、中科院计算所、北京邮电大学(张平等)、大唐电信(陈山枝等)、东南大学(尤肖虎)、解放军信息工程大学等单位均在其中做了大量输入贡献(排名不分先后),有的单位一次就有 7—8 人参与。听取了百度(陈尚义等)、中国移动(周建明等)、清华吴建平院士、东南大学尤肖虎教授的意见。在 2016 年 11 月 3—4 日武汉举行的网络与信息高端论坛上,余少华听取了陈左宁、赵梓森、李德仁、邬贺铨、邬江兴、刘韵洁、郝跃、何友、吴建平、陈纯、樊邦奎、廖湘科、刘明、王永良等院士的意见。2016 年 12 月至 2017 年 1 月,中国通信学会陈肇雄理事长在征求工信部相关司局意见后,在行业融合、技术融合和发展的难点上提出了非常好的建设性意见。2017 年 2 月李乐民院士给出两处更正和网络安全指导意见。2017 年 2 月陈鲸院士给出八处指导意见。中国工程院陈左宁院士、信息与电子工程学部卢锡城院士、“中国电子信息工程科技发展研究报告 2016”总报告负责人邬江兴院士和吴曼青院士、学部安耀辉和范桂梅、中国信息与电子工程科技发展战略研究中心办公室安达、曹蓟光等均在其中做了大量工作。第二稿,主要由余少华主笔增补,牵头编写、组织、编写、汇总、修改、复审和把关,2018 年 5 月初听取了陈左宁、卢锡城、邬贺铨、邬江兴四位院士的意见,余少华在 2018 年 5 月 11—12 日南京江宁举行的第二届全球未来网络论坛上报告了文本网络部分的核心内容,听取三百多位参加者的意见,何炜、张新全、陈亮、党梅梅、李少晖对第二稿提出多处修改增补建议。2018 年 7 月,邬贺铨、邬江兴院士各提出一处修改意见。2018 年 7 月 12—13 日邬江兴院士对十三个子领域的编写再次提出系列意见和建议。在此一并表示深深的敬意和衷心的感谢!

由于编写组水平有限,报告不足之处,恳请批评指正!

专题七　网络安全

编 写 说 明

我们认为，全球看来，网络空间安全威胁形势日趋严峻，国际网络安全博弈持续升级，网络空间安全风险加剧。随着各国纷纷加强对信息通信领域新技术的预测预判和创新研究，新技术对国家安全和国计民生的影响力不断上升，其发展已直接关系到国家网络安全保障能力。全球网络安全技术创新迭代不断活跃，云安全、威胁情报等新兴安全产品和服务逐步落地，自适应安全、情境化智能安全等新的安全防护理念接连出现，为国际网络安全技术发展不断注入创新活力。我国网络安全防御模式也逐渐由“木桶式”向“长板式”转变，安全技术加速向智能化、虚拟化等方向演进；拟态防御、可信计算引领我国主动防御技术革命性创新，逐步迈入规模化应用新阶段；工业互联网、5G 等领域安全框架逐步成型，相关技术产品向实用化与产业化进程不断迈进。

本“蓝皮书”中的网络安全专题，主要研究全球和我国在网络安全技术领域的发展态势，以及 2017 年的技术热点和亮点。希望能为我国网络安全技术的发展提供参考。

来自中国信息通信研究院、中国信息安全研究院、国家信息技术安全研究中心、北京可信华泰信息技术有限公司（简称可信华泰）、北京知道创宇信息技术有限公司（简称知道创宇）、北京奇虎科技有限公司（简称 360）、深圳华为技术有限公司（简称华为）、杭州安恒信息技术有限公司（简称安恒）、安天科技股份有限公司（简称安天）、中国软件网、哈尔滨工程大学、工信部电子一所、中国信息化推进联盟、中国信息安全测评中心、战略支援部队等单位的专家参与了本次研究工作，在此一并表示感谢。

编撰“蓝皮书”仍在尝试阶段，不免存在疏漏和错误之处，敬请批评指正。

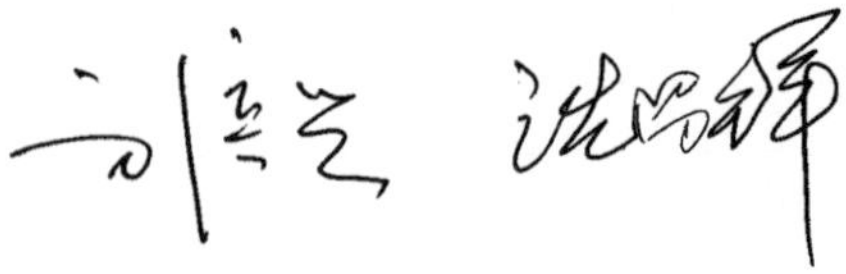

2018 年 6 月 30 日

专家组和撰写组名单

专家组

姓名	工作单位	职务/职称
余晓晖	中国信息通信研究院	副总工
孙瑜	可信华泰	首席技术官
孙迎新	中国信息安全研究院	院长/教授级高工
林涛	中国信息安全研究院	部门主任/高工
刘敬帅	知道创宇	副总裁
李爱国	国家信息技术安全研究中心	研究院
鲍旭华	360	战略规划
王宇晨	华为	
刘志乐	安恒	首席安全官
李柏松	安天	安天科技股份有限公司

注：排名不分先后

撰写组

姓名	工作单位	职务/职称
谢玮	中国信息通信研究院	高级工程师
孟楠	中国信息通信研究院	高级工程师
田慧蓉	中国信息通信研究院	高级工程师
陈湉	中国信息通信研究院	高级工程师
卢丹	中国信息通信研究院	高级工程师
戴方芳	中国信息通信研究院	中级工程师
崔枭飞	中国信息通信研究院	助理工程师
杜霖	中国信息通信研究院	中级工程师
王瑶	中国信息通信研究院	中级工程师
刘明辉	中国信息通信研究院	中级工程师
张向宏	中国信息安全研究院	副院长 高工
耿贵宁	中国信息安全研究院	高工
崔翀	中国信息安全研究院	工程师
曹开彬	中国软件网	总裁
欧小刚	中国软件网	研究员
魏开元	中国软件网	研究员
刘学习	中国软件网	研究员
邵晓路	中国信息安全研究院	工程师
马春光	哈尔滨工程大学	教授
钱晓斌	国家信息安全工程技术研究中心	总工程师助理
刘迎	工信部电子一所	高工 主任
王金祥	中国信息化推进联盟	专委会秘书长
杨光	中国信息安全测评中心	研究员
李爱国	战略支援部队	研究员

注:排名不分先后

专题研究

一、全球发展态势

近年来，全球网络空间安全威胁形势日趋严峻，全球性、重大网络安全事件频频发生，加剧了网络空间风险指数；与此同时，全球安全产业稳步增长，技术创新迭代高速活跃，安全防护能力日趋完善。从安全态势、新兴威胁、热点领域、数据安全和技术创新的角度看，总体呈现以下五大态势和特点。

(一) 国际网络安全博弈持续升级，网络空间安全风险不断加剧

2017 年，全球网络空间安全面临着外部环境错综复杂、不利因素集聚增多、新老问题交织共振的严峻形势。**一是网络安全对抗合作成为新常态**。随着世界各国对网络空间的重视达到空前高度，美国、日本、英国、俄罗斯等国不断加大网络安全技术研发投入，发展网络安全软硬实力不断抢占国际主导权，中美、美欧、美俄等网络大国间在战略、技术、标准等方面的网络安全竞争也不断持续。同时，面对全球共同的网络安全问题，2017 年首轮中美执法及网络安全对话、中英网络安全对话、东盟数字经济安全论坛等召开，标志着加强国际交流与合作逐渐成为主流趋势，网络安全成为国际谈判重要议题，网络安全区域合作更加紧密频繁。

二是网络武器频频失控。2017 年初，黑客组织“影子经纪人”、国外网站“维基解密”先后曝出美国 CIA、NSA 等情报机构研发网络攻击窃密技术手段、开发网络监听工具，并大肆攫取 0Day 漏洞等稀缺国家网络战略资源，通过挖掘和使用大量 Windows、Linux 等主流操作系统，以及 PLC 等通用控制器的未公开漏洞，开发针对性的网络攻击工具。随后在全球爆发的“WannaCry”等勒索病毒事件，印证了由于缺乏管控而泄露的网络武器库已经沦为不法分子实施网络犯罪的工具，将全球网络空间安全推入危险之境，如图 7.1 所示。

三是网络空间军备竞赛风险加剧。近年来，世界各国不断加大在网络空间的部署，继续建立或增设网络部队，研发网络武器和新型对抗技术，开展攻防演习，网络空间军备竞赛和国家级网络冲突的风险不断增加。截至 2017 年，已有超过 1/3 的国家公开表明已组建网络部队；据美国国防部表示，美 133 支网络部队由 13 支国家任务部队、68 支网络保护部队、27 支作战部队与 25 支支持部队组成，并于 2017 年 10 月全部具备初步作战能力。

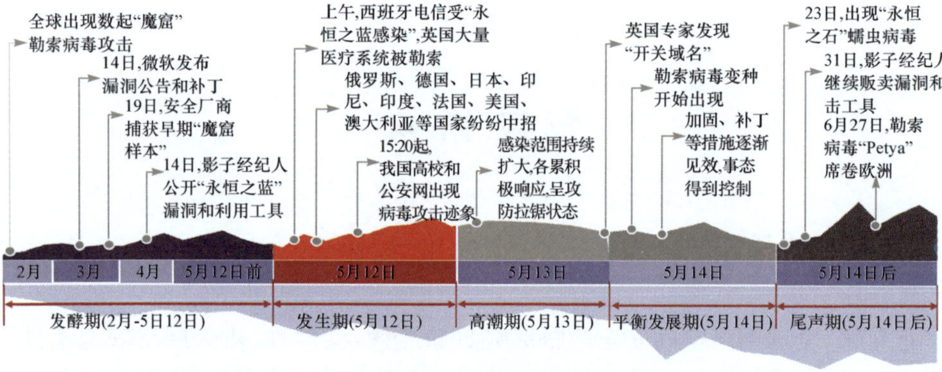

图 7.1 “WannaCry”勒索病毒深入影响网络安全纵深地带

(二) 泛在、智能等技术创新带来网络空间安全新挑战

随着各国纷纷加强对信息通信领域新技术的预测预判和创新研究,一方面,技术创新不断推动新产业、新业态和新模式的迭代加速,已成为改变人类社会生产方式、消费方式、商业模式和管理模式的主要驱动力量;另一方面,新技术对国家安全和国计民生的影响力不断上升,其发展已直接关系到国家网络安全保障能力。**一是泛在技术加速融合网络形成,打破网络空间边界国界**。泛在技术加快了网络互联互通程度的提升,实现覆盖环境、内容、文化和语言的感知能力,支持人与人、人与物、物与物之间无障碍的信息获取、传递、存储、认知、决策和使用。依托泛在技术构建的泛在网络将打破网络空间边界和国界,同时也带来了网络形态的持续快速变动,加大了网络信息的不可预测性,给打击网络犯罪、维护网络安全、规制网络服务提供者等造成了管理和技术上的双重障碍。**二是智能技术深度广度不断延伸,助长信息攫取霸权**。随着全球数字经济的发展,大量与经济运行、社会服务乃至国家安全密切相关的数据分散在互联网上。人工智能、深度学习等智能技术在信息特征的识别和分析中的广泛应用,大大地提升了碎片化信息特征的提取能力,看似无意义的网络数据可关联分析以提取出影响网络空间安全的有用信息。国家间通过互联网获取经济、政治、社会等信息情报也更加容易。**三是技术创新催生融合性攻击手段,触发网络攻防新范式**。量子计算机、虚拟化、分布式账本等新技术的发展不断催生新的攻击手段,网络空间的攻防博弈也呈现出不同以往的新特性。从传统的漏洞后门、远程控制、社会工程学到利用智能技术对抗沙箱、利用暗网技术隐藏攻击者身份、利用量子计算技术暴力攻破高强度加密等。大量新技术的融合创新应用驱动网络攻击向工具化、规模化和智能化方向发展,新型融合性攻击手段不断衍生。

(三) 工业互联网安全热度不断攀升,OT/IoT/IIoT 安全成为业界新共识

随着工业互联网的全面推进,安全成为与网络和平台同等重要的三大体系之一,各种工业互联网会议和各类安全会议必谈工业互联网安全,全球政府、产业界对工业互联网安全的重视程度达到了新高度。全球来看,大型综合安全厂商对工业互联网安全的关注度也在不断攀升,在 2018 年美国 RSA 信息安全大会(简称 RSA 2018 大会)上,赛门铁克公司(简称赛门铁克)、卡巴斯基公司(简称卡巴斯基)、迈克菲公司(简称迈克菲)、趋势科技公司(简称趋势科技)等多家安全厂商均特别介绍了工业安全,并有专题演讲。例如,迈克菲深度分析了 2017 年的 WannCry、NotPetay、Triton 等安全事件对工业互联网安全的影响和启示,趋势科技从增加安全可视性、保护、探测、响应、合作等方面提出了降低工业风险的策略,卡巴斯基提出了工业安全的风险模型、发展趋势,并建议提升安全意识和训练、加强应用安全的软件和专家服务。全球工业安全技术关注点聚焦于 OT(运营技术)和 IoT(物联网),安全厂商高度关注 ICS(工业控制系统)、OT、IoT、IIoT(工业物联网)等安全问题,推出了大量解决方案。整体来说,业界正逐步推动制订工业 IT 和 OT 安全策略,分析 IT 和 OT 对安全的三大基本要素保密性 C、完整性 I 和可用性 A 的 C—I—A 或 A—I—C 优先排序,从架构和配置上整体考虑安全防护、应用 SOC/NOC 进行网络管理和危险探测、建立 IT 和 OT 一体化的安全团队等。

(四) 数据安全事件频发,数据安全保障技术同步演进

大数据因其蕴藏的巨大价值和集中化的存储管理模式逐渐成为网络攻击的显著目标,数据泄漏问题和针对大数据的勒索攻击日趋严重,重大数据安全事件频发。根据金雅拓发布的《2017 数据泄漏水平指数报告》显示,2017 年上半年全球范围内数据泄漏总量为 19 亿条,超过 2016 年全年总量(14 亿),比 2016 年下半年增长了 160%之多。数据系统安全防护机制薄弱,为黑客提供了可乘之机。2017 年 4 月,黑客 CosmicDark 在网上售卖从优酷窃取的约 1 亿用户账号,其中包含大量账号的电子邮箱和解密的 MD5、SHA1 哈希。随着市场对大数据安全需求的增加,Hadoop 开源社区增加了身份认证、访问控制、数据加密等安全机制。商业化 Hadoop 平台也逐步开发了集中化安全管理、细粒度访问控制等安全组件,对平台进行了安全升级。部分安全服务提供商也致力于通用的大数据平台的安全加固技术和产品的研发,已有多款大数据平台通用安全产品上市。同时数据安全防护技术随着安全需求的提升不断演进,数据防泄漏技术正向着智能化的方向发展,密文计算、数字水印和数据血缘追踪溯源等技术逐步兴起。在个人信息保护方面,同态加密、安全多方计算等隐私保护算法的研究逐步深入。

(五) 网络安全技术创新迭代高度活跃

信息通信技术的变革发展和新型安全威胁的不断出现驱动了全球网络安全技术的加速迭代创新。云安全、威胁情报等新兴安全产品和服务逐步落地，自适应安全、情境化智能安全等新的安全防护理念接连出现，为国际网络安全技术发展不断注入创新活力。国际网络安全技术热点在云安全、安全行为分析、攻防交互性技术、终端安全防护、安全智能等相关领域中不断聚焦，如图 7.2 所示。

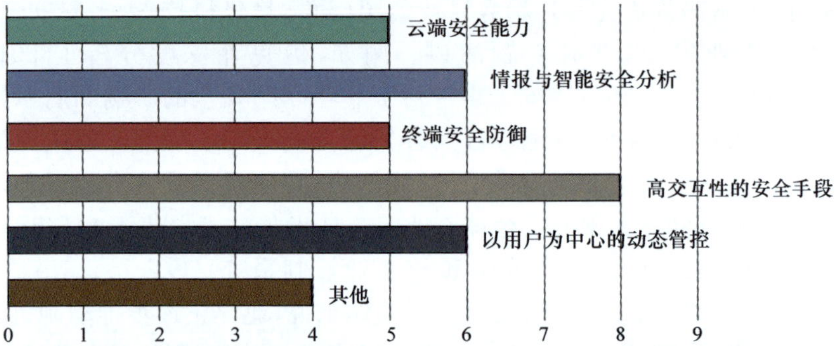

图 7.2　近三年主要国际会议和研究机构网络安全技术热点统计

整体呈如下发展态势。**一是多点推进发展云端安全能力**。蓝领公司(简称 Blue Coat)、加密云公司(简称 CipherCloud)、网域公司(简称 Netscope)、天高公司(简称 Skyhigh)等云安全领域国际领先技术厂商都已率先对云访问安全代理、软件定义安全等进行商业化和产品化，推出了各自的云安全解决方案和部署模型，提升云端的安全可视性、合规性和威胁保护能力。随着 IT 基础设施的虚拟化和业务的云化，大量企业逐渐完成向云端迁移。据 Gartner 预测，到 2018 年，51%的企业应用服务将托管在云上。届时，云服务使用者与提供商之间的安全认证、设备和行为的识别、敏感数据共享等安全技术将成为刚需。**二是用户行为的深度挖掘逐渐成为安全行为分析新中心**。作为网络流量分析的补充和升级，行为分析一直是网络安全分析领域的热点。用户行为分析以用户作为分析的中心，通过定义不同的属性实体从多个维度关联分析用户行为。近两年，人工智能、高级机器学习等先进技术逐渐在网络安全领域兴起应用，推动了安全行为分析利用更多安全实体的行为信息及实体间的关联关系，给行为分析提供智能化的决策模式，使分析结果更加准确，提高安全威胁检测的有效性。**三是虚拟化助推交互性的主动防御技术发展**。以网络伪装、主机伪装、服务伪装等技术为核心的动态防御是从军事领域延伸到网络安全领域的对抗防御概念。早期依赖沙箱、蜜罐等技术在虚拟环境中捕获恶意代码并分析其入侵过程，随着虚拟化技术的逐渐成熟和落地，高交互性的攻防技术不断发展。沙佩公司(简称 Shape)、墨菲斯克公司(简称 Morphisec)等前沿技术厂商推出了基于移动目标防御、多态防御等概念的产品，针对性地对攻击者进行网络、应用、终端和数据的伪装，诱骗攻击者实施攻击。尤其针对通过特征识别实施攻击的各种自动化攻击工具，可隐藏真实目标，触发攻击告警，与攻击者进行主动对抗。**四是设备和智能终端侧安全检测和响应技术持续升温**。终端发展的多样化、智能化和海量化使得安全问题在终端使用场景中被逐步放大，而仅靠拦截已逐渐无法应对新形势下的安全挑战。RSA 总裁 Amit Yoran 在 RSA2017 大会上指出，目前只有 10%的安全预算被用在安全检测和响应技术上，而到 2020 年，该比例将上升到 60%。为此，终端安全检测和响应、内存保护、漏洞利用阻断等终端防御技术正在不断涌现，以针对性的保护终端系统，并快速地对攻击进行响应。**五是安全情报驱动安全智能从概念走向落地**。随着企业对威胁情报系统的普遍部署，威胁情报本身也推动了传统的事件响应式的安全思维向着全生命周期的持续智能响应转变，旨在构建全面的预测、基础防护、响应和恢复能力，防御不断演变的高级威胁。据 Gartner 预测，到 2020 年，40%的企业将建成安全数据仓库，支持全要素融合的安全监测与情报分析，安全架构的重心将从防护向持续普遍性的监测响应以及自动化、智能化的安全流程转移。

二、我国发展现状

2017 年，我国网络安全迎来战略目标日益清晰、法律制度加快完善、产业实力持续增强的发展机遇。网络安全技术领域从跟随全球技术发展到抢占技术先机，在主动安全、智能化与虚拟化安全、5G 安全等方面发展迅速，研发了大量自主程度深、创新性强、前沿性高的安全技术和产品。具体来说，我国网络安全技术的发展在 2017 年呈现以下发展特点。

（一）安全防御模式向“长板式”转变，安全技术加速向智能化、虚拟化方向演进

习总书记在 2016 年 4 月 19 日召开的网络安全和信息化工作座谈会上首次提出要把握非对称技术、“杀手锏”技术。在网络安全领域，非对称技术的发展是安全认知从“木桶式”向“长板式”的思路转变，以往“木桶式”的防御思路着重补齐短板，在所有方面达到一致的安全性，而随着攻防认识的不断深化，防御方逐渐认识到扭转攻防在时间上的不对称性是发挥优势、及时防御，和加强全局安全性的有效手段。在此种思想的指引下，2017 年，我国网络安全防御“非对称性”技术加速发展，智能化、虚拟化等特点逐渐显现。**一是人工智能、深度学习等先进统计技术助力网络安全实现高度自动化**。人工智能的学习和进化能力可快速应对变化的攻击行为，通过对海量数据深度挖掘以识别攻击模式，给入侵检测、攻击预测、态势分析等领域提供智能化、高度自动化的决策。2017 年，我国安全企业不断探索将人工智能技术应用到自身产品和服务中，实现更智能的安全防护体系。如长亭科技将智

能语义分析技术应用到 WAF 中，其 NGWAF 产品在 2017 年先后亮相美国纽约时代广场、获得 Gartner 最具含金量的魔力象限报告提名、OWASP 认证等多项殊荣；360 研发采用人工智能/机器学习技术的反病毒 QVM 引擎；悬镜安全实验室推出了基于机器学习的威胁语句检测引擎，利用云端的威胁大数据进行自我训练与知识迭代，实现对 SQL 注入、XSS 攻击和 WebShell 的检测等。**二是以虚拟化为核心的动态防御技术协助扭转攻防不对称性**。随着传统产业领域向数字化、网联化、智能化转型，终端和智能设备的泛在互联网络安全边界瓦解，软件定义也逐渐走向主流。动态防御类技术通过利用软件多样化、系统随机化等底层虚拟化技术，实现指令集、IP 地址、系统配置等元素的动态重构和变迁，形成网络和系统对于攻击者的“不可见性”，提高攻击难度。2017 年，国家重点研发计划“网络空间安全”重点专项设立了“面向互联网＋的云服务系统安全防护技术”、“基于异构多源信息的安全分析”等研究项目，大力发展安全虚拟化技术；我国北京升鑫网络科技有限公司（简称青藤云）、瑞数信息技术（上海）有限公司（简称瑞数信息）、深圳爱加密科技有限公司（简称爱加密）等新兴安全企业也在自适应安全、动态防御、攻击诱骗等领域，从跟随到抢占技术先机，逐渐引领安全技术和产业发展方向。

（二）工业互联网安全框架逐步成熟

随着 2016 年中国成立中国工业互联网产业而联盟（AII），2017 年 11 月国务院印发《深化“互联网＋先进制造业”发展工业互联网的指导意见》，中国的工业互联网发展后发先至，进入高潮，AII 中的成员数量超过 500 家，工业企业超过 130 家，全国的工业互联网云平台超过 30 家，工业互联网最佳应用案例和测试床层出不穷。工业互联网安全管控、安全态势感知、安全防护能力建设持续加强，具备了一定的综合防御能力。**一是网络侧的安全管控能力初步形成**。监管部门可通过采集与工业互联网业务有关的 IP 数据流量，联动基础电信运营商的僵木蠕系统和移动互联网恶意程序监测系统，分析得到工业互联网资产、安全事件、威胁情报等相关数据，通过运营商对骨干网关键节点的封堵能力，对安全事件进行处置。**二是在网工业互联网关键设备感知能力大幅提升**。我国已具备对暴露在公网上的工控系统、工业物联网设备准确辨识，发现高危漏洞和风险的能力。中国信息通信研究院构建了主被动结合的工业互联网安全监测与综合管理平台，覆盖 45 个通信协议大类、474 种智能联网设备，累积工业互联网相关专用漏洞信息 1951 个，初步形成了安全风险监测发现、预警通知以及处置支持能力，以支撑工业互联网安全监测、检查、整改等工作，**三是工业互联网安全框架逐渐成型**。AII 专门设有安全组，自成立以来，在标准研制、实验验证、产业推广、国际合作方面已取得多项成果。2018 年 2 月，AII 发布了《工业互联网安全框架（征求意见稿）》。该框架涵盖了包括设备、控制、应用、网络、数据五个层面的防护对象视角；威胁防护、监测感知和处置恢复三个层面的防护措施视角，安全目标、风险评估和安全策略三个层面的防护管理视角;系统指导企业部署相应的安全技术防护措施。如图 7.3 所示。

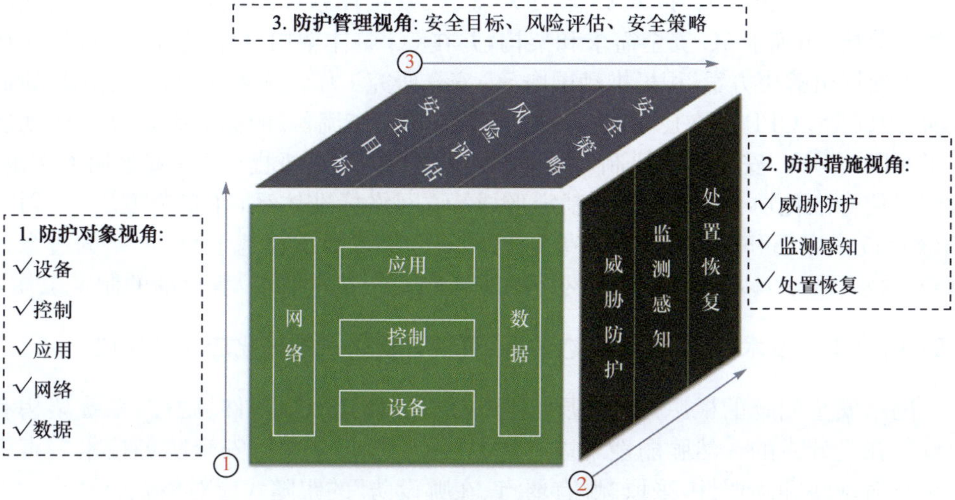

图 7.3 工业互联网安全框架

(三) 第五代移动通信(5G)安全技术研发同步推进

5G 是新一代移动通信技术发展的方向,《中国制造 2025》《国家“十三五”规划》指出我国要积极推动 5G 技术研究,力争在 2020 年实现 5G 商用部署。随着 5G 国际标准日渐成熟,5G 安全成为业界关注的焦点。为应对 5G 网络新业务、新架构和新技术对网络安全和用户隐私提出的新挑战,我国已同步启动 5G 网络安全技术研发,联合产研用各方力量,与国际标准化组织(如 3GPP、ETSI)保持协同,加速推动 5G 安全需求、安全技术和安全标准等工作。针对 5G 需要解决的多种应用场景下按需提供差异化的安全服务、异构接入下的统一认证框架、引入 NFV/SDN 技术后虚拟化移动网络等安全、用户隐私保护和安全监管能力等问题,我国在 IMT-2020(5G)推进组中设立 5G 安全工作组,牵头推动 5G 安全工作;设立 5G 安全技术研究课题,加强关键技术研究;积极参与国际 5G 安全标准研制,并逐步启动国内 5G 安全行业标准研制,2017 年主要进展包括:**一是在 5G 安全需求方面**,2017 年 6 月,IMT-2020(5G)推进组牵头发布了《5G 网络安全需求与架构白皮书》,分析了 5G 网络安全面临的挑战和需求,明确了 5G 网络安全总体目标和六大新安全能力,初步提出了 5G 安全架构,积极推动业界形成产业共识。**二是在 5G 安全技术研究方面**,2017 年,我国在国家科技重大专项中设立“5G 安全总体架构研究与标准化研究”课题,并在中国通信标准化协会(CCSA)2017 年研究计划中设立“5G 安全技术研究”课题,开展 5G 安全关键问题和解决方案研究。此外,未来移动通信论坛(FuTURE)安全工作组也积极聚合 5G 相关组织、企业、科研机构、高校等多方力量,在物理层安全、网络层安全、移动互联与商用密码、终端相关安全、车联网安全等方面开展研究，于 2017 年 11 月发布了《5G 信息安全白皮书》，对 5G 总体架构、认证授权、接入安全、切片安全、密钥体系和终端安全等核心安全功能进行分析，明确了 5G 安全需求和架构，并在 5G 整体架构设计、业务流程、算法机制等方面提出解决方案，积极推动国内 5G 安全研究工作。三是在 5G 安全标准研制方面，2017 年 3GPP SA3 已启动《5G 安全架构和工作流程》的标准制定，ETSI 则启动了 NFV、MEC 安全标准研制，我国研究机构和企业积极提交 5G 安全相关文稿；我国通信标准化协会（CCSA）已制定形成 5G 网络标准体系，在安全方面，计划于 2018 年逐步启动《5G 数字蜂窝移动通信网安全技术要求》《基于 5G 网络的边缘计算安全技术要求》以及《基于 5G 网络的车联网安全技术要求》等标准的制定工作。

（四）内生安全技术持续创新，拟态防御、可信计算迈入规模化应用新阶段

网络安全问题的根源是物理层面与“人”之间的分歧，软件、硬件、系统架构和协议等在设计时的天然脆弱性难以避免，导致了多年来网络安全防御技术一直聚焦于应对威胁和脆弱性，采取“哪有弱点、在哪设防”的跟随式应对模式。

近年来，我国在基于主动免疫思想的可信计算 3.0、基于内生安全的拟态防御技术创新成果显著，可信计算、拟态防御等改变网络安全游戏规则、扭转网络攻防不对称性的创新性防御技术逐渐向实用化与产业化进程不断迈进。

针对网络空间软硬件设计缺陷导致的安全漏洞无法彻底避免、预留软硬件后门难以彻底防控，以及缺乏彻查软硬件漏洞后门的技术手段等世界性难题，邬江兴院士团队提出了一整套基于广义鲁棒控制构造产生内生性安全效应的拟态防御理论，能够在不依赖额外附加的外部安全防护手段的前提下，以一体化鲁棒控制构造形成内生安全功能，有效抑制网络和系统内部的已知或未知漏洞、后门、恶意代码等可能引发的安全威胁。《网络空间拟态防御导论》于 2017 年由科学出版社正式出版发行，标志着拟态防御完成了从初创构想到理论与方法自洽的过渡，也为相关技术研究、系统开发和测试验证建立了基本遵循。2018 年 1 月，在工信部、河南省通信管理局的部署组织下，首套拟态域名服务器在河南联通实现上线部署，拉开了拟态防御技术在运营商显示网络环境中试点应用和量化评估的序幕。2018 年 4 月，基于网络空间拟态防御理论设计开发的包括路由器/交换机、域名服务器、web 虚拟机、云服务器和防火墙等成套拟态防御网络设备及系统在河南省景安网络科技股份有限公司完成了全球首次线上体系化部署，标志着我国“自主可控、安全可信”的新一代信息技术产品取得了里程碑式的进展。

在沈昌祥院士的主持下，我国可信计算自主创新体系从计算体系结构和计算模式等方面进行科学技术创新，采取主动免疫防护的措施，保障正常的计算逻辑组合不被破坏。近年来，可信计算技术经历了网络安全核心技术从“不可用”到“可用”再到“好用”的发展阶段，在我国已形成了自主创新体系，并发展到了以系统免疫性为主要特征的可信计算 3.0 时代，以通过“宿主＋可信”双节点可信免疫架构

实现对信息系统的主动免疫保护，已成为事实上的保卫国家网络空间主权的战略核心技术，并在国家核心系统和关键信息基础设施领域得到规模化应用。在 2017 年 5 月的“一带一路”国际合作高峰论坛期间，以可信计算 3.0 为核心的中央电视台可信制播环境成功抵御了席卷全球的“WannaCry”勒索病毒攻击。产业链各环节企业开展广泛合作，将实现主动免疫可信计算的相关功能作为其产品的必备特性，在服务器、安全、交换机、路由器等设备上逐步支持可信计算 3.0，保证网络通道的可信。

(五) 我国在数据防泄漏、大数据平台安全保障技术方面取得快速进展

一是数据防泄漏技术正向智能化方向发展。“智能安全”将会成为 DLP 产品发展的趋势，大数据分析技术、机器学习算法的发展与演进将推动数据泄漏防护的智能化发展，DLP 产品将实现用户行为分析与数据内容的智能识别，实现数据的智能化分层、分级保护，并提供终端、网络、云端协同一体的敏感数据动态集中管控体系。国内厂家包括北京亿赛通科技发展有限责任公司(简称亿赛通)、启明星辰信息技术集团股份有限公司(简称启明星辰)、北京神州绿盟信息安全科技股份有限公司(简称绿盟科技)、北京天融信科技有限公司(简称天融信)、北京明朝万达科技股份有限公司(简称明朝万达)、北京北信源软件股份有限公司(简称北信源)、北京志翔科技股份有限公司(简称志翔科技)、思睿嘉得(北京)信息技术有限公司(简称思睿嘉得)、北京时代亿信科技股份有限公司(简称时代亿信)、蓝盾信息安全技术股份有限公司(简称蓝盾股份)在内的多家数据安全科技公司针对数据泄漏问题提出解决方案并且推出相关数据安全产品。**二是大数据平台安全技术发展迅速**。随着市场对大数据安全的关注，大数据平台提供厂商普遍增加了整体安全框架和相应安全机制，如华为公司的 FusionInsight 平台通过 Manager 实现集中的系统运维和安全管理，提供身份认证、权限控制、日志审计等基于 Hadoop 架构的增强型安全功能，并提供数据安全和隐私保护方面的功能。部分安全服务提供商致力于为用户提供第三方大数据平台安全加固方案。如观数科技推出的大数据应用防火墙 BIG DAF(Big Data Application Firewall)，通过 Gateway(网关)和 Admin(插件)配合的方式，实现外部访问和内部资源的安全管控。引入多因素认证、细粒度访问控制等安全机制，并监控集群以及节点的各项性能指标以及当前资源被访问的实时状况。2017 年，观数科技、瀚思安信、志翔科技、兰云科技、上海观安、全知科技、安数云等大数据安全领域创业企业融资成功，大数据安全防火墙等新技术将逐步推向市场。

三、我国未来发展

(一) 发展原则

立足全球网络安全发展态势和我国国情，结合安全技术发展演进规律，厘清技

术发展重大方向问题、路线问题，遵循“攻防同步、统一部署、协同攻关、重点突破”的总体发展原则。

(二) 发展思路

从总体上看，我国网络安全技术发展应首先应夯实基础、通用安全技术薄弱领域，提高非对称、杀手锏安全技术的制衡能力，构筑前沿、颠覆性安全技术的先发优势，形成安全技术协同创新、快速迭代、互动发展的新局面。**一是重点突破基础核心技术瓶颈**。通过政产学研的长期投入和不懈攻关，补齐基础、通用技术发展短板，发展密码、漏洞挖掘、协议安全等基础、通用安全技术，提高核心安全技术竞争力；**二是攻防同步发展**。以政府主导、军民融合的发展模式，加强态势感知、攻击溯源、监测预警、0day 漏洞挖掘等非对称、杀手锏技术和理论的研究；**三是超前布局**。加强政府引导、产学先行、注重开放，探索区块链、同态加密等前沿、颠覆性安全技术，积极构筑前沿、颠覆性安全技术的先发优势。

(三) 发展目标

在攻防同步发展的大思路下，花 3—5 年的时间，做到我国网络安全“基础牢固、攻防兼备、技术先进、产业发达、应用领先”。

(四) 建议举措

1. 加快完善网络空间内生安全理论和技术体系

按照国家《网络强国发展纲要》战略部署，重点突破能有效抑制包括已知的未知风险或未知的未知威胁在内的广义不确定扰动之控制构造，并能获得不依赖(但能自然融合)任何附加式防御技术有效性的内生安全效应。基于“全球化、开放共享”数字经济生态环境，创新发展网络时代内生安全理论与方法，致力于软硬构件设计链、工具链、制作链、供应链、服务链可信性不能确保条件下，发展基于系统工程思想的颠覆性理论和技术，在信息系统构造层面瓦解针对软硬件代码问题的攻击理论与方法。在不依赖(并非排斥)附加安全措施或手段的前提下，通过软硬件架构技术的创新，使得目标系统(也包括防御设施)自身具备内在的“安全可信”功能。

2. 网络安全核心技术的协同攻关和分类突破

一是重点突破基础、通用安全技术瓶颈，加快推动密码算法国产化和国产密码国际化，摆脱对国外密码技术的依赖；加快部署后量子密码算法、面向大数据的密码系统、云环境下的密码解决方案、密码算法与密钥融合的新型密码体制等新密码算法研究，推动密码技术从理论走向实践；发挥我国安全产业优势，进一步提升安全检测分析基础能力，发挥龙头效应带动技术创新。**二是深化非对称、杀手锏技术**，建设网络积极防御能力，包括发展漏洞挖掘、渗透测试等主动安全防护技术，发展对安全风险看得清、找得到的全方位态势感知能力，不断健全"监测预警、应急处置、追踪溯源"的安全技术手段体系。**三是注重开放创新**，鼓励发展一批具有前瞻性、先导性和探索性前沿安全技术，包括发展以虚拟化为核心的高交互动态防御技术，探索构建以预测恶意软件防御、动态目标防御、拟态安全防御等前沿技术为基础的网络安全动态防御技术体系；推动人工智能在深度安全分析中的应用，实现网络安全以快制快、以智对智；全面推进以密码为核心的前沿理论的融合创新研究和实用化，发展生物特征识别、区块链、量子密码、同态加密等从密码衍生的前沿安全技术，探索解决认证、信任、保密通信问题的新思路。

3. 多措并举保障工业互联网安全

未来对于工业互联网安全防护的思维模式需从传统的事件响应式向持续智能响应式转变，构建全面的预测、基础防护、响应和恢复能力，抵御不断演变的高级威胁。**一是增强工业互联网平台安全防护技术研发**。提升工业互联网平台使用者与提供商之间的信任，加强安全认证、设备和行为的识别、敏感数据共享等安全技术的研发与应用部署。同时，利用云访问安全代理、软件定义安全、远程浏览器等技术的安全解决方案和模型提升工业互联网平台的安全可视性、合规性、数据安全和威胁保护能力。**二是提升工业互联网大数据安全技术防护能力**。建立覆盖工业互联网全产业链环节的数据安全防护手段，加强数据收集、存储、处理、转移、删除等环节的安全防护能力，完善工业互联网数据和用户信息的防窃密、防篡改和数据备份等安全防护措施。**三是持续提升工业互联网现场设备的安全监测与威胁处置能力**。工业互联网现场设备的智能化发展将使安全问题在工业互联网生产场景中被逐步放大，仅靠拦截将无法应对新形势下的安全挑战。未来要力争在对于工业互联网现场设备的安全监测、内存保护、漏洞利用阻断等终端防护技术方面将取得创新突破，有针对性地保护工业互联网现场设备，并对攻击行为进行快速响应。

4. 技管结合，构筑安全可靠的大数据应用体系

一是积极推进专业化大数据安全防护技术与产品的推广。目前众多大数据开源技术中仍存在诸多安全问题，企业也将面临愈加严峻的安全威胁和挑战。在这种情况下，自主研发具有高安全性的大数据平台对企业而言将变得更加困难，需要投入大量人力和物力，开发周期长、难度大。因此，企业客户或系统集成商都需要第三方产品或技术解决方案的支持，能够嵌入 Hadoop 的组件类安全防护产品或与其无缝对接的专业化大数据安全平台产品的市场需求将有望增长。同时，Hadoop 还处在高速发展阶段，需要产业各方在大数据平台安全方面加大投入，研究

适应大数据平台环境的身份认证和系统漏洞管理机制，构筑更加安全可靠的大数据平台。**二是不断推动数据安全保障监管工作落地实施**。2017 年工信部印发《信息通信网络与信息安全规划(2016—2020)》，提出重点从建立网络数据安全管理体系、强化用户个人信息保护、建立完善数据与个人信息泄露公告和报告机制三个方面大力强化网络数据和用户信息保护。未来，相关技术和安全标准将逐步制定，为数据安全监管提供标准参考。一方面，稳步展开数据出境监管工作，在完善政策标准的基础上，由中央网信办及各行业主管部门开展数据出境监管试点实践工作。另一方面，网信办、工信部计划或已启动个人信息保护的监督执法工作。随着相关管理政策、文件、标准的配套个人信息保护专项检查或行动将陆续启动。应积极研发评估监管工具，努力满足评估工作的规范化、可监控、可追溯等要求，保障监管工作的顺利落地实施。

5. 加快推进 5G 网络安全架构和技术研究

当前，5G 安全尚处于技术研究和标准研制阶段，为顺利实现 5G 规模商用，构建更加安全可信的 5G 网络，我国加快开展以下工作：**一是在国际标准方面**，2018 年 6 月 5G 独立组网第一阶段国际标准发布后，5G 安全将从第一阶段的安全架构、接入安全、隐私保护等方面转入第二阶段对网络切片安全、能力开放安全、密码算法的研究，我国应继续积极跟踪参与 5G 安全的标准研制工作，并积极开展 ZUC-256(密钥长度为 256 比特)等密码算法的评估相关工作，推动 ZUC-256 密码算法纳入国际标准，为 5G 网络安全提供基础性保障。**二是在国内标准和试验方面**，应加快推动我国 5G 安全国内行业标准的研制工作，将国际标准中有价值的成果输出到国内行业标准中，并在 5G 相关技术研发试验中开展 5G 安全技术的测试验证工作，做好商用部署的准备。**三是在技术研究方面**，我国应继续加强 5G 安全关键技术的研究，包括设计灵活、可扩展的 5G 网络安全架构，满足各类新兴的业务要求；制定差异化的隐私保护策略，实行多重可靠的身份验证，保证信息数据的安全性和隐私性；充分利用大数据、人工智能等关键性技术，实现对 5G 网络安全检测预警和管控，提升安全管理的效率和能力；设计适合 5G 网络的轻量级安全算法及协议；加强密码安全性保护，网络切片安全等。

四、我国热点亮点

(一) 新型防御技术

2017 年，邬江兴院士带领团队基于网络空间拟态防御理论设计开发了包括路由器/交换机、域名服务器、web 虚拟机、云服务器和防火墙等成套拟态防御网络设备及系统。2017 年 12 月，首台拟态域名系统在河南联通投入运营，国网浙江省电力有限公司基于拟态防御原理搭建的安全防御网关进入测试阶段，其后在河南省景安网络科技股份有限公司完成了全球成套拟态防御设备线上体系化部署，标志着我国“自主可控、安全可信”的新一代信息技术产品取得了里程碑式的进展。

2017 年 1 月，沈昌祥院士提出可信密码体系，定义了可信密码模块（TCM），提高了密码机制的安全性和效率，简化了密码证书管理，提高了可用性和可管性，并围绕可信计算云安全管理平台、系统管理等方面提出基于可信计算的云安全。

(二) 智能安全技术

智能安全技术是将机器学习、语义分析、人工智能等智能技术应用到网络安全领域，利用相关算法逐步替代传统的二元逻辑，处理海量数据的安全分析问题，提高安全分析的自动化程度；利用自然语言处理实现智能的数据和信息管理；智能预测、识别和阻止恶意软件；以及结合行为分析、高级数学等跨学科领域技术，自动实现异常检测、情报分析、威胁响应等。2017 年我国在智能安全技术发展方面的热点亮点包括：

2017 年 1 月，悬镜安全实验室发布了国内首个基于机器学习技术的威胁语句检测引擎，利用云端的威胁大数据进行自我训练与知识迭代，实现对 SQL 注入、XSS 攻击和 WebShell 的检测，利用人工智能技术处理分析安全大数据。

2018 年 4 月，北京卫达信息技术有限公司推出全球首创的“智能动态防御”技术，通过频繁变化、灵活分布的防御手段，打破传统防御方式针对漏洞、被动防护的技术缺陷。

2018 年 4 月，北京北信源软件股份有限公司发布网络安全应用行为大数据平台，通过人工智能算法，以人员和应用行为分析为主线，探测发现威胁企业安全的事件，关联化分析挖掘有内部数据泄露风险的设备或人员行为，并提供完整追溯取证证据链。

(三) 虚拟化安全技术

虚拟化安全技术包括应用 SDN、NFV 等虚拟化技术实现现有安全产品和技术体系的安全增强，以 SDN/NFV 为核心的新型安全机制、安全技术，以及应用在云计算、CPS 等高度虚拟化环境中，通过实现虚拟资源管控、虚拟网络流量牵引等方式实现虚拟主机、终端和网络等安全的技术。2017 年我国在虚拟化安全技术发展方面的热点亮点包括：

2017 年 3 月，云杉网络基于 SDN 技术、云计算和大数据技术，发布了虚拟化网络的可视化分析产品 DeepFlow，通过部署 SDN 控制器来实现对网络流量的管控，实时分析网络流量行为，动态发现网络安全威胁，利用 SDN 技术加强网络安全管控。

2017 年 11 月，蓝盾信息安全技术股份有限公司发布满足国家等保规范、CSA 云计算关键领域安全指南的云计算平台。该平台集成虚拟防火墙、、虚拟 WAF、虚拟安全扫描系统、虚拟堡垒机等多个虚拟安全组件，实现安全集中管理、态势感知等功能。

2018 年 4 月，亚信科技有限公司推出跨云平台的混合云安全解决方案，支持用户现有网络中部署的深度防御措施，确保混合云安全管理策略的继续执行，实现云中、云上和云下的联动防御。

(四) 后量子密码

后量子密码的概念源自英文 Post-Quantum Cryptography，本义是指可以抵抗量子计算攻击的密码。目前，有一些计算复杂性问题尚未找到高效的量子计算攻击方法，基于这些问题设计的密码被称为后量子密码，主要包括基于格的密码、基于纠错码的密码和基于多变量的密码。2017 年我国在后量子密码发展方面的热点亮点包括：

2017 年 10 月，由中科院与阿里云合作发布的量子计算云平台"中国版"启动，计划提升包括机器学习、组合优化等性能，营造量子信息技术的生态系统，加强已有的量子加密通信技术，使用量子卫星，推出基于量子密码的安全计算等。

我国自 2016 年举办第一届亚洲抗量子密码论坛后，2017 年涌现了包括格上高效的基于身份的环签名体制、S-RFSB 算法等后量子密码相关研究。

(五) 自主可控

自主可控是保障网络安全的前提。我国从 2014 年就开始了自主可控相关研究，《国家信息化发展战略纲要》《国家网络空间安全战略》等都从不同角度提出了发展自主可控对网络安全的重要意义，习总书记更是明确指出，要"加快推进国产自主可控替代计划，构建安全可控的信息技术体系。"2017 年英特尔芯片漏洞事件再次敲响了网络安全的警钟，网络安全产品和服务不断改进或修补漏洞、恶意后门的发现都离不开自主可控。2017 年我国在自主可控技术发展方面的热点亮点包括：

2017 年 5 月，中科神威发布"自主可控＋"网络安全业务白皮书，介绍了自主可控的网络安全发展现状及未来趋势，给出了结合各行业实际业务的自主可控网络安全产品及方案实例。

2018 年 4 月，中科网威推出自主可控万兆防火墙，采用第三代申威国产自主可控处理器，实现一体化深度解析引擎，将内容检测、应用识别、入侵防御、病毒识别等多种深度检测技术融为一体。

五、领域年度热词

热词 1:《网络安全法》

基本定义:《中华人民共和国网络安全法》是为保障网络安全,维护网络空间主权和国家安全、社会公共利益,保护公民、法人和其他组织的合法权益,促进经济社会信息化健康发展制定,是我国第一部网络安全的专门性、综合性立法,作为我国网络安全领域的基础性法律,全面系统地确立了国家、主管部门、网络运营者、网络使用者的网络安全责任和一系列基本制度,涵盖了网络空间主权、关键信息基础设施保护、数据和个人信息保护、安全预警应急等一系列要求。

应用水平:我国《网络安全法》自 2017 年 6 月 1 日起正式施行,标志着我国有了网络安全"基本法"。

热词 2:勒索病毒/勒索软件

基本定义:勒索病毒/勒索软件(Ransomware)是一种新型计算机病毒,主要以邮件、程序木马等方式进行传播,通过加密算法对用户数据资产或计算资源进行非法加密,导致用户文档、邮件、数据库、源代码、图片、压缩文件等无法正常使用,并以此为条件向用户勒索钱财。

影响水平:2017 年,全球勒索病毒/勒索软件事件频发。例如,5 月,Wannacry 勒索病毒利用 NSA"永恒之蓝"漏洞肆虐全球,导致 100 多个国家和地区超过 10 万台电脑遭到勒索病毒攻击感染,造成至少 80 亿美元损失,给全球网络空间安全治理问题敲响了警钟。10 月,"坏兔子"勒索软件感染欧洲多国基础设施,俄罗斯成为"坏兔子"的感染重灾区,该病毒伪装成 Adobe Flash Player 欺骗用户安装,让人们再次意识到了网络安全问题的严峻性。

热词 3:数据泄露

基本定义:数据泄露(Data breach)是指由非法或意外损坏、变更、未经授权的披露、访问、传输、存储或以其他方式处理受保护的数据,导致的安全事故。数据泄露可能来自于犯罪组织、国家政府等相关黑客的网络攻击,或对使用过的计算机设备、数据存储媒体等的草率处理等。

影响水平:2017 年 6 月,美国共和党全国委员会承包商营销公司迪普罗特分析公司(简称 *Deep Root Analytics* 托管)在 AWS S3 上超过 1.98 亿美国公民 1.1TB 的资料数据库泄露,约占投票人口的 61%,还包括大量来自共和党超级政治行动委员会的绝密资料。

2017 年 11 月,美国五角大楼意外暴露了美国国防部的分类数据库,其中包含美国当局在全球社交媒体平台中收集的 18 亿用户的个人信息,原因是配置错误导致架在亚马逊的三台 S3 服务器信息"可公开下载"。

2017 年 9 月,美国信用机构 Equifax 遭到黑客攻击,导致约 1.43 亿信用和信息服务用户数据遭到泄露。事件曝光后，Equifax 股票暴跌 30％，相当于蒸发掉 50 亿美元市值。这是史上罕见大型数据泄露事件之一。

2017 年 6 月，据 Shodan 的分析，配置 Hadoop 分布式文件系统的近 4500 台服务器，暴露超过 5120TB 的数据。大多数 HDFS 服务器主要位于美国（1900 台）和中国（1426 台），其次是德国（129 台）和韩国（115 台）。

热词 4：内生安全

基本定义：内生安全（Endogenous Security，ES）就是利用系统的架构、机制、场景、规律等内在因素获得的安全属性。拟态防御是以隘口设防、要地防御为基础，以维护目标对象（可以是网络、平台、系统、部件、组件、软硬件模块等）元服务功能（包括控制功能）鲁棒性为目的，以目标系统服务功能与其多元、冗余配置的实现结构或算法间导入不确定性映射关系为核心，以给定资源条件下异构执行体的策略调度和多维动态重构负反馈机制提升防御场景可利用度为方法，以非配合条件下输出矢量多模裁决为中心的闭环控制机制阻断、屏蔽非协同攻击（或差模故障）为手段，以干扰或隐匿寄生在拟态括号内执行体上漏洞后门的可达性与协同利用性为重点，以架构内生的机理获得目标对象功能性能的稳定鲁棒性与品质鲁棒性。

影响水平：2017 年，科学出版社正式出版发行《网络空间拟态防御导论》为相关技术研究、系统开发和测试验证建立了基本遵循。

2017 年 12 月，世界首台拟态域名系统在河南联通投入运营，我国“自主可控、安全可信”的新一代信息技术产品取得了里程碑式的一步进展。

2017 年 12 月国家发布“网络强国战略实施纲要”，将拟态安全技术纳入重大战略任务，以期打破打补丁式的安全技术研发惯性思维，促进技术研发由外挂式向内生性转变。

参考文献

[1] Gemalto. Breach Level Index 2017. https://breachlevelindex.com/.

[2] 赵爽，戴方芳，丰诗朵. 石悦. 国内外网络安全产业发展概览. 信息安全与保密通信，2017，11:6-19.

[3] 习近平. 在网络安全和信息化工作座谈会上的讲话[EB/OL]. http://www.xinhuanet.com/politics/2016-04/25/c_1118731175.htm/. 2016-4-19.

[4] 国务院关于深化“互联网＋先进制造业”发展工业互联网的指导意见. http://www.gov.cn/zhengce/content/2017-11/27/content_5242582.htm. 2017-11-27.

[5] 工业互联网产业联盟. 工业互联网安全框架（征求意见稿）. http://www.aii-alliance.org/index.php? m=content&c=index&a=show&catid=23&id=210.

[6] IMT-2020（5G）推进组. 5G 网络安全需求与架构白皮书. http://www.caict.ac.cn/kxyj/qwfb/bps/201804/t20180426_158439.htm. 2017-6.

[7] 邬江兴. 网络空间拟态防御导论[M]. 科学出版社. 2017.

[8] 信息通信网络与信息安全规划（2016—2020）. http://www.miit.gov.cn/n1146285/n1146352/n3054355/n3057724/n3057728/c5470318/content.html.

专题八 水声工程

编 写 说 明

随着国际局势发展，海洋竞争日益激烈，水声技术装备的研发持续受到世界各国的高度关注；伴随我国“海洋强国”“一带一路”等国家战略的实施，海洋开发不断深入，水声工程在我国也获得了广泛的应用。在海洋科学、信号处理、工艺材料和人工智能等基础能力的推动下和深远海开发、水下信息透明、空天海一体化等需求的牵引下，水声工程近年来发展迅速、水声技术研究领域快速拓展、水声设备和系统的能力不断提高。

本“蓝皮书”中水声工程专题，围绕海洋声学、声呐系统两个方面，着重介绍了国内外发展态势、我国研究进展，并介绍了 2017 年度我国水声领域的热点、亮点，最后结合国家发展战略，介绍了“智慧海洋”、军民融合、极地声学等未来重点研究领域。

来自西北工业大学、哈尔滨工程大学、中国电子科学研究院、中船重工 714 所、中船重工 715 所、中船重工 726 所、中科院声学所、中国海洋大学、海军潜艇学院等单位的专家参与了本次研究工作，在此一并表示感谢。

编撰“蓝皮书”仍在尝试阶段，难免存在很多疏漏和错误，敬请批评。

2018 年 6 月 30 日

专家组和撰写组名单

姓名	工作单位	职务/职称
马远良	西北工业大学	院士
杨德森	哈尔滨工程大学	院士
乔钢	哈尔滨工程大学	教授
商志刚	中国电子科学研究院	高级工程师
孙大军	哈尔滨工程大学	教授
蓝宇	哈尔滨工程大学	教授
吕云飞	哈尔滨工程大学	副教授
张海刚	哈尔滨工程大学	副教授
郑翠娥	哈尔滨工程大学	副教授
郭西京	西北工业大学	副教授
杨益新	西北工业大学	教授
杨坤德	西北工业大学	教授
孙 超	西北工业大学	教授
王 达	中船 714 研究所	高级工程师
杜栓平	中船 715 研究所	研究员
郭 健	中船 715 研究所	高级工程师
杜选民	中船 726 研究所	研究员
周胜增	中船 726 研究所	高级工程师
印明明	中船 726 研究所	高级工程师
鄢社锋	中国科学院声学研究所	研究员
郭圣明	中国科学院声学研究所	研究员
吕曜辉	中国海洋大学	副教授
过武宏	海军潜艇学院	副教授

注:排名不分先后

专题研究

作为声学的一个分支学科，水声学研究声波在水下产生、传播和接收等过程，解决水下通信、水下目标探测、水下定位等问题。声波是已知唯一能够在水下远距离无线传播的信息载体，随着国际局势的变化、美国特朗普政府“印太战略”的实施、多域战等的作战需求，水声科学技术的理论研究及工程应用受到世界主要国家的关注。当前，世界科技水平、工艺材料等快速发展——大数据、深度学习推动了新一轮人工智能技术快速发展，压电单晶等新型工艺材料从实验室逐渐走向应用，MIMO(多入多出)等新型体系架构应用于工程实际；水声学的理论逐渐完善，装备性能不断优化，功能逐渐拓展。

一、全球发展态势

在高技术战争条件下，信息是决定战争成败的重要因素之一，水声技术作为海上潜艇战、反潜战和反水雷战的最主要信息感知与获取手段，得到了世界海洋强国的重视。

(一) 海洋声学

海洋声学是研究声波在海洋中的分布特点与规律，并利用声波进行探测的学科，是海洋学和声学的交叉学科。主要内容是研究声在海洋中的传播规律和海洋条件对声传播的影响，主要包括不同水文条件和底质条件下的声波传播规律，海底对声波传播的影响，海水对声的吸收，声传播起伏，散射海洋混响及海洋噪声问题。研究海洋声学是为解决声纳系统对环境的适应性问题。在当前和未来很长一段时间内声纳技术的创新往往源自科研人员对于海洋声学现象认知的革新。

由于海洋水声环境的重要性，第二次世界大战及以后国外在海洋的水声环境特性方面进行了深入研究，发现了深海会聚区、深海声道轴等著名的水声环境效应。在军事需求的推动下，近些年水声技术的发展突飞猛进，而作为水声技术的基础问题——海洋声学方面的研究日益受到重视，各种海洋声学理论(水声传播、海洋混响和海洋噪声等)也日趋成熟。在传播模型方面，从最初简单声传播模型到复杂声传播模型，从二维海洋环境参数与距离无关海洋环境发展到海洋环境参数随距离复杂变化的二维/三维模型，与真实的海洋环境更加接近，目前与海洋动力学(内波、中尺度涡旋、锋面等)耦合的声传播成为海洋声学研究的热点。图 8.1 是对传播模型适用性的总结,可以看出,适合深海复杂海域的低频声场模型为抛物方程模型、射线声学模型和简正波模型。

模型类别	应用							
	浅海				深海			
	低频		高频		低频		高频	
	RI	RD	RI	RD	RI	RD	RI	RD
射线理论	○	○	◑	●	◑	◑	●	●
简正波	●	◑	●	◑	●	◑	◑	○
多路径展开	○	○	◑	○	◑	○	●	○
快速场	●	○	●	○	●	○	◑	○
抛物型方程	◑	●	○	○	◑	●	◑	◑

低频(<500Hz) RI:距离无关环境

高频(>500Hz) RD:距离有关环境

● 既物理适用又计算可行

◑ 有精度上或运行上速度的限制

○ 既不适用又不可行

图 8.1　声传播模型的适用性

射线声学模型是将声线的传播看做是一束无数条垂直于等相位面的声线的传播,声线经过的距离代表声波传播的流程,声线束携带的能量为波传播的声能量,它是数学上最简单、物理意义上最直观的声场分析方法,在高频、深海复杂海洋环境下的声场预报方面优势突出,近些年,在声影区的处理、三维海洋环境声传播等方面有了很大进展。作为水下声场模型中最基础且使用最为广泛的模型之一,简正波与耦合简正波模型在分析声场传播特性方面具有独特的优势。针对海洋环境参数随水平距离变化的声场计算,Tappert 在 20 世纪 70 年代初将电磁波传播领域的抛物方程(PE)近似方法引入到水声传播领域。相比于大多数声传播理论,在低频/甚低频段,抛物方程方法模型具有快速、灵活的优点,可有效地解决与距离有关环境下的声传播问题,在处理深海远距离问题时优点更加突出。

在海洋混响及散射研究方面,欧美国家近些年来更加重视对低频远程海底混响的研究力度。美国的 ONR 先后在 1999 年,2006 年和 2008 年组织全球顶尖的混响问题专家,进行了 3 次专门的研讨会,梳理了低频海底混响的研究状况,规划了未来低频远程海底混响的研究方向与纲要,这份纲要中着重提出了收发分置的双/多基地远程海底混响研究命题,鼓励研究人员建立基于物理散射机制的远程海底混响模型,明确其物理机制。另外,国外的多家海洋声学研究院所对混响实验测量的研究比较系统,对海面混响、海水介质中鱼类、浮游生物等的体积混响以及海底混响的测量工作投入了大量的人力、物力，取得了很多丰富和有价值的成果。

海洋环境噪声的研究主要包含理论研究和实验研究两部分，理论研究包括噪声源模型及声传播模型两部分。噪声源复杂多样和时空变化是海洋环境噪声源模型的特点和难点。常采用的海洋环境噪声源模型包括静态噪声源模型和具有一定时空分布的动态噪声源模型；与海洋波导环境相匹配的声传播模型也是海洋环境噪声模型一个重要组成部分，会影响模型的计算精度和速度，随着声传播研究的深入，环境噪声模型的适用环境逐渐由简单到复杂，由最初的均匀半空间到分层介质，再由随距离缓慢变化环境发展到复杂三维环境。

目前国内外已建立的海洋环境噪声模型，大都针对均匀分布噪声源和不随距离变化的海洋环境，或随距离和方位简单变化的海洋环境，建立适合不同海域的海洋环境噪声特性简化模型，而针对存在海山和岛礁等复杂海洋环境和非均匀分布航船噪声源的海洋环境噪声模型甚少涉及。

(二) 声呐技术

声呐系统在高性能集成芯片、人工智能等信息技术的推动下，向多功能集成、多基地协同、智能认知等方向发展。传统的声呐系统主要是分布于舰船等设备的某一特定区域，执行既定的任务，而现在的声呐系统将主/被动、拖曳、舷侧等声呐设计为一体，兼具水声探测、定位导航、水声通信等功能，大幅提升了舰船及潜艇的性能及功能域。

现代数字信号处理算法日新月异，性能优异的计算机技术也在声呐系统中得到应用，一些开放式、标准化和模块化设计理念加速了装备的研发速度，声呐系统的性能及功能集成度不断提升。

多基地声呐系统由于其相较于单基地的灵活性、探测能力突出等特点，在美国及欧洲的众多高校、研究所得到深入研究。

在大数据、深度学习等的带动下，人工智能等信息技术快速发展，发展基于知识的智能认知声呐的成为可能，其在对环境的适应能力、目标探测能力、自适应控制能力、识别能力等方面的优异表现，都是常规声呐无法比拟的。下面我们就某几项内容展开介绍。

1. 深远海远程探测预警技术

为增强深海探测能力，充分利用声传播的深海信道特性，美军构建了数套深海长期值守水下探测信息系统，实现对远距离潜艇的探测，保证其在深海信息网络方面的绝对优势。美军正在研制的深海长期值守水下探测信息系统有深水主动探测系统(DWADS，示意图见图 8.2)和可靠声路径垂直阵列探测系统(RAPVLA)。这两种系统有助于增强在深海条件下对潜艇的远距离探测能力。其他各国也相继在深海通信网络，多基地探测，大功率声源研制方面开展了广泛的研究工作。

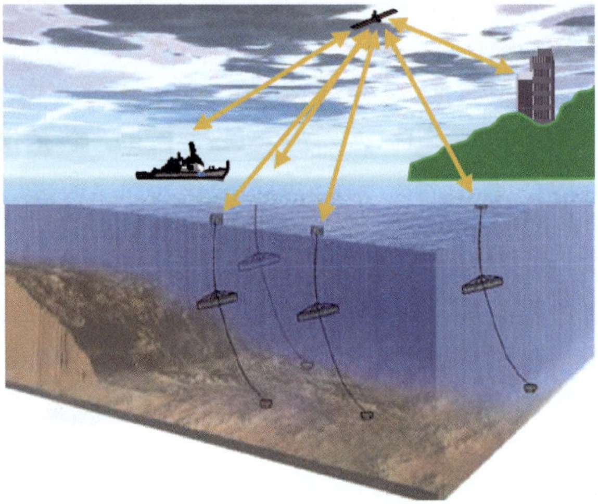

图 8.2　DWADS 工作示意图

深水主动探测系统（Deep Water Active Detection System，DWADS）利用汇聚区效应（图 8.3）进行深水航行的潜艇的远距离探测，使得美军具备了在深海条件下的远距离探测能力。

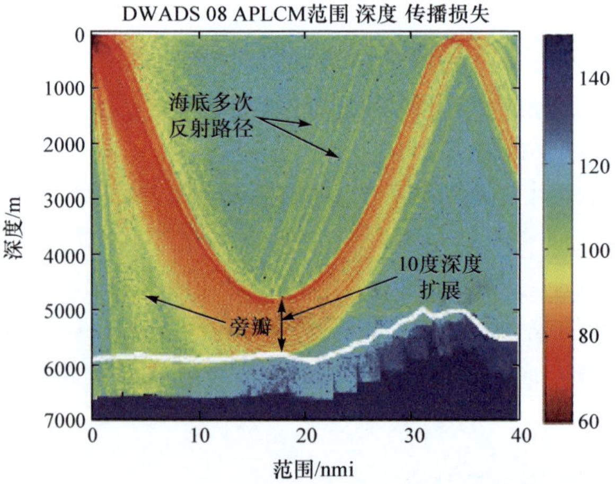

图 8.3　汇聚区效应

可靠声路径探测系统（Reliable Acoustic Path Vertical Line Array，RAPVLA）是一种可在深海快速布放的、对安静型潜艇进行探测、定位和分类的被动声学监测系统，是美军进行深海潜艇可靠探测的另一趋势。该系统由诸多的自主节点组成，每个节点作用范围覆盖大于 300 平方海里，节点间距为 20—25 海里。自主节点可以现场布放，探测到目标后经由水声通信或无线通信将结果回传到指挥中心。

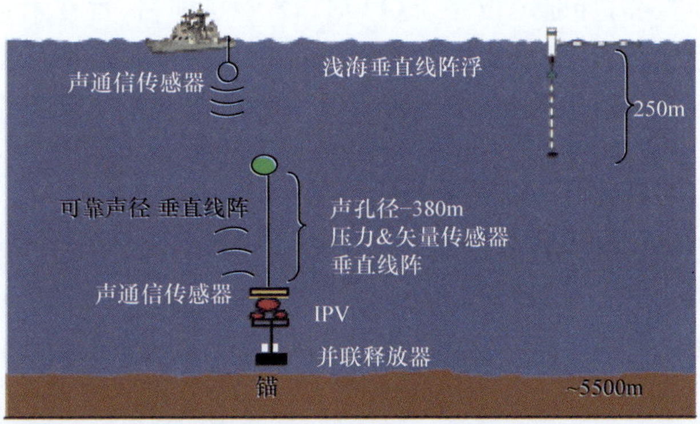

图 8.4 可靠声路径探测系统所采用的阵列及实验布局

将多基地的概念引入水声领域是从 20 世纪 50—60 年代开始的。近年来，美国、欧洲各国也对多基地声纳在反潜战中的应用研究给予了相当重视。图 8.5 表示多基地声纳原理。

图 8.5 多基地声纳原理

2. 深远海通信、导航定位技术

水下 GPS 的概念由美国空军的首次提出。美国华盛顿大学教授 Bruce M 等提出的基于深海远程通信的远距离导航通信综合网络。

2016 年,美国海军开始研发水下导航和定位系统,美国国防高级研究计划署(DARPA),立项“深海导航定位系统(POSYDON)”项目,旨在增强美国海军在深海的精确全球定位能力,力争使水下航行器在精确导航的同时一直潜在水下。选择 BAE 系统公司、华盛顿大学、麻省理工学院和德克萨斯大学奥斯汀分校承担该项目。

俄罗斯也提出建水下“格洛纳斯”导航系统。圣彼得堡海洋仪器康采恩研制的“定位”系统能让无人潜航器借助深海浮标实现精准定位。该“定位”系统能够在北极冰盖以下工作,为无人潜航器提供精确到毫米的定位,并同空中、水面和陆地的控制中心实时交换信息。这套独特的定位导航通讯系统将布设在俄罗斯北冰洋大陆架底土上。

为了解决潜艇的隐蔽接收信息的问题,如图 8.6 美国雷声公司构建了一套 Deep Siren 通信系统,该系统通过发射一次性中继通信浮标,使得潜艇可以利用水声通信链路接收来自舰艇、飞机和岸基指控中心的信息。Deep Siren 系统是美国海军“通信速度和深度初始”计划的一部分,主要用于提高行动指挥人员与水下潜艇间进行的单向无障碍隐蔽通信能力;而“通信速度和深度初始”计划又是美国海军水下“武力网”(FORCEnet)通信发展的一项关键技术,该计划的最终目标是岸上指挥官和水面舰艇能够与潜艇迅速对话,无论潜艇的位置有多深,航速有多快,使得与潜艇间进行通信将不再受到潜艇位置、深度和速度等条件的制约。

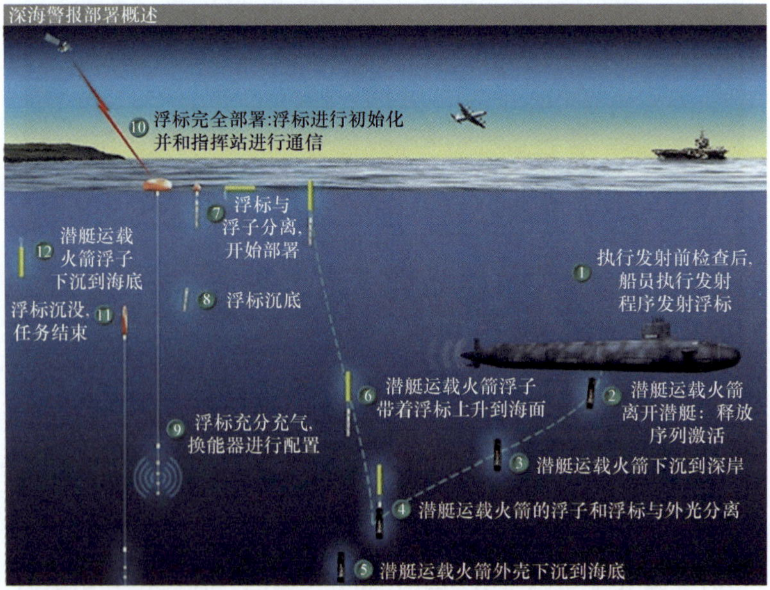

图 8.6　Deep Siren 对潜艇单向隐蔽通信工作原理

日本海洋-地球科技研究的 T. Shimura 等人在日本岛以东水深约为 4000—5000m 海域，实现了 1000km 的远程通信实验。信号频带范围为 450—550Hz，通信速率为 100bits/s。

3. 深远海换能器技术

新原理，新材料的突破推动着深海换能器向着低频大功率、高灵敏度、微型化方向发展。首先深海声发射传感器为了满足远距离探测和通信的需要，工作频率从上千赫兹已经降低到几百赫兹。图 8.7 所示为大功率声源。

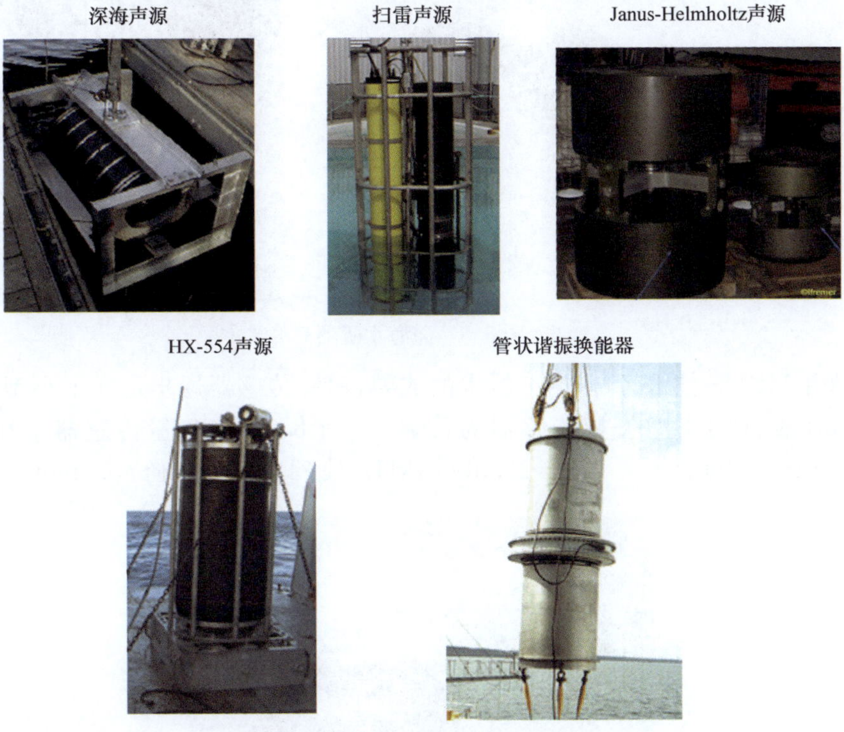

图 8.7　大功率声源

比较典型的有美国的深水声源，工作频率 220—1000Hz，声源级达到 200dB，工作深度 5000m。美国 Webb Research Corporation 的低频声源 Sweeper source，工作频率范围 225—325Hz，声源级达到 195dB，工作深度 6000m。法国的 Janus-Helmholtz 换能器，可以进行 1000km 水下通信，工作频率范围 250—1000Hz，声源级达到 196dB，工作深度 6000m 以上。HX-554 Source2004 年 ATOC 试验水下传播 3200km，谐振频率 65Hz，声源级达到 196dB，工作深度 800m。英国的 Resonant Pipe Projector，远程通信导航试验达到 3500km，谐振频率 260Hz，声源级达到 196dB，工作深度 2000m，重 241kg。

同时深海声接收传感器无论是标量传感器还是矢量传感器也都在努力的降低接收频率，提高接收灵敏度，以满足 3000m 深海使用。

图 8.8 左侧是美国 HTI 公司生产的 HTI-96 深海水听器，其工作频段从 10Hz—30kHz，接收灵敏度-201dB，耐压深度可以达到 6000m。图右侧是美国海军研究办公室(ONR)为了测量水下 6000m 处可靠声路径而开发的三维同振型矢量水听器浮标，工作频率范围 10—500Hz。

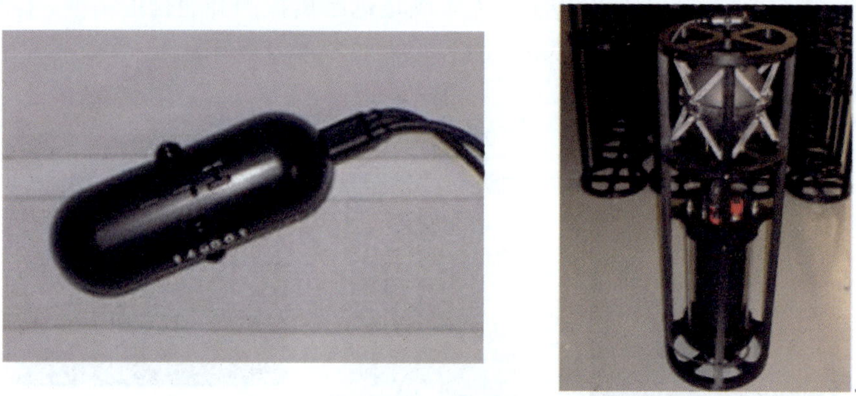

图 8.8　深海水听器

随着 MEMS 技术、精密加工技术的成熟，深海传感器逐步走向了小型化，以 Westcott 设计的小型矢量传感器为代表，如图 8.9。该矢量传感器工作频率 3Hz—7kHz，矢量通道灵敏度－193dB@1kHz，长 71.3mm，直径 40.7mm。

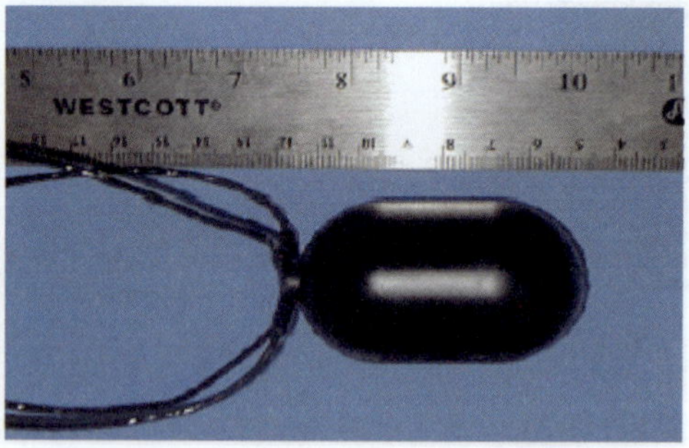

图 8.9　Westcott 公司小型矢量传感器

小型化的声学传感器可以有效降低探测设备的尺寸，支撑了诸如数字型极细拖曳线列阵等装备的开发，已经在 UUV 上得到了使用。图 8.10 所示为英国 NarcineAarray 公司拖曳细线阵与 UUV 应用。

图 8.11 中的细线阵的声学传感器直径小 10mm，由 32 阵元组成的细线阵声最大直径 16mm，阵声学段长 50m。

图 8.10　英国 NarcineAarray 公司拖曳细线阵与 UUV 应用

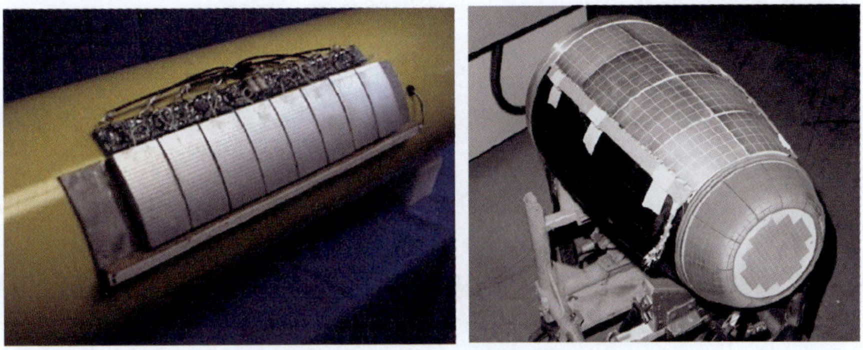

图 8.11　模块化 1-3 复合高频传感器

微电子的进步也将使得深海传感器向着更小的方向推进。荷兰埃因霍温大学已经采用微电子技术将温度传感器缩小到了毫米量级，面积 $2mm^2$，重量只有 1.6mg。加利福利亚(ANAHEIM,Calif)的科特科技有限公司(Coto Technology Inc)研制了世上最小 MEMS 磁簧传感器 RR100 型，封装在只有 $1.16mm^3$ 的空间，还具有定向磁场灵敏性和零功耗等优点，如图 8.12。将成千上万只微型海洋传感器应用于深海感知系统中，将极大提高系统的感知能力。

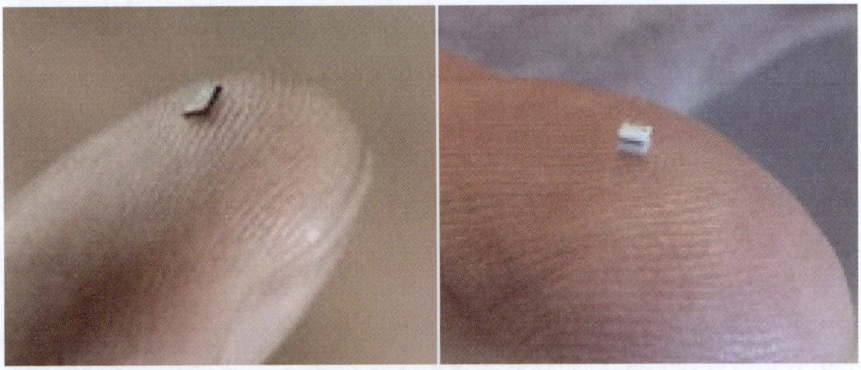

图 8.12　荷兰的温度传感器和 RR100 型磁簧传感器

二、我国发展现状

习总书记指出，建设“海洋强国”“21 世纪海上丝绸之路”，是“中国梦”的重要组成部分。水声技术作为海洋开发、利用的重要工具责无旁贷，也迎来了重要发展期，逐渐成长为“军民两用”的技术。综观我国 2017 年水声技术方面的发展，海洋声学深入研究，水声装备呈现多样化、军民融合加深、部分领域达到国际同类水平或领先的发展现状。

（一）水声技术与多学科交叉发展，水声技术装备增长迅速

实现中华民族伟大复兴，习总书记提出“一带一路”“海洋强国”等伟大构想，指出，“要提高海洋资源开发能力，发展海洋经济，保护海洋生态环境，坚决维护国家海洋权益，建设海洋强国”。在开发海洋、利用海洋、保护海洋、管控海洋的过程中，离不开水下信息的获取、传输等方面的支撑。水下空间具有有限性和复杂性，信息在水下的获取、共享及安全利用具有独特性和系统性。

中国军队当前也向“大洋存在、两极拓展”的战略转型，积极探索未知领域，拓展海洋信息技术应用领域和方向，重点填补深渊、极地等领域的研究薄弱空白领域，引领极端环境下的海洋信息技术及装备的发展。

水声技术与光学、信息科学、控制科学、仪器科学、物理海洋学等关系密切，在认识海洋、开发海洋、保护海洋、利用海洋的过程中有重要应用。水声技术是各国海军和海洋开发利用必备高技术，其发展水平直接决定着我国蓝水海军和海洋强国的建设进程。

（二）水声物理全面浅海领域成果卓著，全面跨入“深海时代”

我国的水声物理研究自 20 世纪 50 年代开始，从与苏联的联合水声考察起步，经过数十年的研究积累，在浅海声学领域的研究取得了举世瞩目的成果，但是在深海及复杂海域水声环境特性方面的研究比较有限。

海洋的时空变化、不均匀性（包括底质和海洋环境的不均匀性）是水声环境及装备性能不确定性产生的主要的根源。只有将海洋学和水声学研究紧紧地联系在一起进行有效的交叉融合，才有希望逐步地深入研究并解决水声环境及装备性能不确定性问题，进而提高水下装备的性能。

我国关于浅海声学研究成果卓著。

在水声传播方面，中科院声学所、中国海洋大学以及哈尔滨工程大学的科研人员对抛物方程方法进行了长期研究并提出了多项改进。针对水平缓变的海洋环境中声场计算问题，中科院声学所的张仁和院士和彭朝晖研究员将绝热简正波理论

与抛物方程方法相结合,提出了绝热简正波-抛物方程方法(AMPE),并基于 WKBZ 理论提出了耦合简正波一抛物方程(CMPE)理论,可以有效地解决楔形海区的声传播问题,并将二维问题推广至三维问题,提出了三维耦合简正波抛物方程模型 CMPE3D,有效地实现了典型三维环境下的声场预报问题。中国海洋大学的王宁等人提出了改进的局地简正波求解方法,有效提高了耦合简正波-抛物方程方法的声场预报速度。哈尔滨工程大学朴胜春等于 1999 年提出了一种能够严格反映海底地形三维影响效果的海底边界条件处理方法,并对三维抛物方程模型 FOR3D 进行了改进,提高了不规则海底问题的计算精度。哈尔滨工程大学张海刚等人利用坐标映射的弹性抛物方程方法结合反转算子方法,对不规则形状弹性海底的海洋环境中位移场和地震波场的计算方法进行了研究,对具有分层弹性倾斜海底的海域建立了有效的声场预报模型。

在其他声场模型方面,中科院声学所、哈尔滨工程大学以及中国海洋大学的科研人员均有长期的研究积累。中科院声学所张仁和先后提出了适用于深海的广义相积分射线简正波理论(WKBZ)和适用于浅海的波束位移射线简正波理论(BDRM)。广义相积分射线简正波理论(WKBZ)只能计算水平不变和水平缓变海洋环境下的深海声场。

在混响方面,我国的研究人员在简正波理论混响模型方面也做了很多卓越的工作。介于我国水声研究工作起步于浅海声学的研究范畴,在 1975—1985 年这一阶段,我国研究人员关于浅海混响的研究在国际范围内处于领先地位,到了 90 年代,张仁和院士人等基于 WKBZ 方法建立了海底混响模型,仿真分析了不同声速剖面和海底散射模型下的混响强度随时间的衰减规律。近年来,中科院声学所的张仁和院士、李风华等人等针对浅海混响强度的起伏特性提出了简正波的相干混响理论,并对浅海混响的垂直相关特性、异地混响的强度衰减规律和相关性进行了研究。另外,高天赋在 20 世纪 80 年代末基于浅海粗糙界面散射模型提出了全波动混响模型,以此为基础,结合 D. J. Tang 提出的海底介质不均匀性混响理论和尚尔昌提出的简正波海底反向散射矩阵的概念,吴金荣建立了包含两种散射机制的全波动浅海混响理论。哈尔滨工程大学的杨士莪院士、朴胜春教授等人利用耦合简正波理论,对倾斜过渡海域的单、双基地混响进行了理论建模分析。重点探讨了混响强度衰减规律、混响的时空分布规律等特性。中国海洋大学的王宁教授等细致研究了海底地形、海面起伏、水体中尺度现象等对远距离混响传播过程的影响机制,量化了海洋信道环境起伏对混响强度特性、水平相关特性的影响,并提出了利用混响水平相关特性进行散射体成像的研究方法。中科院李风华教授,还有西工大的孙超教授、郭国强博士等利用简正波理论对浅海混响的波导不变量进行了理论推导和仿真分析。

与国外相比,国内针对我国典型海域的实用海洋环境噪声模型研究处于明显落后状态。尽管自“十五”以来，国内水声科研单位开发了相关环境噪声模型，但大都针对局部海域、单一噪声源，考虑海洋环境简单，模型过于简化，没有配套的海洋环境数据库支持，距离实际应用尚有差距，难以满足实际作战的需要。

最新进展标志我国海洋声学领域研究已全面跨入“深海时代”。

深海环境下真正可以利用的远距离声传播模式一般有表面波导模式、汇聚区模式和海底反射模式。三个方面在 2017 年均取得重要进展。

西北工业大学与加拿大维多利亚大学科研人员共同研究发现声波能量在深海表面声波导中的传输损失几乎只取决于声波的频率和表面声波导的厚度这两个参数。低纬度地区开展的实验证明了这一理论。该理论的提出标志了国际上关于深海表面波导传播衰减理论已趋于成熟，为发展深海远距离声探测和信息传输技术提供了新的研究思路。

在深海环境下声波能量到达第一会聚区出现前的直达波声影区的主要途径是海底反射传播。利用在海底弹射模式可改善声纳在中等距离的探测能力。西北工业大学科研人员在声传播理论和大量实验研究基础上，揭示了海底反射路径产生的机理和反射损失规律；对接收阵列的波束形成进行优化设计，降低了圆柱阵的处理复杂度，实现了波束的俯仰控制；基于海底反射传播路径的特点，利用单水听器的信号到达时延结构构建代价函数，实现了对水下目标的有效定位。

西北工业大学在南海开展的实验发现深海斜坡海底区域对声会聚区影响巨大。表现为：①海底反射可以在近海面附近第一会聚区之前形成亮区，不同地形会产生不同效果，盆地会产生汇聚效果，而海山则会导致影区。②与平坦海底相比，斜波海底会缩短会聚区出现的距离。③斜波上的起伏会加速声能量的弥散，导致会聚区声能量的降低。④在平坦海底地区，声源的深度加大，会导致汇聚区范围扩大，从而减弱汇聚效果，同时会聚区出现的距离也会减小，以至于低能量的会聚区被海底弹射区所掩盖；若处于斜波海底区域，会聚区会消失。这一发现为研制深海适用性强的声纳设备提供了重要的依据。

复杂海域声传播、海洋环境噪声等领域的研究有所突破，但仍待加强。

陆架斜坡海域是大陆架浅海与大洋底之间过渡海洋地带的统称。相对于平坦海底海域，陆架斜坡海域海底地形随着距离变化，使得水声环境更加复杂，基阵接收信号波阵面发生畸变，最终严重影响声纳的探测性能。西北工业大学研究人员针对陆架斜坡海域的声传播规律，水下声场空时结构，阵增益与水下声场之间的关系，以及适用于该海域的阵列信号处理方法开展了理论和海上实验研究。详细分析了下坡传播的“泥流效应”和上坡传播的“声能量急剧下降”两种现象的产生机理，研究了陆架斜坡海域波导环境中声场空时相关性的变化规律，建立了海洋波导环境中阵增益与水下声场特性之间的关系式。在此基础上，提出了适用于陆架斜坡海域复杂海洋波导环境中的波束形成、信号检测以及方位估计新方法，并进行了海上实验验证,为改善声呐在陆架斜坡海域的探测性能提供了坚实的理论和方法基础。

海洋环境噪声一直是水声学中的研究热点之一。随着我国建设海洋强国战略目标以及开拓深远海发展规划的确立,对深海海洋环境噪声准确预测和充分利用的需求将日益增加。西北工业大学与中国科学院南海海洋研究所的科研人员对台风期间的实测深海环境噪声数据分析了,完成了适用于我国周边海域的风关噪声源级建模。基于水声环境和气象等再分析数据库以及实测噪声数据,分析了南海海域环境噪声的季节性变化统计特征。提出了射线方法和抛物方程的联合方法建模研究了水平变化环境中深海直达波海域的低频环境噪声场的空间相关性和指向性。相关研究为认识和利用深海环境噪声奠定了坚实的基础。

海洋声学研究的另一个重要方向是水声环境要素获取,其中难点之一是获取海底地质声学参数。反演是当前水声环境信息获取的一个新兴手段。但现有大多数地质参数反演的手段适用于浅海环境,而由于深、浅海声传播特性的显著区别,这些方法并不适用于深海环境下的底质声学参数反演。西北工业大学研究人员利用海底混响级随声传播距离的衰减趋势来反演海底沉积物的声速和密度,同时利用传播损失反演海底沉积物的声衰减系数。该方法的效果已得到南海实验的验证,为有效解决深海海底底质声学参数反演问题提供了新的技术手段。

总之,与美国等发达国家相比,我国在浅海水声环境的特性的理论和实验研究方面具有世界先进水平,但是对于深海复杂海域水声环境特性的研究力度相对薄弱。在复杂海域声传播、海洋环境噪声和海洋混响模型等研究方面,国内的研究工作有一定的积累,取得了较好的研究成果,但是与国外相比,研究广度、深度和针对性都有一定的差距。寻求根本性技术突破所需的基础性、前瞻性研究,有待大力加强。

(三) 水声装备全谱性、多样性发展

声呐是重要的水下探测装备,目前我国声呐装备不断演进,呈现全谱系、多样化发展。探测目标从大目标的潜艇,发展为包括鱼雷、水雷、蛙人等小目标在内的大/中/小全目标;探测方式从主动为主,发展为主被动相结合的方式;探测频率从中频发展为低/中/高全频;扫描方式从机械式发展为相控阵等方式;布阵方式从平面阵发展为共形阵等形式;声呐载机多样化,不仅仅局限于舰载;突破单基地,发展为双基地、多基地等;分布式协同工作代替单独工作等。经过我国水声科技工作者的积极努力,未来我国必将实现水声装备的全谱发展与应用。

(四) 军民融合继续深度发展,研究机构数量快速增长

与世界上主要海军强国类似,我国水声装备之前也主要是在军事范畴内研究开发,随着我国军民融合战略的逐步推广,"军转民"和"民参军"热情逐渐高涨。一大批民营企业取得涉密资质,承担军事装备的研制;同时,一些军工院所也开展民

品的研究工作，并取得了不俗的研究成果，例如杭州应用声学研究所研究了深海声学层析技术、深海移动平台与海底观测网湿插拔接驳技术、水下相控阵三维声学摄像声纳等技术，应用于民事开发，取得很好的社会效益。

我国在水声物理、水声通信、水声导航与定位、自主式航行器、水声探测、水声组网、换能器设计等诸多技术领域均有布局，研发单位除了具有较强技术积累的中科院、中国船舶重工集团和工业集团、哈尔滨工程大学、西北工业大学等科研单位外，还有中国电科、中国航天等新生力量。各家科研机构在不同技术领域分别发力，一大批科研项目陆续上马，涌现了一大批科研成果。

(五) 水声装备技术研究仍以跟踪为主，部分技术领域已跨入国际先进行列

我国水声装备技术的基础科学基本覆盖水声全领域，但现阶段装备技术发展仍以跟踪国外发展的思路为主。例如，水声通信组网技术，已研发支持非相干通信和单载波相干通信的水声通信节点产品，开展了中小规模的水声组网试验，总体技术水平是滞后于先进国家的。

在大数据环境下，对海洋数据的处理和研究受到了越来越多的重视。在国内和国外的众多高校和研究机构中，针对海洋数据的语音识别和舰船识别研究进行得如火如荼。深度学习在语音识别领域获得成功应用，这与水下目标声纹特征识别异曲同工，可借鉴应用与水下目标声纹特征识别。

我国近年来海洋信息技术取得长足进步，中国科学院成立了海洋信息技术创新研究院，但目前主要是信息技术在海洋中的应用，采用信息理论系统地指导海洋观测尚不多见，这在一定程度上反映了海洋信息理论基础研究较为薄弱。

水声技术我国相较于传统海洋强国发展较迟缓，经过几代水声人的不懈努力，在某些技术领域我国已由跟跑变为并跑或领跑。例如，矢量水听器技术，已跨入国际水声研究第一梯队；水声定位与导航，关键技术及实用性能不断地冲击超越国际先进水平。

三、我国未来展望

习近平总书记指出，要关注海洋，认识海洋、经略海洋。实现“中国梦”，中国必须成为海洋强国，水声技术是进行海洋开发和利用的重要技术手段。随着我国海洋战略的实施，海洋开发不断深入，水声也获得了广泛的应用。

(一) 水声技术助力“智慧海洋”建设

“智慧海洋”是“工业化＋信息化”在海洋领域的深度融合，也是军民深度融合，全面提升经略海洋能力的整体解决方案。“智慧海洋”以完善的海洋信息采集与传

输体系为基础,以构建自主安全可控的海洋云环境为支撑,将海洋权益、管控、开发三大领域的装备和活动进行体系性整合,运用工业大数据和互联网大数据技术,实现海洋资源共享、海洋活动协同,挖掘新需求,创造新价值,达到智慧经略海洋的目的。水声技术是"智慧海洋"中"天地海一体化"、深海探测等方面的重要技术手段。海面信息网络的构建与陆地上大不相同,海面基站技术、海上互联互通技术、能源和成本约束等,要求有突破性的重大创新。广阔海域的水下观测网建设更是严峻挑战,呼唤新的思路。

(二) 水声对抗向软硬杀伤协同、探测对抗一体化、网络化方向发展

随着现代反舰鱼雷和反潜鱼雷自导和线导能力的不断提高,大型水面舰艇和潜艇为规避鱼雷的攻击,一般需联合使用多枚水声对抗器材,并通过噪声干扰器、悬浮式声诱饵、自航式声诱饵、引爆式声诱饵、反鱼雷鱼雷等水声对抗器材的协同、配合对鱼雷和声纳进行干扰和诱骗。

软硬杀伤协同对抗是国外水声对抗装备发展的一个重要趋势。软对抗器材只对鱼雷起到干扰诱骗作用,并不能将来袭鱼雷毁伤,当鱼雷突破舰艇投放的声诱饵并再次搜索目标时,仍然有较高的概率捕获到舰艇目标。因此,需根据战场环境下舰艇、水声对抗器材和鱼雷之间的海战场态势联合使用软硬对抗器材。国外水面舰鱼雷防御系统(SSTD)的任务是对来袭鱼雷进行探测、报警和定位,并根据鱼雷方位、距离信息指示实施软硬对抗。

(三) 水声定位系统向体制宽带化、功能集成化发展

宽带信号较传统的单频信号处理增益更高,抗噪声性能更优,更适合在海洋施工的高背景噪声条件下应用。同时宽带信号抗多途性能优良,可分辨海底、海面反射的声信号,提高系统数据有效率。宽带信号还提供了更多的接入地址,增加了系统同时定位目标的个数,减弱了系统之间的声学干扰。这为海洋油气开发中一个区域内多个单元同时施工提供了便利条件与技术支持。

现代的海洋工程作业中除了需要定位服务,还需要传感器测量环境参数,并利用数据传输手段完成数据或指令的交互。因而目前水声定位系统呈现出提供定位服务的同时,附带了多种传感器设备,并将释放器、数据传输功能集成化、一体化的趋势。如此在工程中选用一套设备即可同时满足定位与数据传输的需求,并且避免了选用不同设备时的声兼容问题,扩大了系统的应用场合。

(四) 极地声学深入发展

水声学是一个既古老又年轻的学科,由于研究条件的限制,我国在中高纬度海域的水声学研究一直空白,而这一海域对于国民经济、社会发展和国家安全具有极

高的战略价值。北极航道对我国海外贸易和国防安全的战略地位日益凸显。然而,极地航行安全是首要问题。复杂多变的海冰是影响极地舰船安全航行的主要海洋环境要素,我国舰船破冰能力十分有限,薄冰区则易受困。虽然我国在历次北极考察中积累了大量有价值的海洋环境数据,但与水声相关的信息少之又少。中国海洋大学与中科院声学所合作,开展了北极噪声分布与水声传播测试试验,为进一步开展极地水下声学的研究奠定了基础。相关技术的突破将对我国极地科考、北极航线的利用有着十分重大的指导意义和应用价值。

(五) 水声技术应用于海洋渔业领域

水声工程在军事领域及海洋工程领域已经得到了广泛的应用。随着经济活动的日益繁茂,水声技术在海洋渔业领域的研究成为未来新的方向。水声技术可以在海洋探鱼、高经济作物海洋养殖安防、海洋鱼类辐射噪声研究及海洋生物智能生态环境等领域均可以开辟新的研究方向。

(六) 人工智能技术应用于水声工程

当前遥感大数据量处理对设备软、硬件计算能力提出巨大挑战,复杂海洋环境下,场景分析和动目标检测识别等技术存在时效性和精确性问题,研究实时处理技术、并行处理技术、深度学习理论、群智能优化理论等高新信息处理技术,来进行多源遥感影像处理和分析是解决关键技术问题的核心手段。面向海洋环境的实时、准确的多源遥感信息处理技术是海军装备实力提升的关键技术需求,相关研究对我国国防事业的发展有着深远意义。

基于机器学习的水下声源定位研究慢慢成为一个新的研究方向,通过对实现数据的分析,支持向量机分类器和神经网络分类器的定位结果对比结果显示,基于机器学习的定位方法要优于常规匹配场定位。这对于水下声源远距离定位有着重要的意义。国内水声领域的大数据首先其数据采集尚未成规模,其大数据处理思想和相关的数据处理方法(例如深度学习等)与水声工程应用领域相结合目前更是还处于起步阶段。

四、我国热点亮点

2017 年,在“海洋强国”的战略引领下,我国水声技术继续快速发展,取得了一大批有显示度的科研成果,下面我们对其中部分成果进行介绍。

(一) 军民深度融合,水声民用技术快速发展

1. 中国首次开展深海声学层析试验

海洋声层析是一种利用声学手段遥测海洋内部结构及变化的高效监测技术。

最早由 Munk 和 Wunsch 提出，目前已经成为海洋水文监测的一种重要手段。其实质是根据观测信号的某些特征信息(声线传播时间、简正波相位等)来反推水文信息如，温度，流速等参数。中船重工集团公司第七一五研究所研制了2套深海声学层析潜标，构建2个节点的深海声学层析信号同步发射与同步接收试验系统，在南海深水区首次完成了三个月海上声学层析试验。海试数据分析表明在深水、低频发射换能器，深水、高灵敏度垂直接收阵，潜标声学基元高精度定位方法等方面取得了重要进展，为实现在较大范围内对中尺度过程实施监测提供技术手段。

2. 水下相控阵三维声学摄像声纳

中船重工集团公司第七一五研究所研制了水下相控阵三维声学摄像声纳产品化样机，能够对50度开角200米范围内水下目标实时摄像，在南海某码头完成海上连续示范应用一年。

3. 本学科与海洋物理、遥感学科深度交叉，初步建成全面海洋环境观测系统，首次开展水声环境要素的联合信息采集

西北工业大学水声团队与中国海洋大学、中国科学院声学研究所深入合作，进行了首次马里亚纳海沟万米深渊和周边水域水文、噪声和声传播实验观测，获得了宝贵的第一首资料，对海底基观测系统的研究又重要意义。南海北部等多站位环境噪声年度观测结果也是首次获得。

4. 超指向技术迈向实用化

超指向性理论可以用很小尺寸的传感器阵列获得显著提高的指向性和阵增益，具有重大的应用需求。然而，当超指向性理论预测的指向性和阵增益越大时，其对误差的敏感性也越大。由于前期研究中缺乏一种精确的、适用于实际阵列的理论模型，因此获得理想的超指向性在很长一段时间仍存在巨大的挑战。西北工业大学科研团队经过多年持续不断的努力，在理论模型仿真研究、试验样品制作等方面取得了突破性进展：针对圆环形阵列，利用均匀噪声场中数据协方差矩阵的循环特性，在方向性指数最优准则下得出了超指向性的最优解，称之为“特征波束分解与综合”超指向性设计原理；针对任意形式阵列，进一步推导出基于 Gram-Schmidt 变换的“模态波束分解与综合”超指向性设计原理，与圆环形阵列超指向性的“特征波束分解与综合”原理完全契合，所得的最优解特性，也与圆环阵类似。在以上理论的基础上，西北工业大学科研团队实现了多种高阶超指向性阵列的设计与实验验证，并已将其成功应用于水下目标探测、海洋环境噪声监测、航行器辐射噪声测量等领域。

(二)“深海高精度水声综合定位系统”世界领先

声波是迄今为止水下唯一有效的信息载体,深海高精度水声定位是人类依赖众多水下潜水器进入深海、探测深海和开发深海的关键。但要在水下实现与卫星同量级的定位性能,必须克服水声信道环境复杂、水声平台干扰严重和自主知识产权系统实现困难等挑战。

2017 年 9 月 29 日,在哈尔滨工程大学研发的深海高精度水声综合定位系统引导下,我国“深海勇士”号载人潜水器在南海 3500m 深处仅十分钟就快速找到预定的海底目标,实现了“大海捞针”,标志着我国深海高精度水声定位装备与技术达到国际领先水平。“深海高精度超短基线水声定位技术与应用”首摘通用项目国家技术发明二等奖。“深海高精度水声综合定位技术”入选“中国高校十大科技进展”,是海洋工程领域唯一入选项目。

近年来,我国水声定位与导航逐渐由跟跑转向并跑、领跑,关键技术及实用性能不断地冲击超越国际先进水平。国产深海高精度超短基线定位系统,定位精度优于 0.2%斜距,最大工作距离超过 10 公里,数据有效率为 82.7%,自 2012 年起装备于“大洋一号”、“科学号”等系列远洋科考船,为我国 7000 米载人潜水器“蛟龙”号、深海缆控潜水器 ROV“海龙”号和深海水下声学拖体等多种水下潜器提供了水下精确定位服务;为我国新型军用舰船新一代声纳提供了水下定位跟踪服务,打破了国外对该技术的垄断,可为我国深海资源勘探和开发、深海科学研究和国防安全提供重要技术支撑,具有显著的经济效益、军事效益和社会效益。

突破了融合水面超短基线阵列和海底分布长基线阵列的综合定位等关键技术的水声综合定位系统,2017 年深海绝对定位精度首次达到 0.3 米、定位有效率超过 90%,成功支撑了刚刚结束的我国“深海勇士号”载人深潜首航试验和我国最先进科考船“科学号”南海综合调查科学考察两次任务,为我国开展万米深渊“马里亚纳海沟”科学探索等深海实践,奠定了坚实的技术与装备基础。

(三)“深海潜标数据无线实时传输”解决通信痛点

深远海数据的连续实时观测能力建设对海洋与气候预报和海洋环境安全保障有重大意义。长期以来深海数据获取主要通过布放潜标,一段时间后返回现场回收潜标获取观测数据,这种工作模式降低了海洋观测数据的时效性,无法满足短期内获取观测数据的需求,就不能对气候、气象进行有效可靠的预报,如何实现潜标数据实时获取是物理海洋科学家迫切需要解决的问题。

美国在 20 世纪 80 年代就开始尝试实时获取深海大洋的 CTD(盐度、温度、深度)和流速等传感数据,并尝试通过水声通信技术实时获取海底地震测量数据。在其实验性应用过程中,实时化系统主要分布在近岸、河口等地,实时获取手段以短距离数据获取为主，在远海大洋布放的深海潜标数据实时化应用鲜有报道。目前还查阅不到国外在远洋实现深海潜标长时间实时化传输的相关论文和文献。

实现深海潜标长期实时数据获取的主要技术难点有：

数据实时回传系统需要具有极高的工作可靠性，符合海洋工程应用条件，能够在大风、强流以及高浪涌等多种恶劣海况条和天气条件下保持长期稳定工作。这需要设备组成结构和设备间的连接部件需要耐压、耐海水腐蚀、抗冲击，设备运行的软、硬件均能够保证长期稳定工作。

该系统处于长期自主工作状态，需要具备稳定的能源获取途径，同时该系统应该具有功耗控制模式，能够保持在远离陆地条件下依靠自身能源供应长期工作；

数据实时回传系统需具有易组装、易维护、易布放、易回收的工程应用特点。深海潜标布放点远离陆地，无法像陆地设备获得可靠的技术保障和支持，而且深海潜标的工作海区通常在大洋深处、海深较大、海况比近岸海域更加恶劣，因此该系统的组装、布放和回收操作要简单、快捷。

根据以上需求和实际应用难度分析，结合的海洋工程经验，中国科学院声学研究所提出了水声通信和铱星通信两种不同无线通信方式。研究团队在水声通信方面取得重大进展，针对复杂多径、大衰减、高噪声、时空多变信道对高性能、高可靠、实时水声通信带来的挑战，在对水声传输信道特性深入研究的基础上，创新性地提出了基于空间分集的时、频域结合混合软干扰消除双向自适应 turbo 均衡等方法，并突破了小型化、低功耗水声发射与相干通信接收机处理平台设计等关键技术，于 2016 年研制出深海数据无线实时传输系统，应用于中国科学院海洋研究所建设的西太平洋潜标观测系统，实现了潜标数据长时间无线实时传输到陆地工作站并接入互联网，彻底改变了以前每年前往西太平洋赤道附近回收潜标再读取数据的工作模式，使得对深海数据的查看模式从"一年期录像回放"变成了"现场网络直播"，极大地提高了深海观测数据的时效性。

2017 年，中国科学院声学研究所对深海数据无线实时传输系统进行了升级改进并小批量生产。研究团队经过技术攻关，将潜标数据实时化传输系统工作时间延长到 2 年，并设计出新型深海小尺寸水声通信机，设计工作深度 6km，通信速率 6k bps，外径仅有 70mm，是目前世界上工作在 6km 水深条件下尺寸最小的水声通信机，这种小尺寸水声通信机的设计成功，极大地简化深海设备的布放难度。在"科学"号科考船 2017 年底热带西太平洋综合考察中，随中国科学院海洋研究所深海潜标布放在西太平洋，实现了将其 15 套深海潜标数据无线实时回传到陆地并接入互联网，成功构建了无人值守、可长时间稳定工作的大范围深海数据无线实时传输网。图 8.13 为深海数据无线实时传输示意图与实物照片。图 8.14 为布放在 3000m 海深水声通信机实时回传单点海流计数据绘制图。

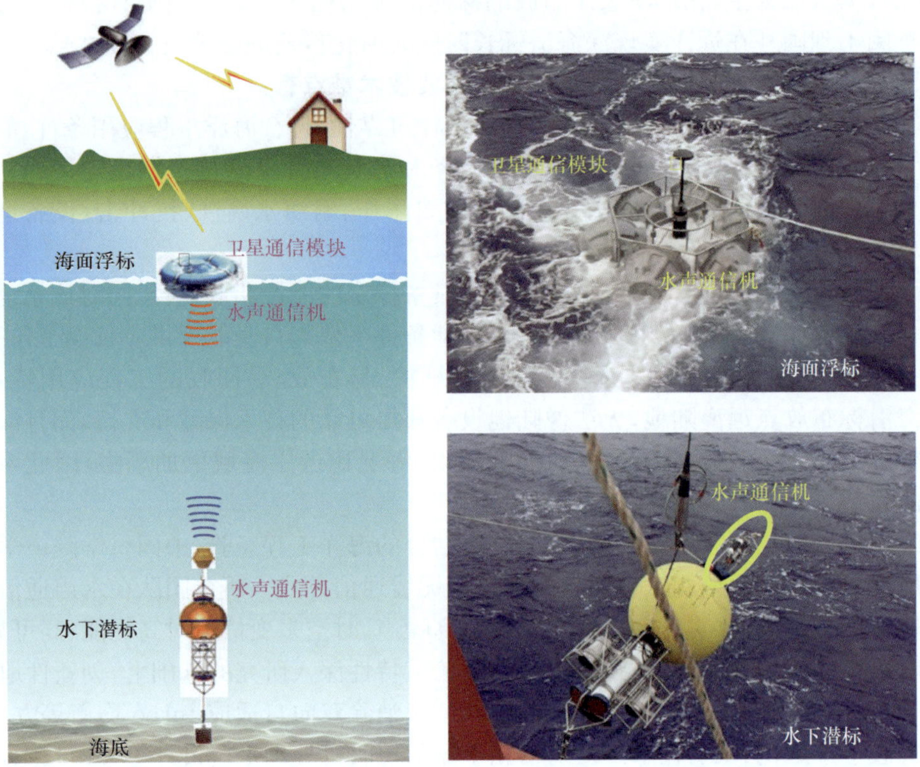

图 8.13　深海数据无线实时传输示意图与实物照片

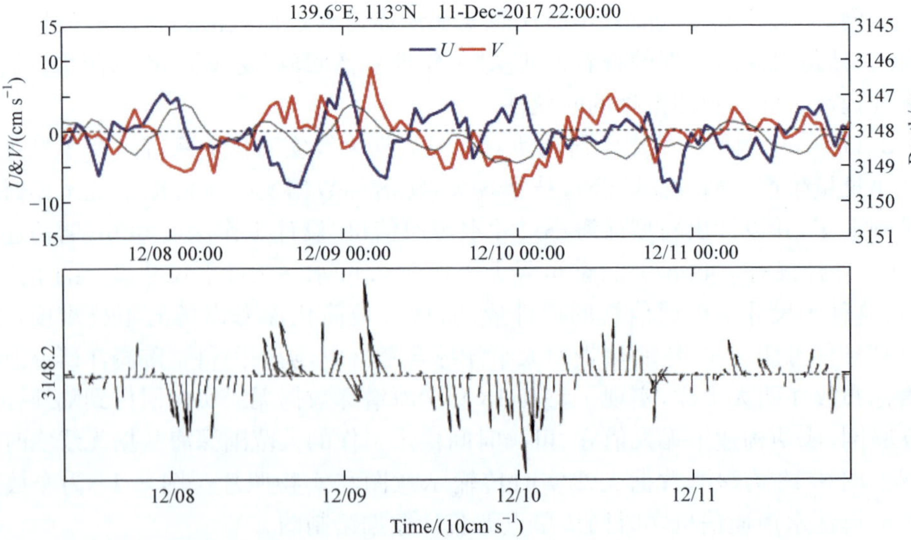

图 8.14　布放在 3000m 海深水声通信机实时回传单点海流计数据绘制图

参 考 文 献

[1] C X Xu,J Tang,S C Piao,et al. Developments of parabolic equation method in the period of 2000—2016. Chin. Phys. B,2016. 25(12):124315.

[2] B G Katsnelson,V A Grigorev,J F Lynch. Variability of phase and amplitude fronts due to horizontal refraction in shallow water. J. Acoust. Soc. Am. 2018,143(1):193-201P.

[3] Jon M Collis. Elastic parabolic equation and normal mode solutions for seismo-acoustic propagation in underwater environments with ice covers[J]. The Journal of the Acoustical Society of America,2016,139(5):2672-2682.

[4] R K Andrew,A Ganse,A W White,et al. Low-frequency pulse propagation over 510km in the Philippine Sea: A comparison of observed and theoretical pulse spreading[J]. Journal of the Acoustical Society of America,2016,140(1):216.

[5] Eric I. Thorsos,Jie Yang,Frank S. Henyey. Reverberation modeling approximately accounting for three-dimensional forward scattering effects[J]. Journal of the Acoustical Society of America,2015,138(6):1897.

[6] L G Evers,K Wapenaar,K D Heaney,et al. Deep ocean sound speed characteristics passively derived from the ambient acoustic noise field[J]. Geophysical Journal International,2017,210(1): 27-33.

[7] R Duan,K Yang,Y Ma,et al. A simple expression for sound attenuation due to surface duct energy leakage in low-latitude oceans[J]. Journal of Acoustical Society of America,2016,139(5): EL118-EL123.

[8] K Yang,Y Lu,R Xue,et al. Transmission characteristics of convergence zone in deep-sea slope[J]. Applied Acoustics,2018,139: 222-228.

[9] 谢磊,孙超,刘雄厚,等. 陆架斜坡海域上坡波导环境中声能量急剧下降现象及其定量分析. 物理学报,2017,66(19): 194301.

[10] Q Yang,K Yang,S Duan. A method for noise source levels inversion with underwater ambient noise generated by typhoon in deep ocean[J]. Journal of Computational Acoustics,2018,26: 1850007.

[11] Yang Q,Yang K,Cao R,et al. Spatial vertical directionality and correlation of low-frequency ambient noise in deep ocean direct-arrival zones[J]. Sensors,2018,18: 319.

[12] K Yang,L Xu,Q Yang,et al. Two-step inversion of geoacoustic parameters with bottom reverberation and transmission loss in the deep ocean [J]. Acoustics Australia,2018,46: 131-142.

[13] 杨益新,汪勇,何正耀,等. 传感器阵列超指向性原理及应用[M]. 北京: 科学出版社,2018.

[14] 孙大军,郑翠娥,钱洪宝,等. 水声定位系统在海洋工程中的应用[J]. 声学技术,2012,31(2):125-132.

[15] 解读 2017 中国高校十大科技进展. 中国教育报. 2018-01-08/第 07 版.

专题九　电磁场与电磁环境效应

编 写 说 明

进入 21 世纪以来，科技创新进入空前密集活跃时期，新一轮科技革命和产业变革正在重构创新版图、重塑经济结构。随着信息技术的加速应用，电磁环境效应作为提升电子信息系统电磁安全性和可靠性的关键支撑，已列入国家战略发展方向。加强电磁环境效益与多学科之间交叉融合，开展前沿引领技术、颠覆性技术攻关和成果转化应用，对全面推进国民经济、国家安全和国防军队现代化建设都将产生重要推动作用。

“蓝皮书”中的电磁场与电磁环境效应专题，本期主要涵盖电磁干扰与抑制新技术、电磁频谱安全与高效利用、先进电磁材料、雷电防护技术、电磁兼容标准国际化、高铁电磁环境效应和电磁安全性技术、高性能电磁计算技术等研究内容。

来自陆军工程大学、北京航空航天大学、国防科技大学第 63 研究所、中国电子科技集团公司第 33 研究所、浙江大学、北京交通大学、东南大学、上海交通大学、清华大学、复旦大学、上海电器科学研究院等单位的专家参与了本次研究工作，在此一并表示感谢。

编撰“蓝皮书”仍在尝试阶段，一定存在很多疏漏和错误，敬请批评指正。

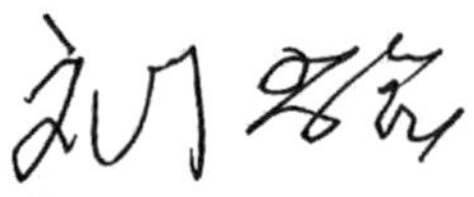

2018 年 6 月 30 日

专家组和撰写组名单

专家组

姓名	工作单位	职务/职称
刘尚合	陆军工程大学	院士
陈鲸	西南电子信息技术研究所	院士
毛军发	上海交通大学	院士
苏东林	北京航空航天大学	教授
姚富强	国防科技大学第 63 研究所	研究员
刘泰康	中国电子科技集团公司第 33 所	研究员
尹文言	浙江大学	教授
闻映红	北京交通大学	教授
王庆国	陆军工程大学	教授
石立华	陆军工程大学	教授
魏光辉	陆军工程大学	教授
马弘舸	中物院应用电子学研究所	研究员
李景春	国家无线电监测中心	研究员
谢彦召	西安交通大学	教授
王均宏	北京交通大学	教授
刘民	航天科技 514 所	研究员
杜正伟	清华大学	教授
陈爱新	北京航空航天大学	教授
李淑华	海军航空工程学院	教授
刘培国	国防科技大学	教授
汤仕平	海军装备研究院规范所	研究员
孟萃	清华大学	副研究员

注：排名不分先后

撰写组

姓名	工作单位	职务/职称
苏东林	北京航空航天大学	教　授
姚富强	国防科技大学第 63 研究所	研究员
刘泰康	中国电子科技集团公司第 33 所	研究员
石立华	陆军工程大学	教　授
闻映红	北京交通大学	教　授
郑军奇	上海电器科学研究院	研究员
尹文言	浙江大学	教　授
陈爱新	北京航空航天大学	教　授
戴　飞	北京航空航天大学	副教授
胡小锋	陆军工程大学	副教授
曲兆明	陆军工程大学	讲　师
李克训	中国电子科技集团公司第 33 所	研究员
陆卫兵	东南大学	教　授
周小阳	东南大学	副研究员
蒋寻涯	复旦大学	教　授

注:排名不分先后

专 题 研 究

一、全球发展态势

在本技术领域，电磁场理论是基础，具备前瞻性、引导性和交叉性的发展特征；电磁环境效应是指构成电磁环境的某种因素或多种因素对电子系统、设备、装置和易挥发材料及生物体等的相互作用效果，包括电磁频谱管理、电磁兼容、电磁危害与防护、电磁安全、人工与自然脉冲电磁效应、计算电磁学等，它更直接面向应用。电磁环境效应的技术水平反映了一个国家掌控和运用电磁资源的能力，发达国家往往从战略高度统筹技术和产业的发展。

（一）电磁场理论与其他学科交叉，新概念、新机理、新方法持续突破

进入新世纪，随着基础物理科学、材料科学、生物科学和电子科学的重大突破，电磁场理论与上述学科交叉，新的增长点不断涌现。电磁场理论与量子力学、自旋电子学的交叉融合，实现了精密化的电磁场探测；利用石墨烯的高导电、高透光等特性已研制出纳米天线、超宽带天线和轻质透明电磁屏蔽结构的原型，利用超材料的负介电常数或磁导率实现小型化天线和电磁隐身结构；与生物仿生技术交叉融合，突破了现有的电磁防护与抗干扰机理，实现了电磁防护仿生和电磁抗扰仿生；与通信、信息及光学交叉融合，提出了抗电磁干扰信息处理与存储的新方法，开启了太赫兹通信与探测成像、大容量涡旋电磁通信、抗电磁干扰的微波光子链路与器件、抗电磁干扰的自旋电子存储器件等新技术的研究。

（二）电磁环境效应被提升为国家战略安全的要素

在国家安全战略层面，美国从克林顿、小布什、奥巴马到特朗普政府，高度重视电磁环境效应规划，逐步形成较为清晰的电磁空间战略。2014 年 8 月 25 日，美国国防部出台了最新的电磁环境效应规划，确立了新的“电磁环境效应”(E3)计划，要求在人为电磁干扰或自然电磁干扰情况下，所有的军事平台、系统、子系统及设备均应正常运行。该国防条令中把电磁环境效应与“核、生、化”防御一并考虑。根据指令要求，所有新的国防部件均需进行电磁防护加固，以减轻电磁干扰的影响；同时，在采办寿命周期内，现有部件可能进行改装，使其具备电磁干扰抑制特性。按照新计划设置国防部首席信息官，兼任美国国务卿电磁环境效应核心顾问。增

设国防部电磁环境效应一体化保障小组(DOD E3 IPT)。近两年,由于相关国家在电磁技术领域发展迅速,对美国的非对称优势形成巨大威胁,美国战略智库积极呼吁高度重视电磁手段的制胜作用。

(三) 电磁环境效应成为技术垄断和贸易壁垒的利器

在欧洲,北约盟国以美国的相关战略为蓝本制定了欧洲的电磁领域发展规划,突出关注国民战略层面。欧洲特别重视以标准规范为抓手,制定国际技术规则,形成技术垄断和贸易壁垒,对发展中国家产生制约。由于欧洲国家(英、德、法、瑞等)多是国际标准化组织中的发起国,在国际标准化组织中占有多数席位,它们联合起来,在国际标准制定中占据绝对优势。因而,欧洲的 EN 标准往往在实践一段时间后,即获认可为 IEC 或 ITU 国际标准。欧洲尤其重视电磁环境效应共性基础研究形成规则后所带来的潜在巨大价值。2007 年起,欧盟开始实施《欧洲计量联合研究计划》,重点研究含电磁及其效应在内的 4 大优先领域。欧洲的标准化组织十分注重将专利技术纳入标准,通过一系列标准的制定,实现了从基础层面到应用层面、从体系层面到接口层面的无缝连接,使用标准及专利技术从战略和技术两个层面掌握电磁领域的话语权。例如电磁环境效应测试技术的领先者德国罗德与施瓦茨公司(简称 *Rohde & Schwarz* 公司),正试图将电磁干扰时域测量等专利技术写入最新的国际标准。

二、我国发展现状

我国较为系统的电磁环境效应研究工作起步于 20 世纪 90 年代,经过 20 多年的艰苦努力,取得了较大进步。我国正在从制造大国向制造强国迈进,但作为信息产业基础的电磁场和电磁环境效应技术发展仍然滞后,复杂电磁环境适应性问题已成为电子信息装备、系统发展的焦点和瓶颈。总体上,我国电磁场和电磁环境效应发展水平与美国等西方发达国家相比有一定差距。

(一) 电磁环境效应作用机理研究有待加强

复杂电磁环境对装备的影响,主要是干扰、损伤装备中的电子系统,使其丧失效能。电磁环境对装备的作用机理与其工作原理、设计技术密切相关,必须通过深入研究其作用机理才能确定。近年来,国内虽然对通信设备、单片机系统和典型无线电引信、开关电源等设备进行了电磁脉冲辐照效应实验研究,分析了能量耦合规律,但研究涉及的理论和对装备的支撑作用明显不足,难以摸清信息化装备电磁环境效应的关键技术,急需深入研究。

(二) 新材料、新器件不能满足发展需求

电磁防护新材料、新器件是解决装备电磁干扰和电磁损伤的一项重要基础技

术。我国结合重点工程建设，相继开展了电磁防护配套任务和电磁防护新材料、新器件的研制工作，在防电磁信息泄漏技术、强电磁脉冲抗毁技术、目标电磁隐身技术、抗电磁干扰技术所需电磁功能材料方面已有长足的进步。我国单一功能的电磁防护材料基本能够满足实际需求，但具有复合功能的电磁防护新材料远远不能满足装备发展需要，电子元器件、集成电路电磁损伤阈值低，电磁防护器件响应慢、通流能力低，电磁防护材料频带窄、屏效低，耐候性差，已成为制约装备电磁防护效能提高的瓶颈技术。我国电磁防护新材料、新器件的研究水平与国外还有明显的差距。

(1) 先进碳基电磁防护材料的优质物理特性与具体实现存在差距

先进碳基电磁防护材料的设计仍沿用和传统复合材料简单混合的设计理念，无法真正发挥其优异特性。以石墨烯为例，其高透光性、高强度、低密度、高导电和导热性等卓越性能建立在单层无缺陷六元环结构基础之上，目前以结构掺杂为特点的应用设计和工艺方法适应于微米尺度以上的多相材料复合，难以使石墨烯材料的优良物理性能在应用中充分表现。

(2) 超材料结构设计与工艺实现技术不相匹配

电磁防护专用超材料结构设计技术与工艺实现水平存在差距，尤其是国内对于超材料结构的设计水平已接近国际先进水平，但生产线加工能力及工艺实现却存在差距，导致工艺水平低下，难以形成规模产业。

(3) 产业的核心竞争力不足

电磁防护材料企业规模较小，高端产品产业化不足，产品档次和质量较低、营销能力和产品开发能力有限。企业在产品与技术创新能力方面明显不足，研发投入相对较少，核心竞争力尚难提高，无法和外资品牌抗衡。

(三) 仿真、设计、预测技术手段不全

我国对于电磁环境效应的基础理论和关键技术的研究长期投入不足，既缺乏高性能的电磁算法，也缺少国产平台推广应用的有效机制，导致关键的电磁场和电磁环境效应仿真、设计、预测平台被国外垄断。

(1) 缺乏国家层面的战略支持

国家对高性能电磁计算及应用软件研究有少许项目资助，但与欧美等强国把高性能电磁计算作为“第四军工产业”相比，国内的资助强度明显不足。相关软件知识产权保护立法与实施滞后，软件平台成长环境有待改善。

(2) 缺乏团队协作攻关的机制

高校和研究机构都专注于独立的研究领域，彼此之间缺乏有效的协作和成熟的电磁计算技术共享平台，造成我国电磁算法研究领域长期呈现碎片化局面，无法形成合力。

(3) 缺乏自主可控软件品牌意识

我国电磁软件以解决工程项目问题为出发点，缺乏软件商业化和标准化的品牌意识，软件系统的人机交互、操作流程等软件功能与成熟商业软件差距很大；在应用推广方面缺乏成熟的商业模式，软件应用领域仅仅局限在少数人。

(4) 核心关键技术有待突破

国产异构众核处理器、高速互联等新技术对于高性能电磁算法设计与实现带来了一系列挑战，需要紧密结合国产超级计算机体系结构，攻克数据结构、数据存储、数据传输和数据通信等关键技术；亟须开展异构电磁算法软件服务化集成方法和规范研究，指导电磁仿真计算软件集成工作，提高软件平台的应用空间；需要开展性能电磁计算及应用软件置信度评估体系研究。

(四) 电磁环境效应标准体系尚不完善

全国无线电干扰标准化委员会于 1986 年成立，是我国官方对接国际电磁兼容标准的工作机构，标志着国家层面开始系统关注电磁兼容标准。但是，我国在系统级电磁环境效应标准研究与编制方面较国外一些发达国家有较大差距，现行标准基本等效采用美国与欧洲标准，标准内容与我国国情联系不够紧密，存在标准更新速度缓慢、可操作性不强等问题，直接导致我们在系统级电磁环境效应设计、检测方法研究方面缺乏足够的标准支撑。国家已经意识到标准与技术发展需求间差距，开始着力弥补不足，并积极参与标准国际化工作。

三、我国未来展望

(一) 发展思路

以《中国制造 2025》、“互联网＋”行动计划为代表的一批重大战略举措密集出台，巩固了电子信息行业在国民经济中的战略、基础、先导和支柱地位。随着建设网络强国列入国家战略，电磁环境效应技术作为关键技术将迎来一个发展的黄金期。

本领域计划通过研究我国相关领域非对称的态势，分析电磁环境效应技术在各领域内的作用，形成目标明确、针对性强的电磁技术应用需求，结合已形成突破的电磁技术，开展工程应用研究，提升电磁环境效应技术能力；针对电磁技术前沿，选择有颠覆性、国内外研究水平相当的方向重点突破，谋求中长期在关键领域实现电磁优势；继续加强电磁基础技术研究，加强相关产业技术基础研究，瞄准未来电磁技术和应用领域的整体超越。

(二) 发展路径

为满足新形势下我国电子信息装备自主发展、跨越发展能力需求，进一步加强电子信息装备电磁环境效应总体技术研究，实现与我国国家战略相匹配。通过在基础研究和仿真手段、试验评估技术、电磁防护材料研发、电磁防护前沿技术、标准化研究方面开展攻关，提升我国电磁环境效应领域的发展水平。

基础研究和仿真手段方面，从机理研究入手，深入研究系统级电磁环境效应指标的量化设计方法，建设自己的软件研发基地，开发我国自己的电磁环境效应论证、设计、评估平台，逐步形成系统的复杂电磁环境适应性设计能力。

试验评估技术方面，针对系统级试验方法、试验技术研究投入严重不足等问题，在国家层面支持开展系统级电磁环境效应试验方法研究，建立科学完备、统一规范、可操作性强的电子信息系统试验评估考核体系。

电磁防护材料研发方面，在保证宽频带、高屏效技术指标的前提下，解决电磁屏蔽材料的降低密度问题、抗恶劣环境问题和综合防护问题，如高屏效、轻质高分子壳体支撑材料，雷达、天线专用的新型一体化梯度导磁材料，耐高低温水气密封高分子电磁防护材料，防盐雾、防潮湿、防霉菌电磁防护材料、多波段复合电磁隐身材料等功能材料。同时，急需解决电磁防护材料与元器件的工程化技术问题，改进生产工艺、降低生产成本，进一步提高产品电磁防护性能的一致性和可靠性。

电磁防护前沿技术方面，以电磁防护领域的非对称技术、前沿技术和颠覆性技术为抓手，重点支持电磁防护仿生、电磁地图、电磁场量子化测量、自旋电子学、集成微纳真空电子器件、粒子涡漩电磁理论、微波光子学、外辐射源认知、针对无线注入赛博攻击的防护、针对网络化抵近式电子攻击的防护、石墨烯传感器与防护器件等前沿技术，在电磁环境效应领域新兴方向上整体布局。

标准化研究方面，从电子信息装备复杂电磁环境入手，研究器件、设备、分系统、系统级电磁环境效应标准内容及指标要求，重点突破总体要求、试验评估技术、测试方法、防护控制等方面的标准，进一步完善电磁环境效应标准体系。

四、我国热点亮点

从技术发展的角度，重点阐述2016—2017年电磁环境效应领域的电磁干扰识别、电磁频谱安全、电磁材料、系统电磁环境效应等研究热点或亮点。

(一) 电磁干扰辨识与抑制新技术

1. 国内外技术发展态势

随着技术进步，新一代综合电子信息系统设计思想已经从“基于设备”向“基于模块”转变，常常在一个机箱里集成多种不同功能、不同类型的电路模块。一方面，各电路模块之间需要通过背板和插针实现连接，且各电路模块不能单独工作，需要共同连接在背板上,导致耦合更强、检测更加复杂;另一方面,各电路模块的工作是在传感器综合调度软件的激励下,根据其电路模块功能进行实时调度和控制的,即模块的电磁干扰现象与其工作状态相关。这些因素进一步加大了大型电子信息系统内部电磁干扰问题的排查和干扰源的定位的难度。

目前,绝大多数的电磁兼容检测实验室使用现有的测试标准(如美军标 MIL-STD-461G 等标准)对被试品进行电磁发射测试。这种方法虽然可以明确被试品是否超出相应标准,但是获取的大量数据难以应用于电磁发射分析中。另一方面,越来越多的电磁发射测试方法不断出现,能够获取更多不同类型的电磁发射测试数据用于电磁发射设计、整改及分析。但由于实际电磁发射测试数据噪声大、规律复杂,现阶段对实验数据的分析主要依靠人工进行,效率低下的同时严重依赖电磁兼容工程师的个人经验,难以寻找其中的共有规律,无法建立电磁发射与内部干扰源的关联关系。

例如,文献[1]提出了基于小波包变换方法从干扰信号中提取特征,并对提取的特征进行分类,识别可能的干扰源的方法。类似地,文献中[2]同样使用小波包变换提取数据特征,使用聚类的方法及时确定产品的电磁传导发射问题。但是,上述文献中提取的特征为数据特征,未能与干扰源物理特征相联系,适用范围窄。还有一些方法使用人工智能或专家系统提取数据特征,使用测试数据,结合之前出现的问题,识别可能电磁干扰源。文献[3]通过将仿真得到的多导体线一端的电压的小波变换系数作为数据特征输入人工神经网络进行训练,进而可以根据实际测试得到的串扰上的电压情况来分析另一根的端口情况,确定产生干扰的原因。文献[4]在考虑系统电磁干扰历史故障的基础上,通过基于案例的推理技术原理,使用测试数据对电磁干扰做出诊断。

2. 热点与成就

针对新一代综合电子信息系统电磁干扰精确辨识与准确抑制的重大现实需求,解决其电磁发射的认知、分析、建模的难题,我国相关单位在该领域取得了原创性成果。经过持续近十年基础研究的积淀,北京航空航天大学、原空军装备研究院、中航工业成都飞机设计研究所和中国电子科技集团第十研究所,攻克了综合电子信息系统内各模块电磁干扰难以辨识与控制的难题,在国际上首次提出了电磁发射要素基本集理论:综合电子信息系统自身的辐射发射是其固有属性,电磁发射可通过要素基本集(模拟信号集、数字信号集、脉冲信号集和失配类信号集),针对武器装备自身电磁环境表征问题,研究并揭示了武器装备自身电磁环境的宽带、强耦合演化机制,实现了对电子信息系统复杂电磁环境的准确量化表征与反演。针对模块传导检测难题,突破了综合电子信息系统内模块电磁干扰特性测试的关键技术,提出了无标准件背板校准方法,发明了综合电子信息系统内模块电磁传导发射检测装置。针对模块辐射检测难题，攻克了探头表面波抑制/阻抗匹配等技术瓶颈，发明了共面印刷电路板式探头结构，即辐射发射检测电磁场探头，其中电磁发射要素分析仪辨识准确率优于90%，单探头空间分辨率2mm。发明了一种电磁干扰要素快速自动检测识别装置，要素识别正确率>80%，解决了综合电子信息系统内狭小空间模块电磁干扰特性检测与辨识难题，实现了干扰要素的自动提取和识别。目前，成果已获2017年度国防技术发明一等奖。

(二) 电磁频谱安全与控制

1. 国内外技术发展态势

用频系统向网络化发展，既处于电磁空间，又处于网络空间，同时面临来自电磁空间和网络空间的多重安全威胁。2014年和2017年，美国陆军先后发布了战地手册FM3-38《网络电磁行动》和新版战地手册FM 3-12《网络战与电子战》，其核心是实施网络战、电子战和电磁频谱管理一体化的网络电磁行动，具有很好的代表性和示范性。2018年，英国国防部也发布了《网络电磁行动》联合条令备忘录。2015年，美国战略与预算评估中心发布的《电波制胜：重拾美国在电磁频谱领域的主宰地位》研究报告指出：电磁频谱的利用和控制将成为核心内涵，未来电磁频谱战是"低功率到零功率作战"，从而正式确定了"电磁频谱战"概念与范畴。2016年，美国国防部和参联会进一步将电磁频谱定为继陆、海、空、天、赛博空间之外的"第6个作战域"。国际上的网络战正由有线网络向无线网络扩展，从而向电磁空间延伸；电子战正由点目标向网络目标扩展，从而向网络空间延伸；频谱管理正由战前频管向战时频谱控制扩展，从而向电磁频谱作战延伸。三种作战行动相互共存、支撑和使能，其交集产生了全新的网络电子概念(图9.1)。同时，作战范围正由军队行动向国家行为扩展，从而向经济目标延伸。

在电磁频谱战略性安全发展态势方面，西方发达国家对电磁频谱资源划分，仍然占据主导权，技术力量雄厚，创新能力强，研究基础好，人才队伍稳定，投入力度大。近些年来，我国积极参与国际协调，并向国际电信联盟(ITU)提交建议文稿，多数被接受和采纳，为全球无线电技术的发展和国际无线电规则修定发挥了越来越重要的作用。先后颁布了新版《中华人民共和国无线电管理条例》和《中华人民共和国无线电频率划分规定》，电磁频谱资源管理不断取得新的进步。但与国际先进水平相比，在有些方面还存在一定或较大差距。**在电磁频谱可用性安全发展态势方面**，西方发达国家对电磁频谱管理、抗极端恶劣电磁环境干扰、电磁兼容、频谱高效利用和电子器件制造等关键技术及其应用优势明显。近些年来，我国在通信抗干扰、雷达抗干扰、频谱高效利用、电磁兼容设计、电磁环境改善与利用等关键技术研究与应用方面，取得了不少进步和突破，有些已装备应用。但与国际先进水平

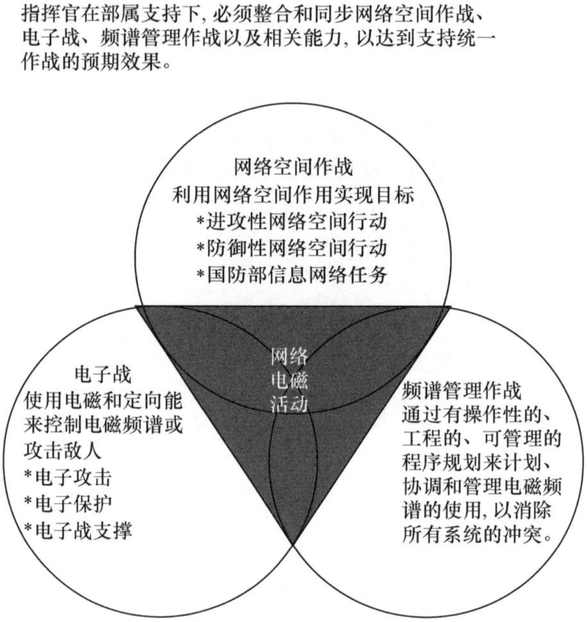

图 9.1　网络战、电子战和频谱管理三者之间的关系

相比，在有些方面还存在一定或较大差距。**在电磁频谱保密性安全发展态势方面，**西方发达国家对电磁信号隐蔽传输、射频情报获取和电磁干扰等关键技术及其应用保持优势，目前又取得了令人瞩目的进展。近些年来，我国在电磁频谱信号识别与处理、电磁干扰、信号变换域设计和电磁频谱安全风险评估与控制等关键技术研究与应用方面，取得了不少进步和突破，有些已装备应用。但与国际先进水平相比，在有些方面还存在一定或较大差距。

2. 热点与成就

2016 年 11 月 11 日，中央军委主席习近平、国务院总理李克强签署命令，颁布了新修订的《中华人民共和国无线电管理条例》，自 2016 年 12 月 1 日起施行，标志着无线电管理进一步法制化、科学化、规范化。为配合条例实施，工业和信息化部于 2018 年 2 月 7 日颁布了新修订的《中华人民共和国无线电频率划分规定》，自 2018 年 7 月 1 日起施行。该规定统筹考虑了近期需求与长远发展以及技术先进性、超前性、成熟性、经济性，并与国际《无线电规则》相衔接。2016 年 6 月 1 日，中国指挥与控制学会电磁频谱安全与控制专业委员会获批在京成立，标志着我国在电磁频谱安全与控制领域从此有了一个军民融合、集智创新的新智库和跨行业的学术交流平台，对融合国内本领域和交叉领域研究力量和引领电磁频谱安全与控制科技发展，具有里程碑意义。在 2015 年 10 月 ITU 批准和颁布由南京电讯技术研究所完成的“改善短波天波电磁环境的技术与规则自主国际提案研究”基础上，ITU 于 2017 年 1 月 3 日和 2018 年 5 月 8 日，邀请该项成果参加 2017、2018 世界电信展，向世界宣传全球治理短波电磁环境的需求、观点和方法；该项成果获 2016 年中国指挥与控制学会科技进步一等奖。我国近年来在电磁频谱参数安全和动态频谱管理等技术创新方面有了可喜进步，取得一批拥有自主知识产权的研究成果。“频谱服务架构及其关键技术研究”（国家自然科学基金项目，No. 61471395）和“基于频谱地图的智能频谱管理模型与关键技术研究”（江苏省自然科学基金项目，No. BK20161125）等项目成功立项。

（三）先进电磁材料

1. 国内外技术发展态势

当前，先进电磁材料的创新主体从高校、科研机构向研究院所、公司转移，研究热点从材料器件的结构与性能向解决实际问题转移。美国波音航空航天公司（简称美国波音）、美国雷神公司（简称雷神），英国 BAE 系统公司（简称英国 BAE），中国深圳光启创新技术有限公司（简称中国深圳光启），中国电子科技集团第 33 研究所（简称中国电科 33 所）、国防科技大学等相继推出雷达天线罩（频率选择）、军用天线和多功能隐身材料方面的最新研究成果，聚焦于解决多功能复合、拓展带宽、提高效率等实际工程问题。

电磁防护与抗弹、结构、防热等问题相结合，成为先进电磁材料研究的新热点。从物理微观尺度出发，运用一体化的结构、功能多维度联合设计，实现电磁与其他功能的一体化复合。如将防热材料融入到电磁材料吸波结构，使高温下材料的热、力学性能变化不大的同时实现 X 和 Ku 波段的隐身；将电磁材料的设计方法引入到抗弹材料设计中，使复合材料具备抗普通钢芯弹功能的同时反射率≤－10dB（8—18GHz）。

国内对石墨烯等新材料的应用研究正处在高潮，如图 9.2 所示。电磁材料与石墨烯、3D 打印等新材料、新技术深度结合，促进材料性能及制造技术的飞速发展，可解决目前电磁材料在频宽、三维构型、低成本制造等方面的问题，加速推进新材料的产业化进程。如利用石墨烯构建的透明吸波超材料，可在透光率≥85%（350—1800nm）的同时反射率 R≤－10dB（9—14GHz）；利用微尺度增材制造（3D 打印），加工精度可达 50nm，有望解决电磁防护专用材料大规模微结构的制造和小尺度加工精度控制问题。

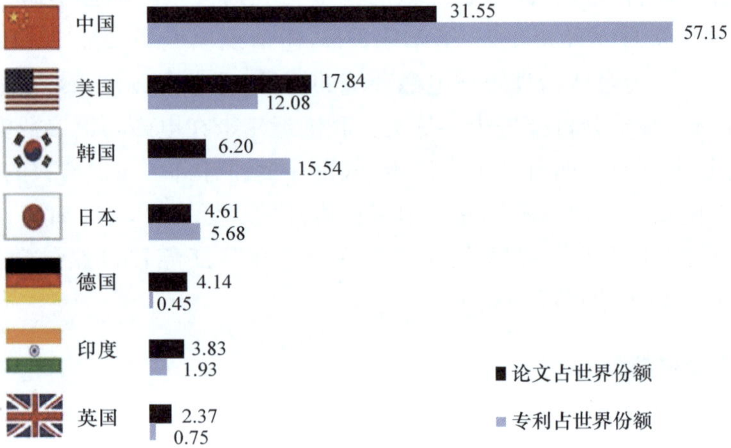

图 9.2　石墨烯研究的热点国家/地区分布

2. 热点与成就

(1) 新型多功能超宽带电磁吸波材料与结构

武汉理工大学提出一种基于超薄超宽磁性可调吸波超材料,其调节范围可从工频到 X 波段,并且吸收率在 90%以上。中国电科 33 所利用 PIN 二极管模拟超材料单元,通过改变二极管的偏置电压实现了对吸波频率的连续调控,调控范围为 9—16GHz。

中国电科 33 所研制的透明超材料吸波结构,实现了光学透明和双波段吸波,透光率≥70%,反射率≤－10dB(8.5—11GHz 和 14.5—16.5GHz),克服了传统电磁防护材料吸波与透光不能兼容的问题。该所将电磁防护超材料设计方法与抗弹材料设计方法融合,实现了防弹、吸波功能的一体化设计,使多功能复合材料具备抗普通钢芯弹功能的同时反射率≤－10dB(8—18GHz)。

浙江大学设计的渐变多层膜结构可工作在 8.3—12GHz,厚度为 5mm 时吸收率≥90%,带宽拓展 50%以上。中国电科 33 所利用面内多共振单元组合设计的方法,将“L”型和“十”型单元相复合,在厚度为 2mm 时反射率 $R \leqslant -10$dB(8—17.5GHz)。深圳光启通过从微纳米尺度上对衣服表层涂层进行微结构单元的设计,使其在红外热像仪上无法辨识,实现红外伪装与宽频雷达隐身的兼容。

(2) 高导热性、高强度轻质电磁复合材料

浙江省海洋材料与防护技术重点实验室余海滨课题组制备得到的石墨烯薄膜,其电导率达 2385S/cm,热导率达 1324W/m.K。同时,在弯曲状态下,该石墨烯材料具备良好的机械柔韧性和结构强度,在电子封装和热管理材料领域具有潜在的应用价值。

西北工业大学利用热还原氧化石墨烯(TRG)与聚对苯撑苯并二噁唑前驱体(TBS-prePBO)间的 π-π 键作用,在成膜时随着溶剂挥发,TRG 自发取向规则排列,制备得到 TRG/PBO 复合材料。当 TRG 含量小于 5 vol%,材料具备优异的热扩散系数(900—1000mm^2/s)和热导率(50W/m. K)。

中国电科 33 所基于石墨烯导热复合材料优势方向室温热导率可达到 981W/m. K,石墨烯薄膜材料室温热导率可以达到 1587W/m. K。

浙江大学通过折叠大尺寸单原子层厚度的规整石墨烯晶体,再经组装得到微褶皱结构的宏观石墨烯薄膜。基于其对声子缺陷和边界散射的最小化,该石墨烯薄膜热导率 K 达 1940±113 W/m. K。同时,微褶皱结构赋予石墨烯薄膜超强的柔韧性,其断裂伸长率高达 16%,承受 6000 次弯折后仍能保持原有性能。

东华大学采用原位喷涂及烧结工艺制备得到碳纳米管阵列与石墨烯交替堆垛的石墨烯/碳纳米管薄膜。通过对杂化膜缺陷位的修复以及碳纳米管与石墨烯间共价键的形成,对材料热导率和机械强度有显著改善,热导率达 1056W/m. K,机械强度高达 1GPa。

(四) 雷电防护技术

1. 国内外技术发展态势

在雷电研究领域,国际上基本形成了美国、欧洲、日本和中国四个研究中心,其中美国处于引领地位,先后组织了多次国家级的雷暴综合观测试验,涵盖了电磁场测量、天气雷达探测、电场探空、VHF 三维闪电探测、飞机穿云探测、卫星探测等多种探测手段,积累了大量的观测资料,为揭示雷暴起电机理和放电机制发挥了重大推动作用。在雷电物理研究方面,基本阐明了雷暴云电荷结构和起电机制,建立了雷电发生、发展的数学物理模型。在雷电探测与定位技术方面,采用电、光、声等多种观测手段,建立了基于陆地、飞行器、卫星的雷电探测系统和雷电定位网,实现了对雷暴环境和雷电过程的多参量、全天候观测,全球著名的雷电监测定位系统有美国的 NLDN、欧洲的 EUCLID、巴西的 BRASILDAT、中国气象局国家雷电监测网以及国际范围内开展全球雷电监测的 ENTLN 和 WWLLN 等。在实验技术方面,除了在实验室开展高电压、大电流、长间隙等模拟雷电效应的实验研究外,美、法、中、日及巴西等国借助人工诱发雷电技术开展了大量的实验研究,为雷电物理研究、综合效应测量和防护技术验证提供了产生最接近自然雷电的实验环境。以航空、电力、建筑行业的雷电防护应用为牵引,在雷电对目标的作用机制、对材料和结构的物理破坏作用、雷电电磁脉冲对系统和设备的耦合规律、防雷技术要求和标准化建设等方面取得了丰硕的成果。形成了以美国 SAE 颁布的航空器雷电防护系列标准、国际电工委员会(IEC)颁布的雷电防护系列标准为代表的标准体系。

国内在雷电物理研究方面，开展了系统的雷暴观测、人工引雷和雷暴云起放电数值模式开发与应用等工作。近年来，系统总结这一领域系统成果的专著《雷暴电学》和《雷电物理学》先后出版，位于广东从化和山东滨州的人工引雷试验基地建设和运行取得重要成果。2014 年，中科院大气物理所、中国气象科学研究院等单位在国家重点基础研究发展计划支持下，启动开展了"雷电重大灾害天气系统的动力-微物理-电过程和成灾机理"的研究，旨在进一步发展先进探测技术，开展协同观测实验，深化对雷电过程演变规律及影响因素的认识，发展雷电重大灾害天气系统预警预报方法。

在雷电监测技术与应用方面，我国的雷电监测网规模和水平居世界领先地位，拥有自主知识产权的雷电定位技术，打破了美国垄断。国家电网建成了覆盖 30 个省域、20 个国网，拥有 340 个测站的雷电监测网，实现了对电网雷击闪络检测率大于 90%、定位误差小于 1km 的指标；在国家气象局支持下，中国科学院空间中心自 2004 年开始将气象、军队、电力等系统的监测资源整合形成国家雷电监测定位网，截止 2011 年国家雷电监测网共有监测站 314 个。

在雷电防护方面，针对雷电直接效应、间接效应及其防护，在基础理论、效应分析、试验技术、防护方法与装置等方面开展了系统的研究。在雷电流回击模型、雷击通道近区场的数值分析方法、对传输线耦合分析方法等方面取得了系列原创性的成果。受大飞机、特高压输电、高速铁路及移动通信等行业的需求牵引，在具有雷电直接效应大电流输出能力的实验系统研制、复合材料雷击损伤效应与防护、超特高压输电线路防雷电绕击等方面开展了深入的研究。取得了"通信局（站）系统防雷接地理论突破及技术创新"、"电网雷击防护关键技术与应用"等一系列标志性的成果。

2. 热点与成就

（1）雷电的始发机制

浙江大学 2016 年在基于等离子体理论解释了球闪现象，建立了球状闪电的理论框架，得到了相对论电磁等离子体模拟的定量验证，并能合理地解释几乎所有的球闪特征，该项成果在国际期刊 *Scientific Reports* 发表。

（2）雷电探测和定位技术

2017 年 9 月 25 日，我国新一代静止轨道气象卫星"风云四号"A 星正式交付用户使用。搭载的闪电成像仪实现了对闪电的实时监测，1 秒钟可以抓拍 500 张闪电图，属国内首创。初步对比表明，卫星探测到闪电的时间早于地基闪电观测，这可能与 FY-4A LMI 探测的是总闪电而地基观测主要探测云-地闪有关，该结果表明 FY-4A LMI 闪电探测数据比地基闪电观测网能更早监测强对流天气系统。

2016 年底，中国气象科学研究院研制的双频段全闪电三维定位网络在重庆市建设完成。该系统工作在 VLF/LF 和 VHF 两个频段，使用到达时差法对闪电放电过程中的辐射源进行定位，可以连续给出时间分辨率为 100μs 的雷暴云中闪电辐射源三维时空发展图像。2017 年 *Atmospheric Research* 报道了中科院大气物理所建设的北京雷电定位网 BLNET 的运行情况，该系统由 16 个子站组成，覆盖东西 110km、南北 120km 的区域，对云闪及地闪的探测效率分别达到了 97.4% 和 73.9%。

2017 年，南京信息工程大学在 *Journal of Geophysical Research*：*Atmospheres* 发表文章，研究了山地地形对地闪脉冲波形的影响，如果单纯采用电场峰值时间计算雷击点，定位误差可达到 1651m，采用线性外插到过零点的方法，可以降低到 300m 左右。

2017 年，陆军工程大学首次将时间反转技术应用于闪电 VHF 短基线定位中，并利用野外标定试验对定位效果进行了验证，实验证实时间反转定位还具有定位多个同时存在的辐射源的潜力，为 VHF 定位技术提供了一条新途径。该校还在 *Journal of Geophysical Research*：*Atmospheres* 中报道了利用不同站点的高速摄像和甚高频干涉定位结果对闪电发展过程光-电联合三维重构的算法及其结果。

香港城市大学在 2017 年 *Journal of Geophysical Research*：*Atmospheres* 中报道了利用传递函数研究地球-电离层波导下雷电电磁脉冲传播的新方法。他们利用射线追踪和传输矩阵方法获得天波的传递函数，利用 Fock 衍射方程获得地波的衰减函数。通过观测数据的应用表明，该方法能够准确的预测雷电天电的天波时域特征，从而为反演电离层参数提供了一个有效途径。

(3) 雷电效应与防护技术

西北工业大学试验和仿真分析了多类 CFRP 材料雷击毁伤效应及影响因素，初步讨论了 CFRP 材料雷击防护方案；华中科技大学试验研究了编织型 CFRP 材料的雷击毁伤效应，分析了 CFRP 材料湿热老化对毁伤效应的影响；山东大学仿真和试验研究了碳纤维复合材料在雷击作用下电热裂解损伤机理，分析了雷电流波型参数、碳纤维复合材料电/热参数等因素对毁伤效应的影响。

2017 年，上海交通大学通过实验对两种典型金属材料-铝合金 3003 和钢合金 Q235B 在四种典型雷电流作用下的损伤下进行了研究，为雷电防护提供了基础数据。损伤结果与雷电参数的相关分析表明，损伤深度与电荷转移呈正相关，损伤区域主要由电流幅值决定，温升随电荷转移线性增大而增大。

陆军工程大学开展了对低导电复合材料蒙皮直升机在闪电间接效应下的建模和仿真，分析了外部和内部电磁场环境以及电缆上的感应电流和电压，仿真结果与测试结果相吻合。由于高架桥会增加地铁接触网的高度，进而扩大引发雷击的可能性范围；通过利用 ATP-EMTP 仿真软件建立相关模型，用避雷器和接地点等现有防雷方案评估接触网的耐雷水平，提出了一种改进的雷击保护方案。针对高速铁路输电线遭受雷击的响应分析需求，国家电网集团采用矢量拟合法建立了高架桥单跨单元的电路等效模型，用于长距离线路的雷电耦合分析，利用天津至保定高铁建设中 40m 高架支柱开展了模型的现场实测验证。

(五) 质量提升行动与电磁兼容标准

1. 国内外技术发展态势

2017 年 9 月 5 日，由中共中央、国务院发布《中共中央国务院关于开展质量提升行动的指导意见》，自 2017 年 9 月 5 日起实施质量提升行动。这标志着国家正坚定不移的主导国民经济从数量规模型转向质量效益型发展方式。随着我国加入 WTO，工业迅速发展，我国各行业对电磁兼容技术与产品的质量要求越来越高，通过国家乃至国际电磁兼容标准认证，已成为产品质量提升的重要环节和标志。同时，随着电子和信息技术在高速、宽带、高频、高集成度的发展方向上持续深入，电磁兼容性逐渐成为性能提升的瓶颈技术，发达国家不断加大相关技术研究以期不断保持技术垄断和标准主导权。因此，抓好电磁兼容标准的研究、制定与实施是提升产品电磁兼容质量水平的关键因素之一。全国无线电干扰标准化技术委员会共归口国家标准 56 项，对口国际标准 41 项，经过近年来标准化工作的推进，目前已转化为国标的有 38 项，转化率达 92.7%，另有自主标准 18 项。

2. 热点与成就

2016 年 10 月由国家标准化管理委员会主办，由全国无线电干扰标准化技术委员会、上海电器科学研究院承办的 2016 中国杭州 IEC/CISPR 年会上讨论了 IEC/CISPR 归口的各项 EMC 标准的推进以及技术报告。中方参会代表提出了一项重要的提案——产品 EMC 性能风险评估方法标准的提案，该提议的优点是节省测试步骤和测试成本，取得了各国专家的热烈讨论。同时在 CISPR/B 下成立了由中国专家召集的大型设备工作组，并在 CISPR/I 启动了 5GHz 通信频率、6—40GHz 测试频率的测试问题。此次 CISPR 会议加强了世界各国 EMC 专家凝聚合作共识，体现了中国在 EMC 领域的发展成就与突破创新。

2017 年 8 月，中国专家首次当选 CISPR 副主席，标志着我国电磁兼容技术和标准化水平进一步得到国际认可，提升我国在电磁兼容国际标准化活动中的影响力和话语权。2017 年 10 月 2—6 日，IEC/CISPR 年会在俄罗斯符拉迪沃斯托克召开，CISPR 年会中国代表团共计 24 人，提案涉及 10mNSA、NSA 不确定度、6GHz 以上的限值与测试方法相关研究、电磁兼容测量天线修正系数的研究成果展示、in-situ(现场)测试、工业机器人 EMC、机器人 EMC 标准化等。在年会上，CISPR 采纳了国内多项研究成果或提案，包括“关于 NSA 测量不确定度的分析研究数据结果”、“关于 30MHz 以下 10m NSA 的研究报告”、“关于 6GHz 以上辐射测量的提案”等。CISPR/S 下新成立了 AHG 机器人电磁兼容标准工作组，由中国专家任工作组召集人，表明我国在国际新兴领域电磁兼容工作的开展方面崭露头角。

(六) 高铁电磁环境效应和电磁安全性技术

1. 国内外技术发展态势

确保高铁运营的安全性和可靠性，是建设高铁必须解决的重大问题。高铁系统的电磁环境效应和电磁兼容性能是涉及整个高铁网络运行安全和可靠性的关键要素之一，是各国高铁在技术发展过程中不可缺少且必须解决的一项关键核心技术。

目前，欧洲一些国家及组织对高速铁路电磁兼容性能已有了较为系统性的研究，也形成了如欧洲电工技术委员会(CENELEC)制定的 EN 50121 等较为完善的轨道交通电磁兼容标准，在试验方法及试验场地建造方面也已达到较为成熟的水平。对于我国来说，国内轨道交通电磁兼容研究起步较晚，目前仍未形成系统性的标准与试验规范。且我国独特的高速铁路技术发展模式与体系特点在推动高铁建设的同时，也为我国高铁系统电磁环境引入了一系列难题，增加了高速铁路电磁兼容研究实现关键技术突破的难度。但随着近几年高速铁路产业的快速发展及“高铁强国”战略的提出，针对高速铁路电磁兼容技术的研究逐步在各高校及研究机构开展，整体水平与研究热度均在逐步提升。

高铁列车运行控制系统和列车安全预警系统等直接涉及列车安全运行的重要核心装备中都包含了列车信息的无线传输链路和卫星定位、导航信息的无线传输链路。这些信息传输链路极易受到人为的电磁攻击。而随着智能化的小型无人机投入市场和电磁脉冲手榴弹等小型电磁武器的出现，高速铁路系统也面临着潜在涉恐电磁攻击的威胁。自 20 世纪 80 年代，美国就开始了对电磁武器的研制，并在海湾战争、伊拉克战争期间使用电磁武器对敌方通信电子设备实施有效攻击，美国已建立了较为系统的军用电子设备电磁防护标准和武器装备电磁脉冲效能防护实验数据库。世界范围内，英国、法国、德国、日本、印度等军事强国对电磁脉冲武器及防护研究方面也取得了大量成果。但目前，电磁武器的防护研究多集中在军事领域与战场环境中，对高速铁路等民用基础设施内的通信及电子设备的电磁武器防护标准与防护措施研究仍待开展。

2. 热点与成就

动车组列车在行驶过程中，由受电弓从接触网获得 25kV 的单相交流电。考虑供电系统的负载平衡性，列车每行驶一段距离，就必须“换相”，经历一个“过分相”的过程。在该过程中，会产生与列车的运行速度、线路状况和弓网的材质均有关系的瞬态电磁骚扰。目前运行中的高铁无论是车载设备还是轨旁设备所发生的电磁干扰故障问题，大多由此瞬态电磁骚扰导致。在国内，北京交通大学、西安交通大学等高校及研究机构针对弓网离线电弧的骚扰特性开展了一系列研究。其中，北京交通大学提出了一种仿真建模与实验室测量结合的弓网离线骚扰特性分析方法，解决了高速动车组行驶过程中弓网离线骚扰特性难以测量的问题。

目前我国高速动车组采用“交-直-交”传动牵引系统，而大功率牵引电流的变换将产生大量的牵引谐波电流。这一方面会在车体导致过电压而破坏整车的接地系统，从而大大降低车载设备电磁干扰防护措施的应有效果；另一方面，在难以做到绝对平衡的钢轨上，直接干扰轨旁信号设备，对高速列车的安全行驶造成威胁。因此，国内各研究机构也将高速动车组牵引谐波特性及抑制措施作为高铁电磁兼容研究的重点，并已实现牵引系统谐波电流特性建模与多种牵引谐波抑制滤波器设计。

北京交通大学发表的论文 *Coupling Analysis for Wires in a Cable Tray Using Circuit Extraction Based on Mixed-Potential Integral Equation Formulation* 获得 2018 *Richard B. Schulz Best Transaction Paper Award*。该论文提出了基于矩量法和混合积分方程的分布参数提取方法，推导了表征干扰传输耦合特性的电磁骚扰传输函数，并在此基础上建立了不同于传输线模型的线间串扰耦合模型。进而，通过调用不同形式的并矢量格林函数，实现了对高速动车组复杂系统中不同布线位置的线间分布参数的提取，详细研究了高速动车组线槽内的线间串扰耦合，为解决高速动车组布线等工程实际问题提供了理论依据。

2017 年，通过工程院战略咨询课题“提升非对称条件下我国电磁制衡能力发展战略研究”，刘尚合院士等 9 名院士领衔，提出了“关于加强高速铁路电磁环境效应及电磁安全性研究的建议”，作为中国工程院院士建议已上报国家有关部门。这标志着高铁电磁环境效应和电磁安全的重要性已得到科技界的广泛认同。

（七）高性能电磁计算技术

1. 国内外技术发展态势

欧美长期引领高性能电磁计算及应用软件发展。美国能源部（DoE）国家实验室和国防部（DoD）研究机构一直将高性能电磁计算作为科技创新与工程研制的强力引擎，主导高性能电磁计算及应用软件系统的研制，已经具备千万亿次量级计算的电磁模拟能力，并制定了十亿亿次及以上量级高性能电磁计算的发展规划。欧盟针对航天、航空和航海等重要领域中多尺度、复杂电磁问题仿真的迫切需求，资助了高强度辐射场集成环境（HIRF-SE）等欧盟项目，建立了多种可扩展应用软件架构，实现了多种算法高效集成与大规模并行，研发了用于大型舰船、航天器等多类型平台及系统的多种电磁计算软件。美、欧在高性能电磁计算及应用软件方面的领先优势得益于自身的完整“生态圈”。除了大学、研究所和政府部门，同时拥有大量活跃在市场的商业电磁软件公司，如美国 ANSYS 公司的 HFSS 软件（简称美国 ANSYS 的 HFSS）、法国达索公司的 CST 软件（简称法国达索的 CST）等。

在“十二五”科技部 863 项目、军方 973 项目和国家自然基金项目支持下，国内多所高校和企业研究团队分别在时域有限差分（FDTD）、有限元（FEM）、矩量法（MoM）和时域不连续性伽辽金（DGTD）等改进电磁数值算法研究中取得了一系列创新性成果。我国是世界上拥有计算电磁学研究学者最多的国家；每年在 IEEE《天线与电波传播》《微波理论与技术》《电磁兼容》《多尺度多物理计算技术》《磁学汇刊》和多种 IEEE 快报等国际期刊中发表的论文总数仅次于美国，部分算法大规模并行实现技术的研究水平达到国际先进，部分具备了千万亿次量级的电磁模拟能力。

2. 热点与成就

西安电子科技大学在电大平台天线性能评估与综合布局、高逼真度电磁环境构建与装备电磁环境适应性评估等方面做出了一系列创新研究；特别地，基于国产超级计算机，突破了负载均衡、通信消除、异构加速等一系列高性能电磁计算关键技术，建立了面向复杂环境的高性能电磁仿真平台；实现了 MoM、FDTD 和物理光学法（PO）大规模并行计算，开发了性能优于 Intel MKL 数学库的复数稠密矩阵方程并行 LU 分解求解器；基于该求解器在天河 2 号超级计算机上用 20 万 CPU 核时并行效率达到 68%（基准为 25920 核），达到了千万亿次精确电磁计算能力，提升了我国的电磁仿真与设计水平，能够精确模拟预警机、隐身飞机等电磁环境问题；研究成果入选了国家“十二五”科技创新成就展。

东南大学针对高频弹跳射线法进行改进，实现了与 AIM 和 MLFMA 等结合的并行算法，自主研发了基于上述混合算法的电磁散射与电磁辐射软件，实现了对千波长电尺寸舰船等目标的电磁兼容与隐身仿真预测分析；提出并发展了子全域基函数方法（SED），实现了对单元数超过 1 万的阵列天线、FSS 天线罩等大规模有限周期结构的快速精确计算。

北京理工大学发展并提出了复杂电磁计算的并行多层快速多极子技术和合元极方法，基于 MPI 和 OpenMP 混合并行，实现了未知数 10 亿目标计算；在天河 2 号上实现万核、20.8 亿未知量的超大电尺寸复杂目标的电磁散射特性计算；并且自主开发了中算电磁仿真软件，用于金属目标、薄涂敷金属目标、电大深腔目标、大规模天线阵列辐射和天线、天线罩-飞机一体化的复杂电磁工程计算。

成都电子科技大学发展并提出了复杂三维目标与环境的并行 MLFMM 和

FEM 多求解器区域分解计算方法；自主开发了三维目标电磁仿真软件 AUEST 及其高性能并行版本 PUEST，具有数十亿未知量、电尺寸超过千波长的并行计算能力，用于航空、电子等军工集团的新体制雷达系统设计和导弹、飞机、舰船等武器平台的雷达散射截面预测和隐身设计。

北京应用物理与计算数学研究所自主集成开发了基于并行 FDTD、并行 FEM、并行 MLFMM、并行高频方法的复杂电磁环境效应应用软件系统 JEMS，具备千万亿次量级计算的电磁模拟能力，在超级计算机“天河 2A”上使用 80 万异构核时并行效率已达 70%，计算规模达数百亿网格，并且同时支持超大规模数据并行绘制与交互可视分析；该软件已部署到大型并行计算机上运行。

浙江大学和上海交通大学发展并实现了电磁诱导跨尺度、多材质复杂结构中电磁、热和应力一体化的多物理过程精细建模和高效仿真方法，自主开发了基于并行 FDTD、并行 TDIE-TDPO 和并行时域有限元（TDFEM）多物理仿真软件，实现了千核并行规模的无源结构中多物理场并行高性能计算，用于射频收发组件、高密度三维集成电路、高密度存储器、系统级封装以及武器电子学系统中射频前端电-热-力效应、强电磁环境耦合效应、电磁脉冲损伤机理和高可靠性综合电磁防护设计应用。

北京航空航天大学研究团队发展了无网格方法、FDTD、MoM、DG-FEM、DGTD、区域分解（DDM）等算法，实现了从多尺度芯片、板级、设备和平台级的高效电磁仿真。同时针对非规则线缆等结构，开展了传输线理论和矩量法（MoM）相结合的电磁算法研究。形成了系统级电磁兼容设计平台，实现了复杂系统多组元、多层次、跨尺度电磁干扰建模和辐射、散射、耦合效应及场-路协同预测、全系统指标优化等电磁工程设计计算，完成了多个型号的全系统电磁兼容设计工作。

南京理工大学研究了时域矩量法及其快速算法（多层快速多极子算法和快速傅立叶变换算法等）、时频域有限元算法、时频域不连续伽辽金积分方程和微分方程算法和 FDTD 算法等；自主研发了复杂目标电磁波散射、电磁波成像及微波电路和天线工程等问题的仿真软件；结合半导体方程、热场方程和薛定谔方程，仿真分析了高功率微波效应等多物理场问题。目前，自主研发的多层快速多极子算法在 2TB 内存高性能计算机上能仿真未知数达 10 亿量级的复杂问题，共形 FDTD 算法能分析 500 亿量级的问题。

中国电科集团电科院发展了电磁协同计算理论，形成了电磁协同计算核心算法体系，构建了分布式电磁协同计算服务平台软件，并在中国电科 14 所等相关院所推广应用，解决了现役空基平台的电磁计算问题；自主研发的高性能电磁计算软件已在预警机复杂电磁兼容问题的仿真预测中完成了工程验证。

上海东峻信息科技有限公司自主开发了高性能电磁仿真软件 EastWave，是国内比较成功的商业化电磁仿真平台。该软件在电大/电超大体系的快速算法、网格优化、多算法协同和超多核并行计算方面独具特色，相对国际软件具有一定速度和精度优势，可用于飞机、舰船、导弹、天线阵与天线罩、曲面共形 FSS/超材料、曲面共形相控阵、双倾斜万单元大型阵等多尺度、多材质复杂结构的辐射特性仿真、RCS 预测、目标识别和电磁兼容及防护一体化设计。

2017 年，通过工程院战略咨询课题“提升非对称条件下我国电磁制衡能力发展战略研究”，王小谟、刘尚合等 8 名院士领衔，提出了“关于加强我国高性能计算及应用软件研究的建议”，作为中国工程院院士建议已上报国家有关部门。这标志着高性能电磁计算作为电磁环境效应领域基础技术受到国家的高度重视。

五、领域年度热词

热词 1：纳米机械磁电天线

基本定义：纳米机械天线，是在纳米天线的概念基础之上衍生而来，指在纳米天线中设计引入可机械调控的结构，通过纳米层面的机械运动改变宏观天线的极化、频带和方向图等参数，进而优化纳米天线的特性。纳米机械磁电天线是一种特殊的纳米机械天线，其产生电磁波的原理有别于传统天线，采用声波刺激强磁性薄膜的磁化振荡，通过强磁电效应接收和发射电磁波，大大缩小天线尺寸。

应用水平：国内外对这一前沿探索给予了充分关注，以期为天线设计带来变革。2014 年 3 月，美国伊利诺斯大学香槟分校使用电子扫描显微镜产生电子束，激发等离子推动纳米天线阵的单元发生变形，从而改变天线的特性，得到了可调节的纳米机械天线；2017 年 Charles Q. Choi 研究了一种基于薄膜的纳米机械磁电天线，尺寸可比当前天线缩小 100 倍。这种新型天线由两种不同类型的薄膜组成的薄片构成，它通过铁镓硼压磁层完成机械振动和磁场信号的互相转换，应用前景广泛。

热词 2：电磁频谱战

基本定义：电磁频谱战是电子战的延拓和内涵式变革。其显著变化是，电磁频谱不再是电子战使用的资源，而是作战统筹的核心。电磁频谱战要求统筹一切与电磁频谱相关的作战资源，通过电磁空间的侦查、感知、通信、进攻、防御等手段，实现以电磁频谱运用控制战场的目的。

应用水平：2015 年底美国首次明确了电磁频谱战的概念和范畴，2017 年 1 月美国发布首部电子战战略，提出电磁频谱是“第六作战域”。国内对于电磁频谱战的相关研究基本还处在概念认知的阶段。2017 年 3 月，解放军某部等提出了基于“低一零功率”电磁频谱战的概念，分析了这种作战对装备网络化、小型化、自适应、多功能和捷变性等能力需求，探讨了重点利用无源探测的零功率手段发现敌方和避免被探测与攻击的低功率频谱战打击的作战模式；2017 年 10 月，国防科技大学研究了电磁频谱战定义，分析了电磁频谱战的可能样式；2018 年 5 月，中国工程院王沙飞院士作题为“人工智能与电磁频谱战”的报告，指出未来将实现由电子战向电磁频谱战、向电磁空间作战的演变，并且人工智能技术将贯穿始终。

热词 3：电磁干扰要素理论

基本定义：电磁干扰要素是指产生电磁干扰发射的最基本单元及其所产生的信号，这些单元产生的信号及其数学模型可以用来组合出各种常见的电磁干扰信号。

应用水平：北京航空航天大学通过研究物理系统与其电磁发射存在的对应关系，提出了电磁发射要素理论。在该理论框架下，系统难以理解的、复杂的外部发射特性，可以由系统内部的基本激发源通过外围电路后的映射得到。他们在 *IEEE Transactions on EMC* 上发表了《基于基本发射要素理论的复杂系统电磁干扰源识别定位法方》。文章将系统内激发发射的基本源（模拟电路本振、数字电路晶振、开关效应和阻抗失配效应），用 4 种数学波形描述（正弦、方波、阻尼、尖峰），称之为基本发射要素。通过从数学上研究 4 要素的相关性，发现并验证了电磁发射与基本激励源间确实存在定量化关系。

热词 4：电磁可视化

基本定义：电磁可视化是指通过二维、三维相结合的可视化方法，将各种电磁信号在时、频、空、能、码等作用域的特征、分布、变化和深度分析等结果综合表现出来。

应用水平：电磁可视化包括电磁场可视化与电磁态势可视化。前者可采用电磁仿生原理，北京航空航天大学研制了电磁眼，模拟人眼构造与感知光波原理，实现了大范围宽频带的超分辨率电磁场成像，可广泛应用于电磁信号探测定位领域。电磁态势可视化通过多传感器的信息感知，应用虚拟现实和增强现实等技术，可以将大范围的电磁场信息直观地呈现出来，已经应用在电磁环境监测、战场态势感知等领域。如西北工业大学提出了基于光线投射的电磁态势实时可视化技术，运用 CPGPU 技术，大幅度地提高了电磁态势三维数据的生成效率，采用 GPU 加速地并行策略，解决了电磁态势实时可视化的问题。信息工程大学使用体绘制和基于粒子系统的电磁态势可视化方法，实现地理环境和电磁环境的一体化显示。燕山大学提出三维战场空间与交互式平行坐标联动表现的可视分析方法，引入时间维展现电磁态势的动态变化趋势，有效加快了电磁态势感知过程。

热词 5：电磁防护仿生

基本定义：电磁防护仿生是通过研究某些特定生物的表象、结构、性状、机理、行为以及相互作用，建立仿生模型，对传统的抗电磁干扰方式进行强化、补充与完善，构造出适于复杂多变电磁环境、具有冗余机制和自修复功能的电路拓扑。

应用水平：这一新概念由陆军工程大学首倡，提出了 HH 神经元模型小世界网络简并性的量化方法，发表在生物学前沿基础研究的国际权威学术期刊 *Journal of Theoretical Biology*，得到神经科学领域权威英国皇家科学院院士卡尔·福莱斯顿教授和杂志主编的高度评价，为电磁防护仿生奠定了理论基础。该校提出了电磁防护工作中的实物-电子研究的实现基础、关键技术和总体构成，细化了基于动物神经系统电信号传到机制及抗扰机理研究的具体探索方向、设想和实现规划，并从工程角度介绍了实施策略，使得复杂电磁环境干扰环境下控制系统板卡、芯片级防护的仿生构想成为了可能。

热词 6:电磁超材料

基本定义:电磁超材料(Metamaterials,MMs),又被称作人工电磁媒质或人工结构媒质，是对一类拥有奇异电磁特性的材料的总称。学术界最初引入 MMs 是源于对“左手材料”的验证。如今 MMs 大多指广义的人工电磁超材料，比如使用两种或以上的自然媒质(通常是介质和金属)通过人工微结构上的周期或者非周期设计，进而获得奇异电磁特性的结构，都可以统称为 MMs。

应用水平:国内以东南大学、华中科技大学、清华大学为首的高校研究团队和以深圳光启、中国电科 33 所、中航工业为首的科研院所团队，分别对电磁防护超材料的关键科学问题和工程化技术问题开展研究，并形成吸波/隐身超材料、超材料功能器件和超材料天线三个主要研究方向，发展出电磁防护专用超材料、超宽带吸波材料、智能可调控电磁防护超材料、平板卫星天线等先进研究成果。从国际上看，超材料隐身斗篷技术仍然是研究热点，正突破二维隐身的限制，发展三维隐身斗篷；电磁防护超材料的逐步走向实用化，天线罩和天线领域首先实现突破；智能可调控电磁防护超材料成为未来发展的主要趋势，发展出电、磁、光和机械等多种调控手段；超材料频带窄的问题得到重视，发展出多种宽频带超材料设计方法。

参 考 文 献

[1] G Antonini. , A Orlandi. Wavelet packet-based EMI signal processing and source identification[J]. Electromagnetic Compatibility, IEEE Transactions on, 2001, 43(2): 140-148.

[2] Hong Yi Li, Yuan Yang, Di Zhao. A one-stop Method for EMI analysis based on wavelet packet and SOM[C]. Applied Mechanics and Materials, 2014: 341-344.

[3] C Buccella. , A Orlandi. Diagnosing transmission line termination faults by means of wavelet based crosstalk signature recognition[J]. Components and Packaging Technologies, IEEE Transactions on, 2000, 23(1): 165-170.

[4] 曹艳宾，武占成，孙永卫. 系统电子设备间电磁干扰诊断方法的研究[J]. 装备环境工程，2011, 8(5): 1-4.

[5] Donglin Su, Shuguo Xie, Aixin Chen, et al. Basic emission waveform theory: a novel interpretation and source identification method for electromagnetic emission of complex systems.

IEEE Transactions on Electromagnetic Compatibility.

[6] Jiayi Wu, Shuo Cui, Donglin Su. A support vector machine method based on spectrum data feature analysis. 2017 Asia-Pacific Electromagnectic Week Conference on Electromagnectic Compatibility(AP-EMC), The Best Paper.

[7] Donglin Su, Jiayi Wu, Xiaofan Shang, et al. A novel method of detecting and analyzing electromagnetic emission. 2017 Asia Pacific Microwave Conference(APMC).

[8] Xiaofan Shang, Donglin Su, Hui Xu, et al. A noise source impedance extraction method for operating SMPS using modified LISN and simplified calibration procedure. IEEE Transactions on Power Electronics.

[9] Chao Ma, Shuguo Xie, Yunfeng Jia, et al. Macromodeling of the memristor using piecewise volterra series. Microelectronics Journal.

[10] Weidong Zhang, Shuguo Xie. A novel broadband macro-modeling using piecewise vector fitting. IEEE Transactions on Electrical and Electronic Engineering.

[11] Zhaowen Yan, Jianwei Wang, Wei Zhang, et al. A miniature ultra-wideband electric field probe based on coax-thru-hole via array for near-field measurement. IEEE Transactions on Instrumentation and Measurement.

[12] Zhaowen Yan, Jianwei Wang, Wei Zhang, et al. A simple miniature ultrawideband magnetic field probe design for magnetic near-field measurements. IEEE Transactions on Antennas and Propagation.

[13] Congying Ha, Zhaowen Yan, Youguang Zhang, et al. The open experiment: an experimental graduate course in electronics communications engineering. International Journal of Engineering.

[14] Headquarters, department of the army, USA, FM 3-38 Cyber Electromagnetic Activities [S], 2014. 2.

[15] Headquarters, Department of The Army, USA, FM 3-12, Cyberspace and Electronic Warfare Operations[S], 2017. 4.

[16] Ministry of Defence. The United Kingdom, Joint doctrine note 1/18 cyber and electromagnetic activities[S], 2018. 2.

[17] S Balasubramanian, et al. Ultimate transmission[J]. IEEE Microware Magazine, 2012, 13(1): 64-81.

[18] W K M Ahmed, et al. DTX: a revolutionary digital transmitter technology to provide.

[19] Northrop Grumman Corporation. Northrop grumman awarded microscale power conversion contract[R/OL]. http://www. irconnect. com/noc/press/pages/news releases.

[20] TriQuint Semiconductor Inc. TriQuint wins new $12. 3 M GaN DARPA contract to develop ultra-fast power switch technology[R/OL]. http://www. triquint. com/contacts/press/dspPressRelease.

[21] Defense Advanced Research Projects Agency. Breakthrough technologies for national security[R]. 2015.

[22] Defense Advanced Research Projects Agency. Changing How We Win[R],2017.
[23] 国务院,中央军委. 中华人民共和国无线电管理条例[S]. 2016. 11.
[24] 工业和信息化部. 中华人民共和国无线电频率划分规定[S]. 2018. 2.
[25] Fuqiang Yao, Zhongying Liu, Hangsheng Zhao, et al. Technical and operational principles for HF sky-wave communication stations to improve the man-made noise HF environment (ITU-R 258/5)[S], International Telecommunication Union, 2015. 10.
[26] 姚富强,吴昊,柳永祥,等. 基于×××的电磁频谱参数安全风险评估方法[P], ZL201418007514. 0,2017. 1。
[27] 姚富强,于淼,陈建忠,曾现巍,白宾锋,许凌云,齐扬阳,一种基于×××的隐蔽通信方法及装置[P],ZL201418007137. 0,2017. 8.
[28] 陈勇,吴昊,赵杭生,张建照,曹龙,一种基于×××的频谱地图设计方法[P], ZL201318003348. 2,2015. 6.
[29] Yunfeng Liao, Yong Chen, Stackelberg-Game based Spectrum Access for Cognitive Radio Networks with Database-Assisted[C], ICCC2015, 399-403, 2016.
[30] 田家强,陈勇,张建照,动态频谱管理技术发展研究[J],通信技术,50(4):585-592,2017.
[31] 姚富强,陈江,周强,军民无线通信重要瓶颈射频数字功放的工程实践[C],中国通信学会国防通信技术委员会第九届学术年会论文集,北京:兵器工业出版社,2014. 120-123.
[32] Z. Y. Zhao, J. Chen, L. Yang, et al. , Three-pole Tunable Filters with Constant Bandwidth Using Mixed Combline and Split-Ring Resonators[J], IEEE Microwave and Wireless Components Letters, 2014, 24(10):671-673.
[33] Z. Y. Zhao, J. Chen, L. Yang, et al. , High-power VHF Tunable Filters with High Selectivity [J], Electronics Letters, 2014, 50(19):1356-1358.
[34] 周强,姚富强,朱蕾等,基于射频数字功放的全数字发信机研究与工程实践[C],2014 军事电子信息学术会议论文集,北京:兵器工业出版社,2014. 563-567.
[35] 中国电子科技集团公司主导基金项目(内部编号 A122B346)GF 报告 .
[36] Zhao Y. J, Zhou B C, Zhang Z K, et al. , A compact tunable metamaterial filter based on split-ring resonators [J], Optoelectronics Letters, 2017, 13(2):120-122.
[37] 赵亚娟,王东红,张泽奎,等. 基于超材料结构的小型化可调滤波器[J],光子学报,2017, 46(6): 0616005.
[38] 周必成. 光学透明和双波段吸波超材料的设计与性能[J]. 微波学报,2016,32(3):46-50
[39] 中国电子科技集团公司电磁防护材料及技术重点实验室基金项目(内部编号 33KJ1707JJ039B)新型轻质隐身装甲防护材料设计技术报告 .
[40] 山西省青年基金项目(内部编号 33M1507SXXM400)结题报告 .
[41] Jiheng Ding, Hongran Zhao, etal. An ultrahigh thermal conductive graphene flexible paper. (DOI: 10. 1039/c7nr06667h) The Royal Society of Chemistry 2017: Nanoscale, 2017, 9, 16871-16878.
[42] Weifeng Zhao, Jie Kong, Hu Liu etal. Ultra-high thermally conductive and rapid heat responsive poly (benzobisoxazole) nanocomposites with self-aligned graphene. (DOI:

10.1039/c6nr06622d) Nanoscale,2016,8,19984-19993.
[43] 国家高技术研究发展计划技术总结报告.
[44] Li Peng, Zhen Xu, Zheng Liu, etal. Ultrahigh Thermal Conductive yet Superflexible Graphene Films. (DOI: 10.1002/adma.201700589) Adv. Mater. 2017,29,1700589.
[45] Dongmei Hu, Wenbin Gong, Jiangtao Di et al. Strong graphene-interlayered carbon nanotube films with high thermal conductivity. () Carbon 2017,118,659-665.
[46] 王道洪,郄秀书,郭昌明. 雷电与人工引雷[M]. 上海:上海交通大学出版社,2000.
[47] 张义军,言穆弘,孙平安,郭凤霞. 雷暴电学[M]. 北京:气象出版社,2009.
[48] 郄秀书,张其林,袁铁,张延龙等. 雷电物理学[M]. 北京:科学出版社,2013.
[49] 陈家宏,张勤,冯万兴,方玉河. 中国电网雷电定位系统与雷电监测网[J]. 高电压技术, 2008,34(2): 425-431.
[50] 中国气象局. 中国雷电监测报告 2011[R]. 北京:气象出版社,2013.
[51] Qiang Chen, Bin Chen, Chen P F, et al. A unified radiative magneto-hydrodynamics code for lightning-like discharge simulations [J]. Physics of Plasmas, 2014, 21: 032901.
[52] 王富生,岳珠峰,刘志强等. 飞机复合材料结构雷击损伤评估和防护设计[M]. 北京:科学出版社,2016.
[53] 吴广宁,曹晓斌,李瑞芳. 轨道交通供电系统的防雷与接地[M]. 北京:科学出版社,2011.
[54] 合肥航太电物理技术有限公司. 航空器雷电防护技术[M]. 北京:航空工业出版社,2013.
[55]曾嵘,周旋,王泽众等. 国际防雷研究进展及前沿述评[J]. 高电压技术,2015,41(1): 1-13.
[56] Wu H C. Relativistic-microwave theory of ball lightning [J]. Scientific Reports, 2016: 28263.
[57] Abhay Srivastava, Ye Tian, Xiushu Qie, et al. Performance assessment of Beijing Lightning Network (BLNET) and comparison with other lightning location networks across Beijing [J]. Atmospheric Research, 2017, 197: 76-83.
[58] Li D, Rubinstein M, Rachidi F, et al. Location accuracy evaluation of TOA-based lightning location systems over mountainous terrain [J]. Journal of Geophysical Research: Atmospheres, 2017, 122(21): 2017J-27520J.
[59] Wang T, Qiu S, Shi L H, et al. Broadband VHF localization of lightning radiation sources by EMTR[J]. IEEE Transactions on Electromagnetic Compatibility, 2017, 59(6): 1949-1957.
[60] Li Y, Qiu S, Shi L H, et al. Three-dimensional reconstruction of cloud-to-ground lightning using high-speed video and VHF broadband interferometer[J]. Journal of Geophysical Research: Atmospheres, 2017: 2017J-27214J.
[61] Qin Z, Chen M, Zhu B, et al. An improved ray theory and transfer matrix method-based model for lightning electromagnetic pulses propagating in Earth-ionosphere waveguide and its applications [J]. Journal of Geophysical Research: Atmospheres, 2017, 122 (2): 2016J-25599J.
[62] Wang F S, Ji Y Y, Yu X S, et al. Ablation damage assessment of aircraft carbon fiber/epoxy composite and its protection structures suffered from lightning strike[J]. Composite Structures, 2016, 145: 226-241.

[63] Yichao Li, Renfu Li, Lai Huang, et al. Effect of hygrothermal aging on the damage characteristics of carbon woven fabric epoxy laminates subjected to simulated lightning strike[J]. Materials and Design, 2016, 99: 477-489.
[64] Qi Dong, Yunli Guo, Jingliang Chen, et al. Influencing factor analysis based on electrical-thermal-pyrolytic simulation of carbon fiber composites lightning damage[J]. Composite Structures, 2016, 140: 1-10.
[65] Liu Y, Fu Z, Gao X, Li T, and Dai M. Damage Characteristics and Response of Al Alloy 3003 to Different Components of Simulated Lightning Currents[J]. IEEE Access, 2017, 99.
[66] Liu Y, Fu Z, LIU Q, LIU B, and GUHA A. Experimental and analytical investigation on metal damage suffered from simulated lightning currents[J]. Plasma Sci. Tech., 2107, 19(12): 125301.
[67] Huang L, Gao C, Guo F, and Sun C. Lightning Indirect Effects on Helicopter: Numerical Simulation and Experiment Validation[J]. IEEE Trans. Electromagn. Compat., 2017, 59(4): 1171-1179.
[68] Li R F, Chen K, Chen L S, Cao X B, Wu G N, and Zhang X Q. Study on enhancing lightning protection scheme of Catenary in subway viaduct section[J]. Journal of Electrical Engineering and Technology, 2017, 12(2): 950-958.
[69] Nianwen Xiang, Weijiang Chen, Kai Bian et al. The electromagnetic transient model for high-speed railway viaducts struck by lightning based on the decoupling method[J]. IEEE Transactions on Electromagnetic Compatibility, 2016, 58(5): 1541-1548.
[70] William Radasky. Fear of frying electromagnetic weapons threaten our data networks. Here's how to stop them[J]. IEEE Spectrum, 2014, 51(9): 46-51.
[71] 赵蒙，达新宇，张亚普. 电磁脉冲武器及其防护技术概述[J]. 飞航导弹，2014(5): 33-37.
[72] 杜思深，黄国策. 基于战场环境下通信台站的雷电及电磁武器防护设计[C]. 电磁环境效应与防护技术学术研讨会. 2011.
[73] 王英. 高能电磁脉冲武器对计算机系统的毁伤及防护措施[J]. 指挥控制与仿真，2005，27(3): 95-100.
[74] Midya S, Bormann D, Mazloom Z, et al. Conducted and radiated emission from pantograph arcing in AC traction system[C] IEEE Power & Energy Society General Meeting, 2009. IEEE, 2009: 1-8.
[75] Wei W, Wu J, Gao G, et al. Study on Pantograph Arcing in a Laboratory Simulation System by High-Speed Photography[J]. IEEE Transactions on Plasma Science, 2016, 44(10): 2438-2445.
[76] Lan Ma, Yinghong Wen, Andy Marvin, et al. A Novel Method for Calculating the Radiated Disturbance From Pantograph Arcing in High-Speed Railway[J] IEEE Transactions on Vehicular Technology. IEEE, 2017, 66(10): 8734-8745.
[77] Gao S, Li X, Ma X, et al. Measurement Based Compartmental Modeling of Harmonic Sources in Traction Power Supply System[J]. IEEE Transactions on Power Delivery, 2017,

PP(99):1-1.

[78] Song W, Jiao S, Li Y W, et al. High-Frequency Harmonic Resonance Suppression in High-Speed Railway Through Single-Phase Traction Converter With LCL Filter[J]. IEEE Transactions on Transportation Electrification, 2016, 2(3):347-356.

[79] Dan Zhang, Yinghong Wen, Yansheng Wang, Dong Liu, Xiaodong He, Jun Fan. Coupling Analysis for Wires in a Cable Tray Using Circuit Extraction Based on Mixed-Potential Integral Equation Formulation[J]. IEEE Transactions on Electromagnetic Compatibility, 2017, 59(3):862-872.

专题十 控 制

编 写 说 明

当前，全球控制领域技术发展正在经历全面而又深刻的变革期，以人工智能、边缘计算、物联网、大数据、互联网等为代表的新一代信息通信技术对传统控制领域发展影响进一步加深，传统控制理论、技术和产业都发生了重要变化。与此同时，随着我国经济社会发展进入新时代，“实体经济”“高质量发展”“制造业”成为本年度焦点，控制领域紧密结合当前国家发展新形势，明确了以国家任务目标为导向的发展思路，进一步强化本领域基础理论和应用技术研究服务于国家战略的能力。

本专题在延续上一年“蓝皮书”的研究范畴之上，紧扣上述控制领域技术发展趋势与当前我国经济社会发展的需求，在全球发展态势部分，认真梳理了控制领域理论、技术和产业全球发展现状和趋势；我国发展现状部分，重点介绍了本年度自然基金委自动化学科代码修订和自动化发展路线图制定等两项控制领域发展规划工作，两个规划将重点聚焦于“满足国家重大需求、解决关键领域问题的核心系统”，将对本领域发展产生引领作用；未来展望部分，围绕“人与信息物理系统”“新技术下的信息物理系统”“人工智能驱动的自动化”和“数据驱动的网络化和智能化管理与控制系统”展望了我国未来发展重点；热点亮点部分，重点介绍了控制领域本年度获得国家科学技术奖励的相关学术成果；最后，围绕本年度《自动化学报》举办的多期前沿热点论坛主题，总结了本年度的热词。

来自东北大学、中国科学院沈阳自动化研究所、中国信息通信研究院、北京理工大学、自动化学报、中国科学院自动化研究所、中南大学、华东理工大学边缘计算产业联盟、华为公司等单位的专家参与了本次研究工作，在此一并表示感谢。

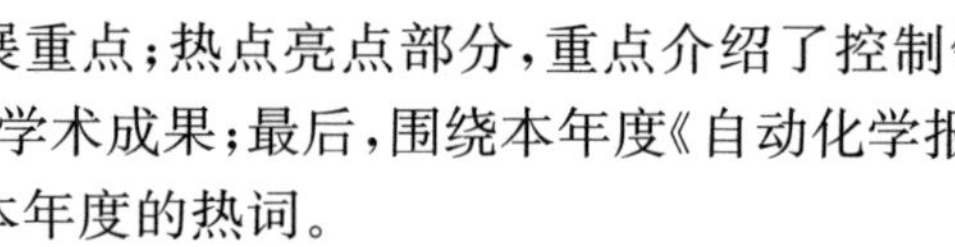

2018 年 6 月 30 日

专家组和撰写组名单

专家组

姓名	工作单位	职务职称
柴天佑	东北大学	院士/教授
王天然	中国科学院沈阳自动化研究所	院士/研究员
桂卫华	中南大学	院士/教授
钱锋	华东理工大学	副校长/院士
陈杰	北京理工大学	副校长/院士
丁进良	东北大学	教授
孙长银	北京科技大学	院长/教授
史扬	华为公司	研究员

注:排名不分先后

撰写组

姓名	工作单位	职务职称
于海斌	中国科学院沈阳自动化研究所	所长/研究员
王鹏	中国科学院沈阳自动化研究所	副研究员
付俊	东北大学	教授
朱凤华	中国科学院自动化研究所	高级工程师
欧彦	自动化学报	副研究员
朱敏	中国信息通信研究院	高级工程师
黄骞	中国信息通信研究院	工程师

注:排名不分先后

专题研究

一、全球发展态势

纵观2017年全球控制领域技术发展态势，以人工智能、边缘计算、物联网、大数据、互联网等为代表的新一代信息通信技术对传统控制领域发展影响进一步加深，传统控制理论、技术和产业都发生了重要变化。

(一) 边缘智能的发展为传统自动化理论发展注入新动力

理论方面，边缘计算、机器智能，推动控制理论与人工智能深度融合，为经典控制理论发展注入新动能。

首先，2017年是边缘计算自概念提出之后的重要发展之年。美国工业互联网联盟(Industrial Internet Consortium，IIC)和德国工业4.0平台(Platform Industry 4.0)及相关产业公司，陆续发布了具有实质性意义的边缘计算原型系统，并围绕与边缘计算相关的标准化工作(图10.1)；其次，人工智能理论方法也向着机器人智能迈出重要一步，美国也发布了《美国机器智能国家战略》，针对机器智能在国防、教育、医疗保健和经济方面的应用提出了指导原则。

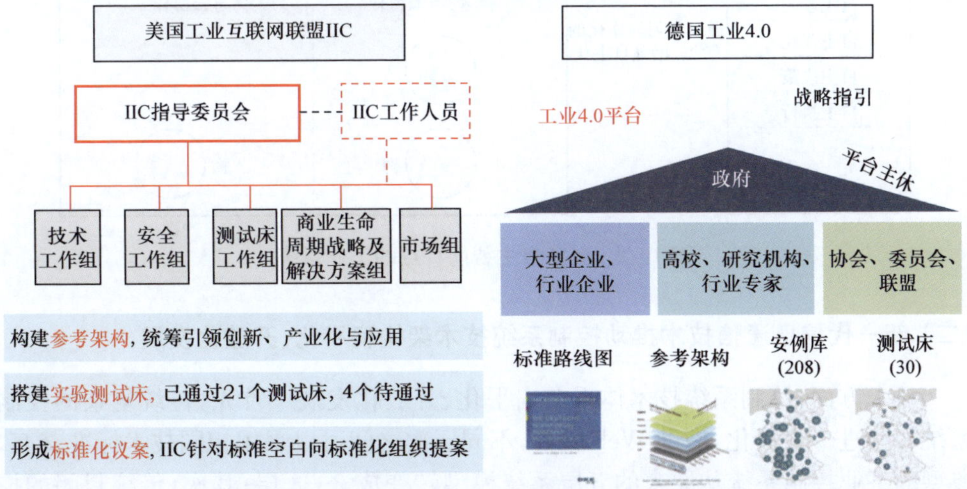

图10.1 美国工业互联网联盟和德国工业4.0平台

以上述两个新发展方向不断融合为契机，2017 年，边缘智能的概念逐渐得到认可。其中，机器智能是边缘智能的重要理论基础，边缘计算则为边缘智能提供了重要的实现手段。边缘智能是在计算理论与技术不断发展推动下，智能逐渐由云端向边缘下沉。通过边缘智能，数据、事件能够就近实时处理，满足控制系统对实时性、确定性的严格要求。因此，边缘智能更加符合控制系统对智能的需求。

边缘智能的发展，为多智能体系统、分布式协同、动态实时优化等传统控制理论方法研究提供了全新的手段。传统理论方法认为需要海量信息集中处理的场景，在边缘智能推动下，可以真正实现本地的分布式实时运行。一方面，传统控制理论的架构将发生变化，分布式成为主流架构；另一方面，边缘智能推动推动控制系统向自主智能发展，以工业系统为例，自主智能的工业系统具备工况自感知、工艺自学习、装备自执行、系统自组织能力，更加适合复杂、动态的工业运行环境（如图 10.2 所示）。

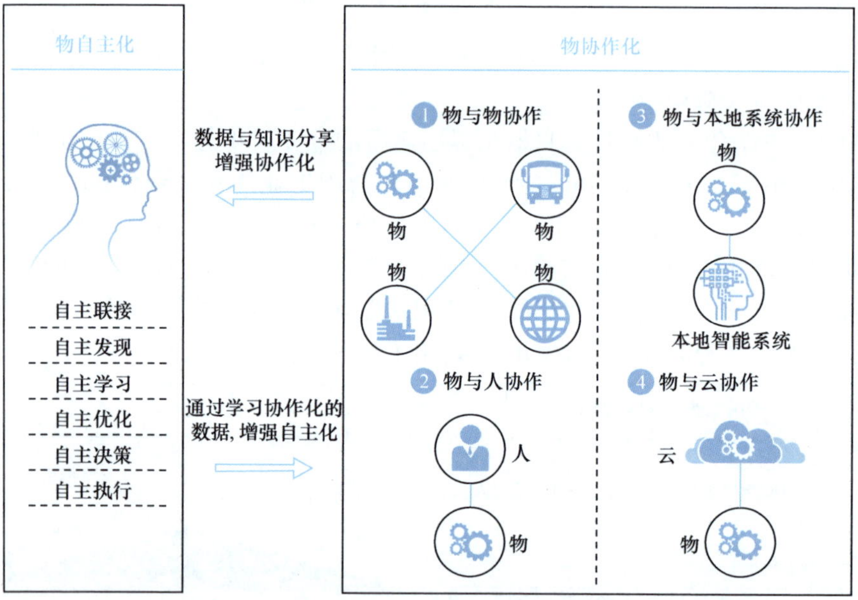

图 10.2　具备自主智能特点的工业系统

（二）新一代信息通信技术推动控制系统技术架构扁平化、开放化发展

技术方面，控制系统技术体系向扁平化、开放化发展。首先，传统复杂的控制系统架构进一步简化，借助 Web 服务，不同层次之间可以采用相同技术标准交互，典型的工业控制系统从原来的五层系统模型转变成 2—3 层；其次，传统封闭的控制系统也在向开放化发展，以 OPC UA 为代表的开放互操作架构，使系统更加开

放、信息共享更为简单(图 10.3)。扁平、开放的技术体系,使得控制系统的交互更为简单、高效,上层管理系统可以直接调用传感器上的数值,而无需经过传统的实时数据库的方式。因此,大量传统复杂的跨层优化任务可以高效开展,系统优化能力显著提升。

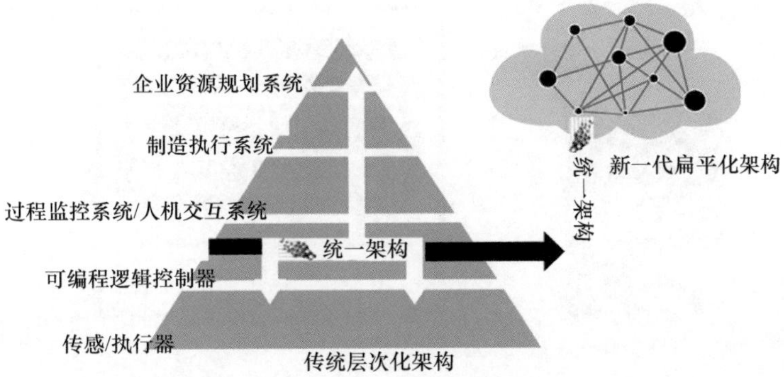

图 10.3　OPC UA 使能全新的控制系统架构

特别地,代表业务管理的信息技术和代表过程控制的操作技术融合(IT/OT),使得“生产过程全流程优化”“设备故障诊断和预测性维护”和“敏捷供应链管理”成为可能。首先,IT/OT 深度融合,业务管理与过程控制实施反馈互动,使得业务管理的综合经济指标更为直接反映到过程控制的综合运行指标上,可以围绕管理与控制的生产全流程进行优化;其次,IT/OT 融合使得设备运行信息可以直接汇聚到设备健康管理系统,结合装备实时运行数据以及海量历史运行数据的额分析,能够实时诊断装备故障,并做到预测性维护,可以显著提高系统运维效率并降低成本;最后,IT/OT 融合使得围绕产品供应链管理的原料、半成品、成品以及服务信息深度融合集成,使得供应链应对突发事件的能力显著提升,敏捷供应链管理成为可能。

(三) 各大自动化公司纷纷发力新一代工业控制平台,产业竞争日趋白热化

产业方面,自动化系统的平台化已经成为重要发展趋势。2017 年成为各大工业自动化技术供应商推广其工业自动化平台的关键一年,如西门子股份公司(简称西门子)的 Mindsphere、通用电气公司(简称 GE)的 Predix 等。其中,西门子主要采用“自下而上”的发展方式。依托其强大的工业自动化系统基础,西门子平台能够从直接参与生产过程控制的底层设备获取更多的实时数据,以自下而上的方式推动其 Mindsphere 平台发展;GE 主要采用“自上而下”的发展方式。依托工业互联网,GE 将丰富的互联网信息、强大的数据分析处理能力和互联互通能力,向底层设备映射,以自上而下的方式建设其 Predix 平台(如图 10.4 所示)。

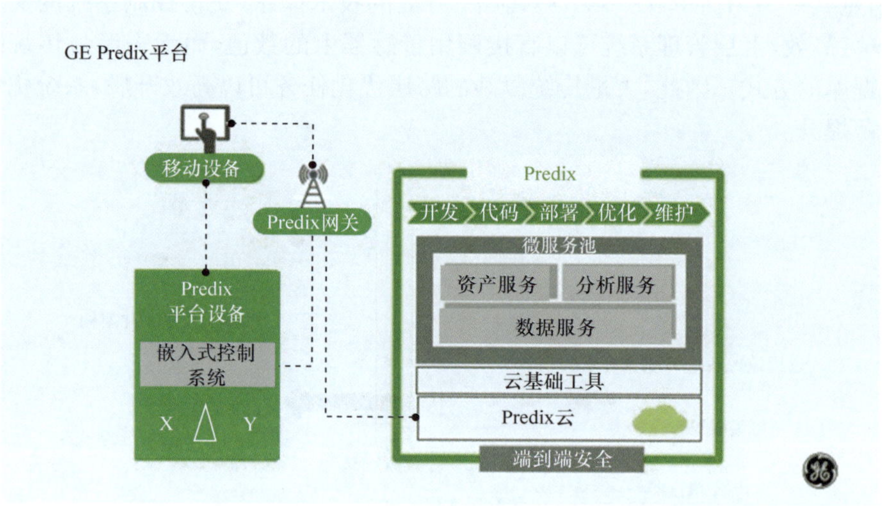

图 10.4 GE Predix 平台

无论采用何种发展模式，这些自动化厂商都将平台定位成企业操作系统，包括产品设计、生产制造、供应链、售后服务在内，都通过平台对外提供服务，即用平台定义企业的软件和硬件装备资源。并且，企业通过平台聚集大量用户开发软件，最终形成产业生态。因此，平台可以积累技术、定义标准、迭代产品、协同研发、共建生态。

2017 年，各大自动化厂商围绕新一代工业自动化平台的竞争日趋白热化，平台化成为传统自动化公司转型过程中“输不起的战争”。值得一提的是，2017 年 4 月 4 日，瑞士著名自动化公司 ABB(艾波比集团公司)(简称瑞士著名自动化公司 ABB)宣布收购贝加莱工业自动化公司(简称贝加莱公司)，标志着 ABB 的 ABB Ability 平台在与西门子 Mindsphere 平台竞争过程中迈出重要一步。此次收购，二者业务实现互补：一方面，ABB 在工业、机器人、运输和基础设施等领域的业务优势，将与贝加莱在自动化机器和工厂自动化领域的业务优势结合。**更为重要的是，围绕工业自动化平台，ABB 将在与西门子 Mindsphere 的竞争中迈出重要一步**。二者业务的整合势必带来基础支撑平台的集成，贝加莱的 Automation Studio 平台和 ABB 的 ABB Ability 平台融合之后，新平台的技术、功能、服务，以及覆盖行业和用户将会得到加强和丰富。可以预见，整合之后的平台将具备与西门子 Mindsphere 平台抗衡的能力。

二、我国发展现状

2017 年，随着我国经济社会发展进入新时代，“实体经济”“高质量发展”“制造业”成为本年度焦点。控制领域紧密结合当前国家发展新形势，将重点聚焦于“**满足国家重大需求、解决关键领域问题的核心系统**”，全面提升控制领域服务于国家的能力。

在基础研究方面，2017 年上半年，**对控制领域基础研究方向具有导向性影响**的国家自然基金信息学部自动化学科申请代码进行了重要调整。为响应“中国制造 2025”计划，将原来三级方向“先进制造与产品设计”扩充为二级方向“智能制造系统理论与技术”，全面覆盖设计、生产、服务等制造过程全生命周期；为响应“新一代人工智能发展规划”，新增二级方向“人工智能驱动的自动化”和“交叉学科中的信息科学”，主要资助人工智能领域及交叉学科中的信息科学基础理论、基本方法和关键技术研究项目；另外，为了学科发展需要，新增了一些立足基础研究前沿并具有广阔发展前景的领域，比如“息物理系统分析与控制”和“量子测量技术及装置”等。此次重大修改，**明确了控制领域基础研究以国家任务目标为导向的思路，进一步强化了应用基础研究服务于国家战略的能力。**

在学科发展规划方面，2017 年下半年，《自动化学科方向预测及技术路线图》完成编写，**全面梳理了控制领域关键技术、核心系统和重大应用领域及产业的发展现状及未来发展重点。路线图首次从“系统”角度出发，梳理自动化学科各领域的发展**，将传统自动化理论、技术和方法等，上升到“系统”级高度，围绕制造过程自动化技术与系统（包括制造过程智能自主控制系统、制造全流程智能协同优化控制系统、制造全流程智能优化决策系统、制造过程安全运行监控与自优化系统和工业过程虚拟制造系统）和运动体自动化技术与系统（智能自主控制系统、多智能体协同控制系统和导航制导一体化控制系统）两大领域，分别介绍各个系统的发展特点、理论与技术挑战、重点发展内容和应用领域，同时面向流程制造业、离散制造业、智慧环保、能源互联网、智能机器人、轨道交通、汽车-机械车辆、航天器、海洋运载平台、陆用运动体等重大应用领域，制定未来发展目标及路径。上述学科发展规划思路的调整，**回归到了控制领域学科“系统性”的本质，充分体现出该领域交叉性、使能性、广泛性的特点。**

2017 年，控制领域的相关研究主要围绕“**大数据处理与感知**”“**自主控制与决策**”“**智能化与自主学习**”和“**智能自主协同性**”四个方面展开。随着通信技术、计算技术、网络技术的发展，物理资源与计算资源的融合更加紧密与深入，信息物理系统的概念应运而生。控制系统是一类典型的信息物理系统。信息、计算与控制能力的深度融合使得控制系统处于一个更加复杂、更加不确定、更加开放的环境中，对控制系统也提出一些更具挑战性的问题。目前，相关领域的研究主要集中在以下四个方面：①**大数据处理与感知**。如何从海量数据中快速提取高价值信息，自动学习，发现新的知识。如何在不确定开放的复杂环境中，实现对环境的高精度、高可靠、低成本、低能耗的主动感知；②**自主控制与决策**。在复杂多变的环境中，为了更好地完成指定的目标或任务，要求控制系统具有自主控制与自适应的能力，同时具有自主决策的能力；③**智能化与自主学习**。随着人工智能技术的发展，对于控制系统智能化水平的要求越来越高。要求控制系统能够从数据中进行主动学习进而发现其中的规律；④**智能自主协同性**。个体在信息获取、处理、控制、决策等方面的能力都是有限的，无法完成一些复杂的任务或完成任务的代价巨大。这时，往往需要多个个体通过相互协作和协调来共同完成一项复杂的任务。多个体之间的协同并不是单个个体能力的简单叠加，通过设计多个体间协同控制规律可以达到 1＋1＞2 的效果。围绕上述四点，相关的理论研究、关键技术突破和产业化应用都取得了重要进展，具体见本部分第四章。

三、我国未来展望

未来控制领域将与信息物理系统、人工智能、智能制造、大数据等全面、深度融合发展。本部分围绕“人与信息物理系统”“新技术下的信息物理系统”“人工智能驱动的自动化”以及“数据驱动的网络化和智能化管理与控制系统”等四个典型融合技术领域，展望我国控制领域未来发展方向。

随着物联网、云计算、大数据、人工智能等技术的发展，信息和物理系统被进一步融合贯通，形成了高级、复杂的信息物理系统(CPS)。CPS 理念被广泛应用于交通、能源、国防、制造、医疗、电力、农业等方面，如智慧城市、智慧工厂、智能电网、智慧交通等。显然，作为 CPS 系统的设计者、制造者、管理者和使用者，人与 CPS 系统是紧密结合在一起的。为此，我们必须处理“人”与信息物理系统的建模、分析、与优化决策问题，将人与信息物理系统的各自优势有效结合在一起。深入地分析和理解人与信息物理系统行为的动态演化规律，同时掌握实现其安全可靠高效运行的有效预测和决策手段，能够提高面向国家重大战略需求领域的复杂系统的感知、分析和调控能力，对我国复杂系统的基础前沿研究和重大应用领域实践都将产生深远影响，具有重要研究意义和应用价值。

随着科技的发展，信息物理系统将与今天所遵循的物理原理和存在形式有很大不同。现有的信息物理系统，其存储、计算和连接仍然遵循传统物理学原理，存在形式以硅基为核心存在。在 CPS 快速发展的今天，可以预测这种情况很快将会发生改变。就 CPS 本身而言，其核心器件正在向着更小、更快、更冷的方向发展。随着制造工艺的不断提升，各种器件正逐步向量子态工作发展，其物理原理会与宏观尺度的信息物理系统所遵循的物理原理具有本质的不同。近期量子计算机、量子通信和量子卫星等的不断突破，让人们看到量子效应在未来将成为主导 CPS 的重要物理现象之一，届时信息物理系统从存储模式、连接模式、交互模式等均产生质的飞跃。从自动化的角度来看，实现上述一切的前提是微纳观尺度信息物理系统的量子控制技术。此外,就存在形式而言,目前生命系统和非生命系统融合逐渐成为跨学科的热点方向,并为CPS的存在形式带来变革性的契机。CPS可能不再仅仅以硅基物质基础存在,可能成为与生命系统高度融合的类生命智能体,是有机体和无机体的高度融合,同时集成生命体和非生命体的优势,为人类生活带来新的变革和更大的影响。随着科技的发展,信息物理系统将与今天所遵循的物理原理和存在形式有很大不同。现有的信息物理系统,其存储、计算和连接仍然遵循传统物理学原理,存在形式以硅基为核心存在。在CPS快速发展的今天,可以预测这种情况很快将会发生改变。就CPS本身而言,其核心器件正在向着更小、更快、更冷的方向发展。随着制造工艺的不断提升,各种器件正逐步向量子态工作发展,其物理原理会与宏观尺度的信息物理系统所遵循的物理原理具有本质的不同。近期量子计算机、量子通信和量子卫星等的不断突破,让人们看到量子效应在未来将成为主导CPS的重要物理现象之一,届时信息物理系统从存储模式、连接模式、交互模式等均产生质的飞跃。从自动化的角度来看,实现上述一切的前提是微纳观尺度信息物理系统的量子控制技术。此外,就存在形式而言,目前生命系统和非生命系统融合逐渐成为跨学科的热点方向,并为CPS的存在形式带来变革性的契机。CPS可能不再仅仅以硅基物质基础存在,可能成为与生命系统高度融合的类生命智能体,是有机体和无机体的高度融合,同时集成生命体和非生命体的优势,为人类生活带来新的变革和更大的影响。

人与信息物理系统行为的动态演化规律本质上是人工智能在信息物理系统中的作用和行为过程。人工智能正在改变人类学习、工作和生活方式,推动人类社会步入智能化时代,已经被看做是引领未来的战略性技术。我们可以通过追溯自动化科学与技术在工业革命的发展历程中至关重要的作用来理解人工智能在自动化领域的思想早已得到应用,不难发现自动控制与人工智能具有密切的关系。本质上控制论的核心概念是反馈,反馈思想起源于对人的感知和智能调节能力的模拟,实质上就是人工智能的科学抽象。控制科学经过经典控制、现代控制、先进控制等阶段,内涵不断丰富和发展,但主要是基于精确数学模型通过信号测量和反馈解决被控对象的系统分析、控制和优化问题。而人工智能主要不依赖数学模型,从对象特征出发,模拟人的思维、推理、学习、决策过程解决系统的自动化问题。因此我们必须利用人工智能的优势与大数据、物联网、云计算等技术结合,来解决过去人类对系统机理动态不清的建模、控制和优化决策问题。即利用人类的创造力和抽象能力与计算机超强的计算能力和记忆力相结合以及混合增强智能理论,利用大数据、物联网、云计算等先进方法,借助人工智能技术与手段,让人与机器在未知环境中协同工作,让人与机器深度融合,共同决策来执行完成(或自主完成)复杂过程建模、自动控制和优化决策目标,我们称之为人工智能驱动的自动化。

另一方面,工业管控系统是自动化系统的重要组成部分,是自动化技术在以制造业为代表的工业领域重要应用系统。传统工业管控系统存在诸多问题，如系统封闭、独立，信息难以开放共享；大量专有技术协议的子系统共存，难以互联互通；智能计算资源过于集中，以装备为代表的各个分散组成模块自主智能性不足等。与此同时，以互联网、大数据、云计算、5G、移动计算为代表的新一代信息通信技术快速发展，势必会给传统工业管控系统带来巨大变革，使其向“大数据驱动的网络化和智能化管理与控制系统”方向发展。当然，新一代信息通信技术在与传统工业管控系统融合发展过程中也面临很诸多技术挑战，这是本领域未来需要着重研究的内容。

四、我国热点亮点

(一) 核心基础理论研究取得重要进展

理论研究方面，控制领域的两大基础理论方法，“预测控制”和“网络化协同控制”的研究均取得重要进展，面向仿生机器人应用领域，控制基础理论取得进展，形成了以**“预测控制的原理研究与系统设计”“网络化动态系统的分析与控制”**和**“仿生机器鱼高效与高机动控制的理论与方法”**为代表的重要研究成果，获得 2017 年度国家自然科学二等奖。

与此同时，**“非线性系统的神经网络自适应优化控制与性能分析”“基于自适应动态规划的非线性系统自学习最优控制”“网络化关联动态系统分析与控制理论方法”“自主运动体的智能控制理论与方法”“工业闭环系统辨识建模与批量生产控制优化理论”**和**“随机与不确定多自主体系统的分析与控制”**等，在控制领域若干基础理论研究方向取得重要进展，获得 2017 年度中国自动化学会自然科学奖。

预测控制的原理研究与系统设计形成了系统性的研究成果，培养了大批专业研究和应用人员，带动了预测控制这一学科分支在我国的发展。主要创新包括：①开创性地对预测控制方法机理进行研究，提出了预测控制三项基本原理，并进一步推广到规划、调度等广义控制领域；②系统地提出了非线性与不确定系统的预测控制稳定性分析与综合方法，推动了复杂非线性不确定系统预测控制理论的深入研究，发展了预测控制系统设计理论；③提出和发展了基于邻域优化的分布式系统预测控制设计方法，系统地给出了基于不同协调度的约束分布式预测控制的通用的综合设计方法，形成了系统的基于协调度的分布式系统预测控制综合理论。项目组以独特的学术思想为指导，从控制论和信息论的视角，提出并发展预测控制的原理，研究成果具有较高的原创性和先进性。

网络化动态系统的分析与控制从节点力学、动态特性、结构属性和网络效应等方面对网络化动态系统协同控制中若干核心基础问题进行了全面深入研究，取得了关键性突破,为发展网络化动态控制系统的协同控制提供了坚实的理论和原创性关键技术。主要创新点如下:①**网络化动态系统复杂节点动力学和动态性能**:提出了两类更接近实际物理对象特性的系统结构,针对其协同控制问题,设计了对应的局部控制协议并严格证明了所提协议的收敛性;设计了连续状态反馈下的精确一致性协议,建立了系统解决精确一致性协同的判据准则,解释了系统收敛时间与通信拓扑图的内在联系。②**网络化动态系统结构属性的研究**:提出了切换序列的可达集、切换序列的链接等新概念和新工具,建立了两个切换序列链接之后的可达集与原切换序列的可达集之间的定量关系,构建了切换序列生产了整个系统的能控装填空间:利用列空间、循环不变子空间的概念和几何空间方法,建立了网络化动态系统更一般的可控性判据,解释了通信拓扑图的连接边权重对系统可控性的重要影响。③**网络化动态系统中网络效应的研究**:针对拓扑结构时变、时变通信时滞等网络效应,提出了系统解决协同问题的局部控制协议设计方案,通过构建等价的增广系统和树形变换法,克服了时变网络效应对这类系统的反洗和控制带来的困难,建立了网络化动态系统解决一致性协同的判据准则。④**网络化动态系统的采样控制**:针对信息采样下的网络化动态系统,提出了时滞依赖的局部控制协议设计方案,证明了所设计的协议在宽松条件下可有效解决一致性协同问题,揭示了系统异步一致性控制与网络时滞之间的内在关联。

仿生机器鱼高效与高机动控制的理论与方法研究如何将鱼类游动推进模式引入仿生机器鱼的设计与控制,提出了仿生机器鱼建模与控制的理论和方法。主要研究成果包括:①提出了描述鱼体周期性形变运动的“基波”概念,建立了鱼体波模型,提出了模仿鱼类身体-尾鳍运动的推进建模方法和多关节仿生机器鱼稳定三维游动的控制方法;②提出了基于C曲线的动态轨迹法,实现了仿生机器鱼的高机动转弯运动,构建了基于鱼体波和偏差函数的仿生机器鱼三维空间复杂机动运动的智能控制方法体系框架,实现了仿生机器鱼浮潜、定深、快速起动、急转弯、滚翻和跃水运动;③提出了仿生机器鱼的多连杆机构优化指标设计方法和基于神经网络的优化指标求解方法,通过机构优化提升了仿生机器鱼游动性能。构建了基于局部信息感知和有限通讯的多仿生机器鱼协作框架和协调机制,实现了多仿生机器鱼协作编队、搬运、监控等作业。仿生机器鱼在北京雁栖湖、青海玉树禅古水库等地开展水质检测等应用研究。本项目的主要结果为新型高效、低噪、高机动性的水下运载器的开发提供了理论基础。

(二) 一系列核心技术取得重要进展

技术突破方面,形成了以“大型互联电网阻尼特性在线分析与控制技术及应用”和“人机交互遥操作机器人的力觉感知与反馈技术”为代表的重要研究成果,获得2017年度国家技术发明二等奖。

与此同时，**“仿鹰眼视觉强视力智能感知技术、系统及应用”**和**“城市道路交通拥堵多模式信号优化控制关键技术研发与应用”**等，在机器视觉、交通优化控制等领域的核心技术取得重要进展，获得 2017 年度中国自动化学会技术发明奖。

大型互联电网阻尼特性在线分析与控制技术及应用，基于“即测-即辨-即控”的思路，建立了完全基于量测的复杂电力系统阻尼特性在线分析与自适应控制技术体系，克服了传统方法对模型、参数和运行方式的依赖性，为电力系统阻尼特性分析、预警和控制提供了新的完整的解决方案，并在实际系统中成功应用。主要技术发明点如下：①针对正常运行状态下的阻尼特性辨识需求，发明了基于系统准稳态波动信号的阻尼特性及其灵敏度在线辨识方法，攻克了实际系统中类噪声信号信噪比低、数据量大等难题，实现了对系统阻尼特性的全时段在线监测和实时预警，并在实际电网推广应用；②针对电网振荡状态下的阻尼特性辨识需求，发明了基于振荡能量的阻尼特性分析与振荡源在线判别技术，实现了振荡源快速准确定位、机组阻尼特性在线评估和振荡类型实时辨别，填补了振荡起因判别和紧急控制辅助决策方面的技术空白，成功应用于多个电网的在线安全评估及事故分析；③发明了基于响应的电力系统全工况在线自适应阻尼控制技术，提出了广域阻尼控制中随机时滞系统的期望建模与稳定性分析方法，解决了传统本地阻尼控制方法无法兼顾局部和全局振荡模式的难题，避免了系统模型和参数不准确带来的控制效果劣化的问题。

人机交互遥操作机器人的力觉感知与反馈技术，突破了人机交互遥操作机器人的力感知、力反馈、力控制三大关键技术，研制成功人机交互遥操作的关键支撑设备，填补了国内空白，丰富和发展了我国人机交互遥操作机器人技术及系统。

（三）关键领域技术产业化推广取得重要成果

产业应用方面，控制技术在制造和轨道交通领域应用进一步拓展，取得重要的产业化应用成果，形成了以“高性能数控系统关键技术及产业化”和“复杂路网条件下高速铁路列控系统互操作和可靠运用关键技术及应用”为代表的重要研究成果，获得 2017 年度国家科技进步二等奖。

与此同时，**“轨道交通数字化应急联锁系统关键技术研发与系列装备产业化”“核电厂在线仿真推演预警技术”“核电站状态导向法事故规程智能化技术”**和**“基于物联网的智能电网全域状态监测系统”**等，分别在轨道交通、核电和智能电网等重大应用领域产业化取得重要进展，获得 2017 年度中国自动化学会科学技术进步奖。

高性能数控系统关键技术及产业化，紧密结合“产学研用”优势，打通本领域“理论-技术-系统-应用”创新链，研发出具有自主知识产权的系列化高性能数控系统成套产品，并在关键核心应用领域实现产业化。主要创新点包括：①提出了刀具轨迹几何特征和机床物理特性混合约束下的同速区间快速辨识方法和半周期正弦曲线的柔性加减速控制方法，实现了柔性、连续、平滑的纳米插补。提出了电机矢量协调优化、电流复矢量硬件控制、高刚度增益制振策略的高响应驱动关键基础，实现了高速、高精度与高光镜面加工；②建立了多轴联动机床刀具与工件的统一运动学模型，设计了满足实时性与稳定性要求的位置与速度变换方法是，实现五轴机床 RTCP、大圆插补、定向加工等核心功能。提出了高速总线多轴实时同步策略和多轴协同控制方法，解决多轴联动及同步控制的精度控制难题。五轴功能全面覆盖国外系统五轴功能；③提出了硬件可置换、软件跨平台的全数字化高性能数控系统软硬件体系结构。研发了高实时通信、高同步性的 NCUC 现场总线，实现了数控系统内部全数字化通讯和外部设备全数字化互联，奠定了高度高精度运动控制和高可靠性运行的基础。率先构建了数控系统云服务平台和云结构数控系统，构建了多层次的二次开发平台；④发明了基于指令域大数据的分析方法，通过在数控系统内部的电控数据中标记任务索引，建立复杂多变的工作任务与海量运行状态数据之间的实时、精准的映射关系，构建了数控机床工作过程的信息物理系统(CPS)，形成了数控系统智能化应用支撑技术体系和新模式解决方案，并重点应用于“工艺参数优化”“健康诊断评估”“热变形预测”等数控机床智能化应用场景。

复杂路网条件下高速铁路列控系统互操作和可靠运用关键技术及应用，针对在复杂、分布广泛的高速铁路网络上列控系统面临的电磁兼容、设备互操作及检测评估等问题，提出了系统化的检测理论和方法，构建了体系化的调试测试平台，实现了列控系统设计、研发、生产、集成、调试、运营服役等全生命周期的检测、测试、监测，保证成网条件下列控系统的安全、可靠运营，为成网条件下高速列出跨线运行提供了有效的技术支持和安全保障。主要创新点：①通过理论分析和实验数据证明了我国高速铁路最重要的电磁骚扰源是弓网离线放电瞬态骚扰，首次提出瞬态脉冲骚扰的统计参量评估方法，研制了国内首台电磁干扰幅度概率分布式测试系统；构建了基于现场测量数据的模拟试验与故障再现平台，完成了我国高速铁所有型号列控系统的电磁兼容性认证检测评估，使列控系统因电磁干扰造成的故障率由 90%降低至 29%；②首次系统地提出了满足高速铁路列控系统复杂性、层次化、精确性等不同需求的多分辨率建模仿真理论与方法，提出了列控系统全生命周期平行测试与功能验证理论与方法，提出了多级封层实时分布式交互、可扩展嵌入式的列控仿真系统高层体系结构，搭建了高速铁路列控系统仿真测试集成平台与验证评估环境；③国内首次提出了高速铁路列控系统需求规范形式化建模和验证的理论和方法，制定了支撑列控系统装备互操作的系统规范：提出了基于功能特征提出的测试案例构造方法，首次构建了玩呗的互操作性测试和评估案例库；基于数据驱动的测试防范，构建了互操作性室内和现场测试平台，完成了所有 CTCS-3 级列控系统及新型高速列车的互操作性测试；④建立了高速铁路复杂条件下轨道电路信息传输模型,提出了时-频信号检测分析与软计算结合的轨道电路实时故障诊断方法;提出了适应大负荷动车组牵引电流波动剧烈、轨道电路信号传输非线性的车-地协同技术方案,首次提出轨道电路抗牵引电流干扰测试方案,构建了车载监测平台和抗干扰测试平台,研制了轨道电路防护瞬态冲击电流干扰装置,保障轨道电路信息的可靠、安全传输。

五、领域年度热词

热词 1:智能机器人与无人系统

基本定义:智能机器人与无人系统代表了现有机器人技术的最高应用水平,是智慧城市、科学考察和资源勘探等重要领域的支撑系统,是解决当前人力资源短缺、人口红利消失问题的核心,是未来社会运行的主要模式。目前,智能机器人与无人系统主要围绕"四个挑战"开展研究,包括从确定条件下人工智能向非确定条件下自主智能的跨越、从特定任务导向的人工智能向场景适应多任务人工智能的跨越、从单个自主智能体向群体协同智能体的跨越、从编队控制到群体智能涌现的跨越。

应用水平:目前智能机器人与无人系统在地面、海洋和空天领域进行了探索式应用。近年来,无人机(集群)在集群地面动态目标锁定与跟踪,以及无人机吊运系统方面取得了应用;海洋方面,海上无人系统在南极海域、东海、南海岛礁海域进行了应用;空间方面,空间机器人技术在轨服务、载人航天工程和深空探测等方面具有广阔的应用前景。

热词 2:类脑智能与智能自主控制

基本定义:类脑智能与自主控制针对具有不确定性的数学模型、高度的非线性和复杂的任务要求,借鉴大脑中进行信息处理的基本规律,在硬件实现与软件算法等多个层面,围绕智能自主控制、智能无人系统、智能优化决策系统、人工智能驱动的自动化等领域开展研究。

应用水平:理论方面,基于脑记忆及认知过程的智能控制方法在海洋无人艇和地面自主驾驶方面进行了应用,针对复杂海洋环境下信息不确定性与不完整性给无人艇动态目标识别、意图判定、态势感知带来的难点问题,基于脑记忆认知过程的海洋无人艇智能感知技术能够较好地解决问题;借鉴人类驾驶员对复杂动态交通环境的认知过程,有助于无人驾驶汽车的环境理解和自主驾驶的计算框架。类脑智能生物机电器件与系统方面,"表面肌电信号识别"在机器人进行了初步的应用探索;忆阻的出现为神经形态计算与高密度存储带来了新契机,面向类脑运算与信息存储的高性能忆阻器具有快速切换速率和 CMOS 兼容性等优越特性。

热词 3:人机共融与机器人集群协同控制

基本定义:共融机器人是指能与作业环境、人和其他机器人自然交互、自主适应复杂动态环境并协同作业的机器人，满足智能制造、医疗康复、国防安全等领域对智能机器人的需求，共融机器人相关研究主要围绕控制、感知、协作三大核心问题开展，包括：刚-柔-软体机器人的运动特性与可控性，人-机-环境多模态感知与自然交互和机器人群体智能与操作系统架构。

应用水平：共融机器人涉及的控制、感知、协同等基础理论，在运动与路径规划和机器人与自动化中的深度学习，以及医疗机器人、定位、软体材料机器人、无人驾驶导航、SLAM 等方面进行了广泛应用。运动与路径规划最受机器人技术研究者的欢迎，这与近几年无人驾驶汽车、无人机和水下机器人的火热有直接关系。其次是机器人与自动化中的深度学习，特别是随着深度学习的兴起，许多机器人研究中的老问题开始有了新的解决方法，从而重新回到了机器人研究的热门领域中（如无人驾驶导航等），在机器人领域，深度学习的影响力也会越来越大。

热词 4：边缘计算与边缘智能

基本定义：边缘计算是在靠近物或数据源头的网络边缘侧，融合网络、计算、存储、应用核心能力的分布式开放平台，就近提供边缘智能服务，满足行业数字化在敏捷联接、实时业务、数据优化、应用智能、安全与隐私保护等方面的关键需求。它可以作为联接物理和数字世界的桥梁，使能智能资产、智能网关、智能系统和智能服务。

应用水平：目前，边缘计算完成了从概念到应用实践的跨越。围绕边缘计算，已经出现了异构计算硬件平台、开放分布式软件平台和可体验的开发测试云；同时，相关机构搭建了各类围绕单点技术的试验床（Testbed），包括装备互联、实时网络和智能机器人等；最后，边缘计算通过与行业使用场景和相关应用相结合，依据不同行业的特点和需求，推动边缘计算解决方案在核心装备、公用设施、楼宇建筑、工业制造等重点行业应用落地。

参考文献

[1] 李国杰，徐志伟. 从信息技术的发展态势看新经济. 中国科学院院刊，2017，32 (3)：233-238.

[2] 边缘计算产业联盟(ECC). 工业互联网产业联盟(AII). 边缘计算参考架构 2.0 . 2017，11.

[3] 李伯虎，张霖，王时龙，等. 云制造——面向服务的网络化制造新模式. 计算机集成制造系统，2010，16(1)：1-7.

[4] S Lu，Q He，T Yuan，et al. Online fault diagnosis of motor bearing via stochastic-resonance-based adaptive filter in an embedded system. IEEE Transactions on Systems，Man，and Cybernetics：Systems，2017，47(7)：1111-1122.

[5] 张先恩. 细胞工厂和生物纳米机器[J]. 生命科学，2008，20(3)：364-368.

[6] 张常麟，刘连庆，王越超，等. 单分子病毒三维可控操作方法[J]. 科学通报，2013，58(15)：1456-1462.

[7] P Zhou，T Y Chai，J Sun. Intelligence-based supervisory control for optimizing the operation

of a DCS-controlled grinding system. IEEE Transactions on Control Systems Technology, 2013, 21(1): 162-175.

[8] 代伟,柴天佑. 数据驱动的复杂磨矿过程运行优化控制方法,自动化学报,2014,40(10): 2005-2014.

[9] Da Silva M J, Pereira C E, Götz M. A dynamic approach for industrial alarm systems, 2016 International Conference on Computer, Information and Telecommunication Systems (CITS), Kunming, 2016: 1-5.

[10] 柴天佑. 工业过程控制系统研究现状与发展方向. 中国科学: 信息科学, 2016, 46(8): 1003-1015.

[11] 尤肖虎,潘志文,高西奇,等. 5G 移动通信发展趋势与若干关键技术. 中国科学: 信息科学, 2014, 44(5): 551-563.

[12] 田辉,范绍帅,吕昕晨,等. 面向 5G 需求的移动边缘计算. 北京邮电大学学报, 2017, 40(2): 1-10.

专题十一 认 知

编 写 说 明

随着深度学习不断取得突破性进展，人工智能(Artificial Intelligence，AI)迎来全新的发展局面，与机器人技术、信息技术、通信技术、控制技术进一步有机融合，已然拉开了认知计算时代的大幕。产业变革、技术演进以及社会需求构成了认知时代的三大驱动因素。

现在正经历的认知计算时代初期，涌现出了一系列高端成果，从智能语音助理为代表的智能应用接口到智能化应用平台，机器对于外界的理解判断能力不断提升，人们利用机器学习、推理、感知、辅助决策成为了日益熟悉的习惯，人、环境、机器之间的互动日趋亲密无间。现阶段，人工智能作为认知计算中最引人注目的领域，其行业规模迅速扩张，对全球电子信息产业激励作用显著。

本“蓝皮书”中的认知专题，重点梳理了认知计算和人工智能领域的全球发展态势，以及我国的发展现状，结合对2017年涌现出的人工智能重点成果的梳理，对技术演进、热点应用、发展趋势进行了综述分析，对我国认知领域技术的发展思路和发展路径进行了展望。最后梳理总结了认知领域在本年度的四个热词，介绍了相关技术含义与当前的发展水平。

来自浙江大学、上海交通大学、北京大学、军事科学院、中国电子科学研究院等单位的专家参与了本次研究工作，在此一并表示感谢。

编撰“蓝皮书”仍在尝试阶段，一定存在很多疏漏和错误，敬请批评指正。

2018年6月30日

专家组和撰写组名单

专家组

姓名	工作单位	职称
陈纯	浙江大学	院士
陈刚	浙江大学	教授
吴飞	浙江大学	教授
张丽清	上海交通大学	教授
栗琳	北京大学	教授
王延飞	北京大学	教授

注：排名不分先后

撰写组

姓名	工作单位	职称
吴晓凡	浙江大学	副教授
蒋力	上海交通大学	副教授
严骏驰	上海交通大学	副教授
曾倬颖	中国电子科学研究院	工程师
田昌海	军事科学院	工程师
毛斌	军事科学院	工程师

注：排名不分先后

专 题 研 究

一、全球发展态势

随着深度学习不断取得突破性进展，人工智能（Artificial Intelligence，AI）迎来全新的发展局面，与机器人技术、信息技术、通信技术、控制技术进一步有机融合，已然拉开了认知计算时代的大幕。产业变革、技术演进以及社会需求构成了认知时代的三大驱动因素。在产业变革层面，以智能制造为代表的新一轮产业革命浪潮席卷全球，数字化、智能化成为核心发展方向。传统制造业转型升级的迫切需求释放了强大的市场潜力，先进制造业也从需求、技术、组织、模式多个维度对认知技术也提出了新需求，推动了技术不断演进，促进了向更多应用领域拓展渗透。在技术演进层面，人工智能从个别应用取得突破向广泛领域深度融合，其影响力从专业领域扩散到大众化领域。人工智能正逐步成为移动终端的标配，相关技术通过云服务、物联网等快速扩散。在社会需求层面，人工智能不仅是经济社会转型升级的方式，也对大众的生活方式和思维模式带来深刻变革。目前，我们正处于从技术驱动到数据驱动社会转型发展阶段中，社会大众对人工智能的需求催生出了更多新场景、新业态、新模式。可以预见在未来社会，人工智能的扩散会为个人、经济、社会打开新机遇，成为更加重要的发展引擎。

纵观计算机历史，经历了制表时代、可编程计算时代，现在正处于认知计算初期，涌现出了一系列高端成果，从以智能语音助理为代表的智能应用到智能化应用平台，机器对于外界的理解判断能力不断提升，人们利用机器学习、推理、感知、辅助决策成为了日益熟悉的习惯，人、环境、机器之间的互动日趋亲密无间。现阶段，人工智能作为最引人注目的认知领域，其行业规模迅速扩张，对全球电子信息产业激励作用显著。据赛迪预测，2018 年全球认知计算系统和 AI 应用的市场规模将接近 2700 亿元；据 IDC 调研显示，广泛的认知计算系统和 AI 应用将推动全球各个产业盈利从 2016 年的 80 亿美元增长至 2020 年的 470 亿美元。

在未来，机器智能（Machine Intelligence，MI）是认知时代进步的标志。数据、计算能力和算法是主要驱动力。数据作为重要的研究资源和商业资产，日益得到各方重视，国家、企业及各大研究机构都开始着力加强数据资源的积累和研究利用。机器智能帮助人们从海量的数据中发现关系、模式及其潜在影响，并有效地掌控、存储、保留、访问情景和管理快速增长的数据，计算能力是实现这种智能的基础，数据的爆炸增长给计算能力、认知能力提出双重挑战。算法是认知计算的核心，在实现认知计算中模拟人类思维过程，进行推理学习、判断并作出预测和决策。在未来 18 到 24 个月的时间里，机器智能算法将在机器学习、深度学习、认知分析、机器人过程自动化(RPA)和 Bot(Chatbot，聊天机器人)等广泛应用。

目前，认知计算领域的发展迅速，世界各国在战略上高度重视，社会研发富有活力，主要的工作聚焦在人工智能的关键技术及关键应用，包括机器学习、知识图谱、自然语言处理、计算机视觉、人机交互、生物特征识别、虚拟现实/增强现实等。总的说来，现有的研究仍处于感知计算层面，整体呈现出以下几点特征：

一是技术能力呈现开源化。开源的深度学习框架使得开发者可以直接使用已经研发成功的深度学习工具，减少二次开发，提高效率，促进业界紧密合作和交流。国内外产业巨头通过开源技术建立产业生态，抢占产业制高点。通过技术平台开源化，扩大技术规模，整合技术与应用，有效布局产业链。

二是专用智能向通用智能发展。目前的人工智能发展主要集中在专用智能方面，有一定局限性。随着各领域之间相互融合影响，需要范围更广、集成度更高、适应能力更强的通用智能，将辅助性决策升级到专业性解决方案。通用人工智能具备执行一般智慧行为的能力，可以将人工智能与感知、知识、意识和直觉等人类的特征互相连接，减少对领域知识的依赖，提高处理任务的普适性。未来的人工智能涵盖领域更广，各领域间应用壁垒更少。长期来看，通用型人工智能的发展将依赖于对人脑认知机制的科学研究，其发展前景有很大的想象空间。

三是智能感知向智能认知方向迈进。人工智能的主要发展阶段包括运算智能、感知智能、认知智能。当前大数据时代的人工智能是感知智能，机器具有视觉、听觉、触觉等感知能力。随着类脑科技的发展，人工智能必然向认知智能时代迈进，即让机器能理解会思考。

二、我国发展现状

我国牢牢把握人工智能发展新机遇，经过几年持续积累，在科技研发、应用推广和产业发展等方面取得重要进展，影响力显著上升并跻身世界前列。为抢抓人工智能发展重大战略机遇，构筑先发优势，从国家到研究机构，形成了立体推进人工智能发展的新浪潮。

在国家战略层面，人工智能是未来主导型战略领域，通过出台一系列战略规划，从顶层进行整体推进。2017 年 3 月，“人工智能”首次出现在政府工作报告中，成为重点工作。2017 年 3 月，科技部《科技创新 2030—重大项目》新增“人工智能 2.0”，将人工智能上升成为国家战略。2017 年 7 月，国务院印发《新一代人工智能发展规划》(简称《规划》)，旨在抢抓人工智能发展的重大战略机遇，构筑我国人工智能发展的先发优势。该《规划》是我们国家在人工智能领域进行系统部署的第一个顶层设计，也是面向未来打造我国先发优势的指导纲要，重点对2030年前我国新人工智能发展的总体思路、战略目标和主要任务、保障措施进行系统规划和部署。2017年12月，工信部印发《促进新一代人工智能产业发展三年行动计划(2018—2020年)》，进一步明确了近期内我国人工智能发展思路和重点。

在理论研究方面，我国在AI顶级会议上发表颇丰，研究实力正在迅猛崛起。据CS ranking最新数据，清华大学、北京大学分别以第二、五的排名入选全球高校AI实力榜。ACL 2017评选22篇杰出论文，其中有5篇来自中国。2017年，中国论文在AAAI的投递数共785篇，稍多于美国；在2018年仅第一个季度，投稿数量高达1242篇论，增加58%，成为AAAI 2018的学术论文第一产地。但从录用情况来看，中美两国均有260余篇论文被收录，水平不相上下。据数据库SCOPUS[①]显示，中国在人工智能领域出版的论文数量居世界第一，是排名第二国家的近两倍，但加权引文影响力只占第34位，可见中国在理论学术上研究虽积极热络，但在质量上仍有较大进步空间。在基础技术方面，中国的科技企业在AI领域中迎头赶上，紧抓先机、优先布局，纷纷相继建立AI研究实验室，并在基础技术、算法上取得突破性进展，多篇来自企业AI实验室的成果入选NIPS[②]、AAAI-2018等国际顶级会议。在国际评测任务方面，国内团队屡屡打败国际巨头公司，取得骄人成绩。在7月WebVision竞赛[③]中，深圳码隆科技有限公司(Malong Technologies)(简称码隆科技(Malong AI Research))获得世界冠军；北京旷视科技有限公司(Face＋＋)(简称旷视科技(Face＋＋))在计算机视觉顶会ICCV 2017上获得三项比赛第一；阿里巴巴在全球顶级的知识库构建测评KBP2017中获得多项冠军。12月，清华大学AI团队在机器学习顶级会议NIPS 2017主办的对抗性攻防竞赛(Adversarial Attacks and Defenses)中获得冠军。我国在人工智能的计算机视觉、自然语言处理、自动驾驶三个代表性领域，成绩斐然，其发明专利数量仅2016年就分别比美国多3100多项、700多项、200余项。虽然近年来中国在AI领域的论文专利数量保持高速增长，但重大原创科研成果仍然较少，在基础理论、基础能力等方面与国外相比仍存在差距。

教育体系方面，我国正在积极构建全方位的人工智能教育体系，实施全民智能教育项目。在中小学阶段设置人工智能相关课程[④]，北京、浙江、广东、山东等地区已经确定将Python语言等人工智能相关课程纳入中小学教学内容，浙江省将信

---

① 全球最大的文摘和索引数据库爱思唯尔SCOPUS.

② 神经计算和机器学习领域顶级会议.

③ 由CVPR、苏黎世联邦理工(ETH)、谷歌Research、卡耐基梅隆大学(CMU)等机构共同组织、谷歌协办的计算机视觉识别领域的顶级赛事.

④ 《国务院关于印发新一代人工智能发展规划的通知》(国发〔2017〕35号).

息技术纳入高考范围。教育部出台《高等学校人工智能创新行动计划》(教技〔2018〕3 号),明确指出“支持高校在计算机科学与技术学科设置人工智能学科方向,推进人工智能领域一级学科建设”。引导社会力量参与人工智能教育,特别是寓教于乐的少儿编程市场发展势头迅猛,以线下授课为主的少儿课外辅导机构和强调线上线下结合的互联网教育平台纷纷在该领域投入大量资源。据测算[①],目前我国少儿编程市场规模达百亿元,且未来还有十分巨大的发展空间。

在产业发展方面,2017 年我国 AI 市场规模已达 216.9 亿元,较 2016 年同比增长 52.8%。主要技术领域包括计算机视觉、智能语音技术、自然语言处理、基础算法及平台、芯片等。在 2014—2016 年,集中涌现新 AI 初创企业,并在 2015 年达到顶峰,随着人工智能各项技术的不断成熟以及各类应用场景的落地,市场规模还将迅速扩张,如图 11.1 所示。2018 年,机器学习、深度学习等算法能力的增强,将促进计算机视觉、语音等技术不断突破,谷歌、英伟达、华为、寒武纪等发布的 AI 芯片产品将进入大批量商用上市阶段,人工智能产业将继续增长并加深与垂直行业的融合。目前,我国人工智能融资规模累计达 27.6 亿美元,遥遥领先于亚洲其他国家。从投资看,BAT 等巨头除自己研发外,也积极投资 AI 企业,主要集中在大数据及数据服务、自动驾驶领域。此外,智能语音、AI+旅游、保险、安防、智能家居、保险、教育、医疗健康、智能机器人也是重点领域,并具有一定投资规模。目前,我国共有人工智能企业 1477 家,居全球第二。我国人工智能企业主要集中于京粤沪等地区,新增人工智能企业累积分别占全国总和 30.74%、21.6%、15.17%。图 11.2 为人工智能市场规模及预测。

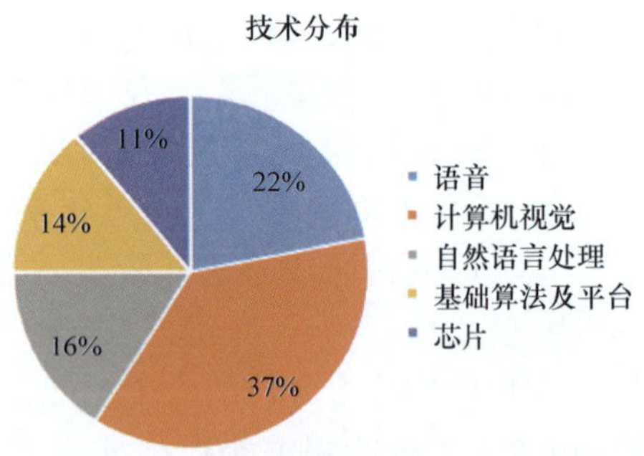

图 11.1　2017 年我国人工智能市场规模结构

在平台建设方面,从国家部委到企业主体积极合作落实国家战略,国家依托企业为主体,通过打造开放平台,集聚产学研优质科研力量,共同推进领域 AI 发展。

① 智研咨询,《2017-2023 年中国少儿编程市场分析预测研究报告》.

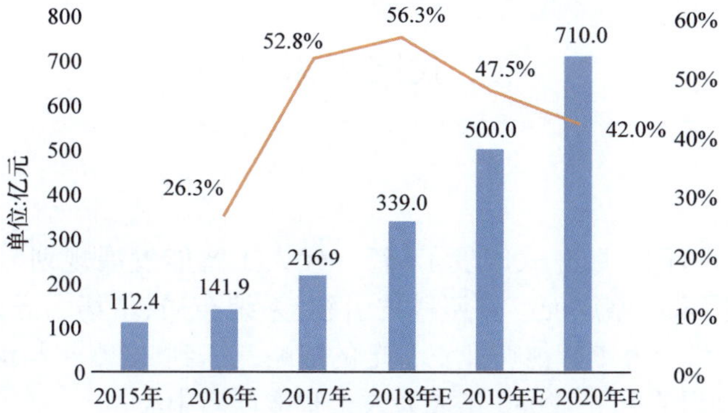

图 11.2　人工智能市场规模及预测

2017 年,科技部启动了人工智能的开源平台建设计划,依托百度、阿里巴巴、腾讯、科大讯飞等企业分别建设自动驾驶、城市大脑、医疗影像、智能语音国家新一代人工智能开放创新平台,这些平台分别依托企业平台,加深生态内的创新创业公司、全产业链、学术科研、公益四个维度的合作,促进国家人工智能战略落地。目前,百度 Apollo 自动驾驶生态合作伙伴超过 70 家,覆盖整车、零部件、出行服务等自动驾驶的关键领域,计划在 3-5 年内打造国家级自动驾驶系统级开放创新平台;阿里云 ET 城市大脑是目前全球最大规模的人工智能公共系统,吸引了来自 73 个国家和地区 10 万余名顶尖数据开发者,成功举办 42 场大数据创新大赛。腾讯的"腾讯觅影"AI 医学开放平台,聚集了 1300 万合作伙伴的资源优势,与国内众多三甲医院建立了人工智能医学实验室,合作推进 AI 技术在医学领域的探索;科大讯飞 AIUI 开放平台同样聚集了众多语音识别的研发力量,积极向各行业赋予前沿人工智能能力。

在创新应用方面,涌现出一大批技术较为先进的硬件、软件产品以及系统,如百度深度语音(Deep Voice)系统、寒武纪芯片、科大讯飞 AI 耳机、广州云从信息科技有限公司(简称云从科技)基于 3D 结构光的人脸识别系统等。这些产品和系统直接改善了广大民众的生产生活,极大地推动了我国 AI 领域的进步。

总的说来,经过多年持续积累,中国在 AI 领域取得重要进展,在基础研究方面从跟跑逐步转向并跑,在技术创新上从并跑转向领跑,在工程应用上逐步开始国际领跑。国际科技论文发表量和发明专利授权量已居世界第二,部分领域核心关键技术实现重要突破。语音识别、视觉识别技术世界领先,自适应自主学习、直觉感知、综合推理、混合智能和群体智能等初步具备跨越发展的能力,中文信息处理、智能监控、生物特征识别、工业机器人、服务机器人、无人驾驶逐步进入实际应用,人工智能创新创业日益活跃,一批龙头骨干企业加速成长,在国际上获得广泛关注和认可。加速积累技术能力,海量数据资源、巨大应用需求、开放市场环境有机结合,是中国人工智能发展的独特优势。

三、我国未来展望

（一）发展思路

2017 年 8 月，国务院正式印发了《新一代人工智能发展规划》，正式将人工智能发展上升到国家战略层面。按照科技引领、系统布局、市场主导、开源开放的基本原则，制定了我国人工智能产业三步走的战略——到 2020 年与世界先进水平同步，2025 年达到世界领先，2030 年成为人工智能创新中心。

（二）发展重点

一是建立新一代人工智能基础理论体系。以突破人工智能应用基础理论瓶颈为重点，包括大数据智能、跨媒体感知计算、混合增强智能、群体智能、自主协同控制与优化决策、高级机器学习、类脑智能计算、量子智能计算等理论，超前布局基础研究，促进学科交叉融合，为人工智能持续发展与深度应用提供强大科学储备。

二是开展关键共性技术攻关，建立新一代人工智能关键共性技术体系，部署以算法为核心，以数据和硬件为基础，以提升感知识别、知识计算、认知推理、运动执行、人机交互能力为重点，形成开放兼容、稳定成熟的技术体系。需要突破的关键共性技术包括知识计算引擎与知识服务、跨媒体分析推理、群体智能关键、混合增强智能新架构和新技术、自主无人系统的智能、虚拟现实智能建模、智能计算芯片与系统、自然语言处理技术等。

三是要建设布局人工智能创新平台，强化对人工智能研发应用的基础支撑，包括 AI 开源软硬件基础平台、群体智能服务平台、混合增强智能支撑平台、自主无人系统支撑平台、人工智能基础数据与安全检测平台。促进各类通用软件和技术平台的开源开放，也同时推进军民融合国家战略的落地。

四、我国热点亮点

（一）计算机视觉技术

1. 全球态势与国内现状

计算机视觉(Computer Vision，CV)研究如何使机器“看”，即如何用摄像机和计算机代替人眼对目标进行识别、跟踪和测量，建立能够从图像或者多维数据中感知“信息”的 AI 系统。基础的计算机视觉任务包括分类/定位、目标识别、目标追踪。CV是机器认知世界的基础,是AI的核心技术。

在机器学习的大力发展牵引下,计算机视觉由诸如梯度方向直方图、尺度不变特征变换等传统特征提取方式与浅层模型组合,向以卷积神经网络为代表的深度学习模型发展,逐渐在物体识别和检测、语义分割、运动和追踪、三维重建、视觉问答、动作识别等研究领域开展深度研究。计算机视觉各细分领域的成熟度目前相差较大。人脸识别、指纹识别等所在的生物特征识别领域相对来说技术成熟度、工业化程度较高。在物体和场景识别方面,由于识别的物体种类繁杂,表现形态多样,技术成熟度较低。受制于被标记数据的体量和数量,若无大量、优质的细分应用场景数据,该特定应用场景的算法迭代很难实现突破。

深度学习促进计算机视觉成为了全球新一轮热潮。根据Tractica的最新数据,计算机视觉市场正在快速发展,预计到2025年,全球计算机视觉软件、硬件和服务收入将增长到262亿美元。国内计算机视觉市场同样发展迅猛,有高达42%的AI企业正在应用计算机视觉相关技术,相比之下,语音和自然语言处理两者总和才占43%。2017年中国计算机视觉市场规模为68亿元,预计2020年市场规模达到780亿元,年均复合增长率达125.5%[①]。

计算机视觉技术具有广泛的应用场景,发展空间巨大。2017年,计算机视觉技术应用领域日渐拓宽、创业企业纷获巨额融资、手机厂商跟进人脸识别功能、医疗领域应用发展迅速。未来,随着技术逐渐成熟,计算机视觉技术将渗透至各行各业,有望成为下一个智能时代的标配。

2. 2017年热点与成就

理论研究方面,国内企业和高校引领学术研究热潮,北京市商汤科技开发有限公司(SenseTime)(简称商汤)科技43篇论文问鼎2017全球顶级视觉学术会议,在ICCV共发表20篇论文,领先于美国社交服务网站Facebook(脸书)(简称Facebook)(15篇)、谷歌(10篇),此外,商汤在CVPR2017以23篇论文也夺得桂冠。除业内企业或机构多篇论文入选外,上海交通大学、复旦大学、北京邮电大学、南京大学等多所中国高校均有论文被收录。

应用市场方面,国内计算机视觉应用市场规模风速增长,计算机视觉"四小龙"——商汤、上海依图网络科技有限公司(简称依图)、旷视、云从科技在应用市场上独领风骚,占据69.4%的市场份额。根据IDC市场追踪数据,截至2017年12月底,中国计算机视觉应用市场规模达15.45亿元人民币,同比2016年增长184.0%。其中,政府、金融、互联网是计算机视觉技术支出规模最大的三个行业;平安城市、智慧金融中人脸身份验证是支出规模最大的两个场景。

---

① iMedia Research(艾媒咨询)2017年数据.

3. 发展重点与举措

目前，计算机视觉技术发展迅速，已初步具备产业规模。未来计算机视觉技术的发展主要面临和举措体现在三个方面。

一是如何在不同的应用领域和其他技术更好的结合，计算机视觉在解决某些问题时可以广泛利用大数据，已经逐渐成熟并且可以超过人类，而在某些问题上却无法达到很高的精度；

二是如何降低计算机视觉算法的开发时间和人力成本，目前计算机视觉算法需要大量的数据与人工标注，需要较长的研发周期以达到应用领域所要求的精度与耗时；

三是如何加快新型算法的设计开发，随着新的成像硬件与人工智能芯片的出现，针对不同芯片与数据采集设备的计算机视觉算法的设计与开发也是挑战之一。

（二）自动驾驶技术

1. 全球态势和国内现状

自动驾驶是 AI、物联网、高性能计算等新一代信息技术在汽车产业深度融合的产物，是当前全球交通出行领域智能化、网联化发展的主要方向，已经成为各国科技领军战略要点。

自动驾驶的实现需要集成环境感知、行为决策、路径规划，运动控制等关键功能，依赖于高性能计算、传感器融合、网络通信，人工智能和自动控制等关键技术，是一个极其复杂的系统实现。近十年来，随着汽车行业中的汽车厂商、零部件供应商、芯片厂商的积极投入开发和技术布局，谷歌、百度等 AI 巨头公司利用在 AI、神经网络、机器学习方面的技术研究积累，以及美国电动车及能源公司特斯拉（Tesla）（简称特斯拉）、拜腾等新兴电动汽车厂商的推波助澜，结合地图导航的技术革新，逐渐形成了自动驾驶汽车生态系统。但是由于汽车驾驶环境的复杂多变，对系统和安全性能严格要求，在当前技术支撑下的大多数的功能实现，还不能满足自动驾驶的需求。

美国汽车工程师协会（SAE）推出的自动驾驶技术分类标准是通用标准，其按照智能化、自动化程度水平分为——无自动化（L_0）、驾驶支援（L_1）、部分自动化（L_2）、有条件自动化（L_3）、高度自动化（L_4）和完全自动化（L_5）。目前已有汽车厂商推出 L_3 等级自动驾驶车辆。如谷歌 Alphabet 公司（Google 母公司）旗下的子公司 Waymo 公司（简称 Waymo 公司），于 2017 年 11 月对无安全驾驶员的无人驾驶汽车进行测试，并于 2018 年在公路上部署；百度、长安等企业以及国防科技大学、军事交通学院等自主研发无人驾驶汽车，其中长安汽车实现了从重庆到北京的国内无人驾驶汽车长途驾驶记录，百度汽车在北京道路上进行无人驾驶汽车实验并取得成功。

全球的自动驾驶产业发展呈现出美德引领、日韩迅速觉醒、我国追赶的态势，具体有以下几点特征。

一是商用目标为先导，各国积极加快推进路面测试及相关法规出台。美国在州郡积极开展自动驾驶立法；德国开放高速公路鼓励自动驾驶汽车测试；日本日产自动驾驶汽车积累了上百万公里安全测试记录；韩国颁发自动驾驶测试许可，计划于2020年实现商业化L_3级自动驾驶；我国在2016年于上海开展智能网联汽车试点示范，此后分别在浙江、北京、河北、重庆、吉林、湖北等地开展应用示范，促进无人驾驶车辆路测合法化。

二是网联汽车系统研发蓬勃发展，汽车制造业与信息产业积极合作共赴统一通信标准。全球很多企业都在以网联汽车为主要发展方向，汽车制造业与信息产业合作加快芯片处理能力以及自动驾驶认知系统研发，积极构建网联汽车的统一通信标准。德国博世集团和英伟达合作开发人工智能自动驾驶系统，并计划基于英伟达Drive PX技术和Xavier超级芯片，提供L_4级自动驾驶技术。IBM宣布获得可在紧急情况下调整自主车辆控制权的专利，有助于预防自动驾驶事故。LTE-V、5G等通信标准将为自动驾驶提供高速率、低时延网络提供支撑。大唐、华为、中国移动等积极开展V2V、V2I标准化工作，5G汽车协会（5GAA）和欧洲汽车与电信联盟（EATA）签署协议共同推进C-V2X产业。工信部组织起草智能网联汽车标准体系方案，旨在逐步完善车联网标准体系，促进智能网联汽车发展。

三是伴随互联网企业的加入产生创新业态，成为新驱动力。互联网企业依托技术与应用方面的优势，纷纷加入自动驾驶领域，成为重要引导力量。2009年谷歌开始研发自动驾驶，美国第一大网约车服务商美国硅谷科技公司Uber公司（简称Uber）获准无人驾驶路测，第二大网约车美国专车公司Lyft（简称Lyft）开展L_3级自动驾驶汽车研发，苹果公司获加州测试许可，韩国批准Naver路测，百度获美国加州路测许可，与乌镇旅游签约开展普通开放路段无人车试运营，开放“Apollo”自动驾驶平台，腾讯成立自动驾驶实验室，阿里巴巴与上汽合作开发互联网汽车。

四是巨头公司对领军企业和初创公司的并购屡见不鲜。巨头公司为增加积累竞争优势，屡屡并购自动驾驶行业领军企业或耀眼的初创公司。通用公司收购了美国通用汽车公司自动驾驶部门Cruise Automation（简称Cruise Automation），后者所研发的RP-1高速公路自动驾驶系统性能显著；英特尔以153亿美元收购以色列Mobileye，后者致力于研发与自动驾驶有关的软硬件系统。Uber收购了提供位置API的创业公司美国地图和搜索创业公司（简称deCarta）；百度全资收购美国科技公司xPerception（简称xPerception），该公司专注于机器视觉软硬件解决方案，在机器视觉的定位、空间计算和路径规划方面有很强实力。

2. 2017 年热点和亮点

自动驾驶作为 AI 热门领域，综合了环境感知、运动规划、精准定位、视听传感等智能化应用技术，商应前景广阔，全球互联网巨头争相布局，传统车企也纷纷入局，市场呈现出热闹的融合竞争趋势。

国家对自动驾驶支持力度持续加大。2017 年内，工信部陆续印发了《人工智能行动计划》《国家车联网产业标准体系建设指南(智能网联汽车)(2017 年)》(征求意见稿)《促进新一代人工智能产业发展三年行动计划 (2018—2020 年)》，纷纷将智能网联汽车列为头等培育目标。同时地方政府积极出台文件鼓励让无人驾驶合法化，2017 年 12 月，北京市发布了《北京市关于加快推进自动驾驶车辆道路测试有关工作的指导意见(试行)》和《北京市自动驾驶车辆道路测试管理实施细则(试行)》两份指导性文件，以鼓励、支持、规范自动驾驶汽车相关研发，加快商业化落地进程。

研发主体积极研发可投入使用的前沿产品。2017 年 6 月，天津市联合国家发改委等共同组织世界智能驾驶挑战赛(WIDC)，吸引 63 支车队参加；同时还举办了国际论坛，促进业内交流。2017 年 12 月，深圳全球首发 4 台“阿尔法巴”自动驾驶公交车进行开放道路试运行，标志着中国率先成为全球开放道路自动驾驶客车的国家。

AI 巨头积极构建产业生态。2017 年 2 月，微软将用于训练测试机器人、无人机的 AirSim 系统开源，11 月又推出汽车模拟系统，扩展 AirSim 系统安全方面的能力。2017 年 4 月，百度正式发布开源的“Apollo”计划，旨在向汽车行业及自动驾驶领域的合作伙伴提供一个开放、完整、安全的软件平台，帮助结合车辆和硬件系统，快速搭建一套属于自己的完整的自动驾驶系统。9 月，百度联合奇瑞正式发布全新一代人工智能汽车。图 11.3 为 AirSim 汽车模拟系统。

图 11.3 AirSim 汽车模拟系统

汽车行业与互联网行业的融合发展成为主流。2017 年 7 月，奥迪首款量产 L3 级自动驾驶汽车奥迪 A8 在西班牙亮相，其搭载了英伟达的硬件和 Traffic JamPilot 系统，配置的高端驾驶辅助技术几乎囊括了高度自动化驾驶领域内所有技术，包括 AI 交通拥堵导航系统、远程停车导航系统、远程车库导航系统。此外，奥迪与英伟达合作联手打造的智能汽车将于 2020 年进行路上实用。2017 年 11 月，腾讯自动驾驶业务首次公开亮相，重点展示了自动驾驶技术框架、仿真测试平台，计划 2018 年实现在城市半封闭道路上的自动驾驶能力。同时，腾讯入股特斯拉，蔚来汽车有限公司（简称投资蔚来）、威马汽车技术有限公司（简称威马）以及硅谷的自动驾驶技术公司人工智能创业公司 Drive. ai（简称 Drive. ai）等公司。2018 年 4 月，阿里巴巴宣布正在进行 L4 级自动驾驶技术研发，以无人驾驶车载系统作为主攻点，结合在"阿里 ET 城市大脑"等项目中积累的 AI 识别技术进军无人驾驶领域。

3. 发展重点与举措

自动驾驶不仅是解决汽车社会交通安全、道路拥堵等问题的重要手段，也是构建智慧出行、服务新型产业生态的核心，是汽车工业转型突破的重要标志，智能汽车之于我国有着超出汽车工业本身的重要战略意义。自动驾驶的发展将推动芯片、软件、信息通信、数据服务等相关产业的发展。虽然目前国内自动驾驶技术得到了不断发展并取得了长足进步，但实现自动驾驶汽车的普及仍有很长的路要走。主要体现在关键技术水平不高、零部件非国产化严重、政策法规待完善等。

一是加大关键技术研发投入，重视环境感知技术、传感器与机器视觉识别的融合发展、决策与规划算法以及动力和控制相关安全技术的布局，积极构建自主供应链体系，加强互联网企业与汽车行业融合发展。

二是筑牢安全底线，形成研发、政策、法规立体式安全发展空间。以安全为基本前提和底线，确保测试车辆产品和测试过程安全，加强道路交通安全监管，防范各类安全事故发生；落实各项支持配套措施，加快制定紧急制动、车道保持、事件记录、信息安全等重要标准，提供测试验证的技术支撑；协同推进基础设施建设，加快部署 5G 等新一代通信网络，推进道路基础设施的智能化建设，促进车路协同发展。

三是通过技术研发、示范运行、标准法规、政策支持等综合措施，加快推动产业化进程。以试点示范引导无人驾驶功能测试，大力投入技术研发、建设标准法律法规的环境、积极参与国际标准法规指定，推进智能网联汽车商业化的应用普及。

(三) 智能语音技术

1. 全球态势和国内现状

智能语音技术主要研究人机之间语音信息的处理问题，按机器在其中所发挥作用的不同，分为语音合成技术、语音识别技术、语音评测技术等。目前，智能语音技术中最核心、产业化应用最广的是语音合成和语音识别技术，发展迅速，得益于语音技术核心算法、计算机芯片技术的快速进步。

在资本涌入、政策扶持、市场扩容的综合作用下，智能语音技术自 2010 年以来迅速发展。根据智研咨询统计数据显示，2016 年智能语音产业规模近 60 亿元，2017 年已破百亿，同比增长近 69%。2017 年中国语音技术市场份额占世界 12%，目前市面上有超过 20%的移动搜索已经具备语音功能，而这一比例有望在 2020 年达到 50%。智能语音交互是人机交互的重要环节，以语音为入口的布局成为许多科技公司的必争之地。科大讯飞作为中国最大的语音识别 AI 公司，其产品占据中文语音识别服务市场 70%的份额，在专业领域的应用市场更是占到 80%份额。科大讯飞上市的市值从 2008 年的 32 亿增长到 2017 年逼近 1000 亿。营收规模也从 2.6 亿增长到 2017 年的 33 亿，增长速度异常迅猛。

智能语音技术成熟，已经形成较为完整的产业链结构。其中，上游基础层着重语音合成、语音识别等基础技术的研发；中游支撑层将基础技术转换为软件，提供嵌入式或平台式的语音软件服务；下游应用层包括企业级用户、智能移动终端、车载导航系统、教育娱乐产品等典型应用。

产业参与主体大致可以分为三类。一类是从科研实验室走出来的独立语音技术研发和服务提供商，如源于斯坦福研究院 STAR 实验室的 Nuance Communications 公司（简称 Nuance）、与中国科学技术大学合作的科大讯飞；其二是围绕智能语音技术研发到应各环节的初创企业，如苏州思必驰信息科技有限公司（简称思必驰）、北京云知声信息技术有限公司（简称云知声）、谷歌投资的人工智能公司出门问问公司（简称出门问问）、北京声智科技有限公司（简称声智科技）、三角兽（北京）科技有限公司（简称三角兽）、北京蓦然认知科技有限公司（简称蓦然）等创业公司；其三是希望抢占下一代人机交互入口的科技巨头，如苹果公司（简称苹果）、谷歌公司（简称谷歌）、美国跨国科技公司微软公司（简称微软）、美国网络电子商务公司亚马逊公司（简称亚马逊）、百度、深圳市腾讯计算机系统有限公司（简称腾讯）、搜狐公司的旗下子公司搜狗公司（简称搜狗）等。总的说来，在 BAT 等互联网巨头和智能语音公司的合力作用下，智能语音初步形成了开放的生态系统，语音技术渗透到越来越多的应用和场景之中，在智能家居、车载、可穿戴等环节取得了一定突破。

在语音识别率方面，百度、谷歌，科大讯飞等主流平台识别准确率均在 96%以上，稳定的识别能力为语音技术的落地提供了可能。但是由于语音输入过程中有可能暴露个人相关信息，因此缺乏隐私保护性。图 11.4 为中国语音产业规模统计图。表 11.1 为互联网巨头智能语音产品布局。

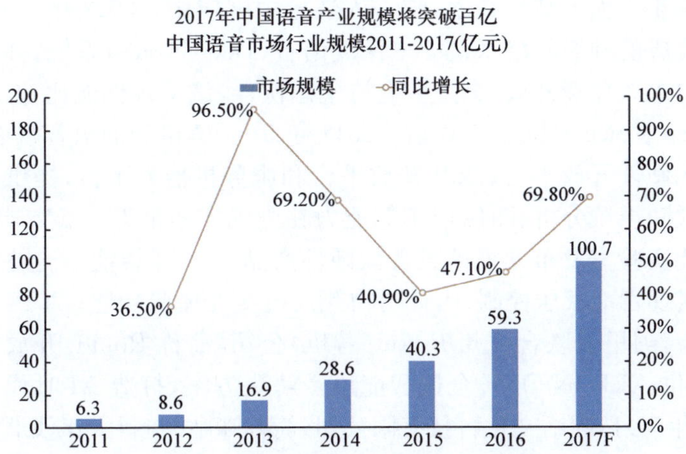

图 11.4　中国语音产业规模统计图

表 11.1　互联网巨头智能语音产品布局

公司	虚拟助手	主要产品
苹果	Siri	AirPods
谷歌	Google Assistant	Google Home
微软	Cortana	微软小冰
亚马逊	Alexa	Amazon Echo
Facebook	Facebook Messenger	—
三星	Viv、Bixby 虚拟助手	—
百度	度秘	百度语音、百度 CoDriver
腾讯	腾讯小鲸	inWatch

2. 2017 年热点和亮点

在理论研究方面，语音合成技术和语音识别技术是智能语音技术的两大主要研究领域。在语音合成方面，科大讯飞和国家语音工程实验室在 2017 年国际语音合成大赛(Blizzard Challenge)上一举包揽了赛事核心指标自然度、段落效果全球前两名，相似度全球第一名。科大讯飞连续十二年夺得国际语音合成大赛的冠军，巩固了其在智能语音和人工智能领域的全球领先地位。在语音识别方面，深鉴科技携 ESE 语音识别引擎获得了 FPGA 2017 顶会的最佳论文。阿里巴巴智能语音团队 5 篇论文被 ICASS 大会收录。百度为实现鲁棒的语音识别，基于生成对抗网络提出一种通用的、可扩展的端到端框架，提高系统鲁棒性。

在产品应用方面，百度的深度语音识别系统 Deep Speech 2 被《麻省理工评论》列入 2016 年十大突破性技术，唯一入选的中国应用。2017 年 3 月，百度发布了实时语音合成的神经网络系统——深度语音(Deep Voice)系统，并宣布语音技术全系列接口永久免费开放，全方位支持生态伙伴，该系统性能比 2016 年 9 月谷歌发布的 Deep Voice 要快上 400 倍。2017 年 5 月，腾讯云的语音智能平台"云小微"上线，包括硬件开放平台、skill 开放平台和服务机器人平台，提供麦克风阵列算法、唤醒系统、声纹分析、图像识别等能力在内的完整框架。2017 年 7 月，阿里巴巴人工智能实验室发布天猫精灵首款硬件产品——AI 智能语音终端设别天猫精灵 X1，可实现智能家居控制、语音购物等人机交互体验功能；2017 年 10 月，杭州云栖大会上，阿里云联合杭州 Rokid(若琪)公司(简称 Rokid)开放智能语音技术，为业界提供 ALL-IN-ONE 全栈智能语音解决方案，打造 AI 时代开放平台新标配。2018 年 1 月，咪咕文化科技有限公司(简称咪咕)与科大讯飞联合发布了全球首款全语音人工智能耳机，聚合了涉及翻译、健康、出行等完整功能的智能语音服务语音服务。2018 年 1 月，百度发布了 Deep Peak 2 模型，大幅提升混合输入的识别准确率，聊天场景下的相对正确率较行业领先水平提升 20%，让机器更轻松适应用户的自然对话。

3. 发展重点与举措

语音语义技术取得了突破性进展，促进了人工智能行业的发展。但是由于方言发音不同、语音场景环境复杂，语音识别和语义理解还不能完全应对，只有不断发展更新语音理解和语义识别技术，丰富知识库，才能让机器人更加智能，实现无障碍人机交互。

目前，智能语音存在三大技术瓶颈。一是远场及集外噪声环境，容易导致机器端"听不清"，从而影响后续一系列操作，严重影响偏命令控制式终端的用户体验；二是真正的智能需要实现语义的突破、声音与视觉的融合，这样才更能胜任拟人态机器人的发展；三是智能语音技术应该熟悉各种各样的语言、口音和方言，这一点在中国尤为重要。

智能语音可从硬件、算法、安全这三方面着力发展寻求新的突破。芯片与麦克风阵列是制约语音技术发展的核心部件。目前语音技术分为传统语音模式识别技术和 AI 技术两类，芯片只要支持音频输入功能和对应的运算性能即可，比如 CPU 能够达到 ARM 双核 1.2G 就可满足语音识别的要求，但远远没达到专用的智能语音芯片的程度。智能语音技术需要解决和优化发展的算法包括：语音检测、降噪、去混响和回声消除等传统音箱和通讯工具必备的基本算法，以及唤醒、语音识别、自然语言理解、对话管理、自然语言生成和文语转换等智能音箱的关键算法。语音识别技术相对成熟，声纹识别是根据语音波形反映出的个人生理和行为特征的语音参数，并以此来识别说话者的身份。现实中，该识别的准确率并不如指纹、虹膜识别。

（四）AI 芯片技术

1. 全球态势和国内现状

虽然摩尔定律遇到了技术和经济上的双重瓶颈，处理器性能的增长速度越来越慢，社会对于计算能力的需求增速却并未减缓，随着移动互联网、大数据、人工智能等兴起，对计算能力、计算功耗和计算成本等提出了更高要求。也正是计算能力的刚需，让 AI 芯片成为了 AI 应用的核心，吸引了众多巨头和初创公司纷纷加入，形成了一个自上而下的生态体系。AI 芯片吸引的资本投入在近年呈现出倍增趋势，据 PitchBook[①] 数据显示，2017 年风险投资已向专注于人工智能芯片初创企业投资了 1.13 亿美元，这几乎是 2015 年全年投资芯片产业的 3 倍。

在 AI 芯片领域，国外芯片巨头占据了绝大部分市场份额，在人才聚集和技术储备方面都具有绝对领先优势，并持续发力保持优势。凭借领先技术和应用优势，英伟达和谷歌几乎占据了 AI 处理领域 80%以上的市场份额。整个 AI 芯片生态体系从市场和芯片特性的角度可以分为在设备端做推断、在云端做推断、在本地做训练，其中的代表依次是高通、Intel、英伟达，谷歌的 TPU 则是包括云端和本地训练两层特性。除了全球巨头在通过大规模收购获取能力争夺 AI 芯片高地之外，还涌现出一些耀眼的初创公司。此外，高校也在积极探究 AI 提升芯片算力的方法。比利时鲁汶大学、韩国科学技术院等在 *IEEE ISSCC* 2017 顶会上发表论文，分别提出针对卷积神经网络加速的芯片 ENVISION、针对 CNN 和 RNN 结构可配置的加速器单元 DNPU，能效比高达 8.1TOPS/W。普渡大学的 Venkataramani S 等人在计算机体系结构顶级会议 ISCA2017 上提出了针对大规模神经网络训练的人工智能处理器 SCALLDEEP。

我国 AI 芯片研发产学研融合是一大特点，创业公司如地平线、深鉴科技、中科寒武纪等一方面获取了丰富的社会资本投资，其背后分别有百度、清华大学、中科院的身影。寒武纪在 2017 年获得一亿美元 A 轮融资，成为全球第一家 AI 芯片独角兽，标志着国内 AI 芯片从大胆想象式的探索正式转向了前沿产品化的研发之路。

---

① 一家关注私募股权、PE\VC\并购的数据库及数据分析服务提供商.

2. 2017 年热点和亮点

AI 芯片是驱动认知计算和人工智能应用迅速发展的强大动力，各大厂商的相继加入，AI 巨头强势布局以及新兴初创企业的新鲜活力使得 AI 芯片领域呈现一派欣欣向荣的景象。

在理论研究方面，2017 年，北京大学联合商汤科技等提出一种基于 FPGA 的快速 Winograd 算法，可以大幅降低算法复杂度，实验使用当前最优的多种 CNN 架构，从而实现了 FPGA 加速之下的 CNN 最优性能和能耗。在 HPCA 2017 顶级会议上，中国科学院计算机体系结构国家重点实验室提出了一种基于数据流的神经网络处理器架构，针对单个处理单元 PE 进行重新设计，以便适应特征图、神经元和突触等不同层级的并行计算。该芯片采用了 TMSC 65nm 工艺，峰值性能为 490.7 GOPs/W。在 2017 年 12 月举办的 VLSI 国际研讨会上，清华大学提出基于可重构多模态混合的神经计算芯片 Thinker，基于可重构计算芯片技术，采用可重构架构和电路技术，突破了神经网络计算和访存的瓶颈，实现了高能效多模态混合神经网络计算。该芯片作为一个通用的神经网络计算平台，可广泛应用于机器人、无人机、智能汽车、智慧家居、安防监控和消费电子等领域。2017 年，清华大学发布“运用电子突触进行人脸分类”的研究成果，将氧化物忆阻器的集成规模提高了一个数量级，首次实现了基于 1024 个氧化物忆阻器阵列的类脑计算。该成果在最基本的单个忆阻器上实现了存储和计算的融合，采用完全不同于传统“冯 · 诺依曼架构”的体系，可以使芯片功耗降低到原千分之一以下。此外，基于忆阻器所搭建的类脑计算硬件系统由于其功耗低和速度快的优势，已经成为国际研究热点。

在产品应用方面，各大厂商密集发布 AI 芯片，面向数据分析、云计算、安防、无人驾驶业务等 AI 场景。2017 年 8 月，百度发布了 XPU，这是一款 256 核、基于 FPGA 的云计算加速芯片。2017 年 9 月，德国柏林 IFA2017 大展上，华为正式发布全球首款内置神经元网络单元(NPU)的人工智能处理器——麒麟 970 芯片，其运算能力达 1.92TFP 16 OPS，AI 性能密度大幅优于 CPU 和 GPU。2017 年 11 月，寒武纪发布了全球新一代 AI 芯片，包括 3 款面向智能手机终端的处理器 IP、2 款面向服务器云端高性能智能处理器、1 款专门为开发者打造的人工智能软件平台。2017 年 11 月，2017 世界人工智能大会上，比特大陆发布了面向 AI 应用的张量处理器——算丰 Sophon BM1680，是继谷歌 TPU 之后，全球又一款专门用于张量计算加速的专用芯片(ASIC)，适用于 CNN/RNN/DNN 的训练和推理。2017 年 12 月，地平线公司发布了两款完全自主研发的嵌入式人工智能芯片——面向智能驾驶的 Journey 1.0 处理器和面向智能摄像头的 Sunrise 1.0 处理器，将算法与芯片做了强耦合——用算法来定义芯片，从而提升芯片效率。

3. 发展重点与举措

在 AI 芯片领域，国外芯片巨头在人才和技术占据了绝对领先优势。国内也在迅猛发展，尽量追赶达到国际先进水平，由于国内企业研发的芯片基本都具有自己独特的体系结构和软件开发套件，既无法融入英伟达和谷歌建立的生态圈，又不具备与之抗衡的实力。这是重大机遇，也是严峻挑战。

当前我国 AI 芯片技术应该从以下几个薄弱环节进行加强。

一是在核心制造工艺上能力上的提高和赶超。国外已经能够做到 10nm 到 7nm，而我国目前还停留在 14nm 的工艺水平上。

二是自主知识产权不足，高端芯片受制于人，不能自给自足。例如，国内智能手机严重依赖于过我的基带芯片和射频前端。

三是中国半导体设备产业薄弱，大量制造设备依赖于进口。优化 AI 硬件的热潮中，中国的半导体产业也迎来了难得的机会，来确立自己的地位。计算机芯片是 AI 成功的关键，所以中国需要发展自己的硬件产业从而成为真正的科技强国。

(五) 自然语言处理技术

1. 全球态势和国内现状

自然语言处理(Natural Language Processing，NLP)是计算机科学领域与人工智能领域中的一个重要方向，是让机器理解人类自然语言表达，迈向人机交互实现机器智能认知的重要桥梁。它主要研究能实现人与计算机之间用自然语言进行有效通信的各种理论和方法，是一门融语言学、计算机科学、数学于一体的学科。

NLP 正在成为互联网应用的基础技术，在人工智能等应用领域广泛渗透。NLP 经历了基于语言学处理、基于语料库构建和统计的机器学习识别到现阶段最流行的基于神经网络的深度学习模型实现的知识加工三个阶段的发展。伴随着互联网普及，自然语言处理技术成为了搜索、推荐、知识挖掘等各种互联网应用的基础技术，涉及的研究技术和应用领域非常丰富，从底层研究基础的语言分词、句法分析、词性标注，到浅层应用的实体识别、关系抽取、机器阅读、情感分析、语义推理，再到高级应用集成的聊天和对话、知识工程、语言生成、推荐系统、搜索引擎、智能客服、商业智能等。

NLP 在全球的研究从人员到细分领域都在不断的扩展，形成良好的持续发展态势。国际上知名的 NLP 会议越来越多，持续吸引着众多研究学者的关注，如 ACL、EMNLP、NAACL、COLING、CoNLL、Sem＋SemEval、NIPS 等，同时，涌现了一批特别活跃的研究机构和大学，如美国卡耐基梅隆大学(Carnegie Mellon University)(简称卡内基梅隆)、微软、谷歌、美国斯坦福大学(简称斯坦福)、清华大学、北京大学、中国科学院、美国麻省理工学院(Massachusetts Institute of Technology)(简称 MIT)、英国牛津大学(University of Oxford)(简称牛津)、美国哈佛大学(Harvard University)(简称哈佛)等。在研究兴趣及商业应用需求的牵引下,国内外有不少知名团队在各自的重点研究领域进行着深入的研究,并发布了相关研究论文及开源工具,在斯坦福的 NLP 工具包 Stanford CoreNLP,谷歌的 NLP 处理库 Spacy,复旦大学的 NLP 工具包 FNLP、Jieba、青岛大快搜索数据技术有限公司(简称大快公司)的 HanLP 等,Facebook 的快速文本分类器 fasttext 等。

总的来说,NLP 近年来呈现出以下几点发展趋势①。

一是在深度学习的牵引下,语义表示和学习模式逐步基于数据和算法驱动的分布式表示和自助式学习,由语言表征的知识,从人共构建转向自动构建。

二是对文本、情感的理解由浅层分析转向深度理解,从提取式的文本阅读转向更深一层的机器理解。对商业情报、政府舆情、社会媒体提升感知能力。

三是研究平台的开放化,加速聚合了大众智力,也加速了 NLP 向其他行业领域的渗透,通过深度结合,为行业创造价值。聚焦信息充分完备的领域,开辟有特色的领域性 NLP 应用。

2. 2017 年热点和亮点

我国 2017 年深度学习在自然语言处理领域应用取得了一定成就,有以下几方面值得关注。

一是理论研究及应用方面。主要亮点贡献来源于英语世界的 Facebook、谷歌等巨头公司,中文方面鲜有亮点。从训练 word2vec 到使用预训练模型。词嵌入是用于自然语言处理(NLP)的最广为人知的深度学习(DL)技术。最初,研究者倾向于利用与领域相关的大型语料库训练自己的词嵌入模型。但近年来,人们开始慢慢转向预训练模型,通过在维基百科、推特、谷歌新闻、网页抓取内容等上面进行训练,这些模型可以轻松地把词嵌入整合到 DL 算法中。情感分析技术方面有较大进展。Radford 等人在 Stanford Sentiment Treebank 上测试了该模型,测试结果显示其精确度高达 91.8%,而之前的最优结果是 90.2%。增强学习、注意力策略、Sequence to Sequence、GAN 等热门的深度学习技术开始与 NLP 技术融合并发挥作用。针对自动摘要问题,Paulus et al. 在论文中提出一种新的神经网络模型来克服 RNN 模型在文本生成领域对长文本的处理不太好,不连贯且会重复的局限。机器翻译方面,2017 年,谷歌机器翻译团队发表的 *Attention is All You Need* 中大量使用了自注意力(self-attention)机制来学习文本表示。基于场景的应用探索不断涌现。在机器阅读理解方面,在由斯坦福大学发起的机器阅读理解领域权

---

① 哈尔滨工业大学刘挺教授在 CCAI2017 国际会议上的讲话.

威评测 SQuAD(Stanford Question Answering Dataset)中,模型对文章的理解已经超过了人类标注员的水平。2017 年 7 月,科大讯飞凭借交互式层叠注意力模型(Interactive AoA Reader)获得 SQuAD 榜首,并在同年 10 月进一步优化该模型后再次刷新纪录。2018 年 1 月,讯飞与哈工大联合实验室提交的融合式层叠注意力系统(Hybrid Attention-over-Attention Reader)融合了近期学术界提出的诸多前沿技术,在 SQuAD 挑战赛中取得亮眼成绩,在其他自然语言处理任务上也获得了显著性能提升。

二是专用平台框架方面,现有大量通用 DL 框架和工具,如 TensorFlow、Keras 和 PyTorch 等,几乎都在 NLP 领域得到广泛应用。但是 2017 年出现了一些专门用于 NLP 的开源 DL 框架和工具。AllenNLP 框架是基于 PyTorch 构建的平台,可以在语义 NLP 任务中轻松使用 DL 方法。其目标是允许研究者设计和评估新模型。该框架包括语义角色标注、文字蕴涵和共指消解等常见语义 NLP 任务的模型参考实现。ParlAI 框架是一个用于对话研究的开源软件平台。它使用 Python 实现,目标是提供用于共享、训练和测试对话模型的统一框架。ParlAI 提供与亚马逊土耳其机器人轻松集成的机制,它还提供该领域常用数据集,支持多个模型,包括记忆网络、seq2seq 和注意力 LSTM 等神经网络模型。OpenNMT 工具包是专用于序列到序列模型的通用框架,可用于执行机器翻译、摘要、图像到文本和语音识别等任务。

三是产业应用方面,目前 NLP 这一领域的技术准确率远远没有达到计算机视觉和语音识别的水平,技术产品(比如个人助手)缺少实用价值。创业公司的工作中,自然语言处理领域还未诞生业界领先的初创公司。这些现状一方面说明自然语言处理的难度。另一方面,其重要性需要正视。作为 AI 认知的重要组成部分,自然语言处理是关键也是核心技术。对一个"智能"而言,仅仅感知当然不够,理解和消化内容的认知能力才是真正意义上的核心。目前,自然语言处理技术更多的是作为公司内部技术,比如内部的商业情报或人机接口功能。NLP 在产品设计、UI、用户体验方面仍有很大的提升空间。

3. 发展重点与举措

微软全球执行副总裁沈向洋在公开演讲时说:"懂语言者得天下……下一个十年,人工智能的突破在自然语言的理解……人工智能对人类影响最为深刻的就是自然语言方面"。然而,人机交互的自然语言应该是连续的,基于上下文的内容理解,并且涉及领域背景及常识性知识;另外,语言的表述和语种的语法表达存在着个性化、多样化的问题。

针对上述问题,自然语言处理技术需要在以下三个方面做进一步加强:

第一,上下文的建模需要建立大规模的数据集。比如多轮对话和上下文理解;

数据标注的时候要注意前后文。没有这样的数据，很难取得突破。

第二，强化学习很重要。我们需要根据用户的反馈倒推模型并做参数修正，使模型更加优化。现在强化学习刚刚开始用在自然语言领域，性能并不稳定，但在未来很有机会。

第三，要引入常识和专业知识，并把这些知识构建好，这样就能更加精准地回答问题。没有人能证明现在常识知识用在语言问答和搜索中的作用有多大，所以，我们需要一个测试集来检验结果。这个测试集要专门测上下文和常识，可以让我们要不停用新模型（比如强化学习或者知识图谱）去试错，来看系统性能能不能提升。

五、领域年度热词

热词 1：深度学习

基本定义：深度学习是机器学习中一种基于对数据进行表征学习的方法，其动机在于建立、模拟人脑进行分析学习的神经网络，它模仿人脑的机制来解释数据，例如图像，声音和文本。深度学习的好处是用非监督式或半监督式的特征学习和分层特征提取高效算法来替代手工获取特征。

应用水平：深度学习算法在语音、图像、机器翻译、自然语言处理、自动驾驶等诸多领域都都取得了重大突破，特定领域的决策能力已经超过人类专家的水平。深度学习的应用虽然取得了里程碑式的突破，但是目前仍然存在一些根本性的问题需要解决：它只能发现数据之间的关联性，其本质特征、因果关系尚不明确，缺乏可解释性；针对这些不同领域的不同问题，要想深度学习模型能够取得较好的效果，研究员就需要针对当前具体问题去研究具体的深度模型架构，然后再花费大量的时间对模型的参数进行微调优化。

热词 2：自动驾驶

基本定义：自动驾驶主要依靠车内的以计算机系统为主的智能驾驶仪来实现无人驾驶的目标。其技术原理是通过车载传感系统感知道路环境，自动规划行车路线并控制车辆到达预定目标的智能汽车。

应用水平：美、德、日、韩、中国均积极开展路测工作，并纷纷发布法规制度积极推进自动驾驶汽车的测试，为自动驾驶面向实用铺路。我国在多个城市建立“基于宽带移动互联网的智能汽车、智慧交通应用示范”，允许“无人驾驶”车辆路测。国内，由百度、长安等企业以及国防科技大学、军事交通学院等自主研发无人驾驶汽车实现了长途驾驶记录，取得了长足进步。但仍存在关键技术水平不高、零部件非国产化严重、政策法规待有待完善等问题。

热词 3:智能音箱

基本定义:智能语音人机接口,可完成点播歌曲、上网购物,了解天气,智能家居设备控制等功能。

应用水平:智能音箱实际上属于智能语音技术,其核心就要让机器在语音对话这一环节拥有近似于人的能力。各大互联网巨头都在积极布局智能音响业务,抢占人机接口这个智能时代的重要入口。Amazon、百度、小米、阿里等纷纷发布了自己的智能音响产品,部分性价比高的智能音响呈现供不应求的市场态势。

热词 4:人工智能芯片(AI 芯片)

基本定义:AI 芯片是执行深度学习优化算法的芯片,也可以包括用于机器人的一些机器视觉和机器学习算法。

应用水平:目前来看从芯片架构上主要分成四个流派:一是 GPU 流派,目前市场上基本是英伟达一家独大,其特性是性能高但是功耗较高;二是 FPGA(Field Programmable GateArray)流派,用户可以通过更新 FPGA 配置文件,来定义门电路以及存储器之间的连线,其优点是相对 GPU 功耗低,如深鉴科技 DPU、百度 XPU 等;三是 ASIC 流派,其特性功耗低但需要定制电路设计,相对开发周期长、开发周期长,代表如谷歌的 TPU、寒武纪 Cambricon-1A 等;四是类脑流派,类脑芯片利用计算存储一体化等芯片架构模仿人脑异步、并行和分布式的信息处理方式,目前仍处于实验室研发阶段,代表如 IBM TrueNorth、上海西井信息科技有限公司 Westwell(简称 Westwell)、高通 Zeroth 等。

参考文献

[1] 德勤公司. 2017 德勤技术趋势报告:未来 8 年机器智能如何创造价值[EB/OL]. https://cloud. tencent. com/developer/article/1050513.

[2] 中国电子技术标准化研究院. 人工智能标准化白皮书[EB/OL]. www. cesi. ac. cn/images/editor/20180124/20180124135528742. pdf.

[3] 国务院关于印发新一代人工智能发展规划的通知[EB/OL]. http://www. most. gov. cn/mostinfo/xinxifenlei/fgzc/gfxwj/gfxwj2017/201707/t20170721_134157. htm.

[4] 中国信息通信研究院. 2017 年中国人工智能产业数据报告[EB/OL]. http://www. caict. ac. cn/kxyj/qwfb/qwsj/201804/P020180213603539476032. pdf.

[5] 乌镇智库等. 乌镇指数:全球人工智能发展报告(2017)[EB/OL]. http://sike. news. cn/hot/pdf/20. pdf.

[6] P Yao, H Wu, B Gao, et al. 2017. Face classification using electronic synapses[J]. Nature Communications, 8.

[7] R Paulus, C Xiong, R Socher. A deep reinforced model for abstractive summarization[J]. 2017.

专题十二　计算机系统及软件

编写说明

计算机系统与软件是信息技术与产业发展的核心技术和基础技术，为我国国防、医疗、制造、科研等重要行业的发展提供计算支撑。随着云计算、大数据、人工智能、物联网、移动互联网等新一代信息技术与传统行业不断融合，新的计算应用场景不断涌现，这也驱动计算技术不断取得新突破。

本专题在延续 2017 年“蓝皮书”的研究范畴之上，以“计算”为切入点破题，对计算机系统与软件中的核心器件、关键软件、计算设备、计算架构等的全球及我国态势、关键技术产业进展进行深入研究。

来自中国信息通信研究院、北京航空航天大学、华中科技大学、哈尔滨工业大学、清华大学、中山大学、北京奇虎科技有限公司、百度等单位的专家参与了本次研究工作，在此一并表示感谢。

“蓝皮书”编撰过程中存在的疏漏及不足之处，敬请批评指正。

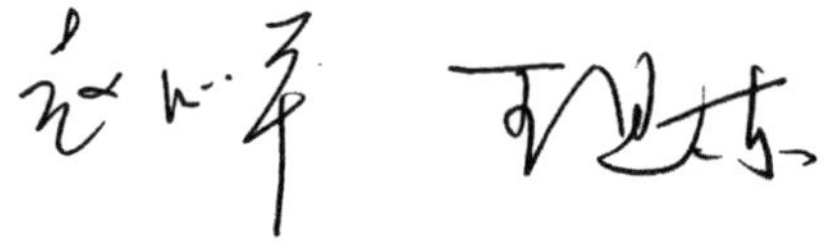

2018 年 6 月 30 日

专家组和撰写组名单

姓名	工作单位	职务职称
廖湘科	国防科技大学计算机学院	院长/院士
钱德沛	北京航空航天大学/中山大学	院长/教授
杨广文	清华大学	高性能计算所所长/教授
左德承	哈尔滨工业大学计算机学院	副院长/教授
冯丹	华中科技大学计算机学院/武汉光电国家实验室	院长/信息存储功能室主任
许志远	中国信息通信研究院	副所长/高级工程师
王海峰	百度	副总裁/教授
谭晓生	北京奇虎科技有限公司	首席安全官、首席隐私官
肖利民	北京航空航天大学	主任
谭郁松	国产基础软件工程研究中心	主任/研究员
黄华	北京理工大学	副院长
卢山	中国电子信息产业发展研究院 工业和信息化部软件与集成电路促进中心	院长、主任
聂华	曙光信息产业股份有限公司	副总/教授级高工
李仁刚	浪潮集团	部门副总
卢玥	中国信息通信研究院	主任/高级工程师
李论	中国信息通信研究院	研究员
王扬	中国信息通信研究院	研究员
童薇	华中科技大学计算机学院	讲师
张翼飞	百度	技术专家
王庆栋	北京奇虎科技有限公司	安全咨询顾问/高级工程师

注：排名不分先后

专 题 研 究

一、全球发展态势

（一）全球高性能计算即将迈入 E 级计算时代，新兴应用深刻影响计算系统

当前，超级计算系统的发展即将进入 Exascale（运算速度超过 1 exaFLOPS）时代。美国在 2015 年宣布的国家战略计算计划框架中，不断加快 E 级机的研究，在 2018 年 6 月的全球超级计算机 500 强（TOP500）的榜单中，美国橡树岭国家实验室的超级计算机"顶点（Summit）"的峰值性能接近每秒 18.77 亿亿次（TFlops/s），成为世界最快的超级计算机。我国十三五高性能计算重点研发专项中，也将 E 级计算机作为重要目标，并且对于新型的大数据应用和人工智能应用给予巨大支持。

各重点领域应用软件对超级计算机的"三高"（高性能、高容量、高可靠性）需求愈发迫切。新的应用对于未来 E 级计算机系统的形态、关键技术等有深刻影响，主要体现在性能、功耗、可编程性和可靠性等主要指标上。当前，部分主流厂商尽管能够通过采用专用体系结构来降低系统功耗，但却限制了超级计算机的应用范围，编程难度有所提高。因此能够有效平衡计算的性能、功耗、可编程性和可靠性的综合型技术方案将成为未来系统的发展趋势。

（二）持续研究非传统计算系统，量子计算和 DNA 计算有所进展

当前，摩尔定律、工艺能耗等将制约电子计算机未来发展，各类新型计算机系统成为学术界和产业界未来研究的重点方向，如：量子计算机、生物计算机（DNA 计算机）、超导计算机、分子计算机、激光计算机、神经元计算机等。但受到物理、化学、生物、材料等基础学科的限制，新型计算机研究整体上仍处于起步阶段，离实现商用化尚有较长的路要走。

量子计算研究取得显著进展，系统量子比特数量不断突破。 2017 年 3 月，IBM 推出了 17 量子位的计算服务系统 IBM Q，紧接着在 11 月继续推出了配备 20 量子比特处理器的量子计算系统，并构建 50 量子比特的量子计算机原型。2017 年 5 月，我国潘建伟团队宣布制造了 10 个光量子比特的计算机。同时，其他主流企业也在同年推出了相关产品，如微软推出量子计算机开发包；Intel 公布了 49 量子比特超导量子计算芯片"Tangle Lake"。尽管量子计算在近 20 年获得快速发

展，但仍存在诸多根本问题有待解决，例如量子比特的精确调控、如何维持量子状态、系统的可控性和可靠性、量子计算噪声影响以及量子计算机实现后现有加密算法的安全性等问题。在未来研究中，除在系统量子比特数量的角逐之外，这些问题也将成为全球产业界和学术界争相解决的重点内容。

DNA 计算机有所进展，但仍受限于生物技术。DNA 计算机是一种生物形式的计算机，其本质上由 DNA 分子电路组成，输入为细胞质中的 RNA、蛋白质以及一些其他化学物质；输出则为容易辨别的分子信号，运算也由传统电子计算机中“加”“减”等操作变成对基因的“切割”“粘贴”“插入”和“删除”等。2017 年，IG Matsoukas 等利用 CRISPR 基因编辑系统在活菌 DNA 中插入了一个 GIF 格式的图片。2017 年，微软与华盛顿大学的联合研究团队提出了一种可以大幅提升 DNA 分子运算的方法，并发表于 *Nature Nanotechnonology* 杂志上。当前，DNA 计算虽然有所突破，但由于当前生物技术的局限，仍处于早期科研阶段。

（三）应对新兴应用需求，计算技术向异构化、泛在化和融合化升级

万物智能时代，人工智能、自动驾驶、虚拟/增强现实、物联网等应用快速发展和渗透，对计算提出更高性能、更强专用性、更多样场景等需求，不断驱动计算技术向异构化、泛在化和融合化发展。**一是异构模式加速计算技术的多样化和普及化**。异构计算主要是指使用不同类型指令集和体系架构的计算单元组成系统的计算方式。异构计算应用初期主要是指 CPU 与 GPU、DSP 处理器之间协同运算，其中，CPU 主要负责控制，GPU 负责图形图像，DSP 负责数字信号处理。随着人工智能的跨越式发展，CPU＋GPU、CPU＋TPU、CPU＋FPGA 等多样化的协同计算模式不断涌现。**二是云计算和边缘计算融合发展**。边缘计算是指充分发挥接入万物的计算能力，实现数据就近计算。边缘计算能够有效解决数据迁移对网络的拥塞，并降低时延、抖动等不可控影响因素。边缘计算与云计算并不是互相替代的关系，二者高效协同，如大数据大计算量的应用场景中，边缘计算主要侧重于端侧的处理数据，中心计算主要侧重于数据分析。**三是计算、存储和网络深度融合**。大数据驱动计算、通信、存储三者之间从原先的相互独立逐渐走向融合。在设备内，CPU、存储、通信走向融合，如内存计算，即服务器直接从内存而非硬盘上读取数据，进行实时处理和分析，加速数据处理。在设备间，通过 5G 网络的应用，实现远端计算、海量存储和高带宽通信的融合，形成三位一体的信息数据网络。

（四）互联网的快速发展和广泛应用对基础软件产生深远影响，云端融合、智能化等趋势明显

互联网的崛起促进了基础软件网络化、服务化、平台化发展。互联网的快速发展推动了云计算、物联网、移动计算等技术的不断进化，而宽带互联网和移动互联

网的普及大幅提高了网络的传输能力和伸展范围。当前，计算技术的重心正在从计算机转向互联网，网络化日益成为全球基础软件最显著的发展趋势。软件即服务（SaaS）、平台即服务（PaaS）、基础设施即服务（IaaS）以及面向服务的架构（SOA）等新模式不断涌现，互联网成为基础软件开发、部署与运行的平台，操作系统、数据库、中间件、办公软件和嵌入式软件呈现出相互渗透，向一体化基础软件平台的新体系演变，平台化产品已逐渐取代传统基础软件形态成为软件企业提供服务的新模式。

云计算、大数据、物联网等新型计算模式成为推动基础软件演化的新动力。互联网环境下的云计算、大数据、移动互联网、自媒体等技术对操作系统、中间件、数据库提出了新的需求，催生了网络化操作系统技术，推动服务器、智能终端等多种形态产品进一步发展，同时操作系统的内涵和外延不断扩展，与中间件、数据库等其他基础软件逐渐形成融合，形成新的产品体系和格局。

（五）基础技术不断发展，泛智能终端迎来创新浪潮

全球计算终端逐步从PC、移动终端向具有形态多样化的泛智能终端演进。全球计算终端形态经历了2007年以前以PC为主，2008到2015年以移动计算终端为主的两个主要阶段。伴随着支撑移动终端产业发展的创新动力（如开源操作系统、创新应用模式、移动宽带技术等）逐渐减弱，以智能手机为主的移动终端产业进入创新减缓、增长有限的成熟阶段，全球智能手机出货量增速从2015年的14.4%下降至2017年的2.7%[①]。伴随着人工智能、专有芯片、云端计算、移动宽带通信等基础技术的共同发展，以新兴智能硬件为载体的泛终端设备逐渐进入创新活跃期。一方面，云端协同计算能力的升级、通用计算芯片架构的创新、以及终端芯片异构计算能力的提升满足了泛智能终端的多样计算需求。另一方面，智能感知、计算机视觉、自然语言处理等人工智能技术的突破为智能终端多样化应用场景提供了技术基础。同时，第五代移动通信（5G）、低功耗广域网（LPWAN）等通信技术的发展为智能终端拓展新功能、新形态和新应用领域提供了可能。在应用方面，2017年以来智能终端与人工智能应用服务相结合的态势促使智能终端设备（如智能无人机、智能可穿戴设备、虚拟现实/增强现实产品等）逐步从个人消费领域向生产领域扩展，并迅速形成一批智慧化行业应用场景。

二、我国发展现状

（一）高性能计算能力位于国际前列，但能效仍有差距

在计算性能方面，我国超级计算机系统数量和计算能力位于国际前列。在

① Gartner.

2018 年 6 月最新全球超级计算排行榜(TOP500)中,我国神威·太湖之光虽被美国"顶点"超越,但仍保持第二位置,入围榜单总量达到 206[①] 台,蝉联榜单中入围数量最多的国家。在总计算力上,我国占 TOP500 Flops 的 29.28%,位于全球第二位。

在计算能效方面,我国超级计算系统仍存在较大提升空间。2018 年 SC18 发布的全球超级计算排行榜 Green 500 榜单中,日本表现抢眼,日本理研(RIKEN)计算和通信高级中心所安装的首布系统 B(Shoubu system B)、高能加速器研究机(KEK)的 Suiren2 集群以及 PEZY Computing 的樱(Sakura)系统蝉联前三名。我国"神威-太湖之光"以能效使用率 6.051 GFloat/watts 排在 24 位,仍有较大提升空间。

(二) 国产计算芯片发展处于重要战略窗口期,发展自主可控芯片势在必行

我国超算系统芯片自主化发展已迫在眉睫。当前,我国虽已步入超级计算机大国行列,但除了"国家超级计算无锡中心"的"神威·太湖之光"和"国家超级计算济南中心"的"神威蓝光"采用国产处理器外,其余超级计算系统均通过采购国外处理器进行组装。CPU 作为超级计算系统的核心,若缺少自主研发能力,我国超级计算机仍旧受制于人,例如 2015 年的美国"CPU 禁运"事件和 2018 年的"中兴芯片"事件已经给国产信息技术的发展敲响了警钟,发展自主超级计算处理器将成为未来我国发展超级计算的重中之重。

新兴技术产业为国产计算芯片发展带来新机遇。当前,除服务器、PC 和智能手机的市场外,智能制造、物联网、机器人、虚拟现实、5G、区块链、云计算、人工智能等新业态的快速发展,对计算芯片产生了巨大的需求,进一步推进我国国产计算芯片的发展进程。目前,国产处理器已经取得显著成绩,龙芯已应用于"北斗"卫星、网安通信、工控设备等产品中。基于申威处理器的神威·太湖之光超级计算机曾连续多次位于国际超级计算机系统榜单之首。飞腾的 64 核 CPU 产品已经在国内信息系统以及金融、电信等关键行业应用系统中得到应用。在智能手机芯片领域,海思、紫光展讯、联芯均有量产产品,其中,海思麒麟处理器是我国领先的国产手机处理器,并逐渐打破国外厂商在手机处理器芯片行业的垄断。

(三) 量子计算取得重要进展,但与国外仍存在一定差距

在未来计算机系统研究领域,我国在量子计算机研制方面取得重要研究成果。随着研究条件的改善和国家科研项目的支持,我国量子计算已进入快速发展期。当前,中国科学技术大学团队利用核磁共振量子实现了 143 因子分解,并利用光学

① 2018 年 6 月,TOP500 超级计算机排名中,我国共计 206 台超级计算机进入排名.

量子计算实现了15的质因数分解和线性方程组求解，创新研制3个量子比特的半导体芯片和百毫秒级高效量子存储器，提出基于冷原量子存储的高效量子中继器方案。2017年，我国成功研制10光子量子计算机，并在量子通信领域先后实现了绝对安全距离超过100公里和200公里的量子密钥分发及全通型量子通信网络。不过，相较美欧等发达国家，我国在量子计算领域尽管取得了一些的进展和突破，但仍存在一定差距，具体表现为量子比特质量方面面对国际量子计算快速发展的态势，我国应考虑在量子计算相关领域加大投入，在器件的研制、量子比特的增加、比特的控制等方面开展重点研究。

（四）操作系统等基础软件已基本具备国产化替代能力，技术、生态、市场等存在持续发展空间

操作系统等基础软件已基本具备国产化替代能力。在国家核高基重大专项等支持下，国产操作系统、中间件、数据库等基础软件在核心技术上取得了突破，并推出了具有较强竞争实力的软件产品，解决了国产软件产品从无到有的问题，基本具备了国产化替代能力，正在从可用向适用、好用方向发展。操作系统方面，形成了麒麟、深度、普华等国产操作系统产品，覆盖服务器、桌面、终端多个领域。数据库方面，国内达梦、金仓、神通等也已初具规模。在中间件领域，东方通、中创、金蝶等厂商初现锋芒。国产基础软件的应用推广和产业化得到初步发展。

关键技术仍存在一定差距，技术创新能力及核心竞争力有待进一步提升。我国在操作系统架构设计、安全、高可用、实时、软硬件协同等技术上取得了一定的创新成果，部分技术处于领先地位，但总体上处于跟随状态，有待进一步向自主、主导方向发展。同时，国产操作系统在硬件支持度、安全、智能化、人机交互、部署运维、核心软件工程方法等关键技术方面仍存在较大提升空间。基础软件产品较为复杂，所含关键技术多，配套难度大，对性能的要求也远远高于其他软件产品，这些特点决定了开发高质量的基础软件产品是一项难度极高的系统工程，未来国产操作系统在软件开发的软件工程方法、代码质量验证和提升上需有所突破。此外，当前国产操作系统支持的软硬件种类和数量相对较少，市场化程度和产业化发展存在不足，未来仍需提升。

（五）初步具备新一代智能终端产业发展基础，加快补足产业短板

新一代智能终端技术全面发力，为超级计算奠定发展条件。目前，在新一代智能终端关键技术上，我国努力突破PC、智能手机历史短板，抓住新技术发展机遇力争同步起跑。在专用计算芯片方面，我国智能芯片创新意识与能力显著增强，国内寒武纪、地平线等公司不断进行技术积累与创新突破。在人工智能领域，百度、腾讯、旷世科技有限公司（简称旷世科技）等企业凭借技术和数据优势，在计算机视

觉、自然语言处理等人机交互技术领域已具备一定领先地位，为智能终端应用拓展提供了技术基础。在终端联网技术方面，我国 5G、LPWAN 等新一代通信技术不断取得标准化和产业化进展，带动国内关键芯片器件的技术研发。华为、北京紫光展锐科技有限公司（简称展锐）等国内厂商加大 5G 研发力度，纷纷推出商用 5G 芯片或方案，对我国 5G 商用进程和多样化应用起到了推动作用。

三、我国未来展望

（一）持续提高高性能计算的纵深性、系统性和前瞻性研究，加大技术储备

一是在高性能计算领域建立自主、完整的技术体系，适应创新型国家建设和各领域创新对计算的支持。在硬件技术方面，加大处理器、加速器、新型存储器、高效冷却、高效电源、高密度组装技术等核心硬件技术的研发力度。在软件技术方面，重点推动并行操作系统、大规模并行计算机资源管理系统、并行编程语言、并行编译器、并行调试器、性能调试工具、能耗调优工具、并行编程环境、应用软件开发支撑环境等核心基础软件及开发工具的研发及产业化工作。在应用技术方面，聚焦系统建模新方法、计算算法及优化、应用软件优化协同开发平台等关键应用技术，实现我国高性能计算系统的充分应用。

二是加大技术储备，除投入量子计算等处于科研阶段的计算领域外，应布局未来 10—15 年具有关键作用的技术方向。具体包括：新型计算机体系结构、创新计算与存储器件、操作系统新方法、新型编程语言及编译器、新型计算方法和算法高效实现技术等。

（二）紧抓新兴机遇，实现换道赶超

量子计算、类脑计算、光子计算、5G、人工智能、智能网联汽车、虚拟/增强现实、物联网等变革型技术和应用不断涌现，驱动着计算技术的不断演进。在 5G、人工智能、物联网等多个重要新兴应用领域，我国具备了一定的竞争优势，为我国高性能计算的进一步突破和应用生态建设带来追赶机遇。**核心元器件层面**，把握人工智能芯片、智能网联汽车芯片等应用拉动型领域，推动深度学习算法与底层硬件芯片的深度融合，提升处理器芯片的自主配套能力。**应用生态层面**，针对国产处理器，加强操作系统、工具软件和应用的开发适配，提升软件开发与优化的投资比例，重点支持关乎国计民生的行业应用及科研应用的研发与优化，拓展应用领域，提升资源利用水平，构建人工智能、物联网、5G 等领域开放合作平台，形成聚集效应。

（三）持续提升基础软件核心竞争力，大力布局研发创新、应用推广和生态链建设

基础软件是软件产业中的“国之重器”，我国需结合前瞻性研究、工程实践、人

才培养等方面提高核心竞争力。未来几年，我国需突破国产软硬件优化适配、操作系统多样化安全防御、可信子空间动态构建、网络服务的高可用支撑、前后端一体网络化资源管理、多模式人机交互支持与优化、开源代码验证分析与逆向设计等核心关键技术，研发适应服务器、桌面、智能终端、人机物融合融合系统的网络化、服务化、平台化、体系化基础软件产品，同时，通过建立国家级基础软件创新团队以及构建人才储备和梯队形成良性可持续发展，实现从吸收消化与跟随向自主、主导发展。

应用牵引、软硬协同，构建自主可控的软硬件生态链。一是以党政机关为应用重点，以整体集成为应用方向，推进国产安全可靠基础软件在党政军、金融、航天等关键行业的规模应用，形成应用、技术、产业良性互动的发展格局。二是创建软硬结合的闭环产业链，注重对硬件、基础软件和应用软件的整体设计，降低产品支持的复杂性，为用户提供高品质的用户体验。三是政府与学术界和工业界紧密结合，遵循市场规律，共同参与形成具有核心优势的产业联盟，充分挖掘开源创新潜力，构建自主可控的软硬件生态链。操作系统产品的核心竞争力来自于技术，但不仅仅止于技术能力的提升，产业化和市场化同样缺一不可，任何一方面的短板将对产品的持续发展带来挑战。

(四) 初步具备新一代终端核心技术突破条件，努力补足产业短板

目前，在新一代计算终端关键技术上，我国努力突破 PC、智能手机历史短板，抓住新技术发展机遇力争同步起跑。一是我国智能芯片创新意识与能力显著增强。在专用计算芯片方面，2017 年寒武纪公司发布 3 款新一代人工智能芯片，在功耗、能效比、成本开销等方面具有一定优势。地平线发布嵌入式人工智能视觉芯片，以“算法＋芯片＋云”构建解决方案。二是我国智能感知应用技术目前位于国际先进行列。百度、阿里、腾讯、科大讯飞、旷世科技等企业凭借技术和数据优势，在计算机视觉、自然语言处理等人机交互技术领域已具备一定领先地位，为我国智能终端应用拓展提供了技术基础。三是我国 5G、LPWAN 等网络技术标准化和产业化的推进带动国内关键芯片器件的技术研发。在 2018 年世界移动通信大会上，华为发布 5G 商用芯片“巴龙 5G01”。

然而，从产业链整体布局来看，我国在上游基础技术的研发和原创力方面仍较为薄弱。受制于我国集成电路产业基础薄弱，我国计算芯片缺乏整体化架构能力和长期积淀的设计经验支持，缺少先进成熟的制造工艺支撑，产业整体发展水平与发达国家仍有差距。此外，虽然我国在基于新一代泛智能终端的人工智能应用服务方面发展迅速，但在核心算法研发方面，我国仍处于跟随阶段，深度学习、增强学习、生成式对抗网络等人工智能核心算法理论基本仍由国外掌握。

(五) 持续发力对计算生态环境的完善

当前，我国高性能计算生态环境仍有待完善，主要体现在评价体系、政策鼓励

和运行机制上的综合性措施完善。**一是加强关键环节的交流与合作**，特别是处理器等硬件研制方和软件厂商之间的信息交流，学术界、产业界和应用部门之间的信息交流。自主处理器等研制者一般对于硬件特点较为熟悉，但是由于对应用领域了解有限，难以在应用软件的研发中发挥指导作用。**二是需加大高性能计算软件的研发投入**。一方面，加大对高性能计算软件厂商的激励政策。当前高性能计算软件占软件市场整体份额有限，技术入门门槛较高，软件厂商投入积极性有待调动。另一方面，优化高校、研究所的运行机制，有效提升科研人员的研发积极性，以适应当前高性能计算应用发展的需求。

四、我国热点亮点

（一）计算芯片技术/应用

近年来人工智能的发展重心逐渐从云端向终端迁移，对计算能力、功耗和集成度提出了全新的要求，冯诺依曼体系结构的计算机系统表现出的内存墙等缺点也愈加明显，新一代计算芯片产业迎来新的发展机遇。随着我国在芯片研发和制造领域的投入不断增大，我国在人工智能、类脑计算、量子计算等新计算领域不断取得技术突破，将逐渐扭转以往“受制于人”的被动局面。

1. 全球态势及我国现状

人工智能芯片成为计算芯片发展的重要方向。国际芯片巨头布局频繁，占据大部分市场份额。其中，英伟达凭借 GPU 和 Xavier、谷歌凭借 TPU 获得领先优势。英特尔、特斯拉、英国 ARM 公司（简称 ARM）、IBM 等也在人工智能处理器领域占有一席之地。此外，新形态人工智能芯片研究持续开展。2017 年，英特尔推出一款能模拟大脑工作的自主学习芯片 Loihi，该芯片由 128 个计算核心构成，每个核心集成了 1024 个人工神经元，整个芯片拥有超过 13 万个神经元与 1.3 亿个突触连接。美国 IBM 公司研发出由 64 个“真北”类神经形态芯片驱动的新型超级计算机，其功耗比传统计算机芯片降低 4 个数量级，“真北”芯片神经元数量从 2011 年的 256 个增加到 2017 年的 6,400 万个，年增长率达到 800％。

我国人工智能专有计算芯片发展迅速，人工智能芯片创业公司不断涌现。其中，我国企业寒武纪研发适用于图像识别、安防监控、智能驾驶、无人机、语音识别、自然语言处理等多个重点应用领域的人工智能计算芯片，且在运行主流智能算法时的性能功耗比有一定优势。比特大陆研发张量处理器，该处理器是专门用于张量计算加速的专用芯片，适用于 CNN/RNN/DNN 的训练和推理。百度发布基于 FPGA 开发的云计算加速芯片 XPU，该芯片在处理计算密集型、基于规则的多样化计算任务时拥有极高的效率和性能。此外，地平线在 2017 年年底发布了两款分别面向智能驾驶和智能摄像头的嵌入式人工智能芯片。

2. 产业与技术进展

模拟人脑运转机制，新型类脑计算机体系结构成为前沿研究热点。2017 年，清华大学微电子所实现了基于 1024 个氧化物忆阻器阵列的类脑计算。忆阻器被认为是最具潜力的电子突触器件，通过在器件两端施加电压，可以灵活地改变其阻值状态，从而实现突触的可塑性。2018 年 3 月，清华大学研制出超低能耗驱动（8 节五号电池可供应其一年所需的电量）"思考者"芯片，支持神经网络，可运用于使用电池的小型设备，动态调整计算和记忆要求以满足软件需要。

人工智能芯片在功耗、计算能力方面不断优化升级。2017 年 11 月，中国科学院联合寒武纪公司发布了三款新一代人工智能芯片，包括面向低功耗场景视觉应用的寒武纪 1H8，通用性和性能较强的寒武纪 1H16 以及面向智能驾驶领域的寒武纪 1M。与寒武纪 1A 相比，3 款芯片在功耗、能效比、成本开销等方面进行优化，性能功耗比有所提升，适用范围覆盖图像识别、安防监控、智能驾驶、无人机、语音识别、自然语言处理等重点应用领域。2018 年 4 月，阿里巴巴达摩院宣布研发运用于图像视频分析、机器学习等 AI 推理计算的神经网络芯片 Ali-NPU，该芯片性能有望在制造成本、功耗及性能方面进行优化，可以通过阿里云进行计算能力的输出，覆盖多个行业。

我国量子计算芯片取得重大突破。2018 年，中科大研究团队制备半导体六量子点芯片，成功实现了基于半导体量子点体系的三电荷量子比特逻辑门，为可扩展、可集成化半导体量子芯片的研制奠定了坚实基础。2018 年 5 月，上海交通大学物理与天文学院研究团队研发出大规模的三维集成光量子芯片，如图 12.1，并演示了二维空间的随机行走量子计算，这项研究进展对于推进模拟量子计算机研究具有重要意义。

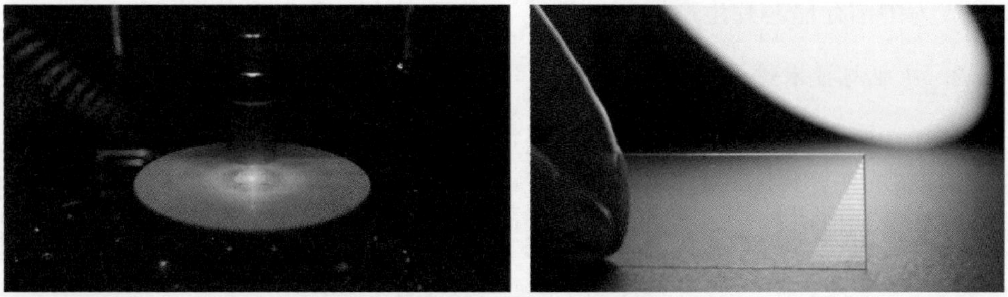

图 12.1　上海交通大学研发的三维集成光量子芯片

（图示芯片中的二十组光子阵列里，每组都包含了 2401 根波导）

3. 发展重点与举措

一是紧抓新型体系结构计算芯片的发展机遇，突破核心关键技术，将其转化为产业优势。二是长期持续支持自主发展安全可控的高端通用计算芯片。三是着力计算芯片产业生态的建设，加速推进我国自主可控的计算芯片在各领域的应用。

(二) 存储系统技术/应用

1. 全球态势与国内现状

全球存储芯片市场需求持续增长，全球两大主流存储芯片 DRAM[Dynamic Random Access Memory，动态随机存取存储器]和 NAND Flash[NAND 闪存]已经形成相对垄断格局。2017 年，三星、SK 海力士半导体(中国)有限公司(简称 SK 海力士)和美光科技有限公司(简称美光)3 家共计占据 DRAM 市场的 95%，而 NAND Flash 市场则被三星、东芝、西部资料、美光、SK 海力士和英特尔 6 家瓜分。

新型非易失存储器蓄势待发，将成为下一代内存技术。传统 DRAM 面临着工艺尺寸难以进一步缩小，以及随容量增加刷新功耗越来越大等问题，难以满足内存计算的需求。当前，新型的字节可寻址的 NVM[Non-Volatile Memory，非易失内存存储器][①]有望成为下一代内存技术，新型 NVM 具有高存储密度，低功耗，非易失等诸多优点，可与 DRAM 性能相匹敌，同时还能够持久化存储数据，为构建高可靠性，大容量，低功耗的持久性内存系统提供了可能。

我国存储芯片产业布局活跃，2019 年将成为中国存储芯片生产元年。目前，长江存储、福建晋华、合肥长鑫集成电路有限责任公司(简称合肥长鑫等在闪存)、DRAM 芯片领域完成布局，今明两年有望实现量产。国内存储芯片产业以投入 NAND Flash 市场的长江存储、专注于 DRAM 的合肥长鑫，以及致力于利基型 DRAM 存储芯片的晋华集成 3 大阵营为主。以目前三家厂商的进度来看，其试产时间预计将在 2018 年下半年，量产时间可能皆落在 2019 年上半年，揭示着 2019 年将成为中国存储芯片生产元年。

2. 产业与技术进展

长江存储开启我国三维堆叠闪存量产的新时代。2018 年 4 月，由紫光集团有限公司(简称紫光集团)和武汉新芯集成电路制造有限公司(简称武汉新芯)建设的国家存储器基地项目芯片生产机台正式安装，标志着我国自主研制的 32 层三维堆

① 例如，相变存储器(PCM，Phase Change Memory)、自旋转移力矩磁随机存储器(STT-RAM，Spin Transfer Torque Random Access Memory)、磁性随机存储器(MRAM，Magnetic Random Access Memory)、阻变式存储器(RRAM，Resistive Random Access Memory)、3D XPoint.

叠闪存将实现量产，是我国三维堆叠闪存芯片制造追赶世界的重要一步，或将成为中国半导体产业的重要里程碑。

合肥长鑫和福建晋华正快速推进 DRAM 芯片进入量产阶段。2017 年 5 月，合肥长鑫公司投资 72 亿美元兴建 12 寸晶圆厂以发展 DRAM 产品，预计最大月产将高达 12.5 万片规模。2017 年 7 月份，台湾晶圆代工厂联华电子股份有限公司（简称联电）与中国大陆福建晋华集成电路公司合作的 12 寸 DRAM 生产线（晋华项目）正式开工，预计 2018 年 9 月试产，并达到月产 6 万片的规模。

国产 PCM[Phase-change memory，相变存储器]实现产业化销售。2017 年 6 月，中国科学院上海微系统与信息技术研究所联合中芯国际集成电路制造（上海）有限公司在 130 nm 制程 PCM 芯片的研究上取得巨大进展，打印机用相变存储器芯片实现了产业化销售，相关 PCM 芯片完成销售 1600 万颗，并将进一步研制 40nm 节点的 PCM 芯片。武汉光电国家研究中心在 2011 年实现了 32Mb PCM 功能芯片并在服务器中成功验证，目前正在攻关基于相变存储器的 3D XPOINT 存储器技术，预计 2019 年能在实验室研发成功。

STT-RAM 存储器处于研发阶段，产品尚待突破。2017 年 5 月，微电子所集成电路先导工艺研发中心与北京航空航天大学的联合团队在 STT-MRAM 关键工艺技术研究上实现突破，采用可兼容 CMOS 工艺成功制备出直径 80nm 的磁隧道结。2017 年 1 月，中电海康磁旋存储芯片研发及中试基地项目开工，该项目将用于研发生产具有自主知识产权的 STT-RAM 存储器。

国产阻变式存储器迎来新机遇。目前，国内尚未具有生产成熟的[**阻变式存储器**，Resistive Random Access Memory]芯片的厂商，但已有部分企业开始投入 RRAM 的研发和生产。2017 年 1 月，美国闪存技术公司 Crossbar（简称美国 Crossbar 公司）宣布与中芯国际合作开发的 40nm 工艺 3D 堆叠 1TnR 阵列的 RRAM 芯片正式出样。2018 年 5 月，美国芯片设计商美国 Rambus 公司（简称 Rambus）宣布与中国存储器解决方案供应商兆易创新合作建立一个在中国的合资企业（合肥睿科微电子），以实现电阻式随机存取存储器（RRAM）技术的商业化。此外，武汉光电国家研究中心研究基于 RRAM 的类脑存储技术，在存算一体的机理及关键技术上取得重要进展，将为解决计算机系统的内存瓶颈问题提供新思路。

3. *发展重点与举措*

一是支持自主可控的国家战略，继续推进存储芯片的研发和生产制造，解决我国存储无“芯”之痛；**二是**大力扶持下一代存储技术研究，精心做好专利战略布局，为下一代存储掌握主动打好基础；**三是**突破关键设备和开发工具国产化，改变完全依赖进口的局面；**四是**顶层设计，形成从存储芯片、设备、存储系统的产业链及相关的核心技术，形成良好的存储产业生态；**五是**建立良性人才培育机制，解决芯片人才缺口问题,从而具备自主创新的能力,持续产出原创的高端存储产品。

(三) 新型终端系统技术

全球计算终端产业在经历了以 PC 和智能手机为主要形态的两个主要阶段后,目前迎来了以可穿戴设备、虚拟现实、智能无人机、智能机器人等为代表的新型智能终端的创新浪潮。2017 年,人工智能与专有器件技术的发展融合带动智能终端产业迎来功能升级、市场扩张的发展新机遇。图 12.2 为全球虚拟现实/可穿戴设备出货量预测。

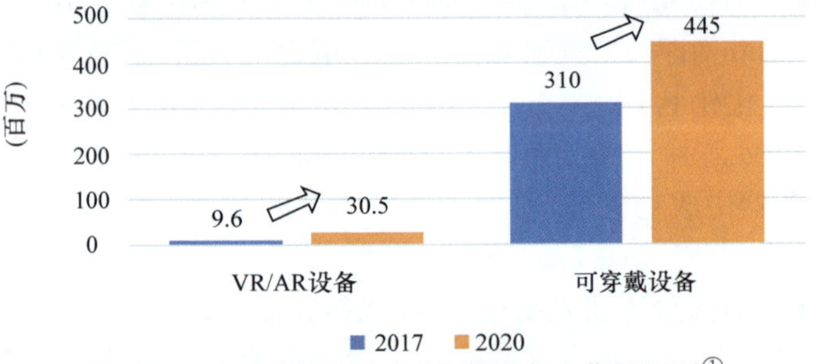

图 12.2 全球虚拟现实/可穿戴设备出货量预测①

1. 全球态势与国内现状

关键技术不断完善,产业发展逐步成熟。人工智能、传感、物联、新型显示、异构计算等新一代信息技术的发展持续推动新型智能终端产业的变革升级。2017 年以来,虚拟现实产业逐步进入平稳发展期。在关键技术方面,近眼显示技术已经相对完善,AMOLED(Active-matrix organic light emitting diode,主动矩阵有机发光二极体)屏幕的分辨率、刷新率、视角等指标已经满足虚拟现实显示的基本要求。除此之外,人工智能和传感联网技术的发展推动以语音交互、自动控制功能为主的智能家居终端创新增多,围绕智能音箱、智能语音的新型智能家居应用生态开始逐步建立起来。

我国基础技术不断提升,产业具备突破条件。我国在智能芯片、智能感知、网络通信等支撑智能终端产业发展的基础性技术领域不断取得突破进展,创新型企业不断涌现。在专用计算芯片方面,2017 年中国科学院联合寒武纪公司推出三款新一代人工智能芯片,在功耗、能效比、成本开销等方面具有一定优势;人工智能企业地平线发布面向智能驾驶的征程(Journey)1.0 处理器和面向智能摄像头的旭日(Sunrise)1.0 处理器;智能感知领域,我国大型互联网公司凭借技术优势,加快

① 数据来源:Gartner,IDC.

布局计算机视觉、自然语言处理等人机交互技术。在2017年4月国际权威人脸数据库MegaFace上，腾讯以83.29%的成绩在100万级别人脸识别测试中获得冠军；阿里云ET人脸识别技术在LFW（户外脸部检测数据库）上识别率超过99.5%；智慧联网方面，我国成为5G、LPWAN等技术的主要推动者；在5G产业化方面，我国已于2016年开启技术研发试验，2017—2018年将全面推进第二阶段技术方案验证和第三阶段系统验证并完成相关标准制定，有望助力我国智能终端产业迎来新一轮发展高潮。

2. 产业与技术进展

终端器件与人工智能的深度耦合成为智能终端领域研究热点之一。2017年苹果公司推出的iPhone X智能手机采用了基于结构光的3D摄像头和集成仿生人工智能芯片，实现了高精确度的人脸识别，随后我国智能终端领域也掀起了终端硬件与人工智能深度结合的技术浪潮。小米、华为、OPPO等厂商争先推出或研发基于3D摄像头与人工智能芯片/算法的智能终端产品。3D摄像头可获得拍摄对象的深度信息，基于人工智能算法可使终端具备高精确度的活体检测、手势识别、三维建模等功能，是实现3D人脸检测和AR功能的重要前提。

我国智能手机领域掀起全面屏浪潮，引发产业链变革。随着苹果iPhoneX的发布，全面屏成为智能手机新一轮创新周期的标配。华为、小米、OPPO等我国厂商纷纷推出全面屏终端产品。一方面，全面屏的普及推动我国面板企业积极布局全面屏技术。京东方、天马加快推出HD+和FHD+分辨率的LCD产品，以满足国内手机厂商的需求，AMOLED产品也在2017年末实现稳定出货。京东方于2017年10月实现柔性AMOLED量产打破韩国垄断，有望切入高端手机供应链。另一方面，全面屏手机给指纹识别产业链带来转型压力，同时推动3D摄像头技术发展。国内厂商奥比中光研发可用于人脸识别、手势识别、人体骨架识别、三维测量、环境感知、避障、跟随、三维地图重建等功能的3D深度摄像头，可运用于电视、手机、机器人、无人机、VR/AR、智能家居安防、汽车驾驶辅助等领域。

3. 发展重点与举措

围绕基础技术、产业生态、发展政策、安全保障等方面营造我国新型智能终端产业良好发展环境。加大技术研发创新力度，提升我国智能芯片和支撑软件的整体系统化架构能力；加强芯片制造工艺研发，弥补我国集成电路产业短板；建立基于智能技术的终端产业生态，加强芯片、数据、算法、开发框架、应用平台等各个环节的耦合性，从而在国际上具备较强的生态话语权；打破新型智能终端所面临的数据、政策等壁垒问题。数据方面，进一步提升在医疗健康、安全防护等垂直行业领域数据开放力度，为智能终端智慧化应用场景提供更多数据训练模型。政策方面，加快论证和立法进程，推动相关标准的建立，为新技术研发和应用提供基础保障；面对智能终端安全问题，应从强化法律监管、提高安全意识、完善技术安全保障三个方面强化安全屏障构筑，同时从终端数据采集安全、数据传输安全、云端数据应用安全、设备安全等方面加强智能终端发展所面临的数据安全问题。

(四) 操作系统/基础软件

1. 全球态势与国内现状

基础软件向云端一体、人机物融合等方向发展。一方面，智能终端、桌面和云计算服务端由各自独立的软件栈逐渐走向融合，客户端和云服务端软件栈的部分层次紧密协同共同完成任务，为终端用户提供更好的用户体验。另一方面，支持大规模资源管理的云操作系统崭露头角，支持良好用户体验及新型交互模式的终端操作系统得到广泛使用。同时，中间件从单纯的服务集成向业务流程集成、界面展现集成、资源调配支撑等方向发展，数据库系统从以处理结构化数据为主，发展到处理分布式网络中高维的、海量的、异构的、不完全的、结构化/非结构化/半结构化的数据、文档、网页，以及各类视频、音频、图片等多媒体文件，信息的类型更加多样丰富。

操作系统技术和产品不断推陈出新，智能化将成为操作系统未来发展的重要趋势。操作系统的智能化发展趋势体现在两方面：一是向上为智能应用提供优化的共性支撑技术，即通过操作系统为上层智能计算应用提供新型智能硬件及异构平台的适配优化、面向智能计算的访存、通信和编译优化、资源调度与分配等共性支撑；二是充分利用人工智能技术提供更优质的系统服务和用户体验，即在基础软件产品中采用智能计算技术支持视觉、语音、智能搜索、文本识别和分析、基于知识的推荐、用户行为分析、以及用户体验优化等。简言之，互联网时代下，基础软件在传统功能基础上引入了更多智能元素及为智能计算提供支撑的元素，新兴智能技术为移动智能终端等提供了新式的用户体验。

国产操作系统技术和产品得到长足发展，与国外商用产品相比仍存在差距。十五以来，在国家重大科技计划和核高基专项等支持下，在政府和业界的共同努力下，我国通用操作系统水平已取得了长足的进步。以国产 CPU 支持、安全、高可用等为例，我国目前已基本具备自主设计和实现能力；国产操作系统仍然保持较高的市场增速，国产操作系统厂商的技术创新实力得到大大加强，产学研合作、产业链合作不断深化。同时，与国外微软、苹果、Android 等代表性操作系统相比，国产操作系统在产品和技术水平方面仍存在较大差距，尚不具备封闭发展或主导开源的实力，支持的软硬件种类和数量较少，产业化和市场化水平有待提高。

2. 产业与技术进展

当前，我国操作系统的发展已经取得了长足的进步，国产品牌基础软件影响力持续增强，形成了银河麒麟、中标、深度、普华等国产操作系统产品，覆盖服务器、桌面、终端多个领域，已经在包括金融、政府、交通、公安及国防等领域均已取得了广泛应用，并开始进入关键业务领域应用。

在数据库方面，国内达梦、金仓、神通等也已初具规模。在中间件方面，东方通、中创、金蝶等初现锋芒。国产基础软件的应用推广和产业化得到初步发展，未来的市场容量将持续增加。

操作系统的研究热点主要集中在以下几方面：

各大厂商争先布局人工智能操作系统。百度推出对话式开放式人工智能操作系统 DuerOS。该操作系统可借助云端大脑进行学习。目前，百度与小鱼在家战略合作设计了搭载 DuerOS 的"小鱼在家"视频对讲机器人，该机器人具备语音、屏幕和摄像头等多模态的交互能力。

物联网操作系统技术功能不断完善。阿里巴巴发布 YunOS 6 操作系统，该系统的进程服务可更细粒度的定义系统服务关系、挖掘服务并行度、去掉冗余加速服务，从而实现 15 秒开机，应用冷启动时间缩短 200％以上，内存使用效率提升 40％，续航提升 25％，以智能调度实现低功耗省内存，可以快速响应更小更轻量的升级包，定位精度得到有效提升。

我国在桌面及服务器操作系统领域技术水平不断提升。中标麒麟 V7.0 操作系统再次提升系统性能及兼容性，扩展终端设备应用，并针对龙芯、兆芯、申威等国产 CPU 平台进行了大量优化，使得平台运行性能提升，整体系统功耗下降。操作系统还围绕 OS 进行了二次开发，提供了多种衍生产品和服务，并且与曙光、浪潮、航天信息等集成商进行了用户应用的专属优化，缩减系统响应时间，提升用户体验。

基于安卓系统的国产智能终端操作系统呈现百花齐放的竞争态势。随着移动互联网的快速发展，越来越多国产厂商纷纷涉足智能终端市场，智能终端市场竞争激烈，操作系统多以开源的安卓操作系统及其衍生系统为主。华为、小米、中兴、联想等纷纷携其研发的智能硬件设备进入智能操作系统发展的行列。MIUI 是小米公司旗下基于 Android 系统深度优化、定制、开发的第三方手机操作系统，2018 年 5 月，推出最新版本 MIUI10。2018 年 6 月，银河麒麟 Kydroid 1.0 正式发布，支持与桌面操作系统的高度融合，性能和兼容性表现较好，同时为"飞腾＋麒麟"国产软硬件协同平台增加了多样化的安卓程序软件。然而，安卓系统的专利风险和后门风险仍然存在。

同时，2017 年我国操作系统的研究亮点主要集中在以下几方面：

华为打造自主开发移动操作系统"麒麟 OS"。华为围绕麒麟处理器打造代号

"麒麟 OS"专属自主系统。不同于目前 EMUI、MIUI、Flyme 系统，麒麟 OS 将不再基于安卓源代码适配，进行自主开发。全新的麒麟 OS 会与海思麒麟处理器进行软硬捆绑，目前已进入内测阶段。

翼辉推出自主实时操作系统。北京翼辉信息技术有限公司(简称翼辉信息)发布国内大型开源实时操作系统 SylixOS。该系统适配 3A3000 处理器和各大半导体厂商超过十多款 CPU 芯片，支持 ARM、MIPS、PowerPC、x86 四大平台，同时支持可信计算接口、SATA 热插拔、超线程等 SMT 技术调度均衡化。

中国移动推出企业级通用 Linux 操作系统。中国移动发布"大云容器化操作系统"1.0 版本。该操作系统基于大云操作系统 BC-Linux 进行深度定制，借助开源技术的开放优势，通过定制化手段自主研发企业级通用 Linux 操作系统，已在中国移动内部进行商用推广。该操作系统通过内核优化和系统裁剪等技术手段，精简了容器运行环境，提升了系统运行速度，减少了系统开销，同时降低了系统运维难度，减少了系统安全攻击面，提高了业务系统的稳定性和可用性。

3. 发展重点与举措

加大国产操作系统突破力度，营造良好产业发展环境。一是前瞻技术攻关和短板技术补齐相结合，提升核心技术的自主可控程度。持续跟踪新技术，补齐并加强基础软件中的缺失和关键环节，促进产品质量提升。二是软硬互动，健全产业链生态环境，提高基础软件产品整体竞争力。积极整合软件开发者、芯片企业、终端企业、运营商等产业链上的各主体，构建一个覆盖配件、终端、应用服务等诸多环节的完整生态圈；三是加大对开源生态及混源软件的形成、发展、制约机理的研究，让开源软件为创新型国家发展战略切实地提供更好的服务。四是围绕战略规划重点，制定基础软件领域人才队伍中长期建设方案。制定实施财税、金融方面的优惠政策措施，健全医疗、住房、户籍方面的人才政策，建立完善期权等创新型激励机制，大力支持高层次人才的创业与创新，营造有利于高端人才脱颖而出的人才发展环境。五是国外基础软件现有商业运作模式尚不适用，基础软件现阶段发展仍需要国家扶持和投入，需持续进行技术积累和人才培养，追赶国外商用主流基础软件产品的技术水平和产品竞争力。六是落实现有的国家鼓励基础软件发展的投融资政策，推动各类产业投资机构和担保机构对软件企业的支持力度，构建和完善风险投资机制。

(五) 高性能计算技术/应用

超级计算机为解决国家经济建设、科学进步、国家安全等一系列重大挑战性问题提供了不可替代的重要手段。而超级计算机的发展一方面受其自身科学发展的推动，另一方面则主要由应用的牵引。

1. 全球态势与国内现状

人工智能应用在全球高性能计算领域持续发挥着重要影响力。随着越来越复杂的神经网络模型被开发和应用，智能搜索引擎、广告投放、语言翻译以及图像识别等应用变得越来越智能，机器学习等智能技术与传统高性能计算技术的结合成为新的发展趋势。

从中长期来看，我国在超算领域已取得一定成就，但离超算强国还有较大距离。这主要体现在：核心技术突破面不够宽、自主并行应用软件不丰富、各层次超算人才培养有待加强、超算中心的作用有待进一步发挥。

2. 产业与技术进展

高性能计算应用范围继续扩展。2017 年，阿里云发布弹性高性能计算平台 EHPC 为用户提供 HPCaaS 公有云服务，可一键部署弹性伸缩的高性能计算集群环境；华为宣布成立高性能计算全球能力中心构建联合创新平台，孵化高性能计算与云、人工智能的行业解决方案，加速行业变革；南科大科研团队的项目“非线性地震模拟”获得国际高性能计算应用领域最高奖“戈登 · 贝尔”奖；青岛组建服务于海洋强国战略的智能超算与大数据联合实验室，构建海洋领域高性能计算平台，计算速度达到每秒两千六百万亿次。

中国在超算领域位于国际前列。在 2018 年 6 月最新全球超级计算排行榜(TOP500)中，我国持续蝉联榜单中入围数量最多的国家，入围榜单总量达到 206 台，总计算力占 TOP500 Flops 的 29.28%，位于全球第二位。神威 · 太湖之光虽被美国“顶点”超越，但仍以每秒 12.5 亿亿次的峰值计算能力及每秒 9.3 亿亿次的持续计算能力保持第二位置。图 12.3 为神威 · 太湖之光超级计算机。

图 12.3 神威 · 太湖之光超级计算机

我国浸没式液冷技术不断取得突破。受限于技术、应用环境、成本等诸多因素，浸没式液冷技术一直处于液冷散热的“金字塔尖”位置。2017 年 9 月曙光交付了商用浸没式液冷服务器 I620-M20。此外，国内包括阿里巴巴在内的许多公司和机构也在着手研发浸没式液冷设备。继 2015 年 9 月推出了年均 PUE 低于 1.3 的深层湖水制冷数据中心，阿里在 2017 年 4 月 26 日云栖大会·南京峰会上展示了全浸没服务器——麒麟，能源使用率(PUE)逼近了理论极限值 1.0，可以让电力发挥出更大的计算能力。

3. 发展重点与举措

一是依托自主可控技术研制 E 级计算机。从 2015 年初美国政府禁止对国防科大出口高性能处理器和加速器到 2017 年美国政府对中兴公司的禁售事件，充分说明了自主掌握核心技术的重要性。二是开展软件和应用开发环境的研发，实现生态体系自主可控。三是形成学术界、产业界和应用部门的密切合作。

(六) 计算安全

1. 全球态势与国内现状

计算作为信息技术发展的基础，其面临的安全问题层出不穷，安全保障需求也日益凸显。综合来看，国际上关于计算安全的关注重点主要涉及承载计算的基础器件/软件安全、计算终端的安全以及边缘计算、云计算等新型计算模式的安全。

我国政府高度重视网络安全工作。随着《网络安全法》的落地实施，我国网络安全产业发展进入快速车道，作为网络安全产业的基础领域，计算安全领域也步入快速发展新阶段。在基础计算器件安全方面，针对芯片安全漏洞，国内高校企业积极开展防护方案的研究，实现漏洞检测和修复。在智能硬件安全方面，2017 年 9 月，中国信息通信研究院发布《智能硬件安全白皮书(2017)》，提出建立智能硬件整体安全防护体系。在边缘计算安全方面，业界提出建立涵盖节点安全、网络安全、数据安全、应用安全的边缘计算安全服务架构。在云计算安全方面，国内厂商纷纷推出云安全解决方案，提升云端的安全可视性、合规性、数据安全和威胁保护能力。

2. 产业与技术进展

计算器件安全方案不断推出，国内团队积极推进。2018 年 3 月 Intel 宣布，过去五年发布的 Intel 处理器已经修复了 Spectre 幽灵漏洞的第一个变种，而在下一代处理器中将重新设计硬件，免疫幽灵漏洞第二个变种和 Meltdown 熔断漏洞。2018 年国内企业积极研究 CPU 漏洞相应的检测、预警和抵御机制，360 推出了“CPU 漏洞免疫工具”，能够及时准确地检测出利用此类漏洞的攻击，实现快速预警和有效抵御，解决全球网络信息安全领域面临的核心技术难题。

智能硬件安全需要从整体安全架构和应对策略两个维度进行综合考虑。智能硬件的安全问题直接影响到人身安全、社会安全和国家安全，因此智能硬件安全必须引起高度重视。2017 年 9 月，中国信息通信研究院发布《智能硬件安全白皮书(2017)》，提出智能硬件的整体安全架构不应该聚焦在一个点，而应该是一个面的问题。智能硬件安全需要构建"分层部署、纵深防御"的整体安全防护体系，形成基于固件安全检测与加固、数据安全、客户端安全、平台安全、网络安全等维度的整体安全防护体系。需要构建全面实用的智能硬件安全事件应对策略，建立有效的政府和行业的智能硬件安全应急响应机制，按照不同的应用场景设立智能硬件安全等级体系，以安全标准体系带动产品安全认证机制建立，规范研发管理流程，研发生产安全合规。

边缘计算安全服务架构及解决方案不断推出。边缘计算已经广泛应用于智能交通、智慧医疗、智能电网、智能工厂、智能城市等关键领域，是我国国民经济、现代社会以及国家安全的重要基础设施的核心系统。但由于边缘计算分布广、环境复杂、数量庞大、在计算和存储上资源受限，并且很多应用在设计之初未能完备的考虑安全风险。2017 年 11 月，我国边缘计算产业联盟与工业互联网产业联盟联合发布《边缘计算参考架构 2.0》，提出边缘计算不同层级需要不同的安全特性，安全服务的设计应覆盖边缘计算架构的各个层级，包括节点安全、网络安全、数据安全、应用安全。同时，安全服务的设计还需要有统一的态势感知、安全管理与编排、统一的身份认证与管理，以及统一的安全运维体系，以最大限度地保障整个架构安全与可靠。2018 年 3 月，业界推出了基于云的工具和服务方案将云与边缘节点、传感器和设备联接起来，解决了物联网部署中固有的安全挑战。边缘计算安全服务架构及解决方案不断推出，逐步解决边缘计算设计之初的安全风险，为边缘计算的发展保驾护航。

云计算安全技术持续创新发展。2017 年 2 月，360 公司针对云环境下的虚拟化安全推出了虚拟化安全管理系统，该产品采用灵活的安全策略，通过认证、标记化和加密方式，确保云端和传输中的数据安全，而且通过性能优化措施可以在保证安全的情况下保留原有云应用功能，不影响用户云应用体验。2018 年 RSA 大会入围创新沙盒大赛的十家公司中有两家与云安全相关。其中 ShiedX 网络公司(简称 ShiedX Networks 公司)推出的 ASP 平台通过实时应用程序依赖关系映射和任何数据中心以及云环境中运行的自适应微分段来帮助防止网络威胁实现合规性，ASP 简化了执行微分段策略的过程，并随着应用程序的部署和扩展以及漏洞发现而随机不断调整策略去应对。StackRox 公司通过独特的分布式传感器组合以及集中式分析与机器学习技术提供持续检测能力，以帮助客户立足容器速度与规模提供情境与关联信息。

3. 发展重点与举措

结合我国计算安全产业自主探索的现实经验，提出以下发展建议，一是加强安全政策执行与监督，将安全战略落实到具体的战术和行动上；二是以需求促发展，推动安全领域的技术创新、应用研发及人才培养；三是积极促进安全龙头企业做大做强，鼓励安全企业充分利用资本运作机制引导更多的社会资本投向计算安全领域，快速扩大我国安全企业规模；四是建立有效的沟通机制，加强政府、行业企业、高等院校、科研院所等机构之间的沟通交流，深入分析现实问题并共同探讨解决办法，充分发挥各自优势，努力实现前沿技术突破，加速产业创新升级；五是政府出台相应的优惠措施，鼓励安全企业加大对产品的国际化投入，增强其产品的国际竞争力。

（七）计算模式

1. 全球态势与国内现状

人工智能与云计算呈现融合发展态势。人工智能与云计算的结合主要表现在基础设施、平台、应用三个层面。在基础设施方面，云计算需要部署 FPGA、GPU、NPU、TPU 等异构主机，以更好应对人工智能的复杂计算需求。在平台方面，云计算需要开放深度学习平台，输出人工智能技术；在应用方面，云计算需要提供包括图像识别、语音识别、手势识别、机器翻译等人工智能应用服务，帮助用户快速构建人工智能产品。

计算系统架构正从以云计算为中心的集中式模式跨入云计算和边缘计算高效协同的模式。随着万物互联的飞速发展和广泛应用，现有云计算技术难于高效处理网络边缘设备产生的海量数据，边缘设备正从数据消费者的单一角色转变为兼顾数据生产者和数据消费者的双重角色，边缘设备将利用其收集的数据完成模式识别、预测分析、智能处理等功能，从而通过低延迟提高用户体验，并通过边缘服务减少数据流量。

2. 产业与技术进展

国内各大云计算厂商纷纷发布人工智能云战略。2016 年 8 月，阿里云推出人工智能 ET，同步推出智能语音交互、图像/视频识别、交通预测、情感分析等智能服务，以及医疗大脑、工业大脑、环境大脑等。2016 年 7 月，百度提出百度云是“云计算＋大数据＋人工智能”的三位一体解决方案，发布天算、天像、天工三大智能平台方案，赋予云计算更加智慧的能力。2017 年 6 月，腾讯云推出“AI 即服务”战略及“智能云”新品，以云服务形式将人工智能等技术能力输送至各行各业，降低从营销到产销存全链路创新的门槛。2017 年 6 月，金山云推出覆盖多个层面的 KAP (Kingsoft AI Propeller) 人工智能云，为各个行业提供多种组合型 AI 方案和服务，其中包括金山云深度学习平台 KDL(Kingsoft Deep Learning)，重点打造人工智能关键的深度学习能力。

国内龙头企业纷纷推出边缘计算相关的产品和解决方案：

在互联网领域，2018 年 2 月，百度云天工推出包括“智能边缘核心”和“IoT Edge SDK”两大核心组件的“智能边缘”产品。将云端的数据管理与计算功能以软件的方式放在设备端上，融合网络、计算、存储以及应用核心能力，将智能计算能力带向离数据源更近的地方，与云端计算良好协同，打造出从设备端开始的智能计算。

2018 年 3 月，阿里云推出 IoT 边缘计算产品 Link Edge。Link Edge 融合了阿里云在云计算、大数据、人工智能的优势，可将语音识别、视频识别等 AI 能力下沉至设备终端，打造云、边、端一体化的协同计算体系。

在工业互联网领域，2017 年 6 月，航天云网推出连接 INDICS 工业互联网平台的工业物联网网关“Smart IoT”产品。提供采集、转换、处理和传输不同厂商品牌工业设备数据、工厂 OT 组网和通信协议转化等功能，用于传感器网络接入、设备接入和边缘计算及工业大数据处理，为生产制造企业提供了工业设备连接并使用工业互联网平台服务的便捷方式。

在通信网络领域，2017 年 3 月，华为基于边缘计算的物联网 EC-IoT(Edge Computing IoT，边缘计算物联网)的解决方案。由终端通信模块，边缘计算网关 (AR500 系列产品)和敏捷控制器共同构成，终端通信模块支撑物联终端传感网络智能互联，边缘计算网关就近提供智能联接和数据处理业务，让不同类型的应用和数据在网络边缘处理，敏捷控制器通过开放的 API/eSDK 与不同合作伙伴的行业应用系统开放对接。EC-IoT 可实现业务实时、业务智能、数据聚合与互操作、安全与隐私保护等关键智能服务，有效提升业务的智能决策效率。

3. 发展重点与举措

构建统一的体系架构，为边缘计算在固定互联网、移动通信网、消费物联网、工业互联网等不同网络接入和承载技术中的发展奠定基础。一是加速边缘计算核心技术的研发和试验认证，推动技术进一步成熟。二是加强工业互联网、物联网等行业的跨厂商合作，促进产业的互联互通和互操作。三是建立用户、边缘节点、边缘计算服务之间的访问控制机制和安全通信机制，确保数据的机密性和完整性、用户的隐私性。

五、领域年度热词

热词 1:量子计算

基本定义:遵循量子力学规律调控量子信息单元进行计算的新型计算模式

应用水平:目前可实现 50 量子比特运算,但仍存在诸多根本问题有待解决,例如量子比特的精确调控、如何维持量子状态、系统的可控性和可靠性、量子计算噪声影响以及量子计算机实现后现有加密算法的安全性等问题。

热词 2:E 级计算

基本定义:峰值性能可达每秒百亿亿次双精度浮点运算(EFlops)规模的计算

应用水平:仍处于研发阶段,尚未获得实际应用,是世界高性能计算发展的下一个里程碑,预计 2021 年前后可获应用。当前世界最高性能的"太湖之光"峰值性能仅为每秒 12.5 亿亿次。

热词 3:人工智能

基本定义:用于模拟、延伸、扩展人的智能理论、方法、技术及应用系统

应用水平:已获得应用,如:机器视觉、语言理解、智能搜索、自动规划、博弈、图像和视频理解、生物特征识别、智能控制、智能机器人、深度学习等,其中,图像识别、语音识别准确率已达到产业化应用水平,推理、决策等方面有待进一步突破。

参 考 文 献

[1] https://www.zdnet.com/article/ces-2018-intel-announces-major-breakthrough-in-quantum-computing-chip/.

[2] Matsoukas I G. Commentary: CRISPR-Cas encoding of a digital movie into the genomes of a population of living bacteria[J]. Frontiers in Bioengineering & Biotechnology, 2017, 5: 57.

[3] 曾琳. 国内云计算市场发展状况分析[J]. 移动通信, 2017, 41(8): 74-78.

[4] N Xu, J Zhu, D Lu, et al. Physical Review Letters, 2012, 109: 269902.

[5] X D. Cai, Jian Wei Pan. Experimental quantum computing to solve systems of linear equations[J]. Phys. Rev. Lett. 110, 230501, 2013.

[6] Sheng Jun Yang. An efficient quantum light-matter interface with sub-second lifetime[J]. Nature Photonics, 2016 , 10: 381-384.

[7] Xiao Hui Bao. Efficient and long-lived quantum memory with cold atoms inside a ring cavity[J]. Nature Physics, 2012, 8: 517-521.

[8] https://www.thedailystar.net/bytes/tech-happening/china-scientists-create-first-photon-quantum-fastest-computer-1400458.

[9] J Van den Ende, R Kemp. Technological transformations in history: how the computer regime grew out of existing computing regimes. Research Policy, 28 (1999), pp. 833-851a.

[10] D Burger，J R Goodman，A Kagi. Memory bandwidth limitations of future microprocessors. Proc. 23rd Ann. Int'l Symp. Computer Architecture，1996：78-89.

[11] W A Wulf，S A McKee. Hitting the memory wall：implications of the obvious. Computer Architecture News，1995，23(1)：20-24.

[12] 边缘计算参考架构 1.0. 边缘计算产业联盟，2016，11.

[13] 边缘计算信息安全需求与关键技术. 边缘计算产业联盟//工业控制系统信息安全. 专刊第四辑，2017，11.

[14] 网络安全产业白皮书. 中国信息通信研究院，2017.

[15] 智能硬件安全白皮书. 中国信息通信研究院，2017.

[16] 智能硬件产业发展白皮书(2017 年). 中国信息通信研究院，2017.

[17] H Akinaga，H Shima. Resistive random access memory (ReRAM) based on metal oxides. Proc. IEEE 2010，98，2237-2251.

[18] D Kuzum，R G D Jeyasingh，B Lee，et al. Nanoelectronic programmable synapses based on phase change materials for brain-inspired computing：Nano Lett. 2012，12(21)：79-86.

[19] K T Park，et al. Three-dimensional 128Gb MLC vertical NAND flash memory with 24-WL stacked layers and 50MB/s high-speed programming. ISSCC Dig. Tech. Papers，2014：334-335.

[20] J W Im，W P Jeong，D H Kim，et al. 7. 2 A 128Gb 3b/cell V-NAND flash memory with 1Gb/s I/O rate[C]//Solid-State Circuits Conference-(ISSCC)，2015 IEEE International. IEEE，2015：1-3.

[21] Kang D，Jeong W，Kim C，et al. 256 Gb 3 b/cell V-NAND flash memory with 48 stacked WL layers[J]. IEEE Journal of Solid-State Circuits，2017，52(1)：210-217.

[22] Tanaka T，Helm M，Vali T，et al. 7. 7 A 768Gb 3b/cell 3D-floating-gate NAND flash memory[C]//Solid-State Circuits Conference (ISSCC)，2016 IEEE International. IEEE，2016：142-144.

[23] Kim C，Kim D H，Jeong W，et al. A 512-Gb 3-b/Cell 64-Stacked WL 3-D-NAND Flash Memory[J]. IEEE Journal of Solid-State Circuits，2018，53(1)：124-133.

[24] Yamashita R，Magia S，Higuchi T，et al. 11. 1 A 512Gb 3b/cell flash memory on 64-word-line-layer BiCS technology[C]//Solid-State Circuits Conference (ISSCC)，2017 IEEE International. IEEE，2017：196-197.

[25] Maejima H，Kanda K，Fujimura S，et al. A 512Gb 3b/Cell 3D flash memory on a 96-word-line-layer technology[C]//Solid-State Circuits Conference-(ISSCC)，2018 IEEE International. IEEE，2018：336-338.

[26] Lee S，Kim C，Kim M，et al. A 1Tb 4b/cell 64-stacked-WL 3D NAND flash memory with 12MB/s program throughput[C]//Solid-State Circuits Conference-(ISSCC)，2018 IEEE International. IEEE，2018：340-342.

[27] 宋志棠. 相变存储器. 北京：科学出版社，2010. 1—19.

[28] 冒伟，刘景宁，童薇等. 基于相变存储器的存储技术研究综述. 计算机学报，2015，38(5)：

944-960.

[29] 刘金垒,李琼.新型非易失相变存储器 PCM 应用研究.计算机研究与发展,2012,49(Suppl.):90-93.

[30] G F Close,U Frey,J Morrish,et al. A 512Mb phase-change memory (PCM) in 90nm CMOS achieving 2b/cell//Proceedings of Symposium on VLSI Circuits (VLSIC),IEEE,Jun 15, 2011:202-203.

[31] Y Choi,I Song,M H Park,et al. A 20nm 1.8 V 8Gb PRAM with 40MB/s program bandwidth//Proceedings of IEEE International Solid-State Circuits Conference Digest of Technical Papers (ISSCC),IEEE,Feb 19,2012:46-48.

[32] M Stanisavljevic, H Pozidis, A Athmanathan, Demonstration of reliable Triple-Level-Cell (TLC) phase-change memory//Proceedings of IEEE 8th International Memory Workshop (IMW),IEEE,May 15,2016:1-4.

[33] 刘波,宋志棠,封松林.我国相变存储器的研究现状与发展前景.微纳电子技术,2007,(2):55-61.

[34] D Cai,H Chen,Q Wang,et al. An 8-Mb phase-change random access memory chip based on a resistor-on-via-stacked-plug storage cell. IEEE Electron Device Letters,2012,33(9),1270-1272.

[35] J H Wang,J Zhou,W L Zhou,et al. A high speed asymmetric T-shape cell in NMOS-selected phase change memory chip. Solid-State Electronics. 2013,81:157-162.

[36] Everspin announces sampling of the world's first 1-gigabit MRAM product. https://www.everspin.com/sites/default/files/pressdocs/Everspin_Announces_Customer_Sampling_1Gb.pdf.

[37] Chung S W,et al. 4Gbit density STT-MRAM using perpendicular MTJ realized with compact cell structure. 2016 IEEE International Electron Devices Meeting (IEDM),San Francisco,CA,2016,:27.1.1-27.1.4.

专题十三　计算机应用

编 写 说 明

本“蓝皮书”中的计算机应用专题，主要研究计算机技术与国计民生、国民经济、国家安全等应用领域深度融合的技术、产业和应用范例。

从技术层面讲，我们认为计算机应用技术是将计算机的网络、系统、硬件、算法、软件等技术与应用领域技术深度融合的一类技术。从应用领域讲，计算机应用已从最初的科学计算、数据处理、企业管理等向社会及城市的精细高效治理拓展，正带动智能医疗、交通、环保、教育、工业、农业、商业等新兴领域发展，正推动人类社会信息化发展，深刻变革着人们生产生活方式。

来自空军研究院、航天科工集团、中科院自动化所、中科院软件所、北京理工大学、北京交通大学、北京邮电大学、百度公司、阿里研究院、中国电子科学研究院等单位的专家参与了本次研究工作，在此一并表示感谢。

编撰“蓝皮书”仍在尝试阶段，一定存在很多疏漏和错误，敬请批评指正。

费爱国 李伯虎

2018 年 6 月 30 日

专家组和撰写组名单

姓名	工作单位	职务/职称
费爱国	空军研究院	院士
李伯虎	航天科工集团	院士
宁滨	北京交通大学	院士
王海峰	百度公司	副总裁
赵保英	阿里研究院	研究员
刘驰	北京理工大学	副院长
董海荣	北京交通大学	教授
刘伟	北京邮电大学	教授
王庆国	航天科工集团二院二〇八所	高级工程师
张陆游	空军研究院	高级工程师
侯宝存	航天科工航天云网天智公司	研究员
柴旭东	航天科工航天云网天智公司	研究员
刘阳	航天科工航天云网天智公司	高级工程师
张翼飞	百度公司	研究员
贾立好	中科院自动化所	副研究员
苏建华	中科院自动化所	副教授
王丹力	中科院软件所	研究员
范炳健	航天科工集团二院二〇八所	高级工程师
王昕	航天科工集团二院	高级工程师
颜玢玢	北京邮电大学	讲师
何元	北京邮电大学	讲师
陶利	中国电子科学研究院	工程师

注:排名不分先后

专 题 研 究

一、全球发展态势

(一) 计算机应用与实体经济从初步融合迈向深度融合新阶段

伴随着人类社会信息化、智能化程度不断提高，世界各国加速计算机应用与产业融合发展，积极布局智能制造、智慧交通、智慧医疗等领域发展，世界智慧数字经济、智慧经济发展步入快车道。在智能制造领域，美国特朗普政府通过政策扶植重振制造业，欧洲各国政府也制定并实施了重振工业或打造未来工业的政策。如美国继续实施“再工业化”战略、德国推出 20 余个卓越工业 4.0 中心、英国推出以“工业数字化”为核心的《工业战略白皮书——建设适合未来的英国》，旨在重振制造业，推动产业结构优化升级。在智慧交通领域，世界各发达国家竞相投入大量人力和财力，进行大规模智慧交通技术研究试验。目前，多个发达国家已从对该系统的研究与测试转入全面部署阶段。美、欧、日智慧交通系统开发应用水平代表了全球的最高水平，其智慧交通系统的发展，已不限于解决交通拥堵、交通事故、交通污染等问题，基本上完成了智慧交通系统（Intelligent Traffic System，ITS）体系框架，在重点发展领域积极进行大规模应用，为计算机应用技术发展提供了广阔的发展空间。在智慧医疗领域，随着医疗行业数据的快速增长，大型企业集团、传统医学技术公司、科技公司等行业利益相关方纷纷寻求具有合适的创新方式在医院内外提供以患者为中心、由技术驱动的“智慧”医疗服务。大型企业集团通过并购与合资在生命科学与医疗行业进行横向扩张，而传统医学技术公司积极布局医疗服务领域。科技公司等非传统企业以及其他颠覆企业也在进入医疗市场，提供新视角、新服务。

(二) 以产业需求为牵引的计算机应用技术创新不断取得新进展

计算机应用技术加速创新，不断突破原有技术架构和发展模式，并广泛应用于产业，成为助推产业发展的关键要素。一是人机交互、深度学习、智能搜索等计算机应用新技术不断取得突破，并呈现融合发展态势，移动互联、人工智能芯片、区块链、移动支付、多源数据融合成为技术创新焦点；二是迁移学习技术和神经架构技术取得新进展。谷歌基于迁移学习技术和神经架构搜索技术，推出了一套全新的人工智能服务工具 Cloud Auto ML。该工具能够帮助开发者自动生成一个定制化的机器学习模型，即通过人工智能的方法来产生定制化的人工智能模型。目前 Auto ML 还处在测试阶段，仅支持计算机视觉模型，后续可能将服务拓展到语音、翻译、视频、自然语言处理等所有标准机器学习模型。迁移学习技术即利用不同模型之间的相似性，将已经训练好的模型参数迁移到新的模型中，从而帮助新模型的训练，降低新模型训练的时间和难度。神经架构搜索则是使用渐进式的搜索方法来加速搜寻优良的 CNN 结构，在高效识别最有希望模型的基础上进行探索，从而提升算法所需时间和所需样本数量。三是计算机应用技术为传统产业转型升级和新兴产业发展提供强有力支撑，如智慧交通、电子商务的发展更依赖 AR/VR、大数据分析、分布式计算等技术的发展；人工智能技术在医疗影像、疾病监控、新药发现、智能问诊、医用机器人、辅助决策、健康管理、医保监管等领域逐渐发挥作用；数字主线、数字孪生成为复杂产品研制的重要手段。

（三）计算机应用孵化新产业、新业态的进程不断加快

计算机应用技术快速发展推动“互联网＋金融”“互联网＋服务”快速发展，实体经济与虚拟经济融合进程加快，正引发更广领域的生产方式、产品形态、商业模式变革突破。中银国际研报指出，2017 年全球智慧城市相关产业市场规模约为 4246.8 亿美元，预计 2022 年将增至的 12016.9 亿美元，期间年复合增率达 23.1%，并带动智慧交通、智慧医疗快速发展；网络安全与信息产业日益得到各国重视，2017 年全球网络安全产业规模达到 989.86 亿美元，较 2016 年增长 7.9%，北美、西欧、亚太维持三足鼎立态势，合计市场份额超过 90% ，网络安全在整个国家安全的地位更加突出；移动支付快速发展，呈现出替代纸币虚拟化、银行服务移动化、虚拟货币国际化等发展特点；互联网思维持续渗透零售，零售业智能化快速迭代特征明显，以最低的试错成本探索出可行的商业模式，将成为短期内零售业升级的显著特征。

二、我国发展现状

（一）计算机应用基础技术关键技术创新活跃度进一步提升

以大数据、人工智能、深度学习、自动驾驶等为代表的计算机应用技术呈现快速发展态势，创新效应突出，取得了若干具有较大影响力的成果，部分领域世界领先。**在基础技术方面**，深度学习技术快速发展推动人工智能算法实现突破、海量数据为算法提供源源不断的素材、GPU、FPGA 等人工智能 专用芯片极大提升了运算力。**在关键技术方面**，传感器检测技术、三维激光扫描技术、远程综合监控技术、

移动互联网、物联网、云计算、大数据、建筑信息化模型(Building Information Model, BIM)、VR、AR等信息化和智慧化技术快速发展,推动智能制造、智能轨道交通等领域技术发展;我国工业互联网持续推动,但与发达国家尚还存在较大的差距,约80%的工业设备尚没有联网,工业互联网核心技术受制于人,关键平台综合能力不强;在智能轨道交通技术方面,智慧感知、信息处理、获取、智慧决策、虚拟轨道跟随控制技术等关键技术领域取得了多项技术突破,形成了一系列技术成果,智能化感知、决策水平进一步提高。**在技术应用方面**,计算机应用在我国经济社会各个领域的应用持续深化,移动支付、智慧医疗、互联网金融、社交应用已成规模;截至2017年底,我国互联网普及率达到55.8%,超过全球平均水平4.1个百分点,超过亚洲平均水平9.1个百分点;我国移动支付用户规模持续扩大,用户使用习惯进一步巩固,网民线下消费使用手机网上支付比例由2016年底的50.3%提升至65.5%①。

(二)计算机应用相关产业持续快速发展

计算机应用技术在经济社会各领域的持续应用推动我国计算机应用相关产业领域快速发展,成为推动我国经济发展的新动能。一是共享经济发展全球领先,经济规模和影响力持续扩大,正在成为拉动我国经济发展的新增长点。据初步估算,2017年我国有超过7亿人参与共享经济活动,比2016年增加1亿人左右;我国共享经济平台企业员工数约716万人,比2016年增加131万人,共享经济对扩大就业的作用进一步凸显。二是工业互联网产业快速发展。以航天科工INDICS平台、海尔集团(简称海尔)COSMOPlat平台、三一重工树根互联技术有限公司(简称树根互联)平台为代表的工业互联网平台快速发展,2017年我国工业互联网直接产业规模约为5700亿元。在2017年到2019年期间,预计产业规模将实现18%的年均增速,至2020年时将达到万亿元规模②。三是第三方移动支付普及率持续上升。随着中国消费者消费习惯的发展,第三方移动支付已经成为居民参与经济活动的基础入口与工具之一,得益于第三方移动支付便利性的特点,在整体上中国第三方移动支付的用户普及率将会持续上升,移动支付产业规模持续扩大。四是人工智能及计算机视觉产业规模进一步扩大。据iiMedia Research(艾媒咨询)数据,2017年产业规模将以51.2%的增长率达到152.1亿元,并于2019年增长至344.3亿元。随着科技、制造等业界巨头公司的布局深入,人工智能产业的规模将进一步扩大。计算机视觉作为人工智能的子领域,其发展和应用也很大程度受到人工智能核心技术的影响。未来,作为人工智能子领域的计算机视觉产业规

① 数据来源:中国互联网络信息中心. 中国互联网络发展状况统计报告. 第41次. 2018年01月.

② 中国工业互联网产业联盟数据.

模也会相应扩大。

(三) 智能制造成为加快供给侧结构性改革的新引擎

近年来,中国制造业产业升级已经成为大势所趋,智能制造贯穿了产业升级的全过程。2016 年 12 月,工业和信息化部、财政部联合制定并印发了《智能制造发展规划(2016—2020 年)》,为全国各地大力发展智能制造提供了明晰的发展路径。工信部又于 2017 年相继针对重点领域、重大工程、重大举措等方面密集发布了相应的专项规划和行动指南,从而指导我国智能制造未来 10 年的发展。2017 年 10 月,工信部正式 2017 年智能制造试点示范项目名单已经确定,推动智能制造政策的进一步落地。根据《新华(常州)中国智能制造发展指数报告(2017 年 1—3 季度)》显示,截止至 2017 年第三季度末,我国主要行业仍处于智能制造概念渗透期,智能制造技术在我国各个行业的应用覆盖度基本呈现三个梯队:第一梯队为金属冶炼、机械设备制造、汽车制造三个行业,渗透率相对较高,分别为 13.58%、12.89%和 12.40%;第二梯队为电气设备、新能源、新材料三个行业,渗透率分别为 8.84%、6.5%和 7%,处于居中水平。第三梯队为新一代信息技术、生物化工行业,渗透率较低,分别为 4.89%、5.09%,表明这些行业智能化仍在初步布局阶段。因此说,未来智能制造行业尚还有巨大的发展空间。

三、我国未来展望

在“互联网+”“中国制造 2025”“新一代人工智能发展规划”以及“健康中国 2030”等国家战略的牵引下,我国计算机应用领域将呈现技术进步快、产业覆盖广、同各领域的产业关联迅速增强等特征,成为我国经济增长的新动力,在增加社会就业、优化产业结构、转变发展方式等方面发挥重要的作用。

未来几年,我国政策红利将持续释放,计算机应用技术快速发展,为智能制造、智慧道路交通、智慧医疗等计算机应用领域发展带来巨大机遇;在经济社会各领域的广泛需求牵引下,深度学习、计算机视觉、智能博弈等一批融合性新兴技术将加速发展,移动互联网、物联网、工业互联网等将持续拓展产业边界,万物互联趋势更加明显;人工智能技术推动智能家居、智慧交通、智慧健康医疗等一批新兴产业向智能化转型,并有望迎来爆发增长,以大规模定制化生产、共享经济等为代表的“新经济”将加速发展。

未来,我国需要在技术发展、产业发展、模式创新等方面持续发力,为计算机应用领域向数字化、网络化、智能化迈进提供驱动力。

一是坚持技术创新。通过加强基础研究推动计算机应用领域核心技术群发展,促进产业发展繁荣;不断地扩大与世界各国计算机应用产业的交流,实行更高水平的开放；争取到 2020 年，计算机应用领域多项核心技术达到国际先进水平，计算机应用产业国际竞争力大幅提升；到 2025 年，实现计算机应用领域核心技术突破，改变核心技术受制于人的局面，引领全球信息革命新发展。

二是加速产业融合发展。以智能制造为主攻方向，围绕产业链部署创新链，围绕创新链完善资金链，形成经济、科技和金融的深度融合与良性循环，实现中国制造业智能升级与跨越发展。

三是深化计算机应用。着力推进互联网、大数据、人工智能与实体经济深度融合，加快制造业、农业、服务业数字化、网络化、智能化进程，以市场需求牵引技术突破。

四是积极塑造协同创新体系。要紧紧抓住新一轮科技革命和产业变革所带来的战略机遇，通过市场主导与政府引导相结合，培育更加多元和活力的创新主体；各级政府、科技界、学界、金融界要共同营造良好的生态环境，帮助和支持企业特别是广大中小企业的智能升级。

五是要加强人才培养和使用。加强我国人工智能、智慧制造、智慧医疗等计算机应用人才的培养，建立一批世界一流的创新团队；通过为科技人才、企业家、投资者和创业者提供具有稳定预期和充分激励的制度环境，充分调动各类人才的创新活力。

四、我国热点亮点

（一）智能制造

1. 产业与技术进展

新一轮科技革命和产业变革驱动了我国制造业的创新发展和转型升级。特别是在新互联网技术（物联网、车联网、移动互联网、卫星网、未来互联网等）、新信息通信技术（如云计算、大数据、5G、高性能计算、建模/仿真等技术）、新人工智能技术（基于大数据智能、群体智能、人机混合智能、跨媒体推理、自主智能等技术）的推动下，智能制造模式、手段和业态发生了重大变革。新的智能制造技术将极大地带动了智能产品、智能装备、智能使能工具与平台、智能制造系统（制造单元、车间、工厂、行业/区域等不同层次系统）以及智能制造云平台运营中心等产业发生深刻变化，推动制造业发展步入新阶段。

广义而论，智能制造是先进信息技术与先进制造技术的深度融合，贯穿于产品设计、制造、服务等全生命周期的各个环节及相应系统的优化集成。可归纳为三个基本范式：数字化制造、数字化网络化制造、数字化网络化智能化制造——新一代智能制造。新一代人工智能技术与先进制造技术的深度融合，形成了新一代智能制造技术，成为了新一轮工业革命的核心驱动力。

面对以智能制造为核心技术的新一轮工业革命，世界各国都在积极采取行动，抢占未来发展战略制高点。美国最新发布的《国家机器人计划 2.0》。德国在"工业 4.0 战略计划"之后，计划再推出 13 个全新的卓越工业 4.0 中心。英国政府正式推出了《工业战略白皮书——建设适合未来的英国》，日本提出"互联工业：日本产业新未来的愿景"。

随着《中国制造 2025》进入全面部署、加快落实、深入推进的阶段，我国先后推出了《国务院关于积极推进"互联网＋行动的指导意见》《中国新一代人工智能发展规划》《关于深化"互联网＋先进制造业"发展工业互联网的指导意见》等战略规划，将推动我国智能制造技术、产业、应用一体化协调发展，作为推进中国制造智能转型的重要路径。

我国智能制造的技术、产业、应用等方面已取得了一些成果。2009 年我国在国际上率先提出了"云制造"的概念，开始了制造云的研究与实践。随着新技术的快速发展，又推进了智能制造云（云制造 2.0）的进一步研究与探索。新技术的发展极大带动智能产品、装备等产业出现革新。在智能网联汽车行业，现在不少汽车企业提出了自己的智能汽车发展的路线图。在智能装备方面，如在工业机器人研制上将实现人机共融成为工业机器人下一个要樊登的高峰。同时，工业互联网平台发展热度和速度极高，涌现出航天科工集团的 INDICS 平台、树根互联的根云平台、海尔的 COSMOPlat 平台等一批智能制造云平台等。

2. 趋势预测

近年来，在重大变革的信息新环境与新技术推动下，新一代人工智能引领下的智能制造是未来我国制造业发展的重要趋势。根据《2016—2020 年中国智能制造行业深度调研及投资前景预测报告》分析，2020 年有望超过 3 万亿。智能制造技术、产业、应用一体化的协调发展将成为是未来智能制造发展的重点方向。

技术发展的六大方向：一是新一代人工智能技术引领下的新制造科学技术、新信息通信科学技术、新一代人工智能技术及新制造应用领域技术等四类新技术在制造领域的深度融合发展研究，如，智能制造系统总体技术中的异构集成技术，平台技术中融合大数据技术、边缘计算技术及 5G 技术等；二是智能设计、智能生产、智能管控、智能试验、智能服务等智能制造活动的新模式、新流程、新手段、新业态；三是网络、数据库、算法库、模型库、大数据平台等基础能力与建设；四是符合"共享经济"的商业模式技术；五是区块链技术的安全技术及相关标准和评估体系技术；六是智能化感知、接入、互联层的技术研究。

产业培育的重点方向：围绕"中国制造 2025"提出的十大重点领域等行业，一是研发智能产品及新智能互联产品；二是研发智能制造云平台和使能工具集的产业；三是构建与运行基于智能制造云平台的各层次智能制造系统的产业；四是运营智能制造云平台运营中心的服务产业。智能产品以及智能互联产品、智能工业软件研发将成为重点。

构建不同层次智能制造系统应用示范和构建智能工厂应用示范是智能制造应用示范建设的两个主要方向。构建重点行业跨企业智能制造系统与应用示范，构建制造资源/能力/产品服务云，支撑跨企业智能化协同研发、生产、管理、经销、物流和配套服务等全生命周期智能制造活动。面向航空、航天等离散制造领域，开展智能车间/工厂的集成创新与应用示范。此外，针对石油化工、钢铁、有色金属等流程制造领域，也要重点开展智能工厂的集成创新与应用示范。

(二) 智慧医疗

1. 产业与技术进展

医疗是三大民生之一，关系到人类自身的健康发展。中国人口基数众多，医疗资源严重不足。在科技迅猛发展的时代，数据、算法、算力，是推动人工智能发展的三驾马车，庞大的人口基数也使得我国在数据方面具有得天独厚的优势，人工智能或将成为我国发展智慧医疗的机遇，解决医疗资源供求不平衡问题。

计算机视觉辅助影像诊断。2017 年以来，多家国内企业积极开展糖网病人工智能辅助筛查的研究和市场尝试，功能包括病变分级、病灶分割等。此外随着电子内镜的普及，内镜下的影像图片资源日渐丰富，为人工智能算法的训练提供的燃料。

自然语言处理和大数据辅助医学文书挖掘利用。通过自然语言处理技术将形式不一的自由文本病历形成标准化、结构化、可分析的数据库，提升医生科研、随访的工作效率；在此基础上形成基于真实病历的专科医疗知识图谱，辅助临床决策，促进诊疗流程规范化标准化。用户广泛的医疗健康信息需求，难以通过有限的医生资源获得满足，智能医疗问答系统可随时随地解答，合理分流用户的信息需求。结合医疗场景，智能语音技术在医疗领域也得到了越来越广泛的应用，在手术、医技、部分临床科室中，智能语音技术有效解放了医生双手，可以让医生一边工作，一边录入患者信息，有效提升医生工作效率。

大数据大计算辅助精准医学。精准医学是依据患者内在生物学信息以及临床症状和体征，对患者实施关于健康医疗和临床决策的量身定制。在这一背景下，医学数据被大规模整合：基因组学、转录组学、表观组学、蛋白质组学等微观数据，以及患者表型、行为、环境等宏观数据都被纳入临床决策的考虑范畴，此外随着全基因组测序的成本不断下降，更多的全基因组数据将被引入数据精准医疗的知识体系已经超过医生个人承载能力。

由于人种差异，建立在高加索人种临床实践基础上的国际主流治疗方式未必适合于亚洲人。比如食管癌、胆管癌等病种，亚洲人的疾病分型、基因突变频谱与欧洲人差异较大，建立国人健康人群、患病人群的基因数据库，对于我国人群的疾病防治意义重大，许多科研院所、医疗机构、科技企业、生命科学企业成立联合项目，从事相关研究。

2. 趋势预测

随着全球医疗信息化和智能化的快速发展，医疗行业数据的快速增长。人工智能技术在医疗影像、疾病监控、新药发现、智能问诊、医用机器人、辅助决策、健康管理、医保监管等领域逐渐发挥作用。结合云计算、大数据、物联网、移动互联网、社交网络媒体等技术，未来医疗行业将走向真正意义的智能化。

搭载智能装置传感器的移动医疗设备逐渐成熟。随着新一代 NB-IoT/eMTC 通讯技术逐渐成为移动医疗设备的标配，传统的芯片大厂也在纷纷推出相应的物联网芯片，推动各种应用的快速发展，使得医疗电子产品的安全性、可靠性、智能性等越来越好。

医疗行业的智能化程度越来越高。通过对医院工作人员、病人、车辆、医疗器械、基础设施等资源进行智能化改造，对医院内需要感知的对象加以标识，进而通过各种信息识别设备进行识别，并反馈至信息处理中心，对信息进行综合分析，及时处理，提升医疗行业管理的精细化水平。

各类医疗机器人将逐渐成熟并真正走向市场化。医疗仿生机器人、外骨骼机器人、下一代可穿戴式机器人，老年照护陪护机器人，以及医疗机器人市场中最大的医疗手术机器人都会走向智能化和真正市场化。

个性化基因组学：根据自身分子结构和基因背景的定制化治疗，这一趋势已经开始涌向肿瘤治疗，根据基因数据为病患提供个性化治疗建议。

(三) 智能搜索

1. 产业与技术进展

搜索引擎是获取互联网信息的最重要入口，在智能移动设备迅速普及、人工智能技术快速发展的时代背景下，用户期望以自然语言表达、直接获取正确答案，基于关键词的传统搜索引擎已不能满足便捷、高效、精准地获取信息的需求。面对复杂多样的自然语言查询和浩如烟海的互联网数据，深刻理解需求、精准给出答案成为搜索领域世界公认难题。创新地融合知识图谱及深度学习技术，研发深刻理解意图、精准呈现结果、自然便捷交互的智能搜索引擎，是解决该公认难题的必由之路。搜索引擎的智能化，继续成为亿万网民获取信息的最主要入口。

大规模中文知识图谱构建及计算技术。百度公司提出了面向通用域的大规模知识图谱构建技术及高性能图谱检索和计算框架，构建了全球最大的中文知识图谱，实现了千亿级知识的实时查询和计算。为智能搜索深入理解用户意图、精准呈现搜索结果、提供自然便捷交互奠定了基础。

基于知识图谱和深度语义分析的需求理解模型。解决了传统搜索缺乏语义理解能力的问题，实现了对用户搜索意图的精准识别和潜在需求的主动预判。百度基于此技术研发了“极速搜索”产品，在用户输入过程中动态预判用户搜索意图、实时请求后端服务并展现搜索结果，极大提升了搜索效率。

基于深度学习的搜索排序算法和问答技术。突破了语义相关性弱、结果不直观的瓶颈，为用户提供更精准直观的搜索结果。百度基于相关技术研制的搜索系统，显著提升了响应速度、排序精度和用户体验。此外还有基于知识图谱与非结构化网页数据的深度问答技术，显著提升了问答需求的覆盖率，将准确答案直观呈现，节省了用户查看结果的时间成本。

语音、语言、搜索一体化的语音搜索技术。解决了噪声环境下口语查询的识别、理解和自然网页难以直接播报的难题，为用户提供了更为便利的搜索体验，并惠及盲人、老人、儿童等不便使用输入法的群体。百度实时响应每天来自全球超过6亿次复杂多样的语音请求，基于以上成果研制的文本生成和语音播报系统，实现了包括诗歌在内的多文体自动生成，丰富了语音播报的形式，提升了搜索结果的可播报能力，每天响应超过8亿的语音播报需求。

2. 趋势预测

目前搜索引擎还有着很多的发展空间，具体如下：

基于语义理解的智能搜索技术。由于语言多歧义、多变化，目前对一些复杂、长尾查询，特别是口语化语句的语义分析还不能达到完全准确，从而造成搜索结果不尽如人意。随着对语义表征研究的深入，语义理解能力不断增强，基于语义理解的智能搜索效果将会进一步提升。

面向多维世界直达目标的智慧解决方案。随着物联网技术的发展，通过传感器、智能移动设备等终端，可以实现人、物和信息的全面互联互通，网络搜索空间向三元空间扩展，未来智能搜索引擎会进一步融合和综合利用信息资源与社会资源、物理资源，提供面向多维世界直达目标的智慧解决方案。

适应多场景全时空面向任意人群的智能交互搜索技术。未来会逐步提升搜索引擎的自然交互能力，深度结合通用对话技术，以及图像、唇语、手势、形体动作识别和分析等技术，实现适应多场景全时空面向任意人群的智能交互搜索引擎。

(四) 深度学习

1. 产业与技术进展

在人工智能时代,现在的人工智能开发者进行开发必须在一定的深度学习框架上,深度学习框架与底层的硬件相结合,能直接影响 AI 芯片的指令集设计;而在各种人工智能应用层面,深度学习框架为各种人工智能应用提供开发核心系统和工具,加上各种人工智能应用,就构成了一个完整的人工智能生态系统,可以说深度学习框架是构建人工智能生态的重要的基础。

在人工智能技术的底层之争中,深度学习框架将起到至关重要的作用。在深度学习领域,深度神经网络结构的设计已经高度模块化。开发者只需要在比较宏观的层面上选择组件、构建网络、定制参数,就可以实现深度神经网络的设计。而深度学习框架负责解释开发者定制的网络,并将其转换成芯片可以执行的指令,进而进行模型训练和推断工作。深度学习框架处于硬件层和应用层之间,一定意义上来说,相当于人工智能时代的芯片指令集和操作系统。深度学习框架与芯片紧密配合,吸引开发者在此基础上开发大量人工智能应用,进而构成一个完整的人工智能生态。

国外 AI 巨头纷纷布局深度学习框架市场。现在主流的国外深度学习框架包括谷歌的 TensorFlow、Facebook 的 PyTorch、Microsoft 的 CNTK、和 Amazon 的 MXNet 等,此外,为加强数据运算能力,云服务平台如谷歌的 GCE 和 Cloud TPU、Amazon 的 AWS 等也进入了人们的视野。

传统企业可以利用深度学习框架上的计算资源、算法模型等,结合自身知识和数据开展技术创新。

商超行业。如某商超通过百度的深度学习框架 PaddlePaddle 进行生鲜进货量智能预测,利用生鲜的历史销售数据,使用神经网络建立销量预测模型,可以使整体报损降低 3 成以上,有效提升店铺利润。

畜牧业。奶牛的健康对于产奶量有着非常大的影响。Connecterra 公司利用 TensorFlow 来理解并诠释奶牛的各种行为,为奶农提供畜群的健康状况等信息。

餐饮行业。老字号餐饮企业庆丰包子铺使用深度学习框架预测其销量,通过之前完备的订单基础数据,通过 PaddlePaddle 拟合经营数据和外部数据之间的关系,将外部数据输入到拟合好的模型就会对应输出预估的经营数据。目前已经达到 90%以上的准确率。

生态保护。海牛面临着濒危的境地,野生动物保护者需要对它们的数量与位置进行追踪研究。研究员利用 TensorFlow 的最新图像识别技术,让电脑“学会”了识别巨型航拍图中的海牛。机器识别的速度远远超过了人工。

2. 趋势预测

在全球人工智能争夺战中，哪个国家占据了深度学习框架这个制高点，就可以结合芯片、数据、云计算平台等资源，全面把控人工智能生态链，主导产业发展进程，形成新的垄断。未来算法模型的应用范围会极大扩展，将会内置到所有的人工智能芯片和云端，深度学习框架让人工智能技术更快速地普及到各行各业，推动融合创新，成为智能时代最重要的基础设施。

深度学习框架＋人工智能芯片。通过定制的人工智能芯片，与其深度学习框架进行深度融合，可以使得计算速度更快、性能更好。谷歌已经自研了 TPU 芯片，并希望与芯片厂商一起，以“深度学习框架＋人工智能芯片”的模式，构建智能时代新的“Wintel”联盟，掌控智能时代新的话语权。

深度学习框架支持端到端的能力。未来深度学习框架的应用范围会极大扩展，将会内置到大部分的人工智能芯片，并支持各种智能终端设备，让人工智能技术更快速地普及到各行各业。

深度学习框架向更多场景渗透。除了现在自然场景的人脸识别、文字识别、图像及视频编辑、自然语言处理应用等，未来还将向更多的场景渗透，一些需要结合知识网络进行更深层次的理解的场景。

不同深度学习框架能提供更具有个性化的功能。当前不同的深度学习框架，能提供的功能和应用场景的同质化是比较严重的，未来需要一些新的思路去解决那些悬而未决的问题，并具备个性化的功能。

深度学习框架具有更易用的能力。接下来深度学习框架还要往更易用上做更多的努力，未来甚至能够让零编程基础的用户能够很方便通过深度学习框架构建模型，去实现不同的应用。

(五) 裸眼 3D

1. 产业与技术进展

裸眼 3D 显示是一种采用光学等 12 多种技术手段来模拟实现人眼的立体视觉特性，将空间物体以 3D 信息再现出来，呈现出具有纵深感的立体图像的显示方式。进入 21 世纪，3D 显示技术成为非常引人注目的前沿科技，其中，裸眼 3D 更是成为研究的重点。《“十二五”国家战略性新兴产业发展规划》《新型显示科技发展“十二五”专项规划》和《“十三五”国家战略性新兴产业发展规划》都明确提出要发展新一代裸眼 3D 显示技术。

近年来，裸眼三维显示被称为“最有生命力且终将成为显示技术共性平台的下一代显示技术”，受到世界各国的高度重视。目前实现裸眼 3D 显示的主要方案有基于液晶阵列和光栅的自由立体 3D 显示、多视点投影 3D 显示、集成成像 3D 显示、体 3D 显示、全息 3D 显示和 3D 光场显示等。北京邮电大学、浙江大学、日本夏普公司(简称 Sharp 公司)、台湾交通大学、美国南加利福尼亚大学(简称南加州大学)、日本放送协会(NHK)(简称日本 NHK)等高校及企业近两年来都致力于裸眼 3D 显示技术的研究。2018 年初,美国两大无线运营商宣布将运营发售 Red Hydrogen One 手机。北京邮电大学 3D 显示研究团队开展了各种裸眼 3D 显示技术的系列研究,近年来开发了大尺寸、高分辨率、大视角的裸眼 3D 光场显示,具有较好的 3D 观看视觉体验,他们开发的空气中直接成像的悬浮光场显示,视觉冲击力强,视觉体验较好。

在政策扶持、技术进步、产业升级等多重因素的大力推动下,我国裸眼 3D 显示技术取得了不少重大突破与应用。超多维公司在裸眼 3D 方面已经研发十余年,在 2017 年推出了 ivvi 手机。除此之外,众多的高校、科研院所及企业,例如北京邮电大学、中科院、上海易维视、四川大学等均在裸眼 3D 领域有重要研究进展。北京邮电大学在裸眼 3D 光场显示方面不断取得突破,具备了开展高端行业应用的能力。

以裸眼 3D 显示技术为核心的产品逐步走向市场,其震撼的视觉体验和丰富有趣的应用场景,势必将成为全球消费电子市场下一个爆发点。相比较于裸眼 3D 技术,VR、AR 还面临着技术成熟度、用户体验度、产品商用性的多重考验,相比之下,裸眼 3D 发展更为乐观。随着众多厂商的参与,裸眼 3D 技术体系将会逐步完善,以及国家政策的大力推动,无一不标志着裸眼 3D 已成为消费电子产业升级换代的风口。

2. 趋势预测

裸眼 3D 显示是新一代显示技术的发展方向,蕴含着巨大的产业发展机会,其在多个领域都有不可小觑的发展前景,裸眼 3D 显示会逐步向大尺寸、高分辨率的高性能裸眼 3D 光场显示技术方向发展。

生物医学成像领域。在生物医学领域,3D 显示技术可以轻而易举地将肉眼无法直观观察到的信息准确地显示在 3D 显示器上,为工作人员的准确判断带来很大帮助,大视角具有正确空间关系的裸眼 3D 光场显示将会发挥重要作用。

广告传媒领域。3D 显示在广告传媒领域应用前景十分广泛。3D 数字标牌等广告更易让观看者驻足欣赏,从而留下更加深刻的印象,创造更多广告价值。在媒体宣传方面,3D 显示以其独特效果与创新手段,达到普通宣传手段所不能达到的效果。

影视娱乐领域。目前,众多 3D 电影的放映已经证明,3D 电影有着良好的票房,将来裸眼 3D 技术被应用到影视行业是大势所趋。3D 电视和 3D 手机在近两年已经被推向市场，势必会改变人们的生活方式。

军事国防领域。现代化战争的战场信息瞬息万变，用3D显示技术做成的3D电子地图和电子沙盘可以让指战员非常方便地变化场景，有利于战区指战员准确地进行战况判断并及时指挥作战，裸眼3D光场显示将会逐步满足军事领域的应用需求。

学校教育领域。教学中，3D显示将会给学生带来更加形象的教学效果，让学生更生动地学到抽象的理论知识，大大提高教学效率和学生的课堂参与度。

(六) 工业互联网

1. 产业与技术进展

工业互联网产业在2017到2018年间热度空前，广泛投入并初具规模。在国家政策大力推动及产业实践下，网络、平台、安全三大体系成为工业互联网的建设重点及关注点，其中平台是核心、网络是基础、安全是保障。富士康的工业富联36天"闪电过会"更是让工业互联网热度陡增。

在制造业变革与数字经济浪潮交汇融合的背景下，在云计算、物联网、大数据等信息技术与制造技术、工业领域的集成创新不断推动下，工业互联网平台应运而生。工业互联网平台是新型制造系统的数字化神经中枢，在制造企业转型中发挥核心支撑作用。

2017年11月，工业互联网产业联盟(Alliance of Iddustrial Internet，AII)发布了《工业互联网平台白皮书(2017)》，明确提出，工业互联网平台是面向制造业数字化、网络化、智能化需求，构建基于海量数据采集、汇聚、分析的服务体系，支撑制造资源泛在连接、弹性供给、高效配置的工业云平台。

工业互联网平台主要包括工业物联网(IIOT)层、基础设施即服务(Infrastructure as a Service，IaaS)层、平台层、应用层等层级。工业物联网(IIOT)层，通过海量数据采集，以及工业现场协议转换与数据边缘处理，构建工业互联网平台的数据基础；IaaS层，基于虚拟化、分布式存储、并行计算、负载调度等技术保障资源使用，是工业互联网平台的云基础设施；平台层，基于通用平台即服务(Platform-as-a-Service，PaaS)叠加大数据处理、工业数据分析、工业微服务等创新功能，构建可扩展的开放式云操作系统；应用层，形成满足不同行业、不同场景的工业应用，实现工业互联网平台的最终价值。

美国GE公司在2012年最早提出了工业互联网的理念。之后全球制造业龙头企业、ICT领先企业、互联网主导企业基于各自优势，积极布局工业互联网。据中国工业互联网产业联盟测算，截至2017年末，全球工业互联网平台数量已经超过150个。美国采用"抓中间带两头"的模式打造全球化的协同制造与协同售后服务平台。GE(美国通用电气公司)于 2013 年推出 Predix 平台,探索将数字技术与其在航空、能源、医疗和交通等领域的专业优势结合,向全球领先的工业互联网公司转型,重点关注后服务市场。德国在工业 4.0 中采用"自下而上递进上升"的模式打造智能制造平台,设备制造、电气化和自动化公司西门子于 2016 年推出 MindSphere 平台。该平台采用基于云的开放物联网架构,可以将传感器、控制器以及各种信息系统收集的工业现场设备数据,通过安全通道实时传输到云端,并在云端为企业提供大数据分析挖掘、工业 APP 开发以及智能应用增值等服务。

中国结合自身特色正在开创具有中国特色的工业互联网发展道路打造实现兼容智能制造、协同制造、云制造三种业态的工业互联网平台。连续发布了《深化"互联网+先进制造业"发展工业互联网的指导意见》、《工业互联网发展行动计划(2018—2020 年)》等系列指导性文件,推动工业互联网加速落地。上海率先建立工业互联网创新中心。初步形成基于平台化产品的产业生态,以航天科工基于李伯虎院士在国际上首次提出的"云制造"理论基础打造的工业互联网平台——航天云网 INDICS 平台,及海尔 COSMOPlat 平台、三一重工树根互联平台等为代表的工业互联网平台,促进了工业全要素资源的聚集、共享、协同,不断加速智能化生化、个性化定制、网络化协同、服务化延伸等新应用和新模式的探索。

2. 趋势预测

随着边缘计算、区块链、人工智能 2.0 等新兴科学技术的不断出现与发展,工业互联网平台技术体系不断完善;同时,基于工业互联网平台的社会化协同制造、柔性化生产、个性化定制等云制造新模式更加广泛地应用于制造企业,不断延伸制造产业链,重塑制造业生态系统,对传统制造模式带来颠覆性影响,推动全球制造业转型升级发展和产业变革。

工业互联网平台技术体系不断完善。工业互联网平台发展将不断与边缘计算、区块链、人工智能 2.0 等新兴科学技术相融合,不断完善工业互联网平台技术体系,主要体现在云计算+边缘计算协同带动工业现场智能化、区块链技术打造更加安全、智能的工业互联网平台、人工智能 2.0 技术深度介入工业互联网等方面。

工业互联网平台不断推动产业变革。随着工业互联网平台的逐步深入应用,全球制造业产业链快速延伸,重塑制造业生态系统,推动全球制造业转型升级发展和产业变革。工业互联网平台促进制造业价值链的延伸,企业与用户将通过工业互联网平台共同打造智能制造生态系统。工业互联网平台驱动传统制造模式的升级,在统一的智能管理和运营基础上实现面向制造全产业链和产品全生命周期的协同化、智能化制造。工业互联网平台推动传统行业的智能化转型,大力创造新业态、新市场,重塑经济社会发展新模式。

（七）智能轨道交通

1. 产业与技术进展

全自动无人驾驶系统（FullAutomaticOperation，FAO）是基于现代计算机、通信、控制和系统集成等技术实现列车运行全过程自动化的新一代城市轨道交通系统，实现列车无人驾驶运行全过程自动化是目前轨道交通自动化研究的热点之一。轨道交通运营负荷巨大，安全运行面临严峻挑战，而人为因素在事故原因中占多数，采用全自动运行是有效解决途径。FAO是城市轨道交通技术升级换代新的制高点，是国际公认发展方向，预计国外75%在建新线、40%的在施既有线改造将采用FAO技术。国内2017年由北京市轨道交通建设管理有限公司、北京交通大学、交控科技等单位联合研制了FAO装备，并迅速实现在国内外十余个城市推广应用。2017年底，我国自主研发的全自动运行示范线-北京地铁燕房线开通运营、中国高铁新标杆智能京张的建设等成为该领域的亮点。

一直以来以行车指挥为核心，多专业综合自动化为运输组织的热点问题。轨道交通是以人员运输为根本目标的多系统的综合体，涵盖车辆、列控、通信、供电、机电等近30个大专业，靠人工难以实现有效调度，需要建立计算机信息平台，打破信息孤岛，实现以行车指挥为核心，各专业高效协调运转综合自动化。国外法国、日本、美国、德国等国家均在规划、建设此类系统，国内2017年，实现各专业深度集成的行车综合自动化在北京地铁燕房线获得了成功应用。

基于大数据的综合运营运维成为研究热点。针对现代运营需求，采用“互联网+”思路，基于大数据方法，以用户为核心，各专业共建，搭建基于大数据的轨道交通运营维护调度指挥平台，数据采集从单一数据来源向多专业数据整合发展，数据分析从简单数据处理向大数据深度挖掘发展，实现设备健康状态评估、智能诊断，提高运维效率，降低运维成本。国内外就综合运营运维的研究呈现出诸多亮点，例如德国ZEDAS开发的基于大数据的轨道交通基础设备维护系统，英国Huddersfield大学主持的轨道交通Smart Maintenance项目等。我国2017年4月在上海召开的智慧轨道交通大会的亮点议题主要有智能化运维管理新技术和新设备、轨道交通系统安全与健康管理、城市轨道交通运行状态感知与预测等。

为提高运行效率、保证行车安全，列车协同运行备受关注，成为研究的另一热点。目前的列车运行控制模式为地面控制中心为主题，各个列车分别受控来进行。随着列车运行控制系统的发展，国内外相关研究开始注重车车通信、虚拟重联来加强列车之间的协同运行，从而提升列车运行效率和处置紧急事故的能力。例如，作为欧盟“地平线2020”的重要组成部分Shift2Rail项目，2017年我国十三五重大项目高速铁路运行控制与动态调度一体化基础理论与关键技术等均为建设、研究新型控制理论与技术的亮点内容。

2. 趋势预测

列车运行协同化。随着计算机技术和通信技术的深入发展和应用，轨道交通车辆之间的信息传递效率和其本身的计算处理能力都大幅提升，依托多源信息的车辆控制和协同化运行成为趋势。车车之间数据通信、信息对接、协同运行等，为提升轨道交通运输效率、行车安全、故障应急处理等奠定了基础。

列车驾驶无人化。我国自动驾驶与无人驾驶的研究不断取得突破性的进展，我国自主研发的全自动无人驾驶城轨列车已经在线运行。列车无人化驾驶将在未来成为发展主流，更多的 GoA4 和“智能京张”将成为发展趋势。

状态感知智能化。人工智能、互联网＋、大数据等技术的发展，推动了轨道交通在状态感知层面的智能化。例如，人流监测，群体性突发事件处理等面向旅客服务的状态感知；设备健康状态评估、智能诊断等面向轨道交通设备的状态分析等。随着我国轨道交通建设的日益完善，提升运营运维的状态感知智能化成为发展趋势。

旅客服务便捷化。智能手机和高速移动网络的普及，智能手机成为旅客获取智能化服务的重要终端。为旅客提供更为便捷的服务，成为提升轨道交通行业服务水平的发展方向。基于大数据和人工智能等技术，整合移动支付、延误信息提示、换乘策略优化、到发站提醒等人性化服务，将为旅客提供更便捷个人的服务。

五、领域年度热词

热词 1：自动驾驶

基本定义：自动驾驶是汽车产业与人工智能、物联网、高性能计算等新一代信息技术以及交通出行、城市管理等多领域深度融合的产物。自动驾驶技术涉及感知、分析、规划、决策、控制、交互等多项尖端技术，是人工智能领域的集大成者。

应用水平：自动驾驶产业链覆盖广泛，主要包括感知系统、计算平台、操作系统、软件平台、智能化软件算法和系统集成、车辆控制系统、通讯、运营等主要环节。其中芯片、操作系统等核心环节基本掌握在美欧手中，我国产业发展亟待加速迈进。

热词 2：城市大脑

基本定义：城市大脑是支撑未来城市可持续发展的全新基础设施，其核心是利用实时全量的城市数据资源全局优化城市公共资源，即时修正城市运行缺陷。

应用水平：城市大脑已经在杭州、苏州、衢州、乌镇、澳门、马来西亚吉隆坡等城市已经应用了。在人工智能信号灯、交通事件智能发现、应急车辆优先通行、公交车辆路线优化等方面有典型应用场景。

热词 3:零售业智能化

基本定义:"新零售"的核心是"以人为本,数据驱动,重构人货场",人的需求和数据的效能正在以前所未有的力量改变包括零售行业在内的所有商业。智能化数字技术为传统品牌和零售企业实现转型升级提供了切实可行的路径。

应用水平:2017 年,智能变革所引发的关注更多体现在与消费者直接观感相关的"场的前端"。一方面,以线上线下商业融合为焦点,以盒马为代表的零售新物种突破原有业态,从多个维度提升消费者服务和体验;另一方面,图像识别、传感等技术开始大量应用于售场,催生出无人超市、无人货架等新业态。

热词 4:智能博弈

基本定义:智能博弈是使计算机或智能体像人一样,能够在对抗中做出决策并战胜对手。智能博弈是运筹学与控制论和人工智能学科的重要研究对象,也是兵棋推演、智能决策系统等领域的重要研究基础。

应用水平:近年来,人工智能在人类智力游戏的各个领域不断取得里程碑式的进展。2017 年 10 月,DeepMind 团队公布了最强版 AlphaGo Zero 及其经过两个月"进化"后的 AlphaZero,可在 8 小时训练后击败李世石版本 AlphaGo。AlphaZero 实现了从零开始,通过自我对弈强化学习在多种任务上达到超越人类水平的新算法,"通用棋类 AI"。在 2017 年人工智能和交互数字娱乐大会(AIIDE′17)举办的星际争霸 AI 大赛中,中国科学院自动化研究所团队获得第四名。

参 考 文 献

[1] 李伯虎,张霖. 云制造[M]. 北京:清华大学出版社,2015.

[2] 周济,李培根,周艳红,等. 走向新一代智能造. Engineering. 2018.

[3] 王琼华. 3D 显示技术与器件[M]. 北京:科学出版社,2011.

[4] S K Yoon, S Khym, H W Kim, et al. Variable parallax barrier spacing in autostereoscopic displays[J]. Optics Communications, 2016, 370: 319-326.

[5] A Schwarz, J Wang, A Shemer, et al. Lensless three-dimensional integral imaging using variable and time multiplexed pinhole array[J]. Optics Letters, 2015, 40(8): 1814-1817.

[6] X Xiao, B Javidi, Corral M Martinez, et al. Advances in three-dimensional integral imaging: sensing, display, and applications[J]. Applied Optics, 2013, 52(4): 546-560.

[7] Y Maeda, D Miyazaki, S Maekawa, et al. Volumetric aerial three-dimensional display based on heterogeneous imaging and image plane scanning [J]. Applied Optics, 2015, 54 (13): 4109-4115.

[8] Y Wu, Y Rivenson, Y Zhang, et al. Holographic three-dimensional telepresence using large-area photorefractive polymer[J]. Optica, 2018, 5(6): 704-710.

[9] X Sang, X Gao, X Yu, et al. Interactive floating full-parallax digital three-dimensional light-

field display based on wavefront recomposing[J]. Optics Express,2018,26(7):8883-8889.

[10] X Yu,X Sang,X Gao,et al. Three-dimensional display with digitally generated tomographic images and a lenticular lens array[J]. Optics Express,2015,23(20):25950-25958.

[11] X Gao,X Sang,X Yu,et al. Aberration analyses for improving the frontal projection three-dimensional display[J]. Optics Express,2014,22(19):23496-23511.

[12] X Sang,F C Fan,S Choi,et al. Three-dimensional display based on the holographic functional screen[J]. Optical Engineering,2011,50(9):0913031-0913035.

[13] S Xing,X Sang,X Yu,et al. High-efficient computer-generated integral imaging based on the backward ray-tracing technique and optical reconstruction[J]. Optics Express,2017,25(1):330-338.

[14] 王琼华,王爱红,梁栋等. 裸视 3D 显示技术概述[J]. 真空电子技术,2011(5):1-6.